JN239769

極小主義における説明理論の挑戦

最適最小性が導く併合とコピー演算

極小主義における
説明理論の挑戦

最適最小性が導く併合とコピー演算

Pursuing Genuine Explanation

Deriving Merge and Copy Computation
Through Optimal Minimality

石井 透・後藤 亘
小町 将之・宗像 孝
［編］

開拓社

はじめに

　本書で扱うのは，生成文法理論の極小主義プログラムにおける最新の理論的展開である．極小主義プログラムは，その端緒である専門書 *The Minimalist Program* (Chomsky 1995, MIT Press) の 20 周年記念版が，2015 年に出版されて以降も，めざましいスピードで理論的展開を見せている．関連する学会発表のタイトルによく見られるキーワード，特に，ラベル付け (labeling) や併合 (Merge)，さらにコピー形成 (copy formation) などは，いずれもここ数年の集中的な探究で理解が劇的に進んだ理論的概念である．

　この最新の理論的状況は，新たな言語現象の解明という観点からも，理論的展開という観点からも，多くの人たちの探求心を大いに刺激するものである．その概要は，例えば 2023 年の Chomsky による連続講義 (2023 Theoretical Linguistics at Keio-EMU) など，インターネットで公開されているものからも知ることができる．しかし，信頼のおける体系的な解説を伴う教科書や解説書などが追いついているとは言えず，取っつきにくい印象を与えるのもまた確かである．

　本書の目的は，このようなギャップを埋めることにある．理論的な重要事項の概説を充実させ，特に，最小探索やボックス理論など，最新の動向に関する解説を積極的に取り込むようにした．また，豊島孝之氏による特別寄稿は，研究の方向性について，数学的視点から貴重な指針を示してくれる．これにより，学位論文に取り組む学部学生や大学院生にとって助けとなるだけでなく，すでに自立した研究者にとっても参考となる内容を含んだものとなっている．後半に収録した 9 本の研究論文は，粗削りな面があるのは否めないが，言語の中核に切り込もうとする現行の理論的枠組みの可能性を探求した意欲的な実践例である．

　刊行にあたっては，開拓社の川田賢氏に大変なご尽力をいただいた．編者らによる突拍子もない提案を快く受けてくださっただけでなく，途中の紆余曲折にも寛大に対処して，出版まで漕ぎづけてくださった．学会のたびに，出版社の出展ブースで満面の笑顔をもって迎えてくださるので，筆者らはそれを励みにここまでたどり着けたと思っている．また，外部査読者を快く引き受けてくださった神戸学院大学講師 前田宏太郎氏，概説を事前にチェックしてくださった中央大学大学院生 半谷時忠氏にお礼申し上げる．

　本書の執筆陣が出会い，研究上の交流を続けてきた主な機会となったのは，慶應義塾大学言語文化研究所主催による言語学コロキアムをはじめとする一連の研究会である．この機会を提供し続けてくれている北原久嗣先生は，いつも私たちを励まし，新しい研究の進展を後押ししてくださっている．また，この場を支え，さまざまな議論を交わしてくださる先生方，お名前を挙げればきりがないが，特に，内堀朝子先生，大石正幸先生にはいつも助けていただいている．先生方には，ここで感謝申し上げたい．

　最後に，本書の刊行を故 Roger A. Martin 先生に捧げたい．Martin 先生は，編者のひとり宗像の指導教員でもあるが，生成文法理論の神髄を見極めて切り込むことによって多くの研究者を刺激し，学術研究を通じて真理を追求する楽しさを広く教えてくれた．本書がその精神を受け継ぎ，より若い知性が探究の海に漕ぎ出す一助となれば，望外の喜びである．

　2024 年夏

編者　石井　透・後藤　亘
小町将之・宗像　孝 (主幹)

まえがき

石井　透

明治大学

　生成文法では，「言語」という概念を，「母語話者の精神／脳内に持っている言語知識」という意味で捉え，それを「I 言語」と呼んでいる．個々の I 言語の獲得を可能にしているのが「言語機能」という心的器官であり，人間の精神／脳内に他の認知システムと連動しながらも自律的に実在すると考えている．生成文法とは，大まかに言えば，このような言語機能の諸特性に関する理論であると言える．言語が音と意味とを結びつけるシステムである以上，言語機能は 2 つの認知システム（意味に関する「概念思考システム」(Conceptual-Intentional (CI) System) 及び音に関する「感覚運動システム」(Sensory-Motor (SM) System) と触れ合っていると考えられる．すなわち，言語機能は，語彙項目 (Lexical Item) を入力として，音と意味に関する 2 つの認知システムが解釈可能な出力へと写像する計算システムである．

　生成文法の現在の枠組みである極小主義プログラムは 1990 年代中期になり明確な形を現してきたものである．極小主義プログラムでは，研究対象である言語そのものが 2 つの認知システムが課す諸条件を満たす最適解であるという「極小主義の強いテーゼ」(Strong Minimalist Thesis: SMT) を作業仮説とする．これは，極小主義プログラムに至るまでの生成文法での経験的研究において，言語機能は簡潔性・非冗長性などの「経済性」の条件に従っていることが強く示唆されたことを基礎としたものであり，言語理論の発展に伴い実質的にその妥当性を問うことが可能になった仮説である．「極小主義の強いテーゼ」が正しければ，言語の特性は，2 つの認知システムが課す諸条件及び何が最適かを定める言語とは独立した一般法則（第三要因）によって規定されることになる．極小主義プログラムは，このような作業仮説に基づき理論的発展を遂げてきたが，Chomsky (2019)（いわゆる "The Reading Program"）以降，言語機能の中核をなす「併合」(Merge) の特性を第三要因に帰することによって，より簡潔で無駄のない体系が提案された．さらに，その帰結として経験的にも

汎用力が高まり言語現象の新たな分析が可能になるという大きな発展を遂げた．2020年代に入り，生成文法の新たな展開が始まったと言える．そこで，本書は，"The Reading Program" 以降の理論的発展と経験的帰結を理解する一助となることを目的とし，極小主義プログラムの新たな展開についての概説，及びその新たな展開の中でさらにどのような理論的・経験的知見が得られるかを示す研究論文を掲載している．

本書は，編集主幹である宗像孝氏を中心に12名の研究者が書き下ろしたものである．本書の構成を簡単に紹介しておこう．本書は，第I部「概説 —— 演算メカニズムの成り立ちと諸概念：昨今の動向と枠組み」と第II部「研究論文 —— 構造構築の演算と言語事象における原理的説明への挑戦」に分かれている．第I部「概説 —— 演算メカニズムの成り立ちと諸概念：昨今の動向と枠組み」は序論と概論から構成されているが，言語学を専攻している学部3・4年次学生と大学院生及び隣接分野の研究者の方々を読者として想定した，"The Reading Program" 以降の理論的発展と経験的帰結に関する概説である．概説の各章及び各節間には一部内容が重複する部分もあるが，読者が重要な内容を前に遡り確認することなくひとつの読みものとして読みやすいように配慮したものである．その一方，それぞれの章及び節の独立性も保たれているので，どの章または節からお読みいただいても不都合が生じないようになっている．本書の第I部概説をテキストとして使用される場合には，概説全体をとりあげることもある特定の章または節だけをとりあげることも可能なように工夫してあるので，受講生に合わせてとりあげる章または節を考慮していただけると幸いである．第II部「研究論文 —— 構造構築の演算と言語事象における原理的説明への挑戦」は，言語学を専攻する大学院生及び研究者の方々を読者として想定した．いずれの論文も，極小主義プログラムの新たな展開の中で，さらにどのような新しい理論的・経験的知見が得られるのかを追求したものであり，読者の方々がご自身の研究を推進する上で参考になれば幸いである．

第I部の内容について簡単に紹介する．序論「生成文法における経済性」（豊島孝之）は，極小主義プログラムにおける経済性の概念について，数学及び理論計算機科学と密接に関わっている最適性と演算複雑性を中心に概観する．演算複雑性の評価に用いられるオートマトンについて，オートマトン・形式言語・形式文法の弱生成能力（Weak Generative Capacity）に関する対応関係を示すチョムスキー階層の拡張を検討すると共に，生成文法にとって真に意義のある強生成能力（Strong Generative Capacity）を対象とした木オートマトンによるモデル化の可能性を追求する．

第1章「言語構造の構築を特徴づける要因」は以下の3節から構成されてい

る．第1節「第三要因」（小町将之）は，言語の成り立ちに関する生成文法における説明項（説明のよりどころ）について概観する．永らく説明項は言語固有の遺伝的要因（第一要因）と言語経験（第二要因）に限られていたが，極小主義プログラムにおける理論的進展に伴い，新たな説明項として実質的に可能な探求対象になった言語固有ではない一般法則（第三要因）について概観する．第2節「併合を中心とした概念の説明」（石井透・後藤亘）は，併合（Merge）は一般的な演算である集合形成（Form Set）に，第三要因である「二項性」（Binarity）・「最小探索」（Minimal Search）・「最小出力」（Minimal Yield）・「位相不可侵条件」（Phase Impenetrability Condition），及び第一要因である「意味の二元性」（Duality of Semantics）を含むテータ（θ）理論（Theta Theory）が加わることによって導出される集合形成演算の一種であることを明らかにする．第3節「併合の形式及び適用様式について」（中島崇法）は，第三要因による制約のもとでは外的併合（External Merge）と内的併合（Internal Merge）のみが許容され，並列併合（Parallel Merge）・遅発併合（Late Merge）・側方移動（Sideward Movement）などの併合の「変種」は排除されることを説明すると共に，A移動とA'移動という2種類の内的併合の差異について明らかにする．

　第2章「SMTが形作る構造の派生」は以下の2つの節から構成されている．第1節「コピー形成の最適化に基づく統辞研究の諸相」（宗像孝）は，構造上で統辞体が複数箇所で同時に解釈される「移動現象」を捉えるためのコピー（Copy）の概念について，その役割を振り返ると共に，痕跡（Trace）・連鎖（Chain）から統辞操作である複製（Copy）を経て，現在のコピー形成（Form Copy）に至るまでの理論的変遷を概観する．そして，コピー形成が「極小主義の強いテーゼ」（Strong Minimalist Thesis: SMT）の観点からコピーの概念を捉える最適解であることを示す．第2節「SMTの促進的役割」（小町将之・宗像孝）は，「極小主義の強いテーゼ」の役割として，理論的仮説を厳しく制限する「規律的役割」（disciplinary function）だけではなく「促進的役割」（enabling function）があることを示す．コントロール構文分析を取り上げ，理論的仮説を厳しく制限することが仮説の抽象化につながり，結果として仮説の汎用力を高め適用範囲が拡大することを明らかにする．

　第3章「SMTと新たな方向性」は以下の2節から構成されている．第1節「最小探索」（林愼将・大宗純・小町将之）は，統辞操作の対象となる要素を決定する「最小探索」（Minimal Search）を概観する．最小探索のラベル理論における役割及び理論的な定式化とその説明範囲を明らかにし，探査子-目標（Probe-Goal）に基づく最小探索をラベル付けに用いられる最小探索に還元す

る提案を概観する．第 2 節「ボックス理論」（大宗純・杉本侑嗣）は，ボックス理論（Box Theory）における具体的派生の検討を通じ，第一要因である「一義性の原理」（Principle of Univocality）と「意味の二元性」（Duality of Semantics）によって生じている併合の定義の複雑さが，ボックス理論によって解決できることを示す．さらに，ボックス理論の残された課題について触れる．

　次に，第 II 部の内容について簡単に紹介する．A.「併合をめぐる諸問題」には 3 本の論文が掲載されている．第 1 章「なぜ「併合」は二項なのか？：その背後にある原理を探る」（石井透・後藤亘）は，併合の二項性（Binarity）の背後にある原理を明らかにする．「θ 理論」（Theta Theory）と「クライテリア理論」（Criterial Theory）における「一対一対応の要請」を内包する「一意性原理」（Uniqueness Principle, UP）を提案する．「一意性原理」により，併合の適用対象となる要素の数が 2 項に制限される点で，「一意性原理」は第三要因の 1 つである「リソース制限」（Resource Restriction）を構成するものであり，計算体系の複雑性を減じるのに貢献すると論じる．第 2 章「コピーの区別に対する表示的分析とその帰結：「派生的」制約と ECP の導出」（林愼将）は，外的併合と内的併合の区別を設けない自由併合仮説を提案し，統辞論で付与されたコピー関係は解釈システムで初めてその種類（外的併合によるコピー関係又は内的併合によるコピー関係）が区別されると主張する．そして，これまで移動に対する制約と考えられてきた「島の制約」を解釈部門における制約として捉え直すと共に，空範疇原理（ECP）の効果をコピー形成（Form Copy）の観点から導き出す．第 3 章「作業領域に基づく等位接続構造の構築」（中島崇法）は，等位併合（Coordinate Merge）を提案し，Chomsky (2020, 2021) が併合とは異なる操作であるシークエンス形成（Form Sequence）によって構築されると主張している等位接続構造も併合のみによって構築できると主張する．併合以外の操作を排除する点で理論的に優れていると共に，等位接続構造制約及び等位項間の C 統御関係とその欠如についても説明できることを示す．さらに，等位項が三項以上の等位接続は内部構造を持たず談話部門で構築されると主張する．

　B.「コピー形成に基づく演算メカニズムの特徴と言語事象」には 4 本の論文が掲載されている．第 4 章「命題領域の構築から節領域における叙述構造の形成」（宗像孝）は，命題領域から節領域の投射に対応する構造構築について論じ，叙述構造の形成が概念事象構造と第三要因の最小演算性を基に最適に特徴づけられていること示す．その上で，叙述構造が INFL 指定部の外項の移動（内的併合）と内的併合に伴うコピー形成とともに，INFL 主要部の外的併合

を経て，叙述の意味役割を導出すると提案する．さらに概念事象構造の内部構造を論じ概念事象構造の事象を反映して，外項・v を用いた命題領域が構築され，概念事象構造を最適な形で命題領域に反映することを示す．最後に，「強い極小主義的命題」の「促進的役割」として，叙述性と概念事象構造の観点からコントロール構文分析の事象複合への拡大を試みる．第5章「メモリのない統辞計算とフェイズ理論」（剌田昌信）は，メモリーのないマルコフ演算としての統辞計算の特質とフェイズの役割について議論する．フェイズは構造上同一でありうる異なる名詞句を隔離し望ましくないコピー関係が生じるのを防ぐ働きがあると提案し，その帰結としてコピー形成（Form Copy）によるコントロール構文分析の潜在的問題が解決されると主張する．さらに，日本語のスクランブリングの A/A′ 特性も導き出されることを示す．第6章「コピー形成による同族目的語構文」（北田伸一）は，日本語の同族目的語構文について検討する．同族目的語構文においては，名詞主要部及び同一形態の主要部を語彙目録から別々に選択し名詞句と複合的動詞主要部を構築したものを外的併合によって導入し，コピー形成によって関係づけると提案する．その証拠として，同族目的語構文が等位接続構造制約に従わないこと，等位接続構造への非顕在的な全域的規則の適用を許すことを示す．さらに，同族目的語構文を有界的で項の同族目的語構文と非有界的で付加詞の同族目的語構文の2種類に分類しその妥当性を示す．第7章「ボックス理論における残部移動」（Andreas Blümel・後藤亘・杉本侑嗣）は，ボックス理論における外的併合と内的併合の役割と条件についての再検討及び残部移動（Remnant movement）派生についての詳細な検討を通じ，要素がボックス化されるごとに転送（Transfer）が適用されると提案する．その帰結として，ボックス化された要素同士のコピー関係が結ばれないことが導き出され，最小出力（Minimal Yield）に従った残部移動の分析が可能になることを示す．

　C.「第三要因に由来する探索の帰結」には2本の論文が掲載されている．第8章「ボックス理論での一致と束縛」（大宗純・小町将之）は，一致現象と束縛現象は併合による構造構築と探索（Search Σ）の帰結であると提案する．概念意図解釈系及び感覚運動解釈系が統辞構造にアクセスする際に位相毎の探索 Σ が適用されるとし，探索 $Σ_{Agree}$ は c 統御配置にあり非示差的素性を有する語彙項目 X と Y との間の一致関係を読み取り，探索 $Σ_{Bind}$ は非示差的素性を有する語彙項目 X と Y を含む集合が c 統御配置にある時に束縛関係を読み取ると主張する．さらに，$Σ_{Agree}$ は位相主要部がボックス化された要素にアクセスした際のラベル付与も可能にすることを示す．第9章「$Σ_{Agree}$ と wh 移動現象」（大宗純）は，ボックス内の要素であっても位相不可侵条件（Phase Impenetrability Condition）効果内にあれば位相主要部からのアクセスが不可となるが，位相主要部に情報が保存され次の位相からのアクセスが可能になると提案する．そして，非架橋動詞（non-bridge verb）の $v*$ の位相性は取り消せないことにより非架橋動詞補部の不透明性を説明し，wh 要素が Q 素性を持った位相主要部 C の近くで外在化される際には一義的一致関係が必要であることにより wh 島の条件を説明する．さらに，最小連結条件は外在化条件として再定義されるべきであると主張する．

　本書第 II 部「研究論文――構造構築の演算と言語事象における原理的説明への挑戦」に掲載されている論文はいずれも，学会やワークショップなどでの質問やコメントに基づいて推敲されたものである．質問・コメントをくださった皆さま方には，この場をおかりしてお礼を申し上げる．

目　次

第 I 部　概説
─演算メカニズムの成り立ちと諸概念：昨今の動向と枠組み─

第 II 部　研究論文
―構造構築の演算と言語事象における原理的説明への挑戦―

第 II 部　キーワード

第 1 章　なぜ「併合」は二項なのか？
—その背後にある原理を探る—

併合，探索，二項性，最適計算，最小探索，最小出力，位相不可侵条件，リソース制限，θ 理論，クライテリア理論，一意性原理，集合形成

第 2 章　コピーの区別に対する表示的分析とその帰結
—「派生的」制約と ECP の導出—

Form Copy，表示的アプローチ，インターフェイス，ECP，主語，島

第 3 章　作業領域に基づく等位接続構造の構築

併合，作業領域，最小探査による保護，等位接続，等位接続制約，全域的摘出，C 統御，構造化される等位接続，構造化されない等位接続

第 4 章　命題領域の構築から節領域における叙述構造の形成

コピー形成，概念思考体系，SMT における演算メカニズム，概念事象構造，叙述構造/叙述性，統辞構造構築における特徴づけ，θ 役割・外項と v，SMT の促進的機能，軽動詞，事象複合

第 5 章　メモリのない統辞計算とフェイズ理論

フェイズ，メモリ，コピー形成，ボックス，フェイズ不可侵条件，項の隔離，コントロール，スクランブリング，スクランブリングの A/A′ 問題，スクランブリングの全的再構築化

第 6 章　コピー形成による同族目的語構文

同族目的語構文，併合，コピー形成，コピー，繰り返し，主要部移動，拡張条件，項 vs. 付加詞，有界性

第 7 章　ボックス理論における残部移動

残部移動，ボックス理論，分離，併合

概 説

演算メカニズムの成り立ちと諸概念：
昨今の動向と枠組み

生成文法における経済性[*]

豊島　孝之

東北学院大学

1.　小史

　生成文法は，黎明期から「言語」(I-language) における経済性の問題を視座に置き (Chomsky (1949, 1955))，当初は簡潔性尺度 (the simplicity measure) として理論モデルが許容する等価の文法の中から，最適な文法を判定する評価手順 (evaluation procedure: Chomsky (1957)) として機能していた．これは，科学哲学で「オッカムの剃刀」として知られる指針に沿ったものと考えられるが，同じ結果を持つ規則であれば，用いられる記号の数が少ない方が簡潔性が高いと評価され，規則の適用順序が問題となる場面で循環適用 (cyclic application) や規則の含意関係（外在的順序付け (extrinsic ordering) vs. 内在的順序付け (intrinsic ordering)：Chomsky (1965))，供給順序 (feeding order) vs. 瀉血順序 (bleeding order)：Kiparsky (1968)) などの提案につながった．しかしながら，実質的にこれらの研究が進んだのは，主に外在化 (Externalization) に関わる形態音韻論の分野であった (Chomsky and Halle (1968))．[1]

　60 年代後半から，変形操作が持つ過剰生成能力を制限する様々な制約が提案される中，同一基底構造から派生可能な派生構造を比較し制限する大域制約 (global constraints) が提案されたが (Lakoff (1969, 1973)，他)，主に代名詞化規則 (Pronominalization Rules) や削除規則 (Deletion Rules) といった，現在では認められていない規則を基に議論されていた．

　70 年代後半には X バー理論により句構造規則が廃棄され，それまで変形規則で扱われてきた代名詞化などは語彙論と解釈規則として再編され，変形規則

[*] 本稿は，一部 JSPS 科研費 22K00608 の助成を受けたものである．

[1] 生成文法における簡潔性尺度の役割の変遷については，Chomsky (2021b) を参照．

は移動操作のみに限定され，移動規則の適用条件の精緻化，一般化に精力が注がれた (Chomsky (1973))．しかしながら，変形操作は帰納的可算集合をも生成できる強大な生成能力を有し，演算複雑性の上限に達していることが証明された (Peters and Ritchie (1973))．[2]

80 年代の GB 理論 (Government and Binding Theory: Chomsky (1981)) または「原理とパラメターのアプローチ」(Principles and Parameters Approach) として知られる枠組みでは，主に記述的妥当性と類型論的言語対象の拡張に目覚ましい進展があったが，それらに含意されていた言語理論における経済性の問題は当面棚上げされてきた．

80 年代後半には最終手段原理 (Last Resort Principle) と完全解釈原理 (Principle of Full Interpretation) が提案され (Chomsky (1986))，90 年代には最少労力原理 (Least Effort Principle) として「派生の経済性」(Economy of Derivation) と「表示の経済性」(Economy of Representation) が提示された (Chomsky (1992))．前者には最終手段原理，最短移動条件 (Shortest Movement Condition) と最短派生条件 (Shortest Derivation Condition) がまとめられ，後者には完全解釈原理 (Principle of Full Interpretation)，および最短移動条件の表示的反映として最短連繋条件 (Minimal Link Condition) などが含まれた．

最短移動条件と最短派生条件は相反する緊張関係にあり，等距離を最短移動で繰り返して移動すると，一挙に長距離で移動するより操作回数は多くなり，その派生は移動を繰り返した回数分長くなるという経済性の問題が極小主義プログラム (Chomsky (1995)) では正面に置かれることになった．

2.　極小主義プログラムにおける経済性

極小主義プログラムで問題となる経済性という概念には，相互に関連した二種を考えることができる．狭義の言語機能 (Language Faculty in narrow sense (FLN)：Hauser, Chomsky and Fitch (2002)) が第三要因 (the third factor: Chomsky (2005)) に従って最適デザインを持つという意味での経済性と，それが遂行する統語演算に無駄がなく，最も効率的な演算 (efficient computation) により統語体をインターフェイスに出力するという意味での経済性の 2 つである．

前者は進化生物学上の問題であり，言語機能のような認知・神経機構に関わ

---

[2] 帰納的可算集合については 4.4 節，演算複雑性については 3.2 節で概観する．

るものについての知見は少なく，人体には臓器や循環器系に多くの冗長性が認められる．また，生成文法の中でも音韻論，形態論，及び語彙記載に関しては，不完全指定（underspecification）に対する余剰規則（redundancy rules）などが用いられてきており（Chomsky and Halle (1968)），何を持って最適とみなすかについては議論のあるところである．

後者について，当初は派生の経済性が大域的であり得るか，局所的であるべきかが問題となった．最短派生条件は，候補となる複数の派生を比較する必要があるので大域的であり，最終手段の 1 つとして提案された先送り原理（Procrastinate Principle）も或る操作を先送りにしても最終的に派生が収束（converge）するか否かを判断する先読み（look ahead）を要するため大域性を含意するものであった．

当初の極小主義プログラムでは，派生は必要な語彙項目と，それらを語彙目録から取り込んだ回数との順序対の集合である命数（Numeration）を参照集合（reference set）として規定し，完全解釈原理により原出力条件（Bare Output Condition）を満たす収束派生（convergent derivations）の集合が規定され，派生の経済性がその部分集合として認可派生（admissible derivations）を決定した．

Collins (1997) は当時想定されていた「併合」(Merge) と「移動」(Move) という統語操作は，局所経済性（Local Economy）に従うとし，Merge の二項性（binarity）や Move の最短移動性を導こうとするものだった．一方，Fukui (1996) は「言語」における経済性の問題は，離散最適化問題として捉えることが妥当であり，表示の経済性は単一の表示を最適化するもので局所的に可能であるが，派生の経済性は離散記号から回帰的に生成される派生を対象とするので根源的に大域的であると断じている．

3. 最適化と演算複雑性

ここまで駆け足で概観してきた生成文法における経済性という概念は，数学ならびに理論計算機科学で扱われる最適化（optimization）と演算複雑性／演算量（computational complexities）とに密接に関係しているが，初期の変形操作が含意する演算複雑性は，4.4 節で見る決定可能性が保証されていない帰納的可算言語／集合（recursively enumerable language / set）に陥ってしまい（Peters and Richie (1973)）現実的ではないこともあり，チョムスキーは生物学的認知機構の一部である言語機能の経済性や演算効率が，このような数学的な概念で捉えられる保証はないと度々言及してきた．しかしながら，現行の極小

主義プログラムでは第三要因としての自然法則の1つに，演算効率性（computational efficiency）が挙げられており，その尺度としては数学的なこのような概念以外には汎科学的なものは現状では見出せない．したがってこの節では，夫々について極小主義プログラムの観点から概観してみよう．

3.1.　最適化

　最適化とは目的関数の値域から最大値もしくは最小値となる入力を求めるもので，極小主義プログラムにおける演算の経済性という観点からは，演算量が最小となる入力を求めることになる．問題となるのは，入力は何か，目的関数はいかなるものであるか，ということである．

　派生の経済性の観点からは，同じ語彙項目から生成可能な収束派生が入力となるだろうが，派生に必要となる語彙項目の集合は，極小主義プログラム初期に想定された命数や，その後提唱された語彙配列（Lexical Array: Chomsky (2000)）は現行モデルでは用いられない．現行モデルではレキシコン（Lexicon）から語彙項目（lexical item）がワークスペース（Workspace）に取り込まれ，併合操作（Merge）をワークスペースに適用し，単一の統語体を派生する．派生は位相（phase）単位で概念思考インターフェイス（Conceptual-Intentional Interface）と外在化（Externalization）インターフェイスに転送（TRANSFER）され，それぞれのインターフェイスにおいて位相単位で転送されてきた統語体を句や節，文といった発話単位に統合すると考えられる．

　だとすると，目的関数はワークスペースに取り込まれた語彙項目の集合から，認可派生を生成するのに必要な演算量への関数と看做すことができる．ただし，現行モデルでは派生に必要な語彙項目のワークスペースへの取り込みが（位相単位で）派生開始時に一挙に行われるのか，派生の進行に併せて逐次に取り込まれるのか明確な合意はなされていない．

　最適化における問題は，その解が局所解（local optimum）に陥らず大域解（global optimum）になっているか，という点にある．

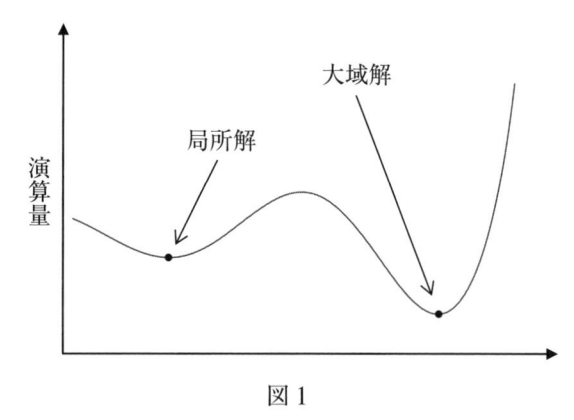

図 1

つまり，派生の経済性の問題は，局所的か大域的かの二項対立ではなく，局所的な条件が大域的な最適化を可能にするか否かにあるということにある．

3.2. 演算複雑性

数学ならびに理論計算機科学では，演算複雑性（computational complexity）あるいは演算量は，離散記号列として符号化された決定問題（decision problems；真偽判定問題とも言う）を解くのに必要な演算モデルと演算資源への関数クラスで定義され，通例，非確率型オフライン多テープ・チューリング機械（non-probabilistic off-line multi-tape Turing machine）のテープ上の入力記号列を処理するのに必要な演算資源量で評価される．[3] 入力記号列の長さ n（離散記号の数）から演算資源量への関数として，演算資源としては通例，時間 TIME(n)（長さ n の記号列を処理するのに必要な演算操作の適用回数：time-complexity）もしくは領域 SPACE(n)（長さ n の記号列を処理する演算操作に必要な記憶容量：space-complexity）が用いられる．[4]

自然言語における経済性の問題が，Fukui (1996) が主張するように離散最適化問題であるとすれば，最適化問題は或る推定値より大きい，または小さい解が存在するか否かという決定問題に変換して繰り返すことで近似することになる．[5]

一般に演算モデルの非確率型オフライン多テープ・チューリング機械が決定

---

[3] チューリング機械については，4.4 節で概観する．

[4] 一般の（多テープ・）チューリング機械の場合，テープに読み書きするカーソル・ヘッド数を演算資源として評価することもできる（Blum Complexity; Blum (1967)）．

[5] 代表的な離散最適化問題として，巡回セールスマン問題，ナップサック問題，8 クィーン・パズル，瓶詰め問題，板取り問題，スケジュール問題などがある．

性 (**Deterministic**) のものであるか非決定性 (**Nondeterministic**) のものか，演算資源として評価するのが時間 (**DTIME / NTIME**) であるか，領域 (**DSPACE / NSPACE**) であるかによって以下のようなクラスの有意性が知られている (Johnson (1990))．

	決定性 (D)		非決定性 (N)	
時間	(D)**P**(TIME)	決定性多項式時間	**NP**(TIME)	非決定性多項式時間
	(D)**EXP**(TIME)	決定性指数時間	**NEXP**(TIME)	非決定性指数時間
領域	(D)**L**(SPACE)	決定性対数領域	**NL**(SPACE)	非決定性対数領域
	(D)**PSPACE**	決定性多項式領域	**NPSPACE**	非決定性多項式領域
	(D)**EXPSPACE**	決定性指数領域	**NEXPSPACE**	非決定性指数領域

表 1

領域クラスに関して，非決定性クラスの問題 (NSPACE(n)) は決定性クラスの二乗領域内 (DSPACE(n^2)) で解けることが知られており (Savitch (1970))，演算複雑性クラスとしては決定性クラスと非決定性クラスの関係については，以下の（漸近的）等価関係が知られている．[6]

(1) a.　PSPACE = NPSPACE

b.　EXPSPACE = NEXPSPACE

また，時間クラスでは多項式 (**Polynomial**) クラスが指数 (**EXP**onential) クラスの真部分集合であることが知られており，以下の関係が成り立っている．

(2) a.　P $\subsetneq$ EXP

b.　NP $\subsetneq$ NEXP

これらの関係性から，一般に以下のような包摂関係が成り立っていると考えられている (Papadimitriou (1994))．

(3)　L $\subsetneq$ NL $\subseteq$ P $\subseteq$ NP $\subseteq$ PSPACE = NPSPACE $\subseteq$ EXP $\subseteq$ NEXP
　　　$\subseteq$ EXPSPACE = NEXPSPACE

有名な P $\overset{?}{=}$ NP 問題は未解決であるが，時間クラスでは非決定性クラスが決

---

[6] 本稿では，漸近的等価を = で表すことにする．クラス L とクラス NL，クラス P とクラス NP，領域に関して一般的に DSPACE クラスと NSPACE クラスが等価か否かは不明である．決定性/非決定性の違いについては，4.1 節以降で概説する．

定性クラスを包摂しており，一般に非決定性オートマトンが許容するバック・トラッキング (backtracking) は演算複雑性を増加させる。[7] また決定性クラスでは時間クラスは領域クラスの真部分集合であることが知られている．Cobham-Edmonds の提題としてクラス P までが効率的アルゴリズム解法を持つ上限，効率的演算が可能な上限と考えられている (Cobham (1965)，Edmonds (1965))．

　ここで言えることは，記憶容量の増加を抑える方が，演算操作の回数を抑えるより有効であること，また派生中のバック・トラッキングを抑える方が演算量を抑えるには有効であることを念頭に置いておくことが肝要である．極小主義プログラムにおける経済性ついては，派生中の統語体表示に対する指標/標識などの付記は，あくまで説明上便宜的に用いるもので，指標/標識自体に言及する操作や表示は記憶容量を増加させるということである．現行理論では改変禁止条件 (No-Tampering Condition) により語彙項目の素性操作などは禁止されているが，分析・説明において付記する指標/標識などについても，最大の注意を払う必要がある。[8] Chomsky, Gallego and Ott (2019)，Chomsky (2019) で提示されている資源制約 (resource restriction) は，主に記憶容量，つまり演算領域のことである．

　派生はワークスペースのマルコフ連鎖であると見做されており，派生の一段階前の状態 (ワークスペースの統語表示)，及び適用された操作に関しては盲目であると考えられている。[9] 問題は，現行理論での派生モデルは本質的に非決定性を持ち，統語操作で対象となり得る要素が多ければ多いほど論理的に可能な継続枝は増加することになる．例えば，次のような語彙項目でない統語体，つまり内部構造を持った複合統語体 (complex syntactic object: SO) 3 つが形成された或る派生段階のワークスペース WS_1 を考えてみよう．

　　(4)　　$WS_1 = \{SO_1, SO_2, SO_3\}$

この段階で想定できる継続枝は，新たな語彙項目 LI_1 を取り込む (5)，[10] 外的

---

[7] バック・トラッキングとは演算進行に選択肢があり，ある選択肢以降の演算が収束しないことが判明した段階で，演算過程を遡り他の選択肢を試みることを言う (Lehmer (1957)，Walker (1960))．

[8] 一致 (AGREE) による素性評価 (Feature Valuation) やラベル付け (Labeling) が改変禁止条件に違反しないか否か，最新のボックス理論 (Chomsky (to appear)) でのボックスを標識なしに如何に派生中に認定するのか，などにも議論の余地はあるであろう．

[9] マルコフ連鎖/過程については，4.1 節で概説する．

[10] ここでは語彙項目の取り込みが逐次的だと仮定する．位相単位での一斉取り込みの場合，

併合 (External Merge) を適用する (6a-c)，内的併合 (Internal Merge) を
SO_1, SO_2, SO_3 のいずれかに適用する (7a-c) の計 7 つの継続枝が考えられ
る。[11]

(5)　　$WS_2 = \{SO_1, SO_2, SO_3, LI_1\}$

(6)　a.　$WS_2 = \{\{SO_1, SO_2\}, SO_3\}$

　　　b.　$WS_2 = \{\{SO_1, SO_3\}, SO_2\}$

　　　c.　$WS_2 = \{SO_1, \{SO_2, SO_3\}\}$

(7)　a.　$WS_2 = \{SO_{1'}, SO_2, SO_3\}$

　　　b.　$WS_2 = \{SO_1, SO_{2'}, SO_3\}$

　　　c.　$WS_2 = \{SO_1, SO_2, SO_{3'}\}$

この先の継続枝は派生段階を経るごとに，さらに指数的に増大していくことに
なる (Fong (2022))。つまり，各派生段階で論理的に可能な継続枝全てを展
開して収束派生 (convergent derivation) を選ぶことは，大域的に派生を比較
することになる。演算量を爆発させずに収束派生を得るには，各派生段階で進
み得る継続枝を刈り込むことである。

　1 つの可能性は，ある段階，例えば (4) の段階で何らかの条件により (5)-
(7) の内，幾つかの継続枝を排除することである。ここでの例から観察される
ことは，ワークスペース WS_2 の集合としての濃度 (要素の個数) 増加は，(5)
では 1，(6a-c) では −1，(7a-c) では 0 であることから，新たな語彙項目 LI_1
を取り込む (5) を除く，併合による派生進行は単調非増加 / 単調減少 (mono-
tone non-increasing / monotone decreasing) であることが分かる (Chomsky,
Gallego and Ott (2019: 245, fn. 20))。Chomsky (2021a) では最小出力条件
(Minimal Yield) と呼ばれているものである。

　一方，併合での対象となるターム (term) の数は，内的併合ではコピーを残
すことになり，一回の内的併合操作につきタームが増えることになるが，構成
素統御配置 (cc-configuration) にあるコピーは，最小探索 (Minimal Search)
により，最上位のコピー以外は以降の操作対象にはならないため，実際の継続
枝を増加させることはない。今後の課題は，WS_1 から派生を WS_2 に進行させ

継続枝増加の問題はさらに大きくなる。また，取り込む語彙項目がなぜ他の LI_2 ではなく LI_1
なのか，という問題については，発話の意図や用いる語彙項目の選択は，狭義の言語機能
(FLN) での統語演算モデルの問題ではないと想定されている。語彙項目選択のため，何千も
の語彙項目が貯蔵されていると考えられるレキシコン内を検索するには，レキシコンのいかな
る内部構造を想定しようとも莫大な演算量を伴うことは明らかであろう。

[11]　実際には内的併合のタームとして何を選ぶかによって，さらに多くの継続枝が存在する。

る併合操作（あるいは語彙項目の取り込み）に対して，継続枝をさらに制限する入力条件が見つけることができるか否かということになる．

　もう 1 つの可能性は，(5)–(7) の内，いずれかを排除する何らかの出力条件，つまりフィルターである．併合操作が単に統語体を対象として適用していた場合に許されていた，いわゆる並列併合 (parallel merge: Citko (2005)) に問題があるとして Chomsky, Gallego and Ott (2019)，Chomsky (2019) が提示した決定性 (determinacy) の問題は出力条件であった．例えば，(6a) の SO_2 に並行併合を適用した次のような派生を考えてみよう．

(8)　a.　$WS_2 = \{\{SO_1, SO_2\}, SO_3\}$　　　　　($=$ (6a))

　　　b.　$WS_3 = \{\{SO_1, SO_2\}, \{SO_2, SO_3\}\}$

(8b) の段階で SO_2 を対象とする操作を適用しようとすると，いずれのコピーも互いに構成素統御配置にないため，いずれに適用されるべきか決定できない．従って (8a) $=$ (6a) の段階で parallel merge(SO_2, SO_3) は適応できない，という議論であった．

　これは，出力結果を予見して特定の操作適用を回避する出力フィルターであり，いわゆる先読みを行っていることになる．現行モデルでは併合操作は単に統語体を対象とする集合形成ではなく，ワークスペースを対象とする写像派生として定義に組み込み，上述の単調非増加の制約が課せられているので，決定性条件のようなものは設けられていないが，リサーチ・クェスチョンとして出力フィルターの想定は，研究を進める上で一定の効力を持っていることが分かる．

　ここで重要なことは，ある操作に対する出力フィルターは，先読みを伴うが，派生の大域比較を伴うような派生の何段階も先を考慮するのではなく，次段階のみ，問題となる操作を適用した結果のみを対象にしていることである．[12]

4.　オートマトン，形式言語，形式文法

　前節で述べた，演算複雑性の評価に用いられるチューリング機械とは，Turing (1937) が演算モデルをオートマトン（抽象機械）として表現したもので，いわゆる「演算可能」という概念を定義するものである．[13]　オートマトンへの

---

[12] 決定性の問題を入力条件として捉え直す試みについては，Goto and Ishii (2020)，他を参照．一段階先読みの問題については，拙論 Toyoshima (2009) を参照されたい．

[13] 演算可能性については，Church (1936) も独立してλ演算により，チャーチ＝チューリ

入力は逐次連続的な一次元の記号列として与えられるが，その記号列の集合は形式言語と呼ばれる．形式言語を特定する記述，規則群を形式文法と言い，一般に半スューエ系（semi-Thue system: Thue（1906, *et seqq.*））もしくはポスト正準系（Post canonical system: Post（1936, 1943））として知られる記号列書換系（string rewriting system）である以下のような $\langle V_T, V_N, S, P \rangle$ の四つ組で定義される．[14]

(9)　　V_T：終端記号（terminal vocabulary）の空ではない有限集合

　　　　V_N：非終端記号（non-terminal vocabulary）の空ではない有限集合

　　　　S：開始記号（start symbol）で V_N の要素

　　　　P：書換規則の空ではない有限集合

V_T と V_N は互いに素（$V_T \cap V_N = \emptyset$）であり，形式言語の複雑度に応じて，P の書換規則の形式は異なる．終端記号列は形式言語の記号列に相当するもので，数学や言語学との関連では通例数字やアルファベット小文字 a, b, c, …，非終端記号は形式文法が終端記号列を生成するためのもので，自然言語ではいわゆる句レベル以上のカテゴリーに相当し，通例アルファベット大文字 A, B, C, …，終端記号と非終端記号の和集合要素のクリーネ・スターによる記号列 $(V_T \cup V_N)^*$（終端記号と非終端記号が順不同で混在する記号列）をギリシャ文字小文字 $\alpha, \beta, \gamma, \dots$ で表す．[15]

4.1.　有限状態オートマトン，正則言語，有向線形文法

　チューリング機械の入力読み取り方法が制限され，独立した記憶装置を取り去った最も原始的なオートマトンとして有限状態オートマトン（finite state automaton: McCulloch and Pitts（1943））が考えられる．有限状態オートマトンは次の $\langle \Sigma, S, s_0, \Delta, F \rangle$ の五つ組で定義される（Kleene（1951））．

(10)　　Σ：入力記号の空ではない有限集合

　　　　S：状態の空ではない有限集合

ングの提唱（Church-Turing Thesis: Kleene（1967））として知られる同等の結論を得ている．他にも Gödel（1934），Post（1936），Kleene（1936），Hilbert and Bernays（1939），Markov（1954a, b）などが独立してほぼ同時期に同等の結果を得ている．

[14] Chomsky（1956）は，このように定義された体系を句構造文法（phrase structure grammar）と呼んだ．

[15] クリーネ・スター（Kleene star）とは記号（列）の単項連結演算 n^*，n^+ はクリーネ・プラス（Kleene plus）と呼ばれ，前者は 0 以上，後者は 1 以上の n の連結を表す（Kleene（1952））．

s_0：S の要素でもある初期状態

Δ：状態遷移関数 $S \times \Sigma \rightarrow S$(の有限集合：部分関数でも構わない)

F：S の部分集合で終了状態の集合（空集合の場合もあり得る）

入力記号はテープ上に一次元で与えられ（形式言語の記号列に相当する），初期状態のオートマトンはテープ上の記号を 1 つずつ順に（通常，左から右へ）読み取り，状態遷移関数で指定された状態と入力記号に応じて内部状態を遷移していく．テープ上の入力記号列が全て読み取られ，終了状態にあれば，その入力記号列は受理され，それ以外の場合，つまり状態遷移関数が未定義のため状態遷移ができずテープ上の記号列を読み切っていない，もしくはテープ上の入力記号列が全て読み取られていても終了状態になければ却下となる．つまり，オートマトンは，与えられた入力記号列が特定のパターンをもっているか（何らかの文法に従っているか）否かを判定する．

　具体例として，以下の状態遷移関数を持つ有限状態オートマトン $M_1 = \langle \{a, b\}, \{s_0, s_1, s_2\}, s_0, \Delta, \{s_0, s_2\}\rangle$ を考えてみよう．

(11)　$\delta_1(s_0, a) \rightarrow s_0$　　$\delta_2(s_0, b) \rightarrow s_1$　　$\delta_3(s_1, a) \rightarrow s_2$　　$\delta_4(s_2, b) \rightarrow s_0$

より視覚的にイメージし易い状態遷移図（Shannon (1949)）で表すと以下のようになる．

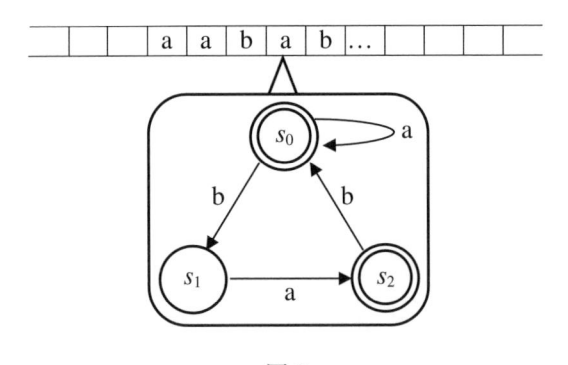

図 2

通常，左右無限長の入力テープ上の記号を左から右へ 1 つずつ読み取りながら，内部状態を遷移させていく．この例では，初期状態 s_0 は終了状態でもあるので，記号が 1 つもない空の記号列 ε も受理できる．初期状態 s_0 で入力記号が a である間は，δ_1 により内部状態は s_0 のまま留まる．初期状態 s_0 で入力記号に b が来れば，δ_2 により内部状態は s_1 へ遷移するが，s_1 は終了状態では

ないため，ここで入力記号が尽きれば，入力は却下される．s_1 から終了状態である s_2 へ遷移するには，続いて入力記号 a が読み取られなければならない．s_2 の状態で b が読み取られれば，終了状態でもある s_0 へさらに遷移することが可能で，そこから遷移を繰り返すことができる．

　この例では，以下のパターンの記号列の無限集合を受理することができる．

(12)　L_1: {a^*, a^*ba, a^*baba*, a^*baba*ba, a^*baba*baba*, …}

しかし，b のみの記号列や，最初の b の直後に a が出現しない記号列などは却下される．

(13)　L_2: {b^+, a^*b^+, a^*baba$^*b^+$, a^*baba$^*b^+$, …}

　有限状態オートマトンで受理される記号列の集合は，正則/正規表現/言語 (regular expressions/languages: Kleene (1951), McNaughton and Yamada (1960)) と呼ばれる最も基本的な形式言語であり，和集合，積集合，差集合，補集合，などの集合演算や，連結 (concatenation)，反転 (reversal)，クリーネ・スター，シャッフル (shuffle)，などの記号列演算に対しても閉包性 (closure properties) を示す．[16]

　正則言語は，有向線形文法 (directed linear grammar)，もしくは正則/正規文法 (regular grammar) と呼ばれる形式文法により生成される (Chomsky and Miller (1958))．有向線形文法には右線形文法 (right-linear grammar) と左線形文法 (left-linear grammar) があり，前者では書換後に非終端記号が右側にのみ現れる書換規則，後者はその逆に非終端記号が左側にのみ現れる書換規則の集合だけで構成されるが，両者は等価であり，同じ正則言語を生成することができる．

　例えば，(12) を生成する $G_1 = \langle \{a, b\}, \{S, A, B\}, S, P \rangle$ で，右線形文法の場合，書換規則の集合 P は以下のようになる．[17]

---

[16] シャッフルとは，2つ以上の記号列の記号を交互に連結した結果の記号列のことである．例えば，$l_1 = \{a_1a_2a_3a_4\}$ と $l_2 = \{b_1b_2b_3b_4\}$ のシャッフル $l_{1s2} = \{a_1b_1a_2b_2a_3b_3a_4b_4\}$ となる．

　閉包性とは，或る集合の要素に対して或る演算を施した結果が，その集合に属することを言う．例えば，自然数の集合は加法について閉包性を有するが，減法については負の整数となる場合があり，閉包性がない．

[17] 本稿では，説明を簡略にするため，いわゆる標準形と呼ばれる書換規則で説明を進めていく．

$$(14) \quad P = \left\{ \begin{array}{lll} p_1: S \to aS & p_4: A \to aB & p_6: B \to bS \\ p_2: S \to bA & p_5: A \to a & p_7: B \to b \\ p_3: S \to \varepsilon \end{array} \right\}$$

大文字で表された非終端記号 $\{S, A, B\}$ が書換規則右辺で書換後の記号列の右側にのみ現れており，左線形文法では左側のみに現れる．ε は空記号（列）で，有向線形文法に認めない場合もある．

　右線形書換規則と左線形書換規則が混在したり，非終端記号の両辺に終端記号が現れるような書換規則がある場合，無向線形文法となり，生成される記号列は正則言語の域を超え，前述の有限状態オートマトンでは受理できない．例えば，以下のような書換規則を持つ場合，線形文法ではあるが有向ではない．

$$(15) \quad P_u = \left\{ \begin{array}{l} p_1: S \to aT \\ p_2: T \to Sb \\ p_3: S \to \varepsilon \end{array} \right. \qquad P_c = \left\{ \begin{array}{l} p_1: S \to aSb \\ \\ p_2: S \to c \end{array} \right.$$

P_u は $\{a^n b^n\}$，P_c は $\{a^n c b^n\}$ という形式の a と b が同数の記号列を生成するが，これらは正則言語には含まれない．[18]

　ここで，英語が正則言語に収まらない例を見ておこう．

(16)　a.　That John came is surprising.
　　　b.　That that John came is surprising is surprising.
　　　c.　That that that John came is surprising is surprising is surprising.

(16a) の文主語での補文化辞 that を a，John came と言う補文命題を c，述部 is surprising を b と置くと，(16b-c) では $a^n c b^n$ の形式で補文化辞 that と述部 is surprising が同数で増加させていくことができる．奇妙ではあるが意味解釈が可能な歴とした文法的な英文であり，英語は有向線形文法では生成できないことが分かる．

　(10)，(11)，図2で見た有限状態オートマトンは決定性のものであり，各状態で読み取る入力記号について一意に次の状態が決定しているが，状態遷移関数 $\varDelta$ が $S \times \Sigma \to \mathcal{P}(S)$ と状態の冪集合（或る集合の全ての部分集合から成る集合）への（部分）関数であるとき，非決定性となり，或る状態で或る入力が

---

[18] $\{a^5 b^5\}$ や $\{a^8 c b^8\}$ のように n が定数以下の有限集合の場合は，正則言語であり得る．

あった時，遷移がどうなるか決定されておらず，複数の遷移先が対応しているか，遷移先がない場合，非決定性有限状態オートマトン (non-deterministic finite state automaton: Rabin and Scott (1959)) と呼ばれる．例えば，(11) に (17) のような状態遷移関数を加えると，図3のような状態遷移図になる．

(17)　$\delta_5(s_0, \text{a}) \rightarrow s_1$　　$\delta_6(s_0, \text{b}) \rightarrow s_2$

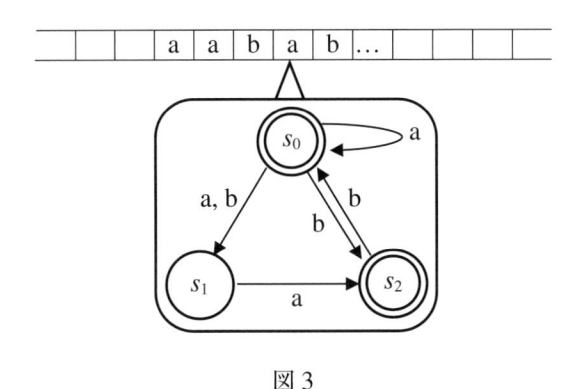

図 3

初期状態 s_0 で a が入力された場合，s_0 に留まる (δ_1) こともできるし，s_1 に遷移する (δ_5) こともできる．また，初期状態 s_0 で b が入力された場合は，s_1 に遷移する (δ_2) か，s_2 に遷移する (δ_6) こともできる．

　図3で示された非決定性有限状態オートマトンが受理する記号列には，基となった図2の決定性有限状態オートマトンでは受理できない記号列もあるが，状態を追加し，状態遷移関数も改変・追加すれば，前者が受理する記号列を全て受理する決定性有限状態オートマトンを構築することができる．ここでは，その具体的例示は省略するが，一般に任意の非決定性有限状態オートマトンは，同じ記号列，形式言語を受理する等価の決定性有限状態オートマトンに変換できる (Rabin and Scott (1959))．また，オートマトンは入力記号列の受理/判定を行うだけでなく，出力機能を持たせ，入力記号を読み込む毎に，対応する記号を出力する変換器 (transducer) を構成することができ，オートマトンも言語を生成することができる．[19]

　非決定性のオートマトンは，これ以降に述べるオートマトンも含めて，確率型オートマトン (probabilistic automaton) の基となる．ある状態で複数の状

---

[19] 有限状態オートマトンに出力を持たせたものは順序機械 (sequential machine: Huffman (1954), Mealy (1955), Moore (1956)) と呼ばれる．

態遷移関数が適用可能な場合，それらに適用確率の重みをつけたものである．例えば，(11)，(17) の状態遷移関数を持った図 3 のオートマトンの場合，状態 s_0 で入力に a が読み込まれた時，δ_1 を適用して状態 s_0 に留まる確率と δ_5 を適用して状態 s_1 に遷移する確率の合計が確率 1 になるように配分されたものである．非確率型非決定性はこの場合，それぞれの状態遷移関数に均等の確率が配分されているものと考えることができる．

　状態遷移関数 δ_1 を適用して状態 s_0 に留まる確率が 2/3，δ_5 を適用して状態 s_1 に遷移する確率が 1/3 の場合，現在の状態が s_0 で入力記号が a であれば，それまで如何なる入力記号をいくつ読み込んだか，どのような状態遷移を経てきたかにかかわらず，定められた確率に従って状態が遷移する．つまり，過去の挙動とは無関係に現在の状態からのみ確率分布に従って状態遷移（関数）が決定される．これが（離散時間）マルコフ連鎖／過程（(discrete-time) Markov chain／process: Markov (1906)）と呼ばれる確率モデルである（Kemeny et al. (1959)）．統計的に十分な標本があれば，現在の状態からのみの場合と，現在の状態に至るまでの過去全ての経緯を含めて将来予測をする場合に殆ど有意な差がないことが知られている（Øksendal (1998)）．

　現行の極小主義プログラムで導入されたマルコフ空隙（M(arkovian)-gap: Chomsky (2021a: 21)）というのは，正に派生の前段階までの経緯が不明であることから提唱されている．ある統語体が，外的併合によりその位置にあるのか，内的併合によりその位置に移動されてきたのか，つまりその統語体が移動された統語体のコピーであるのか否かは，現段階の派生を見ただけでは判別がつかないということである．

　最近，再度注目を浴びている人工知能や深層学習に用いられる人工神経回路ネットワークは，確率型オートマトンの確率を入力データに応じて可変させるように改変・応用したもので，元来，有限状態オートマトンは生物の神経回路網の数学的モデルとして提案されたものである（McCulloch and Pitts (1943), Kleene (1951)）．問題は，(16) で見たように基本的な英語構文でさえ取り扱えない有限状態オートマトンを確率型に改変し，確率の学習を可能にしたところで，果たして人工知能は自然言語を"獲得"することが可能なのかということである．最近話題の ChatGPT も，これまでの人工知能開発からブレイク・スルーを果たし，実用への期待も高まっているが，文法の獲得という意味では殆ど実現しておらず（Fong (2022)），可能性には甚だ懐疑的ではあるが，あるとしても未だ未だ先の話であろう．[20]

---

[20] 特定用途に自然言語を用いたインターフェイスとしての有用性を否定しているわけでは

これ以降，オートマトンは非確率型のものに限定して概説を進める．

4.2. プッシュダウン・オートマトン，文脈自由言語，文脈自由文法

　前節で見た有限状態オートマトンは，有限の「状態の数」で入力記号の数しか"記憶"することしかできず，マルコフ過程であるため，記号の順序は"記憶"できない．入力は読み捨ててしまうため，複数の「記号の数」が等しいか否か，どのような順であったかは判定できず，$\{a^n b^n\}$ や $\{a^n c b^n\}$ といった記号列は受理できなかった．

　プッシュダウン・オートマトン（pushdown automaton: Oettinger (1961)）は，有限状態オートマトンにスタック（stack）と呼ばれる特殊な記憶装置を持たせたもので，スタックとは（縦）一次元のテープで，一端が閉じられており（bottom），他端が無限に開いていると見なすことができる．スタックへの記憶データ入力は積み重ねで行い，最後に入力されたデータが最初に出力される，後入れ先出し型（last-in first-out）記憶装置である．[21]

　視覚的にイメージし易い状態遷移図で示すと次のようなものになる．

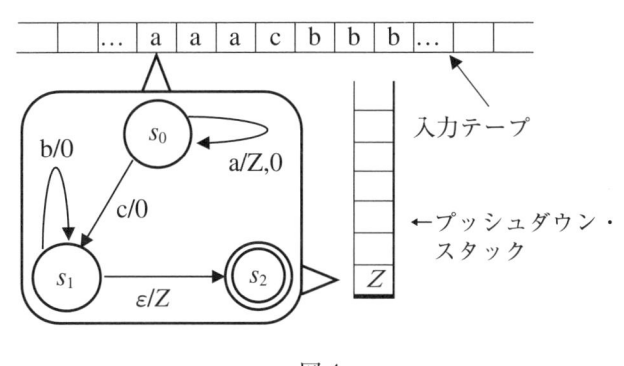

図 4

プッシュダウン・オートマトンは，通例以下の $\langle \Sigma, S, \Gamma, s_0, Z, \Delta, F \rangle$ の七つ組で定義される．

なく，遠からず実用に耐えうるものに進化するであろうが，自然言語の文法を獲得できるか，言語機能のモデルになり得るかという点については，自然言語理論にとっては有意義な洞察が得られるかは，遥かに先の問題であろう．

[21] 先入れ先出し型（first-in first-out）の記憶装置は，キュー（queue）と呼ばれる．

(18)　Σ：入力記号の有限集合

　　　S：状態の空ではない有限集合

　　　Γ：スタック記号の有限集合

　　　s_0：S の要素でもある初期状態

　　　Z：Γ の要素でもある初期スタック記号

　　　$\varDelta$：状態遷移関数 $S \times (\Sigma \cup \{\varepsilon\}) \times \Gamma \rightarrow \mathcal{P}(S \times \Gamma^*)$（の有限集合：
　　　　　部分関数でも構わない）

　　　F：S の部分集合で終了状態の集合（空集合の場合もあり得る）

入力記号がテープ上に一次元で与えられ，記号を 1 つずつ順に（通常，左から右へ）読み取っていくのは有限状態オートマトンと同様である．初期状態でスタックには初期スタック記号 Z が入っており，[22] 状態遷移関数は現在の状態と入力記号と最上位のスタック記号に応じて状態を遷移し，スタックの最上位にさらに記号を積み重ねて追加するプッシュ操作（push），スタックの最上位のスタック記号を削除するポップ操作（pop），あるいはスタックには何もしないということが許されている．

　有限状態オートマトンと同様，テープ上の入力記号列が全て読み取られ，終了状態にあれば，その入力記号列は受理されるが，プッシュダウン・オートマトンの場合は，入力記号列を全て読み切り，スタックが空になれば受理したと見なすこともある．後者の場合は，終了状態 F の定義は不要であるが，いずれの受理方式のプッシュダウン・オートマトンも等価である．

　(16) で見たような $\{a^n cb^n\}$ のパターンは，以下のような状態遷移関数 $\varDelta$ を持つ図 4 に示されたプッシュダウン・オートマトン $M_2 = \langle\{a, b, c\}, \{s_0, s_1, s_2\}, \{Z, 0\}, s_0, Z, \varDelta, \{s_2\}\rangle$ で受理できる．[23]

(19)　$\delta_1(s_0, a, Z) \rightarrow (s_0, Z0)$　　　$\delta_2(s_0, a, 0) \rightarrow (s_0, 00)$　　　$\delta_3(s_0, c, 0) \rightarrow$
　　　　$(s_1, 0)$　　　$\delta_4(s_1, b, 0) \rightarrow (s_1, \varepsilon)$　　　$\delta_5(s_1, \varepsilon, Z) \rightarrow (s_2, \varepsilon)$

状態遷移関数 δ_1 は，初期状態 s_0 で入力記号に a，スタック記号に初期スタック記号 Z を読んだ場合，状態は更新せず s_0 のままスタックに 0 をプッシュ（積み重ねて追加）することを指定している．ε は空記号（列）で，状態遷移関数 δ_4 は，初期状態 s_1 で入力記号に b，スタック記号に 0 を読んだ場合，状態

---

[22] 初期スタック記号 Z を設定せず，プッシュダウン・オートマトンを六つ組で定義する場合もある．その場合，初期状態でスタックは空だと想定する．

[23] ここでは，入力記号とスタック記号をそれぞれ小文字アルファベットと数字に分けているが，あくまで説明のためであり，同じ文字種でも，混在しても構わない．

s_1 のまま，スタックの最上位の記号を ε で上書きする，ポップ（消去）することを指定している．状態遷移関数 δ_3 は，初期状態 s_0 で入力記号に c，スタック記号に 0 を読んだ場合，状態 s_1 に遷移するが，スタックは 0 のまま，何の操作もしないことを指定している．

　図 4，(18)，(19) で指定されたプッシュダウン・オートマトンは，例えば {aaacbbb} を受理するとき，以下のような遷移を経ることになる．

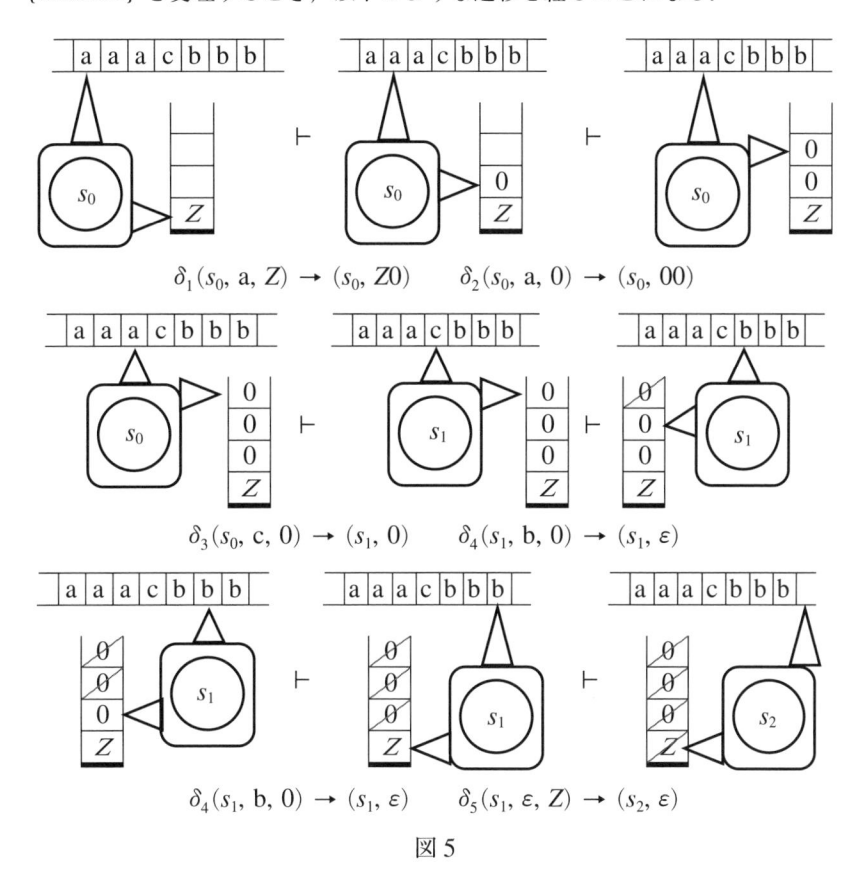

図 5

a の数だけスタックに 0 をプッシュし，b の数だけスタックから 0 をポップすることにより，a と b を同数にすることができる．

　図 4・5，(18)，(19) で提示したプッシュダウン・オートマトンは決定性のものだが，有限状態オートマトンの場合とは異なり，決定性と非決定性のプッシュダウン・オートマトンは等価ではない．例えば，中心を持つ奇数長の回文

$\{wcw^R \in \{a, b, c\}: w \in \{a, b\}^*\}$ は決定性プッシュダウン・オートマトンでも受理可能だが，中心のない偶数長の回文 $\{ww^R \in \{a, b\}: w \in \{a, b\}^*\}$ は非決定性プッシュダウン・オートマトンでないと受理できない．中心が分からなければ，プッシュからポップへの切り替えを推測で試し，間違っていればバックトラックしてやり直せる非決定性でないと不可能である．

　非決定性プッシュダウン・オートマトンで受理できる言語は文脈自由言語 (context-free language) と呼ばれ，文脈自由文法 (context-free grammar) により生成される (Chomsky (1962))．前節で見た正則言語も文脈自由言語に含まれ，無向を含めた線形文法は文脈自由文法に含まれる．線形文法と同様，文脈自由文法も次の四つ組で定義される．

(20)　V_T：　終端記号 (terminal vocabulary) の空ではない有限集合
　　　　V_N：非終端記号 (non-terminal vocabulary) の空ではない有限集合
　　　　S：　開始記号 (start symbol) で V_N の要素
　　　　P：　書換規則の空ではない有限集合

　文脈自由文法での書換規則は，一般に $X \rightarrow \gamma(X \in V_N, \gamma \in (V_T \cup V_N)^*)$ という１つの非終端記号 X が γ という終端記号と非終端記号の和集合要素のクリーネ・スターによる記号列（終端記号と非終端記号の混在でも構わない）の型を持つが，いわゆるチョムスキー標準形 (Chomsky normal form: Chomsky (1959)) では以下の３種の型に集約される．[24]

(21) a.　$X \rightarrow YZ$　　　　b.　$X \rightarrow x$　　　　c.　$S \rightarrow \varepsilon$

例えば，$\{a^n b^n\}$ という決定性プッシュダウン・オートマトンでは受理できない文脈自由言語を生成する文脈自由文法 $G_2 = \langle\{a, b\}, \{S, A, B, C\}, S, P\rangle$ で，書換規則の集合 P は以下のようになる．

(22)　　$P = \left\{ \begin{array}{ll} p_1: S \rightarrow AC & p_3: A \rightarrow a \\ p_2: C \rightarrow SB & p_4: B \rightarrow b \\ & P_5: S \rightarrow \varepsilon \end{array} \right\}$

　自然言語が文脈自由言語の域を越えてしまう例として，連続交差依存性 (cross-serial dependencies) を示すスイス・ドイツ語における目的語に対する

---

[24] (21c) を含めない場合もある．また，もう１つの文脈自由文法の標準形として，Greibach 標準形 (Greibach normal form: Greibach (1965)) と呼ばれるものがあり，$X \rightarrow xY^*$ の型で表される．

格支配 (Huybregts (1984)，Shieber (1985)) や，バンバラ語での畳語現象 (Culy (1985)) が報告されている．前者には，以下のような例が挙げられている (Shieber *op. cit.*)．

(23)

Jan säit das mer d'chind　　　em Hans es huus　　　haend wele　laa hälfe aastriiche.
Jan said that we　the-children.ACC Hans.DAT the house.ACC have　wanted let　help　paint
'Jan said that we have wanted to let the children help Hans paint the house.'

対象となっているスイス・ドイツ語では，動詞 *hälfe* 'help' は目的語 *em Hans* に与格を要求し，*laa* 'let' は *d'chind* 'the children' に，*aastriiche* 'paint' は *es huus* 'the house' にそれぞれ対格を要求する．英語訳では動詞と目的語の依存関係が交差していないのに対して，スイス・ドイツ語では交差していることが分かる．前節 (16) で見た，入れ子状の依存関係とも異なる．

　原理的に，対格目的語 a^* が与格目的語 b^* に先行し，(他の要素を挟んで) 対格付与動詞 c^*，与格付与動詞 d^* の順に幾つでも続くことができるが，a と c，b と d はそれぞれ同数でなければならない．これは，文脈自由言語を超える $\{a^m b^n(x) c^m d^n\}$ のパターンである (Hopcroft and Ullman (1979: 128))．

　回文 $\{w(c)w^R\}$ の一種である $\{a^m b^n(x) c^n d^m\}$ は文脈自由言語であるが，a と d，b と c がそれぞれ同数で依存関係が交差せず入れ子になっている．いわゆる中心埋込 (center embedding) の依存関係で，これはプッシュダウン・スタックの後入れ先出しの性質により，中心から鏡像的に記憶を利用するからである．

4.3.　線形有界オートマトン，文脈依存言語，文脈依存文法

　前節で見た $\{a^m b^n(x) c^m d^n\}$ は文脈依存言語に分類されるが，文脈依存言語を受理するオートマトンは線形拘束，もしくは線形有界オートマトン (linear bounded automaton) と呼ばれ，簡略すれば，入力記号列の長さ n に対して，記憶記号列の長さが n の線形関数 $(an+b)$ 以内に収まっているチューリング機械であると考えることができる (Myhill (1960))．図 4 のプッシュダウン・スタックに倣って，記憶テープを入力テープから独立させた，2 テープ・チューリング機械として視覚的にイメージし易い状態遷移図で示すと次のようなものになる．[25]

---

[25] 単テープ・チューリング機械では，入力テープに記憶記号を書き込んで記憶テープとしても使用する．

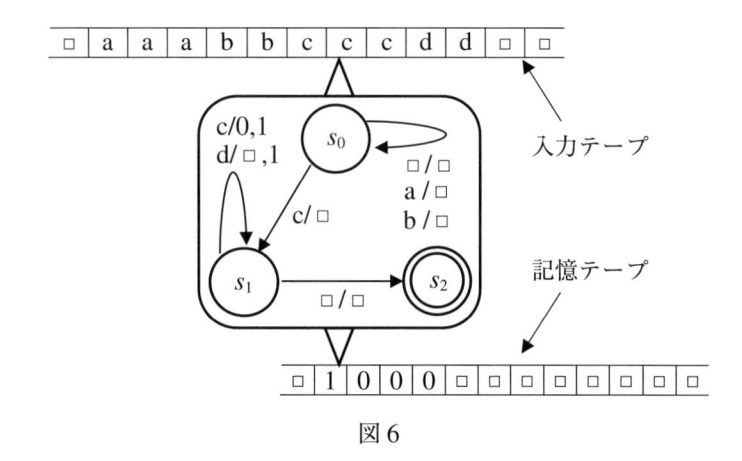

図 6

2 テープ・チューリング機械は，以下の $\langle\Sigma, S, \Gamma, s_0, \square, \Delta, F\rangle$ の七つ組で定義される．

(24)　Σ：　入力記号の有限集合

　　　S：　状態の空ではない有限集合

　　　Γ：　記憶記号の有限集合

　　　s_0：　S の要素でもある初期状態

　　　$\square$：　Γ の要素でもある空記号

　　　Δ：　状態遷移関数 $(S\backslash F) \times \Sigma \times \Gamma \rightarrow \mathcal{P}(S \times \Sigma \times \Gamma \times {}^{\Sigma}\{\text{N, R}\} \times {}^{\Gamma}\{\text{L, N, R}\})$

　　　F：　S の部分集合で終了状態の集合（空集合の場合もあり得る）

入力記号が入力テープ上に一次元で与えられ，記号を 1 つずつ順に（通常，左から右へ）読み取っていくのは有限状態オートマトンやプッシュダウン・オートマトンと同様である．[26] 初期状態では記憶テープは（入力テープの入力記号以外の部分も）空記号□で埋まっており，つまり実質的には記憶記号は何も書き込まれていない．状態遷移関数は現在の状態と入力記号と記憶記号に応じて状態を遷移し，記憶テープ上に記憶記号を書き込み，記憶テープ上の読み書きカーソル・ヘッドを一記号分左に移動する（L），右に移動する（R），もしくは

---

[26] 単テープ線形有界オートマトンの場合，入力記号に左端と右端を示す 2 つの特殊記号が含まれ，読み書きカーソル・ヘッドは入力テープ上を（記憶テープでもある）左・右へ 1 記号分ずつ移動できるが，両端を示す特殊記号を超えては移動できない．また，これらの特殊記号は，空記号を含め他の記号で上書きできない．

移動しない（N）ことが許されている.[27] 記憶記号は上書き可能で，空記号 □ を上書きすれば，記憶記号を消去したことになる.

記憶記号列の長さは，常に入力記号列の長さ n の線形関数（$an+b$）以内に収まっていることが線形有界の条件であり，それ以上の記憶領域を要した場合，単なる2テープ・チューリング機械となってしまい，文脈依存言語の域を超えるものも受理できることになる.

有限状態オートマトンやプッシュダウン・オートマトンと同様，入力記号列が全て読み取られ，終了状態にあれば，演算は停止し，その入力記号列は受理される.

例えば，$\{a^m b^n c^m d^n\}$ のパターンは以下のような状態遷移関数 Δ を持つ図6に示された線形有界オートマトン $M_3 = \langle\{a, b, c, d\}, \{s_0, s_1, s_2\}, \{□, 0, 1\}, s_0, □, \Delta, \{s_2\}\rangle$ で受理される.

(25) 　$\delta_1(s_0, □, □) \rightarrow (s_0, □, □, {}^\Sigma R, {}^\Gamma R)$　　$\delta_2(s_0, a, □) \rightarrow (s_0, a, 0, {}^\Sigma R, {}^\Gamma L)$

　　　　$\delta_3(s_0, b, □) \rightarrow (s_0, b, 1, {}^\Sigma R, {}^\Gamma L)$　　$\delta_4(s_0, c, □) \rightarrow (s_1, c, □, {}^\Sigma N, {}^\Gamma R)$

　　　　$\delta_5(s_1, c, 1) \rightarrow (s_1, c, 1, {}^\Sigma R, {}^\Gamma R)$　　$\delta_6(s_1, c, 0) \rightarrow (s_1, c, □, {}^\Sigma R, {}^\Gamma R)$

　　　　$\delta_7(s_1, d, □) \rightarrow (s_1, d, □, {}^\Sigma N, {}^\Gamma L)$　　$\delta_8(s_1, d, 1) \rightarrow (s_1, d, □, {}^\Sigma R, {}^\Gamma L)$

　　　　$\delta_9(s_1, □, □) \rightarrow (s_2, □, □, {}^\Sigma N, {}^\Gamma N)$

状態遷移関数 δ_1 は，初期状態 s_0 で入力記号，記憶記号がともに空 □ のあいだ，初期状態 s_0 のまま読み書きカーソル・ヘッドは入力テープ上，記憶テープ上をともに右（R）に移動し続ける. 状態遷移関数 δ_2 は，初期状態 s_0 で入力記号がa，記憶テープが空 □ の場合，状態は初期状態 s_0，入力記号は a のまま記憶テープに0を書き込み，読み書きカーソル・ヘッドを入力テープ上は右（R）に，記憶テープ上は左（L）に一記号分ずつ移動させる. 状態遷移関数 δ_3 は，初期状態 s_0 で入力記号に b，記憶テープが空 □ の場合，状態は初期状態 s_0，入力記号は b のまま記憶テープに1を書き込み，読み書きカーソル・ヘッドを入力テープ上は右（R）に，記憶テープ上は左（L）に一記号分ずつ移動させる.

ここまで，この線形有界オートマトン M_3 は初期状態 s_0 のまま入力に a と b を読み込んでいき，記憶テープには a と b の個数分それぞれ0と1を入力

---

[27] あるいは記憶テープを一記号分ずつ左・右に送ると考えても良い. その場合は L, R は逆になる. 一般の単テープ・チューリング機械の場合，読み書きカーソル・ヘッドを移動しない（N）という選択はなく，遷移ごとに左・右いずれかに移動する，あるいは入力（記憶）テープを送るのが通例である.

とは逆順（鏡像）で記憶していくことになる.

　状態遷移関数 δ_4 は，初期状態 s_0 で入力記号が c，記憶記号が空 □ の場合，状態を s_1 に遷移し，入力記号は c，記憶テープは空 □ のまま読み書きカーソル・ヘッドを入力テープ上は移動させず（N），記憶テープ上は右（R）に反転して一記号分移動させる.

　状態遷移関数 δ_5 は，状態 s_1 で入力記号が c，記憶記号に 1 を読み取った場合，状態は s_1，入力記号は c，記憶記号も 1 のまま読み書きカーソル・ヘッドを入力テープ上，記憶テープ上ともに右（R）に一記号分ずつ移動させる.状態遷移関数 δ_6 は，状態 s_1 で入力記号が c，記憶記号に 0 を読み取った場合，状態は s_1，入力記号は c のまま，記憶記号の 0 を空記号 □ に書き換え（0 を消去し），読み書きカーソル・ヘッドを入力テープ上，記憶テープ上ともに右（R）に一記号分ずつ移動させる.

　つまり，入力に c を読み取った場合，状態を s_1 に遷移し，記憶記号の読み取りを右（R）に反転させ，入力から読み込んだ b の個数分の 1 はスキップし，入力から読み取った a の個数分の 0 を消去しながら，読み書きカーソル・ヘッドを入力テープ上，記憶テープ上ともに右（R）に一記号分ずつ移動させる.これで a の個数分の 0 と c の個数を一致させている.

　状態遷移関数 δ_7 は，状態 s_1 で入力記号に d，記憶記号に □ を読み取った場合，状態 s_1，入力記号は d，記憶記号も □ のまま，入力テープ上は読み書きカーソル・ヘッドは移動させず（N），記憶テープ上は反転して左（L）に一記号分ずつ移動させていく.状態遷移関数 δ_8 は，状態 s_1 で入力記号に d，記憶記号に 1 を読み取った場合，状態は s_1，入力記号は d のまま，記憶記号の 1 を空記号 □ に書き換え（1 を消去し），読み書きカーソル・ヘッドを入力テープ上は右（R）に，記憶テープ上は左（L）に一記号分ずつ移動させる.これで b の個数分の 1 と d の個数を一致させることができる.

　状態遷移関数 δ_9 は，状態 s_1 で入力記号，記憶記号ともに □ を読み取った場合，終了状態 s_2 に遷移し，読み書きカーソル・ヘッドは移動せず，オートマトンは停止する.

　図 6，(24)，(25) で指定された線形有界オートマトンは，例えば $\{a^3b^2c^3d^2\}$ を受理するとき，以下のような遷移を経ることになる.

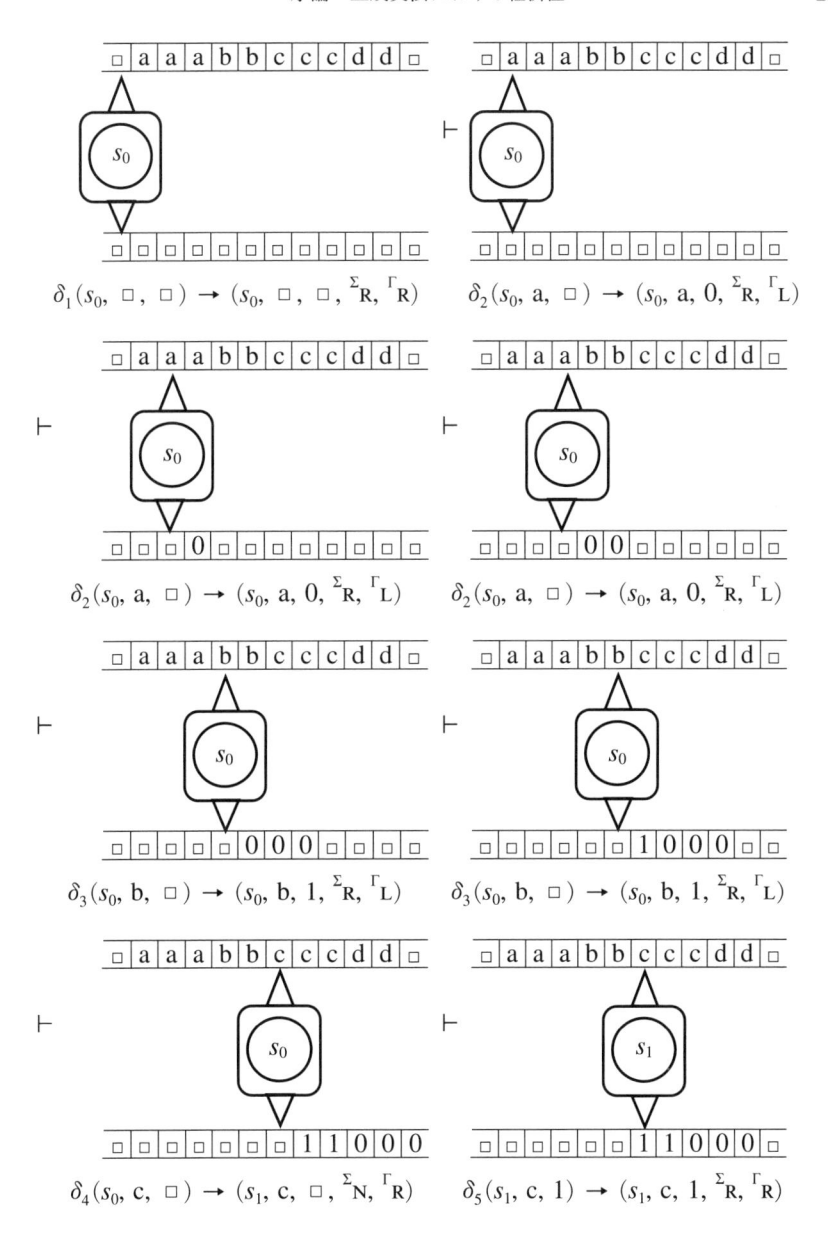

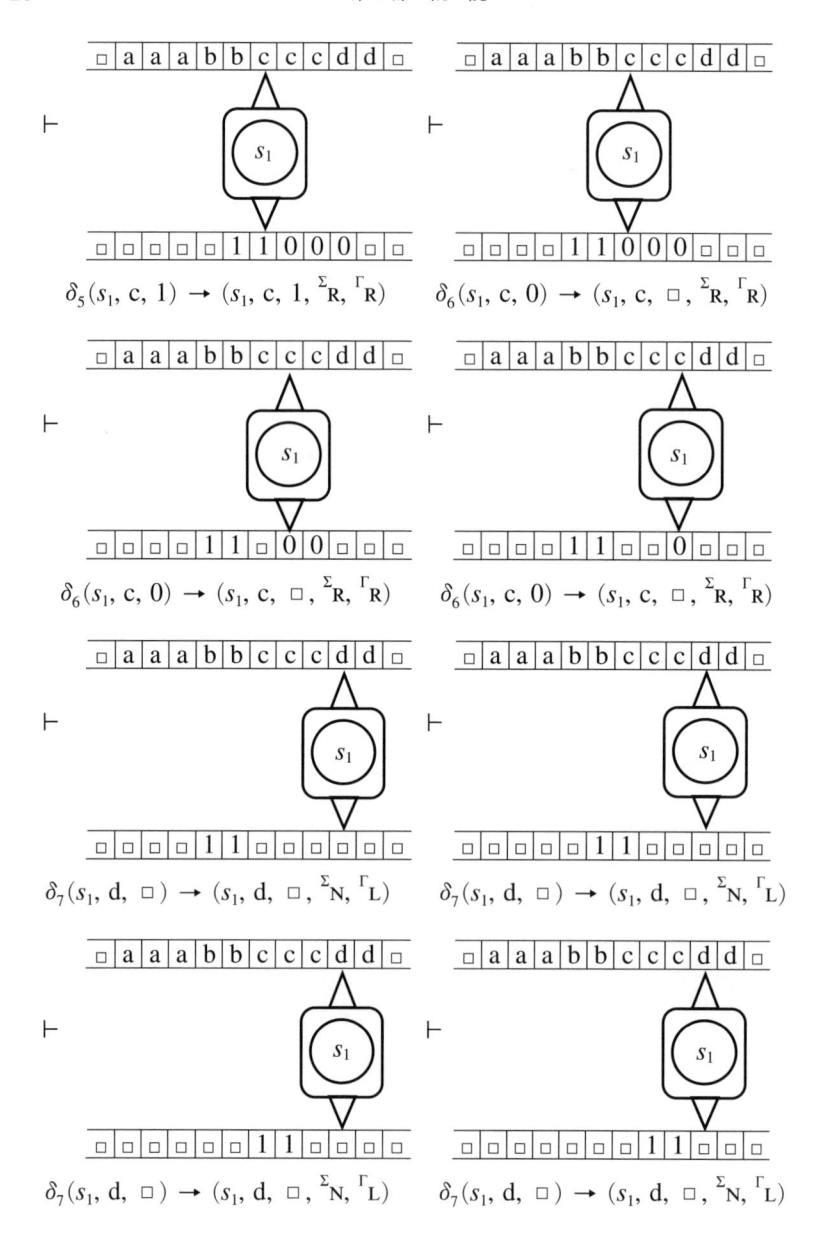

$\delta_5(s_1,\ \text{c},\ 1) \rightarrow (s_1,\ \text{c},\ 1,\ {}^{\Sigma}\text{R},\ {}^{\Gamma}\text{R})$　　　$\delta_6(s_1,\ \text{c},\ 0) \rightarrow (s_1,\ \text{c},\ \square,\ {}^{\Sigma}\text{R},\ {}^{\Gamma}\text{R})$

$\delta_6(s_1,\ \text{c},\ 0) \rightarrow (s_1,\ \text{c},\ \square,\ {}^{\Sigma}\text{R},\ {}^{\Gamma}\text{R})$　　　$\delta_6(s_1,\ \text{c},\ 0) \rightarrow (s_1,\ \text{c},\ \square,\ {}^{\Sigma}\text{R},\ {}^{\Gamma}\text{R})$

$\delta_7(s_1,\ \text{d},\ \square) \rightarrow (s_1,\ \text{d},\ \square,\ {}^{\Sigma}\text{N},\ {}^{\Gamma}\text{L})$　　　$\delta_7(s_1,\ \text{d},\ \square) \rightarrow (s_1,\ \text{d},\ \square,\ {}^{\Sigma}\text{N},\ {}^{\Gamma}\text{L})$

$\delta_7(s_1,\ \text{d},\ \square) \rightarrow (s_1,\ \text{d},\ \square,\ {}^{\Sigma}\text{N},\ {}^{\Gamma}\text{L})$　　　$\delta_7(s_1,\ \text{d},\ \square) \rightarrow (s_1,\ \text{d},\ \square,\ {}^{\Sigma}\text{N},\ {}^{\Gamma}\text{L})$

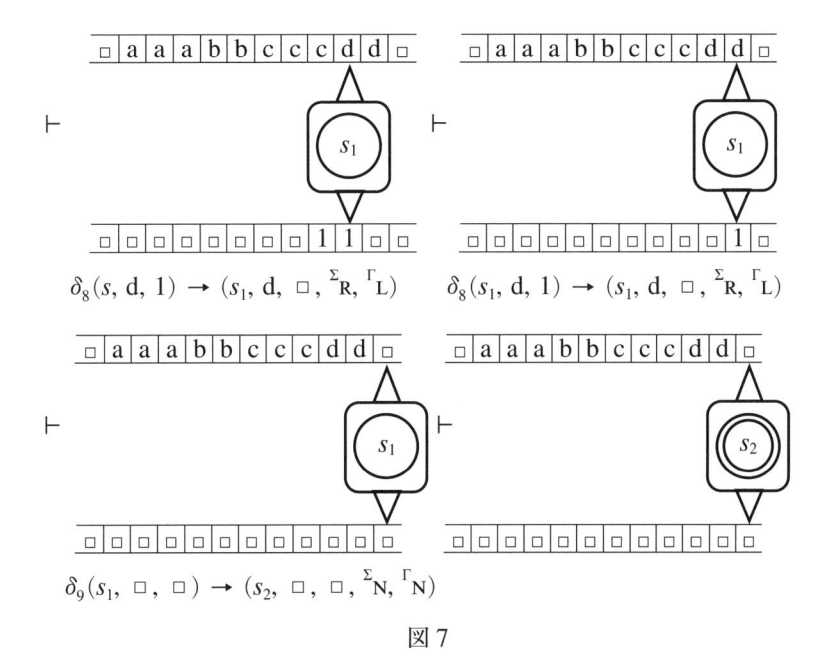

$$\delta_8(s, \mathrm{d}, 1) \rightarrow (s_1, \mathrm{d}, \square, {}^{\Sigma}\mathrm{R}, {}^{\Gamma}\mathrm{L})$$

$$\delta_8(s_1, \mathrm{d}, 1) \rightarrow (s_1, \mathrm{d}, \square, {}^{\Sigma}\mathrm{R}, {}^{\Gamma}\mathrm{L})$$

$$\delta_9(s_1, \square, \square) \rightarrow (s_2, \square, \square, {}^{\Sigma}\mathrm{N}, {}^{\Gamma}\mathrm{N})$$

図7

　図6・7，(24)，(25) で見た線形有界オートマトンは決定性のものであるが，非決定性のものと等価であるか否かは未だ判っていない．非決定性線形有界オートマトンが受理する形式言語は文脈依存言語 (context-sensitive language) と呼ばれ，上で見た連続交差依存の $\{\mathrm{a}^m\mathrm{b}^n(x)\mathrm{c}^m\mathrm{d}^n\}$ の他，$\{\mathrm{a}^n\mathrm{b}^n\mathrm{c}^n\}$ や $\{w(\mathrm{c})w \mid w \in \{\mathrm{a, b}\}^+\}$，それらの上位集合 $\{w \in \{\mathrm{a, b, c}\}^+: |\mathrm{a}| = |\mathrm{b}| = |\mathrm{c}|\}$，$\{w^+: w = \Sigma^+\}$ なども文脈依存言語である。[28]

　文脈依存言語を生成する文脈依存文法 (context-sensitive grammar: Landweber (1963)，Kuroda (1964)) も，有向線形文法や文脈自由文法と同様，次の $\langle V_T, V_N, S, P \rangle$ の四つ組で定義される．

(26)　V_T : 終端記号 (terminal vocabulary) の空ではない有限集合

　　　　V_N : 非終端記号 (non-terminal vocabulary) の空ではない有限集合

　　　　S : 　開始記号 (start symbol) で V_N の要素

---

[28] $\{\mathrm{a}^n\mathrm{b}^n\mathrm{c}^n\}$ や中心のある $\{wcw\}$ を受理する決定性線形有界オートマトンは比較的容易に構築できるが，中心のない $\{ww\}$ やその上位集合である $\{w^+: w = \Sigma^+\}$，$\{\mathrm{a}^n\mathrm{b}^n\mathrm{c}^n\}$ の上位集合である $\{w \in \{\mathrm{a, b, c}\}^*: |\mathrm{a}| = |\mathrm{b}| = |\mathrm{c}|\}$ を受理する決定性線形有界オートマトンを構築するのは容易ではない．$\{w \in \{\mathrm{a, b, c}\}^*: |\mathrm{a}| = |\mathrm{b}| = |\mathrm{c}|\}$ は Bach (1981) が取り上げた a, b, c の記号を同数であるが，$\{\mathrm{a}^n\mathrm{b}^n\mathrm{c}^n\}$ とは異なり順不同で含んだ記号列の集合である (Pullum (1983))．

　　　P：　書換規則の空ではない有限集合

文脈依存文法の書換規則は，その名の由来でもある，適用可能な"文脈"（環境）が指定された以下の形式を持つ（Chomsky (1959)）.

(27)　$\alpha X \beta \rightarrow \alpha \gamma \beta$　　　$(X \in V_N, \alpha, \beta \in (V_N \cup V_T)^*, \gamma \in (V_N \cup V_T)^+)$[29]

終端記号と非終端記号の和集合要素のクリーネ・スターによる記号列（終端記号と非終端記号の混在で，空でも構わない）α と β という"文脈"に挟まれた非終端記号 X を，γ という終端記号と非終端記号の和集合要素のクリーネ・プラスによる記号列（終端記号と非終端記号の混在でも構わないが，空ではない）に書換える.

　　同じ文脈依存言語を生成する等価なものとして，単調文法 (monotonic grammar) と呼ばれるものがあり，以下のような形式を持つ.

(28)　$\alpha \rightarrow \beta$　　$(|\alpha| \leq |\beta|)$

これは，書換規則の適用により記号列の長さが減少することがない単調非減少 / 単調増加 (monotone non-decreasing / monotone increasing) の条件が課されているものである.[30]

　　連続交差依存の $\{a^m b^n c^m d^n\}$ は単調文法（＝文脈依存文法）$G_3 = \langle \{a, b, c, d\},$ $\{S, A, B, C, D\}, S, P \rangle$ で，以下のような書換規則の集合 P で生成される.[31]

(29)
$$P = \left\{ \begin{array}{lll} & p_2: A \rightarrow aAC & p_5: D \rightarrow Bd & p_8: bB \rightarrow bb \\ p_1: S \rightarrow AD & p_3: A \rightarrow aC & p_6: CB \rightarrow BC & p_9: Cd \rightarrow cd \\ & p_4: D \rightarrow BDd & p_7: aB \rightarrow ab & p_{10}: Cc \rightarrow cc \end{array} \right\}$$

例えば，$\{a^3 b^2 c^3 d^2\}$ の派生の 1 つは，

(30)　$S \Rightarrow AD \Rightarrow aACD \Rightarrow aaACCD \Rightarrow aaaCCCD \Rightarrow aaaCCCBDd$
　　　　　p_1　　　p_2　　　　p_2　　　　　p_3　　　　　　p_4

---

[29] 音韻規則や語彙挿入規則では，$X \rightarrow \gamma / \alpha$ ＿ β の表記で用いられることが多い.

[30] 3.2 節 (6), (7) で見た Chomsky (2021a) の最小出力条件 (Minimal Yield) を想起させるが，文脈依存文法レベルの制約であることが推認される.

[31] p_6: $CB \rightarrow BC$ は文脈依存書換規則の形式 (27) にはなっていないが，他の記号を用いて規則を増やすことによって文脈依存書換規則の形式に変換することができる. ここでは例示が複雑になるので，単調文法の書換規則の形式に留める.

$\Rightarrow$ aaa$CCCBB$dd $\Rightarrow$ aaa$CCBCB$dd $\Rightarrow$ aaa$CCBBC$dd

p_5　　　　　　　　p_6　　　　　　　　p_6

$\Rightarrow$ aaa$CBCBC$dd $\Rightarrow$ aaa$CBBC$dd $\Rightarrow$ aaa$BCBC$dd

p_6　　　　　　　　p_6　　　　　　　　p_6

$\Rightarrow$ aaa$\mathbf{B}BCC$dd $\Rightarrow$ aaa$\mathbf{b}BCC$dd $\Rightarrow$ aaabbCCd $\Rightarrow$ aaabbCcdd

p_6　　　　　　　　p_7　　　　　　　p_8　　　　　　p_9

$\Rightarrow$ aaabbcccdd

p_{10}

となる.

　生成規則の右辺に S が出現しないことを条件に，$S \rightarrow \varepsilon$ という書換規則を (27)，(28) に認める場合もあるが，文脈依存規則はいわゆる黒田標準系 (Kuroda normal form: Kuroda (1964)) では以下の 3 種に集約することができる.[32]

　(31) a.　$AB \rightarrow CD$　　　b.　$A \rightarrow BC$　　　c.　$A \rightarrow a$

4.4.　チューリング機械，帰納的可算言語，無制限文法

　前節で見た 2 テープ線形有界オートマトンの記憶テープ領域の制限を外せば，演算複雑性の評価に用いる 2 テープ・チューリング機械となる．多テープ・チューリング機械は，入力テープを記憶テープとして用いることによって等価の単テープ・チューリング機械に還元でき，通常，単に「チューリング機械」とを言うときは単テープ・チューリング機械を指すのが一般的である．チューリング機械にも決定性と非決定のものがあるが，非決定性チューリング機械で演算可能な問題は，決定性のものでも演算可能であるという点で等価で

---

[32] (31a) を $AB \rightarrow AD$ に置き換えた，Penttonen 標準形 (Penttonen normal form: Penttonen (1974)) もある．また，(31a) の代わりに，$S \rightarrow \varepsilon$ という書換規則にすれば，チョムスキー標準形の文脈自由文法 (21) となる．一見，文脈依存文法の言語生成能力は文脈自由文法に (29) の p_6: $CB \rightarrow BC$ のような非終端記号の入替規則を追加したものと等価ではないかという疑問が浮かぶが (Chomsky (1963))，そのような文法では例えば文脈依存言語である $\{a^n b^n c^n\}$ は生成できない (Sillars (1968))．しかし，文脈自由文法の書換規則に適用順序に制限を加えると，$\{a^n b^n c^n\}$ のような文脈依存言語も生成可能になる．そのように文脈自由文法の書換規則の適用順序に制限を加えた文法として，配列文法 (matrix grammar: Abraham (1965))，制御集合付き文脈自由文法 (context-free grammar with control sets: Ginsburg and Spanier (1968))，プログラム化文法 (programmed grammar: Rosenkrantz (1969)) などが挙げられる．

ある．ただし，演算時間複雑性の観点からは，3.2 節で見たように等価である
か否かは未だ判明していない（P $\overset{?}{=}$ NP）．チューリング機械とその入力を，別
のチューリング機械の入力として構成することで万能チューリング機械（Uni-
versal Turing Machine）と呼ばれるものも構築でき，それもまた演算能力と
しては等価である．

　チューリング機械が停止して受理する言語は帰納的可算言語/集合（recur-
sively enumerable language/set）と呼ばれるが，入力記号列が帰納的可算言
語に含まれない場合，停止して却下するとは限らず，無限ループに陥って停止
しないかもしれない．これが停止問題（halting problem）と呼ばれるものであ
る．この帰納的可算言語/集合に収まっていることが，「演算可能」の範囲と考
えられている（脚注 13 参照）．

　チューリング機械が無限ループに陥らず必ず停止し，受理するか却下するか
を決定できる場合，受理される言語は帰納的言語/集合（recursive language/
set）と呼ばれ，全ての帰納的言語は帰納的可算言語に含まれ，文脈依存言語，
文脈自由言語，正則言語を含む．

　帰納的可算言語を生成する形式文法は無制限文法と呼ばれ，$\alpha \rightarrow \beta$ の形を
持ち，α が空記号でない少なくとも 1 つの非終端記号を含むこと以外に制限は
ない．黒田標準形もしくは Penttonen 標準形に $S \rightarrow \varepsilon$ という書換規則を加え
れば，無制限文法の標準形となる．[33]

5.　チョムスキー階層，弱文脈依存性，生成能力，木オートマトン

　前節で見てきたオートマトン，形式言語，形式文法の古典的な対応関係は，
上位が下位を包摂するチョムスキー階層として知られている（Chomsky hier-
archy: Chomsky (1956, 1959)，Chomsky and Schützenberger (1963)）．[34]

---

[33] 他に，Geffert 標準形と呼ばれる以下の 5 種が知られている（Geffert (1991)）.
- (i)　a.　$S \rightarrow \alpha$　　　b.　$AB \rightarrow \varepsilon$　　　c.　$CD \rightarrow \varepsilon$
- (ii)　a.　$S \rightarrow \alpha$　　　b.　$AB \rightarrow \varepsilon$　　　c.　$CC \rightarrow \varepsilon$
- (iii)　a.　$S \rightarrow \alpha$　　　b.　$AA \rightarrow \varepsilon$　　　c.　$BBB \rightarrow \varepsilon$
- (iv)　a.　$S \rightarrow \alpha$　　　b.　$ABC \rightarrow \varepsilon$
- (v)　a.　$S \rightarrow \alpha$　　　b.　$ABBBA \rightarrow \varepsilon$

[34] 厳密には，タイプ 1 に空記号列 ε は含まれないが，階層が真包摂となるよう，便宜上含
めて考える．

タイプ 0	チューリング機械	帰納的可算言語	無制限文法
タイプ 1	非決定性線形有界オートマトン	文脈依存言語	文脈依存文法
タイプ 2	非決定性プッシュダウン・オートマトン	文脈自由言語	文脈自由文法
タイプ 3	有限状態オートマトン	正則言語	有向線形文法

表 2

4.2 節で自然言語が示す連続交差依存性はタイプ 2 には収まりきらないことを見たが (23)，タイプ 1 の上限は遥かに複雑で過剰であり，自然言語の殆どの表現はタイプ 2 の範囲に収まっている．(23) のような連続交差依存性を扱うことができるものとして，木接合文法 (Tree Adjunct Grammar: Joshi, Levy and Takahashi (1975)；Tree-Adjoining Grammar: Joshi (1985), Vijay-Shanker (1987))，主辞文法 (Head Grammar: Pollard (1984))，線形指標付文法 (Linear Indexed Grammar: Gazdar (1988))，組合せ範疇文法 (Combinatory Categorial Grammar: Ades and Steedman (1982)，Szabolcsi (1987)) 等が提案されてきたが，これらは同じクラスの言語，弱文脈依存言語 (mildly context-sensitive language) を生成する弱文脈依存文法 (mildly context-sensitive grammar) であることが知られており (Joshi, Vijay-Shanker and Weir (1991))，埋込プッシュダウン・オートマトン (embedded push-down automaton: Vijay-Shanker (1987))[35] で受理される自然なクラスを成している．

Joshi (1985) は弱文脈依存性の要件として以下の性質を挙げている．

(32) a. 全ての文脈自由言語を含んでいる．
　　 b. 限定された種類の連続交差依存性を捉えることができる．
　　 c. 多項式時間内で判定できる．
　　 d. 定数増加特性を持つ．

これらの特性を持つが，上述の弱文脈依存文法では生成できない $\{a^n b^n c^n\}$ や $\{ww \mid w \in \{a, b\}^+\}$ も (32) の要件を満たしているが，それらが生成可能な，より高い能力を持つ文法として線形文脈自由書換系 (linear context-free rewriting system: Weir (1988))，多重文脈自由文法 (multiple context-free

---

[35] 埋込プッシュダウン・オートマトンは，プッシュダウン・スタックの中に，入れ子にならないよう並列に複数のプッシュダウン・スタック持つプッシュダウン・オートマトンである．

grammar: Seki, Matsumura, Fujii and Kasami (1991)), 複式構成木接合文法
(multicomponent tree-adjoining grammars: Vijay-Shanker, Weir and Joshi
(1987)), 極小主義文法 (minimalist grammars: Stabler (1996), Michaelis
(1998), Harkema (2001), Lecomte and Retoré (2001)) 等が提案されてい
る. これらの文法クラスは, (30d) の定数増加性ではなく, 半線形 (semilin-
ear) 増加性を持ち (Vijay-Shanker, Weir and Joshi (1987)), 制限付き木ス
タック・オートマトン (restricted tree stack automaton: Golubski and Lipp
(1990), Denkinger (2016)) で受理されることが知られている.

中国語方言での数詞表現 (Radzinski (1991)) やドイツ語での掻き混ぜ語順
(Becker, Rambow and Niv (1992)) は半線形増加文法では生成できないとし
て, Boullier (1998, 1999) は領域連結文法 (range concatenation grammar)
を提案しており, Michaelis and Kracht (1997) は, 古ジョージア語 (Old
Georgian) における属格多重接尾現象 (Boeder (1995)) には半線形増加以上
の文法が必要であり, 単純逐語移動文法 (simple literal movement grammar:
Groenink (1997)) が適しているだろうと主張している (Jäger and Rogers
(2012)).

これらの半線形以上の増加を示す文法は多項式時間文法 (polynomial-time
grammar) と呼ばれ, $\{a^{2^n}\}$ や $\{w^n \mid w \in \{a, b\}^+\}$, $n > 2$ のような指標付言
語 (indexed language) を生成する指標付文法 (indexed grammar: Aho (1968))
をも超えてしまい,[36] もはや弱文脈依存とは言えないが, 上記の経験的データ
とそれらの言語学的分析については議論の余地が残るところである.

ここまでの文脈依存文法の下位階層の関係は以下のようになる.

(33) 弱文脈依存文法 ⊆ 半線形増加文法 ⊆ 指標付文法 ⊆
    多項式時間文法 ⊆ 文脈依存文法

階層間の包摂が真であるか否かは不明であるが, 自然言語は, これまで言われ
ていた木接合文法を代表とする弱文脈依存クラスを超え, 少なくとも半線形増
加クラスではないかと考えられる.

---

[36] 指標付言語は, 一方向入れ子スタック・オートマトン (one-way nested stack automaton:
Aho (1969)) で受理でき, 異なる観点から提案されているマクロ文法 (macro grammar:
Fischer (1968)), 反復入れ子スタック・オートマトン (nested iterated stack automaton:
Greibach (1970)) との等価性が示されており, 代数的一般化 (Maibaum (1974)), 指標付文
法への反復補題 (pumping lemma: Bar-Hillel, Perles and Shamir (1961)) の一般化 (Hayashi
(1973)), 縮減補題 (shrinking lemma: Gilman (1966)) が適用可能であるなど, タイプ 1 内
の自然な真部分階層を成していると考えられる (Hopcroft and Ullman (1979)).

　自然言語を弱文脈依存クラス，もしくは半線形増加クラスまでの文脈自由文法の拡張に留めようとするのは，演算量の問題も含めて，文脈依存文法では多重支配や枝交差など，必ずしも構成素に基づく木構造と対応させることが出来ない場合があるからである（Stabler (2004)）．自然言語は単なる記号列ではなく，階層構造を持っており，木構造で表すことができる．[37] この違いは，Chomsky (1963) が提示した弱生成能力（weak generative capacity）と強生成能力（strong generative capacity）との違いであり，ここまで「等価」としてきたのは記号列としての形式言語であり，それは弱生成能力のことを指している．階層的な木構造まで特定するのは，強生成能力の方である（Kornai and Pullum (1990)，Miller (1999)，Bach and Miller (2003)）．

　同一の記号列であっても，ほとんどの場合，異なる階層木構造を持ち得る．つまり異なる文法から記号列として同一言語が弱生成可能であり，可能な文法の中から記述的に妥当な文法を選ぶために必要だとされたのが，1節冒頭で挙げた簡素性尺度であった．

　例えば，[a b c] という記号列は，(34a, b) のような2つの階層木構造を持つことが可能で，それらを生成する2つの書換規則群 (35), (36)，つまり2つの異なる等価な文法があり得る．

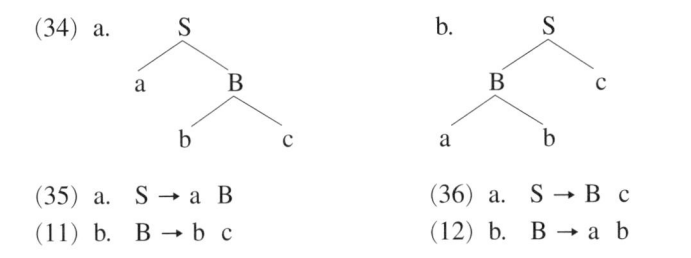

(35) a. S → a B　　　　　(36) a. S → B c
(11) b. B → b c　　　　　(12) b. B → a b

　現行の極小主義プロフラムでは木構造も句構造規則も用いられないが，ワークスペースで生成される構成素の集合は，ラベル付けによって伝統的な句構造木に変換可能である．だとすれば，演算複雑性評価には派生開始時の語彙項目

---

[37] 構成素に基づく文法に限らず，依存関係に基づく文法おいても，階層性を木構造として表せることは重要である．後者には，依存文法（dependency grammar: Tesnière (1959)）の流れをくむ，意味・文章理論（meaning-text theory: Žolkovskij and Mel'čuk (1965), Mel'čuk (1988)），語彙格理論（Lexicase: Starosta (1975, 1988)），演算子文法（operator grammar: Harris (1982, et seqq.)），語文法（word grammar: Hudson (1984)），回帰的範疇統語論／代数的統語論（recursive categorial syntax／algebraic syntax: Brame (1984, et seqq.)），連繋文法（link grammar: Sleator and Temperley (1991)）などが提案されている．木接合文法も依存文法の一種と考えることもできる．

だけの単なる記号列ではなく，派生中に生成される木構造も入力として扱わなければならない．それには，木構造を入力とする木オートマトン (tree automaton: Büchi and Wright (1960)，Thatcher (1967)) が適している．

　詳細は省くが，木オートマトンは言語としての記号の代わりに（部分）木を符号化した階級化記号 (ranked symbols, ranked alphabets) を入力に用いる．階級化記号は通常の記号と項数 (arity) 関数の順序対 (ordered-pairs) で表され，項数 0 は木構造の終端（葉），項数 1 以上は木構造での接点の分岐数を表す．通常の記号列を入力とするオートマトンと異なるのは，遷移規則の定義により，終端から根に向かって状態遷移するボトム・アップ（上昇）型と，根から終端へ向かうトップ・ダウン（下降）型の 2 つの型があり，終端階級化記号に適用される遷移規則は状態を必要としないため，前者には初期状態を定義する必要なく，後者には終了状態を定義する必要がない．両型ともに決定性と非決定性のものがあり，非決定性ボトム・アップ型，トップ・ダウン型の両型，および決定性ボトム・アップ型は等価の演算能力を持つが，決定性トップ・ダウン型はそれらより演算能力が劣る．[38]

　極小主義プログラムでの言語生成は非決定的であり，木オートマトンとして演算複雑性を評価する際，いずれの型でも問題はないが，現行モデルでの派生は語彙項目から句，節と上位構造を生成していくことを考慮すると，非決定性ボトム・アップ型を採用するのが妥当であろう．[39]

　木オートマトンは，木を階層化記号列として入力とする有限状態オートマトンであるが，決定性ボトム・アップ型木オートマトンが受理する木の産出 (yield: 左から右への終端記号列) は文脈自由言語であることが知られている．また，木オートマトンにプッシュダウン・スタックを持たせたプッシュダウン木オートマトン，記憶テープを持たせた木チューリング機械を構築することもでき，プッシュダウン木オートマトンが受理する木の産出は，文脈依存言語の部分階層を成す指標付言語である (Guessarian (1983)，Schimpf and Gallier (1985))．

　トップ・ダウン型プッシュダウン木オートマトンで，下降時に 1 つの子節

---

[38] 木オートマトンの詳細とその応用については，Comon et al. (2008) などを参照のこと．

[39] 木オートマトンはグラフ理論での木一般を扱ったものであり，構成素に基づく統語構造木はグラフ理論上では特殊な木の一種でしかない．極小主義プログラムで想定されるように，統語構造上の各接点間に線状順序がないならば，統語構造木は非平面結合根付き有向無閉路グラフ (non-planar, connected, rooted, directed, acyclic graph) の一種と見做すことができる．グラフ理論における木については，Wilson (2010)，Chartrand and Zhang (2012) などを参照のこと．

点以外ではスタック内容を初期化するような線形性条件を課した線形プッシュ
ダウン木オートマトン (linear pushdown tree automaton) が受理する言語は，
線形指標付文法が生成する弱文脈依存言語と等価である（Fujiyoshi and Kasai
(2000)）.

　まだ証明はされていないが，半線形増加文法が生成する言語は，トップ・ダ
ウン型より能力の高い，ボトム・アップ型プッシュダウン木オートマトンに何
らかの制限をかけたものと等価になる可能性が高く，最も自然言語，特に極小
主義プログラムでの言語生成をモデル化できる可能性を秘めている．

6.　拡張チョムスキー階層と演算量

　前節で表2の古典的なチョムスキー階層とタイプ1の細分化を概説したが，
ここまで見てきた各種オートマトンの変種を考慮すると，以下のような拡張階
層が考えられる．

タイプ0	チューリング機械	帰納的可算言語	無制限文法
タイプ0.5	停止性チューリング機械	帰納的言語	
タイプ1	非決定性線形有界オートマトン	文脈依存言語	文脈依存文法
タイプ1.2	多項式時間チューリング機械		多項式時間文法
タイプ1.4	一方向入れ子スタック・オートマトン / 反復入れ子スタック・オートマトン / 無制限プッシュダウン木オートマトン	指標付言語	指標付文法 / 文脈自由木文法
タイプ1.6	制限付ボトム・アップ型プッシュダウン木オートマトン？	半線形増加言語	半線形増加文法
タイプ1.8	線形プッシュダウン木オートマトン	弱文脈依存言語	弱文脈依存文法
タイプ2	非決定性プッシュダウン・オートマトン / 決定性ボトム・アップ型有限状態木オートマトン	文脈自由言語	文脈自由文法
タイプ2.5	決定性プッシュダウン・オートマトン	決定性文脈自由言語	無向線形文法
タイプ3	有限状態オートマトン	正則言語	有向線形文法

表3

表3でのタイプ1.2〜1.8，およびタイプ2.5の命名は筆者によるもので，階

層のイメージを表しているだけで，厳密な計測法がある訳ではない．また，階層間の厳密な包摂関係が判明している訳ではなく，オートマトン/言語/文法の名称も一部筆者によるもので，あまり一般的でないものもある．空欄には適切な実態クラスおよび名称は存在しない．

　タイプ1.4の指標付言語は，制限のないプッシュダウン木オートマトンで受理できることから，一方向入れ子スタック・オートマトンと弱生成能力は等価であると考えられる．また，タイプ1.4の指標付言語は，Rounds（1970）が提案した文脈自由木文法（context-free tree grammar）の産出と等価である．理論計算機科学での形式言語/形式文法/オートマトン理論では，様々なオートマトン変種と階層関係が提案されており，タイプ3以降にもクラスが認められているが，ここでは取り上げていない．

　3.2節で見たように，これらのタイプの演算量/複雑性は，長さ n の入力記号列を処理するのに必要な演算資源量として，時間（演算操作の適用回数）および領域（演算操作に必要な記憶容量）で表すが，決定性/非決定性チューリング機械の時間/領域演算量として，それぞれ DTIME/NTIME/DSPACE/NSPACE(x) という関数で表記する場合，以下のことが知られている．

(37) a.　タイプ1　　= NSPACE(n) = DSPACE(n^2)
　　　b.　タイプ1.8 $\subsetneq$ DTIME(n^6)
　　　c.　タイプ2　　$\subsetneq$ DTIME(n^3)
　　　d.　タイプ2.5 $\subsetneq$ DTIME(n^2) $\cap$ NSPACE$(\log n)$
　　　e.　タイプ3　　= DSPACE(1) = NSPACE(1)

線形有界オートマトンのタイプ1は，記憶領域が入力記号列の長さ n の線形関数以内に限定されている非決定性チューリング機械であるから，NSPACE(n) という n の線形関数クラスであり，決定性チューリング機械で PSPACE(n^2) 内に収まることは（1）で述べた．タイプ3は，記憶を持たないチューリング機械である有限状態オートマトンで決定性でも非決定性でも等価であるから，入力記号列の長さに関係なく定数1の領域関数クラスとして DSPACE(1) = NSPACE(1) となる．

　弱文脈依存のタイプ1.8は決定性多項式時間 DTIME(n^6) 内で演算できることが分かっているが，これは演算複雑性としてはクラス (D)P(TIME) であることを示している．自然言語が属する可能性が高い半線形増加のタイプ1.6が同じ決定性多項式時間 DTIME(n^k) 内に収まるのか，非決定性多項式時間 NTIME(x)，つまり演算複雑性クラス NP(TIME) になってしまうのかが問題

である.[40]

7.　展望：エピローグ

　4.1 節では，自然言語獲得に関して，人工知能に懐疑的な立場を述べたが，用いられている人工神経回路網モデルは，言語機能が発現している脳を，人工的であれモデル化しており，演算モデルとして自然言語の文法がどのように捉えることができるか，またその演算複雑性はどのようなものか，ということについては将来的には極小主義プログラムでも射程に置くべきことであろう.

　人工神経回路網モデルと機械学習についての概説は分量的にも内容的にも本稿の域を超えてしまうので，ここで深く入り込むことはしないが，演算モデルとしてのチューリング＝ノイマン機構と大きく異なるのは，コネクショニズムに基づく並列分散処理が中心となることで，離散記号性が問題となる.　また，並列分散処理には並列した処理間のタスク割当，通信や待ち時間が発生し，必ずしも演算速度が線形に向上する訳ではない (Amdahl (1967), Yao (1979)).チューリング機械の回帰型神経回路網モデル (recurrent neural network: Lenz (1920), Ising (1925)) として神経チューリング機械 (neural Turing machine: Graves, Wayne and Danihelka (2014)) や，自己組織化マップ (Turing (1952), Kohonen (1982)) を用いた自然言語の句構造規則学習 (Mizushima and Toyoshima (2006a, b)) なども提案されている.

　他に L- システム／リンデンマイヤー・システム (L(indenmayer)-system: Lindenmayer (1968a, b)) という，生物の成長パターンとして近隣細胞の相互関係を記述するために開発された数学的モデルがあり，並列の書換規則を持った一種の形式文法と考えることができる (Krivochen and Saddy (2018)).コッホ曲線，ペンローズ・タイルやシェルピンスキー三角形などの自己相似図形やフラクタル図形のような形状を容易に記述でき，フィボナッチ数列やカントール集合を生成できる.

　生物の遺伝子組み換え原理に触発された形式文法の研究としてスプライス・システム (splicing system: Head (1987), Head, Păun and Pixton (1996)) や NP 完全問題 (多項式時間還元可能な NP クラスに属する決定問題) の 1 つであるハミルトン閉路問題に遺伝的アルゴリズム (genetic algorithm) で並列

---

[40] 3.2 節で既に述べたが，クラス (D)P(TIME) までが効率的演算が可能な上限と考えられており (Cobham-Edmonds の提題)，クラス NP(TIME) は効率的演算が理論的には不可能な域である.

解法を示した Adleman（1994）などがあり，生物学的文法の可能性を秘めている．遺伝的アルゴリズムは，Holland（1975）のセル・オートマトン（cellular automaton）の研究を端緒とする，進化演算（evolutionary computation）のアルゴリズムの一種である．進化演算の片鱗は，原始的な人工神経回路網とも言える Turing（1948）の B- タイプ未組織化機械（B-type unorganized machine）に既に現れており，Turing（*op. cit.*）が学習機械（P-type 未組織化機械）として提案している（進化チューリング機械（evolutionary Turing machine: Burgin and Eberbach（2013）））．進化演算は離散最適化問題に適しており，（形式）文法の帰納的推論（grammar induction）に用いられることも多い．

　また，量子チューリング機械（quantum Turing machine: Benioff（1980, 1982））は，確率型チューリング機械の確率分布に，量子力学での量子もつれや量子重ね合わせなどの量子状態の概念を適用したもので，その演算複雑性クラスとして以下のものが用いられる（Watrous（2008））．

(35) a.　BPP（**B**ounded-error, **P**robabilistic, **P**olynomial time）
　　　　　　確率型チューリング機械により誤り確率 1/3 以下で多項式
　　　　　　時間内に解ける決定問題のクラス

　　 b.　BQP（**B**ounded-error, **Q**uantum, **P**olynomial time）
　　　　　　量子チューリング機械により誤り確率 1/3 以下で多項式時
　　　　　　間内に解ける決定問題のクラス

　　 c.　PP　　（**P**robabilistic, **P**olynomial time）
　　　　　　確率型チューリング機械により誤り確率 **1/2** 以下で多項式時
　　　　　　間内に解ける決定問題のクラス

これらのクラスと，3.2 節の表 1 で見た古典的な演算複雑性のクラス，(3) との関係として，以下の関係が知られている．

(36) a.　P $\subseteq$ BPP $\subseteq$ BQP $\subseteq$ PP $\subseteq$ PSPACE
　　 b.　NP $\subseteq$ PP

PP は BQP および効率的演算が不可能な NP を包摂しており，BQP と NP の関係は不明であるが，NP $\subsetneq$ BQP ではないかと考えられている（Bernstein and Vazirani（1997））．量子チューリング機械は非確率型チューリング機械より時間複雑性に関しては指数的に優位であるが，演算能力，つまり判定能力自体は理論的には変わらない（Nielsen and Chuang（2010），Wong（2022））．

　量子演算は最適化問題にも適しており，人工神経回路網のモデルとなる並列

演算性 (quantum parallelism: Mermin (2007), Nielsen and Chuang (2010))
と確率型非決定性を併せ持つので，今後どのように自然言語のモデル，そこに
内包される演算複雑性のクラスに結びついていくのか，進展を見守りたい．

第 1 章

言語構造の構築を特徴づける要因

第 1 節　第三要因

小町将之（静岡大学）

　生物種としてのヒトは，言語使用を可能にする神経基盤として，成体の脳に**I 言語**を有すると考えられる．生成文法の研究目的は，この I 言語の成り立ちに説明を与えることである．この説明のよりどころ（すなわち，説明項）は，永らく，言語固有の遺伝的要因（第一要因）か，個体の環境から取り込む言語経験（第二要因）のいずれかに限られていた．しかし，Chomsky (2005) が提示した研究の枠組みにおいて，説明項のもうひとつの重要な源泉として，言語固有でない一般法則（第三要因）が指摘された．

　I 言語を説明する際の問題意識は，**個体発生**と**系統発生**という 2 つの観点から成る．前者は，「生後得られる**言語経験**が不完全で断片的にもかかわらず，それらに基づいて，I 言語の状態が，個別言語の複雑な文法に到達できるのはどのようにしてか」という言語獲得に関する**プラトンの問題**として特徴づけられる．この問いへの経験的探究は，個別言語の文法を精確に記述しようとする**記述的妥当性**と，あらゆる個別言語が獲得可能な文法の初期状態を特定しようとする**説明的妥当性**との緊張関係を顕在化させた．この問題への主要なアプローチは，従来，I 言語の初期状態としての**普遍文法**の内容を充実させることであった．**簡潔性**の追求や**経済性**の概念などが論じられることはあっても，言語理論内部における位置付けは，必ずしも体系的な根拠を伴うものではなかった．

　もうひとつの問題意識は，内容の充実した普遍文法の生物学的実在性を問うものであり，「霊長類における進化の隣人たちには備わらなかった I 言語という資質が，（進化的尺度において）「短い」期間のうちに，ヒトにだけ生じたのはどのようにしてか」といった形で述べられる．この問いが実質的に探究の対象として可能になった理論的背景には，普遍文法を構成する内容について，例

えば，**完全解釈** (Full Interpretation) の原理や**最終手段** (Last Resort) の原理 (Chomsky (1986))，あるいは**最小労力** (Least Effort) の原理 (Chomsky (1995)) など，十分に抽象化された原理群がいくつも挙がり，Chomsky (1981) に始まる原理とパラメータのアプローチに一定の成熟が見られたことなどがある．

そのような中，極小主義的アプローチ (Chomsky (1995)) において「言語の在りようが完璧だとすると，それはどのような意味においてか」が問われ，「言語外から課される諸条件を最適な形で満たす，という意味において完璧である」という**極小主義の強いテーゼ** (the strong minimalist thesis: SMT; Chomsky (2000)) が作業仮説として提起されるようになった．この観点から I 言語は，自然界に存在するものとして**概念的必然性**において厳しく再検討されることとなり，一般性の高い抽象的な原理群は，さらなる抽象化によって，言語外の一般的諸要因に還元される方向性が模索された．この理論的還元の拠りどころが第三要因である．

第三要因には，したがって様々な要因が混在しており，Chomsky (2005) が示唆するところでは，自然界で作用する力学，有機体の構造的特性や個体発生のメカニズム，計算の効率性に関わる一般原理などが挙げられる．これら諸要因におけるどのような原理が，どのように言語の特性を説明し得るのかを，明確に捉える試みが必要である．

実際の言語分析における近年の動向においては，これまで言語固有の原理によって説明されていた事象を，いかに第三要因に由来する公理に基づく説明で代替することができるか，その論理的な道筋を明らかにする試みがなされている．例えば，統辞体が解釈されるにあたって必要と考えられる構成素のラベルは，これまで主要部の統辞範疇の情報を投射するなど言語固有の要因を用いて説明されてきたが，Chomsky (2013, 2015) が提案する**ラベル付けアルゴリズム**などでは，第三要因に由来する**探索**に基づいた説明の道筋が見いだされた（本書「最小探索」の項を参照）．また，Chomsky (2021a) では，これまで内的併合に基づいて同定されてきたコピー関係の認定を併合操作から切り離し，探索に基づく**コピー形成**のプロセスとして再構成する試みが提案されている（本書「コピー形成の最適化に基づく統辞研究の諸相」および「併合の形式および適用様式について」の項を参照）．

第2節　併合を中心とした概念の説明

石井　透（明治大学）・後藤　亘（東洋大学）

1.　序

　生成文法が成し遂げた最も重要な発見の1つは，統辞的演算の「構造依存性」(structure dependence) である．例えば，文中に will と have の2つの助動詞を含む Mary <u>will</u> have left（メアリーは出発してしまっているだろう）の Yes/No 疑問文は，(1a) のように will が文頭に移動することで得られる．

> (1)　a.　Will Mary have left?
> 　　　　（メアリーは出発しているだろうか）
> 　　b. *Have Mary will left?

この例だけを見れば，英語の Yes/No 疑問文は「線形順序」(linear order) に基づき，左から数えて最初の助動詞を文頭に移動すれば得られることになる．しかし，同様に文中に can と will という2つの助動詞を含む The boy who can sleep <u>will</u> dream（眠れる少年は夢を見る）の Yes/No 疑問文はどのようにして得られるだろうか（ここでは，関係節の who can sleep が主節の the boy will dream を修飾している）．この場合，正しい Yes/No 疑問文の形は，(2a) のように構造的に高い位置にある助動詞である will が文頭に移動した場合であって，(2b) のように左から数えて最初の助動詞である can が文頭に移動した場合ではない．

> (2)　a.　Will the boy who can sleep dream?
> 　　　　（眠れる少年は夢を見るの）
> 　　b. *Can the boy who sleep will dream?

もし統辞的演算が英語の Yes/No 疑問文においてどの助動詞を移動するかを「線形的」(linear) に決めている（つまり，「左から数えて」決めている）のであれば，The boy who <u>can</u> sleep <u>will</u> dream の文において，左から数えて最初の助動詞は will ではなく can なので，正しい Yes/No 疑問文の形は (2b) であって (2a) でないはずである．しかし，事実はそうではない．正しい形は主節内の will が移動して得られる (2a) であって，主節を修飾する形で深く埋め込まれている関係節内の can が移動して得られる (2b) ではない．このこ

とは，まさに，統辞的演算は，「線形順序」(linear order) に依存するのではな
く，構造に依存している（構造依存性）ということを示している．

　この構造依存性の基礎となる構造構築の際に中心的な役割を担う統辞的演算
として，Chomsky (1995) 以降の極小主義 (The Minimalist Program) におい
て理論上の地位を確立したのが「併合」(Merge) である．以来，併合は，言語
機能の中核をなすものとして長らく研究されてきたが，それ自体が一体どこか
ら演繹的に導出されるかということはこれまであまり論じられてこなかっ
た．しかし，近年，極小主義のガイドラインである「極小主義の強いテーゼ」
(Strong Minimalist Thesis, SMT) の下で併合の定義を精査する試みが集中的
になされたことで (Chomsky (2019, 2020b))，徐々にその全容が明らかに
なってきた．とりわけ，現行の極小主義 (Chomsky (2021a, to appear)) では，
併合は，一般的な Proto 演算である「集合形成」(Form Set) に「第三要因」と
呼ばれる「自然法則」(特に計算処理システムの最適性および効率性などに関
わる科学全般に認められる一般原理）と「第一要因」と呼ばれる「言語固有の
条件」(Language Specific Conditions, LSCs) が加わることによって導出され
る「集合形成演算」(set-formation operation) の一種だと考えられている．

　そこで本章では，併合が導出されるまでの基本的な構図として (3) を想定
し，併合の理論的位置付けを明確にしながら，それを特徴づける（制限する）
具体的な要因（第三要因と第一要因）を確認すると共に，なぜ併合の適用様式
として理論的に許容されるものが「外的併合」(External Merge) と「内的併合」
(Internal Merge) だけなのかを簡単に概説する．

　　(3)　併合が導出されるまでの構図
　　　　第三要因（自然法則）
　　　　　　↓
　　　　集合形成 → 併合（外的併合・内的併合）
　　　　　　↑
　　　　第一要因（言語固有条件）

2.　併合の Proto 演算

　現行の極小主義 (Chomsky (2021a, to appear)) では，「併合」(Merge) の
Proto 演算として「集合形成」(Form Set) が想定されている．[1] 集合形成の特

---

[1] Chomsky, Seely, Berwick, Fong, Huybregts, Kitahara, McInnerney and Sugimoto
(2023) も参照．

定的な定義は以下のようなものである（(4) における丸括弧 ( )，角括弧 [ ]，波括弧 { } はそれぞれ，集合形成の入力オペランド，集合形成の適用対象となるワークスペース（WS），そして集合形成によって形成された構造を示す）．

(4)　Form Set $(X_1, ..., X_n, WS) = WS' = [\{X_1, ..., X_n\}, ...]$

集合形成の入力オペランドになるのは，任意の数（n-ary）の要素 $X_1, ..., X_n$ と n 個の要素の集合を含む「ワークスペース」(Workspace, WS) である．ワークスペース（WS）とは，派生のある段階で演算操作の対象になりうる要素の集合である．ワークスペース（WS）と一緒に入力オペランドとして指定されている $X_1, ..., X_n$ は，「探索」(Search Σ) を介してワークスペース（WS）から「選択」(select) された要素であり，集合形成は，この選択された要素からなる集合を形成し，それをワークスペース（WS）に加えることで WS を更新する．更新されたワークスペース（WS'）の中には，新たに形成された集合 $\{X_1, ..., X_n\}$ の他に，更新前のワークスペース（WS）の中に含まれていたすべての要素 ("...") が持ち越される．

　このように定式化される集合形成は，いかなる探求においても自由に利用できるコストがかからない演算であり，言語においても「等位構造」(coordination)，「レキシコン（語彙目録）」(Lexicon)，ワークスペース（WS）などを構築する際に使用される．(5) にあげる「無限等位接続構造」(unbounded coordinate structures) を例にとって，集合形成がどのように適用されるのかを見てみよう（(5) の例文は Chomsky (1965: 210, footnote 7) からの引用である）．[2]

(5)　a tall, young, handsome, intelligent man
　　　（背が高く若くて立派で聡明な男の人）

(5) は，「背が高く若くて立派で聡明な男の人」という意味であり，「聡明な」が「男の人」を修飾し，「立派で」が「聡明な男の人」を修飾し，「若くて」が「立派で聡明な男の人」を修飾し，「背が高く」が「若くて立派で聡明な男の人」を修飾している意味ではない．すなわち，tall, young, handsome, intelligent の部分は，(6a) のような「階層的構造」(hierarchical structures) が付与されている証拠はなく，(6b) のように非階層的な「平坦構造」(flat structures) になっており，集合形成によって (7) のように派生されると考えられる．[3]

---

[2]　無限等位接続構造に関しては，Chomsky (1961) 及び Chomsky and Miller (1963) も参照．
[3]　集合形成の詳細については不明な点が多く残されている．また，Chomsky (2021a, to appear) では全く触れられていないが，集合形成を適用することで得られる構造（$\{X_1, ..., X_n\}$）

(6) a.　[a [tall [young [handsome [intelligent man]]]]]

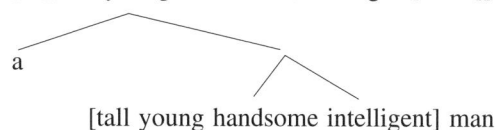

b.　[a [[tall, young, handsome, intelligent] man]]

　　[tall young handsome intelligent] man

(7)　Form Set（tall, young, handsome, intelligent man, WS）= WS′ = [{tall, young, handsome, intelligent}, …]

(7) では，任意の数（n-ary）の要素 X_1, …, X_n として tall, young, handsome, intelligent がワークスペース（WS）から選択されている．そして，集合形成によって，これらの選択された要素からなる集合が形成され，ワークスペース（WS）が更新されている．上述のように，更新されたワークスペース（WS′）の中には，新たに形成された集合 {tall, young, handsome, intelligent} の他に，更新前のワークスペース（WS）の中に含まれていたすべての要素（"…"）が持ち越されている．このように，(6b) のような平坦構造は，任意の数（n-ary）の要素 X_1, …, X_n からなる集合を形成することができる集合形成によって得られる．[4] なお，「二項性」（Binarity）（$n = 2$）に従う「併合」（Merge）

は，「併合」（Merge）を適用することで得られる「階層構造」（hierarchical structures）（例：{X, {Y, Z}}）とは明らかに異なるため（3 節参照），集合形成が実際に形成している構造は，非階層的な「平坦構造」（flat structures）であるということを念頭に置いておくことは重要である．関連する議論については研究論文第 II 部第 1 章の石井・後藤論文を参照.

[4] Chomsky (1961, 1965) および Chomsky and Miller (1963) は，無限等位接続構造を「句構造文法」（phrase structure grammar）で捉えることができないと指摘している．例えば，(5) を句構造文法で生成する方法としては，(i) 名詞を修飾している形容句の数と同じ数の「句構造規則」（phrase structure rule）（NP → Det AP N, NP → Det AP AP N, NP → Det AP AP AP N など）を仮定するか，または (ii) 句構造規則を「再帰的適用」（recursive application）するかのどちらかである．しかし，(i) は (6b) のような平坦構造を生成するが，名詞を修飾する形容詞句の数は原理上無限であるため，それに応じ無限個の句構造規則を仮定する必要がある点で望ましくない．そして，(ii) は必然的に (6a) のような階層構造を生成するため平坦

は（3節参照），その「再帰的適用」(recursive application) によって (6a) の
ような階層的構造を形成することはできるが，(6b) のような平坦構造を形成
することはできないということに留意すべきである．

3. 併合を制限する要因

　生成文法では，言語機能を自然界の一部である人間の精神／脳（精神とは脳
の抽象的モデルのことである）に実在する心的器官（生物器官）とみなすため，
その中核をなす併合は「自然法則」に従うと考える．[5] また，言語機能それ自体
が「音」などの外在化に関わる「感覚運動システム」(Sensory-Motor (SM)
System) と「意味」に関わる「概念思考システム」(Conceptual-Intentional
(CI) System) の2つの認知システムと接しているため，併合はこれらの認知
システムが読み取れる条件も満たすような形で構造を構築していると想定す
る．極小主義では，言語を「思考生成システム」として捉えるため，言語機能
と2つの認知システムの連関において，言語機能は特に概念思考システムと
強く結びついていて，感覚運動システムは副次的なものであると主張する．そ
して，計算処理システムの最適性・効率性などに関わる条件など，自然法則に
属する一般原理を「第三要因」と呼び，言語機能が強く結びついている概念思
考システムが要求することに起因する「言語固有の条件」(Language Specific
Condition) を「第一要因」と呼んでいる．このような仮定の下，現行の極小主
義 (Chomsky (2021a, to appear)) では，第三要因を構成する主なものとして
は，「二項性」(Binarity)，「最小探索」(Minimal Search, MS)，「最小出力」
(Minimal Yield, MY)，「位相不可侵条件」(Phase Impenetrability Condition,
PIC) などがあり，第一要因を構成する主なものとしては，「意味の二元性」
(Duality of Semantic) を含む「θ 理論」(Theta Theory／θ 理論) などがある
と考えられている（これらの条件の具体的な適用については，研究論文第 II
部第1章の石井・後藤論文を参照）．

構造を生成できない．(ii) に関する議論は，「二項性」(Binarity) ($n=2$) に従う「併合」
(Merge) (3節参照) にもそのまま当てはまる．
　なお，Chomsky and Miller (1963) は，無制限等位接続構造での平坦構造を，二項性 ($n=$
2) 条件を緩めた一般変換 (generalized transformation) (2つではなく任意の数 (*n-tuple*) の
「句構造標識」(phrase marker) を適用領域とすること) によって生成している．この一般変換
による分析と集合形成による分析が，二項性 ($n=2$) 条件を緩めている点で類似していること
は注目に値する．関連する議論については第1章第3節の中島論文を参照されたい．
　[5] 関連する議論については序論の豊島論文を参照．

以上の議論に基づいて，併合の位置付けと，併合の適用を制限していると思われる要因をまとめると次のようになる．

(8)　併合の位置付けと，併合の適用を制限する要因[6]

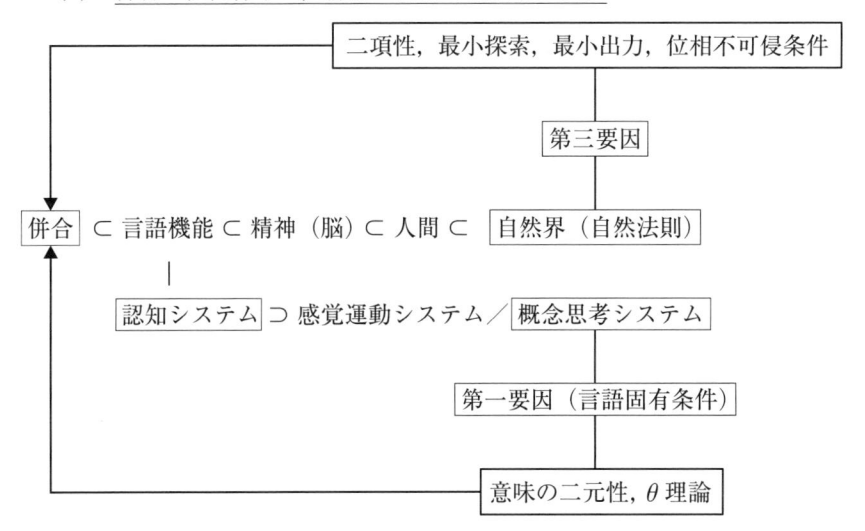

現行の極小主義（Chomsky (2021a, to appear)）では，併合は，Proto 演算である集合形成に第三要因を構成する (9) の二項性（Binarity）の制限が加わることで，(10) のように定義される．

(9)　二項性（Binarity）
　　　併合の入力となる要素の数 (n) は 2 でなければならない ($n = 2$)．
(10)　Merge (P, Q, WS) = WS′ = [{P, Q}, …]

集合形成の定義 (4) と併合の定義 (10) の相違点は，演算の入力となる要素の数 (n) だけである．集合形成の場合，その入力となる要素の数は任意（n-ary）

---

[6] なお，Chomsky (2021a) では，第三要因を構成する条件は，演算にとってアクセス可能な要素（リソース）の数を制限する効果があるとして，まとめて「資源制約」(Resource Restriction) と呼ばれている．併合が最小探索と最小出力によって制限されないとする主張については，研究論文第 II 部第 1 章の石井・後藤論文を参照．また，Chomsky (2021a) では，θ 理論に関連して「一義性の原理」(Univocality) という概念が導入されているが，その複雑さゆえ Chomsky (to appear) は，「ボックス化」(boxing)（第 3 章第 2 節の大宗・杉本論文参照）の観点から θ 役割付与に関する分析を詳細に検討した上で，一義性という概念は不要である主張している．

であるが，併合の場合，その入力となる要素の数は 2（$n=2$）に制限される．したがって，(10) の併合の定義では，P と Q の 2 つの要素が併合の入力となり，これら 2 つの要素からなる集合を形成し，それが構成素として加わることでワークスペース（WS）が更新されている（なお，P と Q は併合の対象となる 2 つの要素を表す便宜上の記号に過ぎず，これらの要素もまた，集合形成の場合と同様に，「探索」（Search Σ）を介してワークスペース（WS）から選択されると考える）．更新されたワークスペース（WS′）の中には，新たに形成された集合 {P, Q} の他に，更新前のワークスペース（WS）の中に含まれていたすべての要素（"..."）が持ち越される．

4.　併合が許す適用様式

　併合の入力を選択するときに適用される探索は，第三要因の最小探索（MS）に従って段階的に行われる．[7] 例えば，(11) のようなワークスペース（WS）が与えられた場合，探索は，第一段階として，構造上深く埋め込まれていない P か Q を選択する（P と Q はワークスペースの要素（元）で，R は Q の「ターム」（term））．[8]

(11)　WS = {P, {$_Q$ ... R ...}}

ここで仮に Q を選択したとする．そうすると探索は，第二段階として，その Q を「固定」した状態で，(i) P を選択するか，(ii) Q のタームである R を選択する．

(12)　探索の適用順序と併合の種類

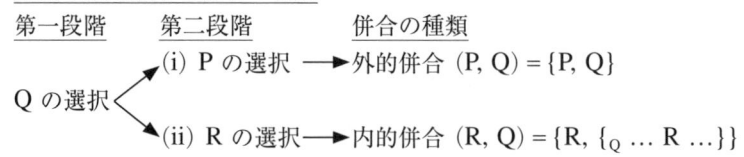

第一段階　　　　第二段階　　　　　　併合の種類
　　　　　　　　(i) P の選択 ⟶ 外的併合 (P, Q) = {P, Q}
Q の選択 ⟨
　　　　　　　　(ii) R の選択 ⟶ 内的併合 (R, Q) = {R, {$_Q$ ... R ...}}

---

[7]　最小探索（MS）についての詳細は，第 3 章第 1 節の林・大宗・小町論文と研究論文第 II 部第 1 章の石井・後藤論文を参照．

[8]　ここでは，「ターム」（term）を以下のように定義する（Chomsky (to appear) 参照）．
　(i)　X is a term of Y iff X is either (i) a member of Y or (ii) a member of a term of Y.
　　　（X は，(i) Y の要素（元）であるか，(ii) Y のタームの要素（元）である場合，Y のタームである．）
(i) の定義に基づけば，WS = [a, {b, c}]（{b, c} は併合の出力である）における a と {b, c} は WS の要素（元）であり，したがって WS のタームでもある．一方，b と c は WS のターム

第二段階で，探索がPを選択した場合，併合は (P, Q) を入力とし，その出力として {P, Q} を形成する．他方，探索がRを選択した場合，併合は (R, Q) を入力とし，その出力として {R, {_Q ... R ...}} の階層構造を形成する．前者はいわゆる「外的併合」(External Merge, EM) で，後者はいわゆる「内的併合」(Internal Merge, IM) である．外的併合は伝統的な「句構造規則」(phrase structure rules) に対応し，「内的併合」は伝統的な「変換規則」(transformation rules) の一種である「移動」(movement) に対応する．なお，探索が内的併合 (IM) の入力を選択するときに，第一段階でワークスペースの要素（元）に含まれるターム（上記の例ではR）を選択できないのは，構造上深く埋め込まれた要素にアクセスすることは計算上の負荷が大きくなるので，最小探索 (MS) の観点から排除されるからである．このように，併合の適用様式として理論的に許容されるものが外的併合 (EM) と内的併合 (IM) だけなのは，併合の入力を選択するときに適用される探索が，最小探索 (MS) に従って段階的に行われるからである．

　(13) にあげる「他動詞文」(transitive sentence) を例にとって，外的併合 (EM) がどのように適用されるのかを具体的に見てみよう．

　(13)　　John likes Mary.
　　　　　（ジョンはメアリーが好きだ）

(13) の文の派生に関わるワークスペース (WS) は (14) である．[9]

　(14)　　WS = [John, Mary, like]

(13) の文を派生させるために，探索は，第一段階として ((12) の Q に対応する要素として) 他動詞の like を選択し，第二段階として ((12i) の P に対応する要素として) 名詞の Mary を選択する．この時，like と Mary はどちらも構造上深く埋め込まれていないワークスペースの要素（元）であるので，探索は最小探索 (MS) を満たしている．併合は，これらの like と Mary を入力として受け取り，(15) のように，その出力として {like, Mary} の「動詞句」(verb phrase, VP) を形成することで (14) のワークスペース (WS) を (16) のように更新する．

ではあるが，WS の要素（元）ではない．
　[9] (14) 及び (19) では，便宜上，併合の対象として John, like, Mary, who などの「語彙項目」(lexical items) だけを取り上げる．v*, T, C などの「機能範疇」(functional categories) や三人称単数現在 (-s) の「一致素性」(agreement features) などについては，必要に応じて取り上げることとする．

(15)　Merge (like, Mary) = {like, Mary}

　　　　like　　　Mary

(16)　WS′ = [John, {like, Mary}]

同様に，(16) のワークスペース (WS′) が与えられると，探索は，第一段階として ((12) の Q に対応する要素として) 名詞の John を選択し，第二段階として ((12i) の P に対応する要素として) 動詞句の {like, Mary} を選択する．この時も，John と {like, Mary} はどちらも構造上深く埋め込まれていないワークスペースの要素（元）であるので，探索は最小探索 (MS) を満たしている．併合は，これらの John と {like, Mary} を入力として受け取り，(17) のように，その出力として {John, {like, Mary}} の集合を形成することで (16) のワークスペース (WS) を (18) のように更新する．

(17)　Merge (John, {like, Mary}) = {John, {like, Mary}}

　　　John

　　　　　like　　　Mary

(18)　WS′ = [{John, {like, Mary}}]

このように，(13) のような他動詞文は，外的併合 (EM) を再帰的に適用することで派生される．

　次に，(19) にあげる「WH 疑問文」(WH-interrogatives) を例にとって，内的併合 (IM) がどのように適用されるのかを具体的に見てみよう．

(19)　Who does John like?
　　　（ジョンは誰が好きなの）

(19) の文の派生に関わる最初のワークスペース (WS) はもともと WS = [does, John, who, like] のようになっているが，上述のように，探索と外的併合 (EM) を再帰的に適用することで (20) のように更新されたとしよう．

(20)　WS′ = [{does, {John, {like, who}}}]

そして，第一段階として ((12) の Q に対応する要素として){does, {John, {like, who}}} を選択し，第二段階として ((12ii) の R に対応する要素として) 疑問詞の who を選択する．この時，第一段階で who を選択できないのは，構造上深く埋め込まれた要素にアクセスすることは計算上の負荷が大きく

なるので，最小探索（MS）の観点から排除されるからである．併合は，これ
らの {does, {John, {like, who}}} と who を入力として受け取り，(21) のよ
うに，その出力として {who, {does, {John, {like, who}}}} の集合を形成す
ることで (20) のワークスペース（WS）を (22) のように更新する．

(21)　Merge(who, {does, {John, {like, who}}}) = *{who, {does, {John,*
{like, who}}}}

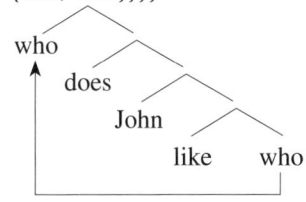

(22)　WS″ = [{who, {does, {John, {like, who}}}}]

このように，(19) のような WH 疑問文は，外的併合（EM）と内的併合（IM）
を適用することで派生される．

　併合は，計算上の負荷を軽減させる効果がある第三要因の位相不可侵条件
（PIC）にも従う．現行の極小主義では，(23) に示すように，「位相」（Phase）
である CP と v*P が構築されると，併合の入力を選択するときに適用される
探索は，それらの「補部」（Complement）にアクセスできないと考えられてい
る（網掛け領域 = アクセス不能領域）.[10]

(23)　<u>位相不可侵条件（PIC）</u>
併合は「位相」（Phase）v*P / CP の「補部」（Complement）にアクセ
スできない．
a.　[$_{v*P}$ v* [$_{VP}$ V […]]]
b.　[$_{CP}$ C [$_{TP}$ …]]

位相不可侵条件（PIC）は，「位相」（Phase）の「補部」（Complement）をアク
セス不可能にすることにより探索の範囲を限定する点で，計算上の負荷を軽減
させ，計算処理システムの最適性および効率性に貢献する故に第三要因の 1
つと考えられる．なお，Chomsky (2000, 2001) 以降，CP 領域については基

---

[10]　なお，通常アクセスできなくなる領域は，統辞上必要な演算がすでに完了した領域とし
て言語機能が接している 2 つの認知システム（(8) 参照）に「転送」（Transfer）される領域に
なるため，転送領域とも呼ばれる．

本的に位相 CP の直接補部となる TP がアクセス不能領域とみなされている
が，v*P 領域についてはいくつかの異なる見解が存在している．例えば，
Chomsky (2000, 2001) では，CP 領域と並行的に，位相 v*P の直接補部と
なる VP がアクセス不能領域とみなされているが，Chomsky (2013, 2015)
では，v* の「位相性」(Phasehood) が V に「継承」(inherit) され，その結果，
V の補部 (すなわち目的語位置) がアクセス不能領域になるとしている (なお，
VP がアクセス不能領域になるのは，Chomsky (2000) では，位相 v*P が完
成するときであると想定されているのに対して，Chomsky (2001) では，そ
の上の位相 CP が完成するときであると想定されている)．上の (23) (および
以下の議論では)，比較的最近の枠組みである Chomsky (2013, 2015) を想定
している．

　さらに，併合は，ワークスペース (WS) を更新する際，第三要因の最小出
力 (MY) に従い，新たに追加できるアクセス可能な要素は 1 つだけに制限さ
れる．

(24)　最小出力 (MY)
　　　併合がワークスペースに追加するアクセス可能な新たな要素は 1 つ
　　　だけでなければならない．

最小出力 (MY) も，派生の後の段階で適用される探索にとってアクセス可能
な要素の数を制限することにより，計算上の負荷を軽減させ計算処理システム
の最適性および効率性に貢献する．最初に，(25) を例にとって，外的併合
(EM) が最小出力 (MY) をどのように満たすのか考えてみよう (WS$_2$ 内にあ
る {a, b} は WS$_1$ 内にある a, b に対して外的併合 (EM) を適用することで形
成された集合である)．

(25)　外的併合 (EM)
　　　a.　WS$_1$ = [a, b, c]
　　　b.　WS$_2$ = [{a, b}, c]

(25) では，WS$_1$ でアクセス可能な要素は a, b, c の 3 つで (WS$_1$: 3)，WS$_2$ で
アクセス可能な要素は a, b, c, {b, c} の 4 つである (WS$_2$: 4)．WS$_1$ から
WS$_2$ への更新において，外的併合 (EM) は {b, c} というアクセス可能な新
たな要素を 1 つだけ追加しているため，最小出力 (MY) を満たしている (WS$_1$
→ WS$_2$: 3 → 4)．

　(25b) においては，併合の入力である a, b が更新されたワークスペース
WS$_2$ の要素 (元) に含まれていないことに留意する必要がある．もし a, b が

更新後のワークスペースの要素（元）WS_2 として残ると WS_2' のようになり，最小出力（MY）違反になる．

(26)　　$WS_2' = [a, b, \{a, b\}, c]$

WS_2' でアクセス可能な要素は a, b, {a b}, c, a, b の 6 つである（WS_2': 6）．新たに形成された集合 {a, b} 内の a, b は元のワークスペース WS_1 から存在する要素であるが，WS_2' の要素（元）である a, b は新たに追加された要素である．従って，外的併合（EM）によって追加されたアクセス可能な新たな要素は {a, b}，(WS_2' の要素（元）である）a, b の 3 つになり，最小出力（MY）に違反する．[11] 最小出力（MY）に従い，併合された要素が併合の出力であるワークスペースの要素（元）に含まれないことは，経験的にも裏付けられる．(26) から派生が進み，{a, b} が「複雑名詞句」(complex NP) や「付加部」(adjunct) などの「島」(island) の中に含まれ，a を「島」の外へ移動する場合を考える．例えば，{saw, who} が複雑名詞句 {the, {claim, {that, {he, {saw, who}}}}} に含まれ，(27) のように who を複雑名詞句の外へ移動する．

(27)　*Who$_i$ did John make [the claim [that he saw t_i]]?
　　　　（ジョンは彼が誰を見たという主張したの）

この移動は「島の条件」(island constraint) 違反のため排除される．しかし，もし WS_2' のように，併合された要素 a（上記の例では who）がワークスペースの要素（元）として残っていると，この a（(27) の who）は複雑名詞句に含まれていないため「島の条件」に違反せず移動が可能になってしまい，「島の条件」効果を捉えることができなくなってしまう．

　次に，(28) を例にとって，内的併合（IM）が最小出力（MY）をどのように満たすのか考えてみよう（WS_2 内にある {c_2, {a, {b, c_1}}} は，WS_1 内にある c に対して内的併合（IM）を適用することで形成された集合である．（c_1 と c_2 は同じ c の「コピー」(Copy) であることに注意．1/2 などの数字は便宜のため付しておく）．

(28)　内的併合（IM）
　　　a.　$WS_1 = [\{a, \{b, c\}\}]$

---

[11] Chomsky (1995) での併合の定義では，併合された要素（(26) では WS_2' の要素（元）である a, b) をワークスペースから取り除くための操作である「除去」(Remove) が仮定されていたが，最小出力（MY）により「除去」(Remove) は不要となったことに留意．関連する議論については序論の豊島論文を参照．

　　b.　$WS_2 = [\{c_2, \{a, \{b, c_1\}\}\}]$

(28) におけるワークスペース WS_1 で内的併合 (IM) の対象となっている要素は，$\{a, \{b, c\}\}$ と c である．この内的併合 (IM) によって追加された新たなアクセス可能な要素は c_1 と $\{c_2, \{a, \{b, c_1\}\}\}$ の 2 つになり，一見すると最小出力 (MS) に違反しているように思われる．しかし，c_2 によって「C 統御」(c-command) されている c_1 は，最小探索 (MS) により c_2 によって遮られアクセス不能な要素とみなされるため (Chomsky (2021a) 参照)，WS_1 から WS_2 への更新において，内的併合 (IM) は $\{c_2, \{a, \{b, c_1\}\}\}$ というアクセス可能な要素を 1 つだけ追加していることになる．したがって，(28) では，WS_1 でアクセス可能な要素は a, b, c, $\{b, c\}$, $\{a, \{b, c\}\}$ の 5 つで (WS_1: 5)，WS_2 でアクセス可能な要素は c_2, a, b, c_1, $\{b, c_1\}$, $\{a, \{b, c_1\}\}$, $\{c_2, \{a, \{b, c_1\}\}\}$ の 7 つであるが (WS_2: 7)，c_1 がアクセス不能要素とみなされるため最小出力を満たしている ($WS_1 \rightarrow WS_2$: 5 → 6)．

　　さらに，Chomsky (2021a) は，「遅発併合」(Late Merge) (Lebeaux (1991), Ishii (1997))，「並列併合」(Parallel Merge) (Citko (2005))，「側方移動」(Sideward Movement) (Nunes (1995)) などのいわゆる「併合の拡張版」(Extensions of Merge) は最小出力 (MY) 違反として排除されると主張している．例として，「並列併合」(Parallel Merge, PM) /「側方移動」(Sideward Movement, SM) を考える（詳細は第 1 章第 3 節の中島論文参照）．

　(29)　並列併合 (PM) ／側方移動 (SM)
　　a.　$WS_1 = [a, \{b, c\}]$
　　b.　$WS_2 = [\{a, c_2\}, \{b, c_1\}]$

(29) では，c に並列併合 (PM) ／側方移動 (SM) が適用され，新たに集合 $\{a, c_2\}$ が形成されている．WS_1 でアクセス可能な要素は a, b, c, $\{a, b\}$ の 4 つで (WS_1: 4)，WS_2 でアクセス可能な要素は a, b, c_1, c_2, $\{b, c_1\}$, $\{a, c_2\}$ の 6 つである (WS_2: 6) (c_1 は c_2 によって C 統御されていないのでアクセス可能な要素とみなされることに注意.) WS_1 から WS_2 への更新において並列併合 (PM) ／側方移動 (SM) は c_1 と $\{b, c_1\}$ というアクセス可能な新たな要素を 2 つ追加しているため，最小出力 (MY) に違反する．

　　併合が形成する統辞構造は，θ 関係 (Thematic Relation) などを規定する「述語・項構造」と，移動などを引き起こす「情報構造・談話機能」の 2 つの側面に分かれる．これを「意味の二元性」(Duality of Semantics) と呼ぶ．併合は，前者を外的併合 (EM) と結びつけ，後者を内的併合 (IM) と結びつけ

ることで意味の二元性を満たす.[12]

(30)　意味の二元性
　　　a.　述語・項構造 … 外的併合 … θ 理論
　　　b.　情報構造・談話機能 … 内的併合

特に，述語・項構造を形成する外的併合 (EM) は，1 つの「θ 役割付与者」(theta-assigner) が同じ要素に 2 つの θ 役割を付与することはできないということを規定する θ 理論を満たさなければならない.

　以上の想定に基づいて，連続循環的 WH 移動を伴う (31) を例にとって，併合がどのように適用されるのかを少し具体的に見てみよう ((31) のそれぞれのワークスペース (WS) で併合の適用対象となっている要素は，上で述べた最小探索 (MS) に従った探索によってすでに選択された要素である．なお，ここでは，説明の便宜上，WH 句の移動過程だけを示し，その他主語など他の要素の派生上のふるまいについては省略する).[13]

(31)　*What did you say that John bought?*
　　　a.　$WS_1 = [\{_{VP} \, V(buy), \, what\}]$
　　　b.　$WS_2 = [\{_{VP} \, what_2, \, \{_{V'} \, V(buy), \, what_1\}\}]$
　　　c.　$WS_3 = [\{_{v*P} \, V(buy)\text{-}v*, \, \{_{VP} \, what_2, \, \{_{V'} \, V(buy), \, what_1\}\}\}]$
　　　d.　$WS_4 = [\{_{TP} \, T, \, \{_{v*P} \, v*, \, \{_{VP} \, what_2, \, \{_{V'} \, V(buy), \, what_1\}\}\}\}]$
　　　e.　$WS_5 = [\{_{CP} \, C, \, \{_{TP} \, T, \, \{_{v*P} \, v*, \, \{_{VP} \, what_2, \, \{_{V'} \, V(buy), \, what_1\}\}\}\}\}]$
　　　f.　$WS_6 = [\{_{CP} \, what_3, \, \{_{C'} \, C, \, \{_{TP} \, T, \, \{_{v*P} \, v*, \, \{_{VP} \, what_2, \, \{_{V'} \, V(buy),$
　　　　　$what_1\}\}\}\}\}\}]$

(31a) のワークスペース WS_1 では，2 つの要素 (buy, what) が併合の入力になっているため，二項性 (n = 2) が満たされている．また，その出力として，{buy what} (VP) という 1 つの要素だけがワークスペース WS_1 に追加されて

---

[12] 関連する議論については研究論文第 II 部第 3 章の中島論文と第 4 章の宗像論文を参照.

[13] 従来，生成文法理論では，英語などの言語で観察される WH 句の移動は，WH 句が解釈される元位置から発音される文頭位置へと直接行われるわけではなく，位相不可侵条件 (PIC) などの観点から，構造上ある特定の位置を経由しながら連続循環的 (位相毎に) に行われると考えられていた．しかし，Chomsky (to appear) は，「ボックス化」(boxing) を想定すると，連続循環移動は排除されると主張している (詳細については第 3 章第 2 節の大宗・杉本論文参照). ここでは従来の考えに従い，英語などの言語で観察される WH 句の移動は連続循環的に行われると想定する．また，その具体的な経由地としては，Chomsky (2013, 2015) に従い，「位相性」(Phasehood) を保有する「VP 指定部」と「CP 指定部」と仮定する ((23) 参照).

いるため，最小出力（MY）も満たされている。[14] さらに，この時，buy が what に対して「主題」（THEME）の θ 役割を 1 つだけ付与するため，θ 理論も満たされる．したがって，(31a) における併合（外的併合）の適用は，第三要因の二項性（Binarity）と最小出力（MY），そして第一要因の θ 理論（Theta Theory）を満たしているため，合法的とみなされる．(31b) のワークスペース WS_2 でも，2 つの要素（what, VP）が併合の入力になっているため，二項性（$n=2$）が満たされる（なお，VP はワークスペース WS_1 の段階で併合によって形成された要素で，$what_1$ は VP のタームである．また，V の目的語位置にある $what_1$ も VP 指定部にある $what_2$ も同じ what のコピーであることに注意．1/2 などの数字は便宜のため付しておく）．そして，その出力として，$\{_{VP}\ what_2,\ \{_{v'}\ V(buy),\ what_1\}\}$（VP）という要素がワークスペース WS_2 に追加されている．WS_1 から WS_2 への更新において追加されている新たな要素は，$\{_{VP}\ what_2,\ \{_{v'}\ V(buy),\ what_1\}\}$（VP）1 つだけであるので，最小出力（MY）も満たされる（$what_2$ によって C 統御されている $what_1$ はアクセス不能な要素とみなされることに注意）．同様に，(31c, d, e) のワークスペース WS_3, WS_4, WS_5 では，それまで併合が形成した VP, v*P, TP に対して，それぞれ，v*, T, C が外的併合（EM）で導入されているだけなので，二項性（$n=2$）が満たされている．[15] また，各段階のワークスペース（WS_3, WS_4, WS_5）で追加されている要素もそれぞれ 1 つずつだけ（v*P, TP, CP）なので，最小出力（MY）も満たされている．したがって，(31c, d, e) における併合（外的併合）の適用も，合法的とみなされる（なお，最も深く埋め込まれた VP 内にある what のコピー（$what_1$）は，位相不可侵条件（PIC）に従い，(31c) の段階ですでにアクセス不能となるため，網掛けになっている）．この後，連続循環移動の考えの下では，(31e) に示すように，位相の CP が形成された段階で 2 つの要素（$what_2$, CP）が併合の入力となる．派生のこの段階では，$what_1$ は位相不可侵条件（PIC）によりすでにアクセス不能であることに注意したい．なお，CP はワークスペース WS_5 の段階で併合が形成した要素で，VP 指定部にある $what_2$ はまだアクセス可能な CP のタームである．そして，(31d) に示すように，$what_2$ を内的併合で CP 指定部に移動することでアクセス可能な要素（CP）を 1 つだけ追加する．この (31e, f) における併合（内的併合）の適用も，

---

[14] 現行の極小主義では VP のような「ラベル」（label）は併合の出力構造に付与されないが，ここでは非公式な形で示しておく．そして，便宜上，併合が形成した {buy what} のような「統辞体」（Syntactic Objects）は，ラベルを用いて言及することにする．

[15] (31c) では外的併合による v* の導入に伴い V が v* に繰り上がっている．

第三要因の二項性（Binarity）と最小出力（MY），そして，位相不可侵条件（PIC）を満たしているため，合法的とみなされる．このようにして，What did you say that John bought? の埋込節（that John bought）は派生される．この後，埋込節の CP 指定部にある $what_3$ は，（31b）で見たように，主節の VP 指定部を経由して，（31e, f）と同様のプロセスを経て，主節の CP 指定部へ移動することで，What did you say that John bought? は派生される．

第3節　併合の形式および適用様式について*

中島崇法（弘前大学）

1.　併合

　本節では，併合（Merge）を巡る新たな展開を具体的な適用例を例示しながら整理する．併合とは人間言語における唯一の構造構築操作であり，派生のある段階における統辞体（syntactic object）の集合であるワークスペース（Workspace, WS）から，別のワークスペースへの写像として定義される．

　　（1）　WS → WS′

このとき併合は，WS 内の任意の個数の統辞体 P_1, … P_n から無順序集合 $\{P_1, …, P_n\}$ を形成し，その無順序集合を WS′ の元（element）とする．そのため（1）は，（2）のように述べることができる（なお，（2）を併合の原型をなす演算（集合形成，Form Set）として定義することもある．詳細は本章第2節を参照）．

　　（2）　Merge $(P_1, … P_n, WS)$ $= WS′ = [\{P_1, … P_n\}, …]$

　この定義では，併合は最も単純な集合形成操作としてのみ特徴づけられており，一切の制約が課されていない．しかし併合は人間の言語能力の一部であるため，生得的に決定される言語固有の条件（第一要因）および計算効率性などの計算一般に課される条件（第三要因）によって制約される（第三要因については，Chomsky（2005）および本章1節を参照）．第三要因による制約のもとでは，人間言語にとって利用可能な併合は外的併合（External Merge）と内的

＊　本稿を執筆するにあたり，後藤亘氏，宗像孝氏に多くの有益な助言を頂いた．感謝申し上げます．なお，本稿の誤りや不十分な点は，言うまでもなく筆者に帰する．

併合 (Internal Merge) の二種類に限定される（第三要因による外的併合と内的併合の導出については，本章 2 節を参照）．外的併合とは，(3) のように WS 内の元 P, Q を入力とし，統辞体 {P, Q} を形成する併合をいう．一方，内的併合とはワークスペース内の元（要素・元）とその内部に含まれる統辞体（ターム）とを入力とする併合をいう．[16] (4) では，WS の元 Q = {P, R} とそのターム P が入力となり，集合 {P, Q} = {P, {P, R}} が形成されている．

(3)　外的併合：WS = [P, Q] → WS′ = [{P, Q}]

(4)　内的併合：WS = [{$_Q$ P, R}] → WS′ = [{P$_2$, {$_Q$ P$_1$, R}}][17]

　併合は集合形成操作としてもっとも単純な形で定義されており，またその形式および適用様式にまつわる制約は第三要因に還元される．この意味で併合は，言語は最適に設計されているとする極小主義の強いテーゼ (Strong Minimalist Thesis, SMT) を遵守している．なお，Chomsky (to appear) はこれを原理 S (Principle S) として定式化している．

(5)　原理 S：
　　　The computational structure of language should adhere as closely as possible to SMT.　　　　　　　　　　　　(Chomsky (to appear))
　　　（言語の計算構造は，可能な限り厳密に SMT を遵守しなければならない）

　また，これら外的併合と内的併合の適用は，第一要因に属する言語固有の条件 (Language Specific Conditions) によっても制約される．その 1 つがテータ理論 (Theta Theory / θ 理論) である．この θ 理論は，併合によって導入された項とそれに付与される θ 役割との間に一対一の対応関係を要求する．もう 1 つが意味の二元性 (duality of semantics) である．この意味の二元性は述語・項構造を担う命題 (propositional) 領域が外的併合のみによって，情報構造・談話機能を担う節 (clausal) 領域が内的併合のみによって構築されることを要求する．こうした併合の制約の背後にあるアイディアが，言語は思考生成のシステム (thought-generating system) であるという見解である．すなわち，

---

[16] タームは次のように定義される．
　(i)　X は次の場合かつその場合に限り Y のタームである：X が Y の要素・元である，もしくは Y のタームの要素・元である．

[17] 本稿では併合によって構築された同一の個体 (identical inscriptions) を，必要に応じて添字によって書き分ける．併合によって指標 (index) に相当する要素が構造中に導入されているわけではない点に注意されたい．

あらゆる併合の適用は概念思考システム（Conceptional-Intentional System, CI）で解釈される意味的特性と結びついてなければならないという考え方である．Chomsky（to appear）はこれを原理 T（Principle T）として定式化している．

(6)　原理 T：

　　　All relations and structure-building operations (SBO) are thought-related, with semantic properties interpreted at CI.

　　　　　　　　　　　　　　　　　　　　　　　　（Chomsky (to appear)）

　　　すべての関係および構造構築操作は思考と結びついており，CI において解釈される意味的特性を有する．

2.　併合の「変種」の制限

　こうした第三要因による併合の制約のもとでは，外的併合と内的併合のみが許容され，これまで併合の「変種」として扱われてきた構造構築操作は利用不可能となる．本節では，「変種」の具体例として並列併合（Parallel Merge, Citko (2005); Citko and Gračanin-Yuksek (2020)），遅発併合（Late Merge, Lebeaux (1988); Fox (2002)），側方移動（Sideward Movement, Nunes (2004)）を取り上げ，これらが前述の併合の定義のもとでは定式不可能である，もしくは第三要因に属する条件である最小出力（Minimal Yield）の違反として排除されることを見てゆく．

　最小出力とは，併合によってワークスペースに追加される統辞体のうちさらなる演算にとってアクセス可能なものは1つのみでなくてはならないという条件である．例えば，(7) の外的併合の派生において，ワークスペースに新たに追加されている構造は集合 {P, Q} の1つである（WS′ における {P, Q} 内部の P, Q は，WS 内の P, Q をそのまま引き継いでいるため，この派生で新たに追加された構造ではない点に注意されたい）．

　(7)　WS = [P, Q] → WS′ = [{P, Q}]

一方，WS 内の P, Q を WS′ にも残したまま集合 {P, Q} を構築する (8) の派生では，集合 {P, Q} および P, Q の3つが新たに追加されている．

　(8)　WS = [P, Q] → WS′ = [{P, Q}, P, Q]

ゆえにこのような派生は最小出力によって排除される．

ここで，(9) に示す内的併合が最小出力を違反しないかを確認しておこう．

(9)　WS = [{$_Q$ P, R}] → WS′ = [{P$_2$, {$_Q$ P$_1$, R}}]

(9) では 2 つの統辞体 {P$_2$, Q} および P$_2$ が新たに追加されている．[18] そのため一見したところ (9) は最小出力に違反するように思える．しかし Chomsky (2021a) によれば，第三要因の一種である最小探索 (Minimal Search) による P$_1$ へのアクセスは，それを C 統御するに P$_2$ によって遮断される（言い換えると，P$_2$ によって C 統御される P$_1$ はさらなる演算にとってアクセス可能な要素ではない）．この結果，併合がワークスペースに追加するアクセス可能な統辞体の個数の増加は 1 つに抑えられる．このように，C 統御関係をつうじて下位の構造がアクセス不能となることを，最小探索による保護 (protection) と呼ぶ（より詳細な議論については，本章 2.4 節を参照）．

これら踏まえて，まず並列併合がいかに排除されるかをみよう．並列併合とは，統辞体内部の要素がそれを含まない統辞体と併合する操作をいう．この操作は，(10) に示す多重支配 (multi-dominant) 構造を与える．

(10)

P　　　Q　　　R　　　　　　　P　　　Q　　　R

この操作によって説明が試みられた現象の 1 つが，(11) に示す wh 移動の全域的規則適用 (across the board rule application, ATB) である．

(11)　I wonder what$_i$ Gretel recommended t_i and Hansel read t_i.

(Citko (2005: 479))

Citko (2005) によれば，(11) は (12) の多重支配構造をもつ．

(12)
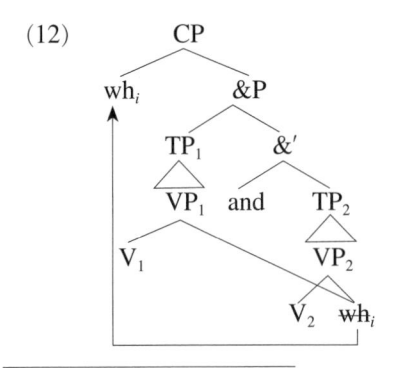

---

(12) において，第一等位項内の動詞 recommend と併合している what は，第二等位項内の動詞 read とも併合している．そしてこの what が CP 指定部に移動することで (11) が得られる．

Citko (2005) は，独立した統辞体同士を結びつける外的併合と，ある統辞体とその内部の統辞体を結びつける内的併合が人間言語の構造構築操作として利用可能なのであれば，ある統辞体内部の要素を独立した統辞体と結びつける並列併合も構造構築操作の一種として同じく利用可能であると主張した．しかし，前述のように併合の形式を第三要因（特に，最小出力）によって厳しく制限する枠組みにおいては，並列併合はもはや人間言語に利用可能な構造構築操作の一種とはみなされない．(10) の操作を集合によって表記すると (13) のようになる．

(13)　　WS = [{P, Q}, R] → WS′ = [{P, Q$_1$}, {Q$_2$, R}]

この派生では，WS 内の R が {P, Q} 内の Q と結びつくことで，集合 {Q$_2$, R} が形成されている．このとき，WS′ において新たに追加される統辞体は，{Q$_2$, R} およびその内部の Q$_2$ の 2 つである（なお，Q$_1$ と Q$_2$ はいずれかが他方を C 統御していないため，最小探索による保護が利用できないことに注意されたい）．したがってこの派生は，最小出力の違反として排除される．

次に，遅発併合について検討しよう．遅発併合とは，(14) のように内的併合を受けた構造 P と独立した統辞体 R とが反循環的に併合する操作をいう．

(14)

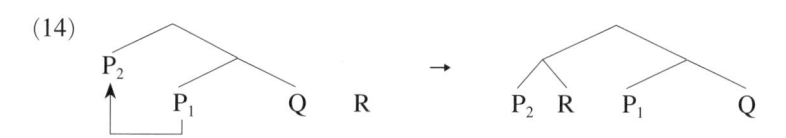

この操作を用いて説明されてきた現象の 1 つが，(15) に示す再構築効果に見られる項と付加詞の非対称性である．

(15)　a.　*Which report that John$_i$ was incompetent did he$_i$ submit t?
　　　b.　Which report that John$_i$ made did he$_i$ submit t?

(Freidin (1986: 179))

(15a) のように項（補部節 that John was incompetent）を含む wh 句を移動させた場合は元位置（すなわち，項が θ 役割をもらう t の位置）における束縛条件 C 違反を回避することができないが，(15b) のように付加詞（関係節 that John made）を含む wh 句を移動させた場合はこれを回避することができる．

Lebeaux (1988) は，付加詞が項とは異なり反循環的に構造に導入しうると仮定してこの対比を説明した (Chomsky (1993) も参照)．(15b) の派生を示した (16) をみよう．

(16) a.　[$_{CP}$ which report did [$_{TP}$ he$_i$ submit which report]]?

　　 b.　[$_{CP}$ which report [$_{CP}$ that John$_i$ made] did [$_{TP}$ he$_i$ submit which report]]?

(16a) は wh 移動が適用された構造であり，付加詞である that John made はまだ構造に導入されていない．そして (16b) のように付加詞を wh 移動の着地点に反循環的に導入することによって wh 移動の元位置における束縛条件 C の違反を回避することができる（一方，項の場合は θ 理論を満足させるために反循環的に構造に導入することができないため，束縛条件 C の違反を引き起こす）．

　では，遅発併合が前述の枠組みにおいていかに排除されるかを見よう．(14) の派生を集合によって表記すると，(17) のようになる．

(17)　WS = [{P$_2$, {P$_1$, Q}}, R] → WS' = [{{P$_3$, R}, {P$_1$, Q}},]

(17) では，内的併合を受けた統辞体 P$_2$ とワークスペース内の統辞体 R が結びついて集合 {P$_3$, R} を形成するとともに，P$_2$ が {P$_3$, R} によって置き換えられている．ゆえに，この派生を実現するためには，(18a) をもとに (18b) の集合 {P$_3$, R} を形成することの他に，既存の統辞体を別の統辞体によって置き換える操作 (18c) が必要となる．

(18) a.　WS$_1$ = [{P$_2$, {P$_1$, Q}}, R]　　　　　　　　　　（内的併合）

　　 b.　WS$_2$ = [{P$_2$, {P$_1$, Q}}, {P$_3$, R}]　　　　　　（集合 {P$_3$, R} の構築）

　　 c.　WS$_3$ = [{{P$_3$, R}, {P$_1$, Q}}]　　　　　（{P$_3$, R} による P$_2$ の置き換え）

しかし，前述の併合の定義においては，併合は統辞体からなる集合をワークスペース内に（1つだけ）構築する操作であり，既存の統辞体を別の統辞体と置き換えることは定義上不可能である (Chomsky et al. (2019) や Epstein et al. (2012) も参照されたい)．したがって，文の構造構築に併合のみを認める枠組みにおいて遅発併合は利用不可能である．[19]

　最後に，側方移動を検討しよう．側方移動とは，(19) のように統辞体内部

---

[19] 加えて，(18a) から (18b) への派生では集合 {P$_3$, R} だけでなく P$_3$ も新たに追加されている．したがってこの派生は最小出力違反としても排除しうる．

の要素が移動し別の統辞体と併合する操作をいう.

(19)

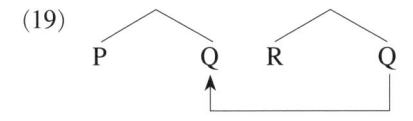

側方移動を用いて説明されてきた現象の 1 つが, (20) に示す寄生空所 (parasitic gap) 構文である.

(20)　Which paper$_i$ did you file t_i without reading e_i? (Nunes (2004: 98))

Nunes (2004) によれば, (20) は以下のように派生される.

(21)　a.　K = [$_{CP}$ reading *which paper*]
　　　　　L = file

　　　b.　K = [$_{CP}$ reading *which paper*]
　　　　　M = [$_{VP}$ file *which paper*]

　　　c.　P = [$_{PP}$ without [$_{CP}$ reading *which paper*]]
　　　　　Q = [$_{vP}$ you v [$_{VP}$ file *which paper*]]

　　　d.　[[$_{vP}$ you v [$_{VP}$ file *which paper*]] [$_{PP}$ without [$_{CP}$ reading *which paper*]]]

　　　e.　[$_{CP}$ *which paper* did [$_{TP}$ you T [$_{vP}$ you v [$_{VP}$ file *which paper*]] [$_{PP}$ without [$_{CP}$ reading *which paper*]]]]

(21a) は, 統辞体 K と L が独立に構築されている段階を示している. ここで, K にある which paper を L の動詞 file と併合すると (21b) が得られる. (21c) のように派生を進め, (21d) のように 2 つの独立した統辞体 ((21c) の P と Q) を 1 つに併合したのち, (21e) のように wh 句を移動させると (20) が得られる. このとき, (21b) を構築するために用いられている操作が側方移動である.

　それでは, 側方移動が最小出力の違反としてどのように排除されるかをみよう. (19) の派生を集合によって表記したのが (22) である.

(22)　WS = [P, {R, Q}] → WS′ = [{P, Q$_1$}, {R, Q$_2$}]

この派生では, P が {R, Q} 内の Q と併合し, 集合 {P, Q} を形成している. このとき新たに追加される構造は {P, Q$_1$} および Q$_1$ の 2 つである. したがってこの派生は最小出力によって排除される.

　このように, 第 2 節で述べた枠組みのもとでは並列併合, 側方移動は最小

出力によって排除される．また，遅発併合は構造を別の構造で置き換える操作を必要とするため利用できない．ゆえに，これらの操作を用いて説明されていた現象には異なる説明が必要となる．例えば Chomsky et al. (2019) は，付加詞の再構築効果を説明する枠組みとして，Sportiche (2015) によるインターフェイスにおけるコピーの解釈に基づく分析を参照している．また Chomsky (2021a) では，ATB 移動や寄生空所構文をコピー形成の観点から説明する方略が示唆されている．

3.　2種類の内的併合：A 移動と A′ 移動

3.1.　A 移動・A′ 移動の意味的効果

　本節では，内的併合（移動）の 2 種類の適用様式についてみてゆく．従来移動操作は，項位置への移動（A 移動）および非項位置への移動（A′ 移動）に分類されてきた．

　A′ 移動の具体例として，(23) の wh 移動をみよう．

(23)　What did John eat?

この文は，what を動詞の内項位置（eat の目的語位置）に外的併合し，さらに what を C の指定部位置に内的併合することによって派生される（より厳密には，what は v* 指定部などへ内的併合したのちに C 指定部へと連続循環的に内的併合する．連続循環的 WH 移動のより詳細な派生については本章 2 節 (31) 参照）．

(24)　$\{\text{what}_3 \{C, \{\text{John}, \{I, \{t_{\text{John}}, \{\text{what}_2, \{v^*, \{\text{eat}, \text{what}_1\}\}\}\}\}\}\}\}$

このような構造構築は，意味の二元性を遵守する形でおこなわれる．すなわち what_1 は動詞 eat と項構造関係を形成するために外的併合によって構築され，what_1 から what_3 までの連鎖は演算子・作用域関係を形成するために内的併合によって構築される．

　では，A 移動はどのような意味的側面と結びついているのであろうか．Chomsky (2021a) によれば，A 移動によって表層主語位置（IP 指定部）に置かれた要素は存在前提（existential presupposition）の解釈を担う．例えば (25a, b) のように表層主語位置に移動した構成素 a fly, a flaw には存在前提の解釈が与えられる．一方，存在前提の解釈は，表層主語位置への移動がない (25c, d) の there 構文の意味上の主語（associate）には見られない．

(25) a.　A fly is in the bottle.

　　　b. *A flaw is in the proof.

　　　c.　There is a fly in the bottle.

　　　d.　There is a flaw in the proof.　　　　　(Chomsky (2021a: 27))

Chomsky (2021a) はこのパラダイムに対して詳細な説明を与えていないが，関連する事実として Milserk (1974) や Diesing (1992) による次の観察を指摘することができよう。[20]

(26) a.　There are some ghosts in my house.

　　　b.　SOME ghosts are in the pantry; the others are in the attic.

　　　　　　　　　　　　　　　　　　　　　(Diesing (1992: 59))

(26a) では幽霊の存在は前提とされておらず，その存在は話者の主張 (assertion) の一部として解釈される（すなわち，幽霊が家にいる場合この文は真となるが，幽霊が存在しない場合この文は偽となる）．一方，表層主語位置に some ghosts が置かれる (26b) では，(some に強勢が置かれるとともに) 幽霊が存在することが前提とされる（ゆえに，幽霊が存在しない場合には真理値を定義することができない）．

　このように，A 移動においてもその適用は CI における意味解釈と結びついていると考えられる．[21]

3.2.　ボックス理論における A 移動・A′ 移動の扱い

　Chomsky (to appear) はボックス理論 (box theory) を提案し，原理 S と原理 T の観点から併合の適用様式についての取り扱いを大きく改めた．

　ボックス理論において，併合の入力となる要素は (5) ((27) に再掲) に示す原理 S によって厳しく制限されている（とりわけ，第三要因に属する最小探索 (Minimal Search) が併合の入力となる要素を選択する．詳細については，本章 2.4 節を参照）．

(27)　原理 S：言語の計算構造は，可能な限り厳密に SMT を遵守しなければならない．

まず外的併合においては，その入力となる候補はワークスペースの元に限られ

---

[20] この点は廣川貴朗氏にご指摘いただいた．感謝申し上げます．

[21] 表層主語の解釈の詳細な分析については，Diesing (1992) を参照されたい．

る（つまり，ワークスペースの元を飛ばしてそのタームを併合の候補とすることはできない）．例えば (28) の WS が与えられたさい，その元である P, Q は外的併合にとって利用可能であり，{P, Q} という新たな統辞体を含む WS′ を出力することができる．一方，P, Q のタームは WS の元ではないため，外的併合の入力となる資格がない（タームの定義については脚注1を参照）．

(28)　WS = [P, Q] → WS′ = [{P, Q}]

さらに，外的併合の適用は (6)（(29) に再掲）に示す原理 T も遵守しなければならない．

(29)　原理 T：すべての関係および構造構築操作は思考と結びついており，CI において解釈される意味的特性を有する．

特に，外的併合の入力となりうるのは命題領域を構築する要素（述語・項構造を形成する要素）に限られる．[22] すなわち，(28) における P と Q はそれぞれ θ 標示をおこなう要素と θ 標示を受ける要素でなければならない．

　外的併合と同様に，内的併合も原理 S と原理 T を遵守する形で適用される．(30) に示す内的併合では，最小探索はまず WS の元である Q を選び出し，次にそのタームである P か R を選び出す．そして P を選びだした場合，P, Q が併合の入力となり，{P, Q} という新たな統辞体を含む WS′ を出力する．

(30)　WS = [{$_Q$ P, R}] → WS′ = [{P$_2$, {$_Q$ P$_1$, R}}]

さらに，内的併合の適用は原理 T を遵守する形で適用される．特に，内的併合の入力となるもの（(30) における P）は命題領域に属する要素（θ 標示された要素）でなくてはならない．そして，ひとたび内的併合を受けた要素はもはや命題領域に属する要素ではないため（つまり，θ 標示の候補とならない節領域にある要素とみなされるため），それ以上の内的併合の入力となる資格がない．これをまとめると表1のようになる．

---

[22] 機能主要部や付加詞の導入についてここでは脇に置かれている．Chomsky (to appear) を参照．

表1：併合の入出力に課される条件

	外的併合	内的併合
入力を制約する原理		
原理 S（最小探索）	WS の元	WS の元とそのターム
原理 T（θ理論）	θ標示を与える要素と受ける要素	θ標示される位置（θ位置）にある要素
出力が結びつく解釈領域		
原理 T（意味の二元性）	命題領域	節領域

これらを踏まえ，(23) の派生として (31) を見よう.

(31)　$\{C, \{John, \{I, \{t_{John}, \{\boxed{what_2} \{v^*, \{eat, what_1\}\}\}\}\}\}\}$

(31) では，外的併合によって動詞の内項位置に導入された $what_1$ が，内的併合によって v*P 位相の端まで移動している．この $what_2$ は内的併合を受けた要素なので，θ標示の候補とならない節領域にある要素とみなされ，命題領域での解釈（eat の外項としての解釈）から除外される．そして表1で見た通り，内的併合の入力になりうるのはθ位置にある要素のみであるので，$what_2$ はこれ以上の内的併合を受けることがない（言い換えると，$what_2$ はこれ以上の連続循環的移動を受けない）．一方，この $what_2$ は内的併合によって導入された要素なので，節領域での解釈を受け取る資格を得る．特に，(31) のように内的併合の着地点が位相の端である場合，より上位の位相主要部 C が $what_2$ にアクセスすることができる．そして節全体を作用域とする演算子として $what_2$ を解釈するとともに，C の指定部位置で $what_2$ を外在化することで (31) は派生される（このように，位相の端への内的併合を受け，C からアクセスされる要素を四角によって図示する．また，この四角によって表記することを「ボックス化」と呼ぶ）.[23] このように，従来 A′ 移動として捉えられていたものは，ボックス理論のもとではボックス化された要素へのアクセスとして捉えなおされている.

　一方，A 移動は項位置から着地点への一足飛びの内的併合によって派生される．(32) の派生として (33) を見よう.

---

[23] この枠組みにおいて，四角による表示はあくまで表記上のものであり，ボックス化という独立した操作が提案されているわけではないことに注意されたい．ボックス理論の詳細については概説第3章第2節を参照.

(32)　John ate the apple.

(33)　{C, {John$_2$, {I, {John$_1$, {v*, {eat, {the, apple}}}}}}}}

(33) では，John が外的併合によって v*P 指定部に導入され (John$_1$)，eat の外項としての解釈を受け取る．そして内的併合によって IP 指定部に移動する (John$_2$) ことで (32) が派生される．[24]

4.　シークエンス形成および集合形成

　生成文法の歴史の中で，句構造規則や一般化変形といった構造構築操作によって捉えられない構造として，構造化されない等位接続 (unstructured coordination) が指摘されてきた (詳細については，Lasnik (2011) および本章 2 節の脚注 4 を参照)．

　　(34)　[Tom, Dick, …, and Harry] danced all night.

(34) に示す構造化されない等位接続は，(i) 無限に要素を連ねることができる一方で，(ii) 互いに階層関係がないという特徴をもつ (Ott (2022))．さらに (35) に示す respectively を含む文からは，(iii) 各要素間に順序関係があることが見て取れる．

　　(35)　[John and Bill] saw [Tom and Mary], respectively.

(35) では，1 番目の John が会った相手は 1 番目の Tom であり，2 番目の Bill が会った相手は 2 番目の Mary である．この意味で，等位接続された要素間の解釈にはその順序関係についての情報が利用される．
　Chomsky (2021a) は，集合形成 (Form Set) およびシークエンス形成 (Form Sequence) によって構造化されない等位接続を捉えようとした．集合形成とは，任意の個数の統辞体からそれらを含む集合を形成する操作をいう．既に (2) に示したように，集合形成は併合にも用いられている一般的操作である．この集合形成を用いて，各等位項を要素とする集合が形成される．

---

[24] なお Chomsky (to appear) は，A 移動を受けた要素は「ボックス化」されないと論じている．A 移動を受けた要素は位相の端にないのでボックス要素として扱う必要はない (さらに，表層主語が一致やラベル付けなどの操作に利用可能であることを考えると，ボックス化されてはならない) というのがその理由である．

(36)　{Tom, Dick, …, Harry}

集合形成は任意の個数の要素を対象とすることができるため，(i) の特徴を捉えることができる．また，集合の各要素には階層関係がないため，(ii) の特徴も捉えられる．(iii) の特徴は，シークエンス形成によって捉えられる．シークエンス形成とは，ある集合の要素からなる順序対を生み出す操作である．シークエンス形成は (36) を入力とし，(37) を出力する（& は等位接続詞である）．

(37)　<&, Tom, Dick, …, Harry>

これにより，順序対を用いて要素間の順序関係を捉えることが可能になる．

　Chomsky (to appear) は respectively を用いる文の要素間の順序関係は談話部門において与えられるとする Dalrymple and Kehler (1995) の提案を採用し，統辞部門での順序付けを排除する可能性を示唆している．これが正しければ，シークエンス形成といった操作を仮定するは必要なく，構造化されない等位接続は集合形成のみによって得られると分析されることとなる．

5.　まとめ

　近年の極小主義理論は，人間言語の構造構築操作として提案された併合を，ワークスペースからワークスペースへの写像として特徴づけている．そしてこの併合操作は，ワークスペース内の要素から新たな集合を組み立てる操作として，最も単純な形で定義されている．同時に，併合は人間の言語能力の一部であるため，第一要因および第三要因による制約を受け，内的併合と外的併合のみを人間言語によって利用可能な様式として提供する．このような扱いは従来の研究において提案されてきた併合の「変種」を排除するという帰結を伴うがゆえに，併合の「変種」を用いて説明されてきた諸現象に対しては別の道具立てによる説明が要求される．また近年の研究，とりわけ Chomsky (to appear) の提案するボックス理論は，併合の適用条件を第一要因（原理 T）および第三要因（原理 S）によって厳しく制限する．このボックス理論はこれまで内的併合の連続適用として扱われてきた A′ 移動の位置づけを大きく変更するとともに，A 移動と A′ 移動との差異についても新たな観点から捉え直しを要求する．また，併合を集合形成操作として最も単純な形で特徴づけたことは，従来の構造構築操作がうまく捉えることのできなかった構造化されない等位接続が（非二項的な）集合形成によって捉えられる可能性を示唆する．

第2章

SMT が形作る構造の派生

第1節　コピー形成の最適化に基づく統辞研究の諸相

宗像　孝（横浜国立大学）

　本節では，生成文法理論におけるコピーの派生と関連する項目に焦点を当て，歴史を振り返り，コピーの役割を考察する．その上で，最近の Chomsky (2021a, to appear) におけるコピー形成について論じ，コピー形成が連鎖などコピーに関わる特徴を捉えながら，最小演算性（minimal computation）にそって最適な形で導かれることを示す．また，この帰結は言語固有の演算メカニズムを提示しなくても，普遍的に見られる汎用性が高い簡潔な演算で言語に見られる構造が成り立つことを示し，SMT の目的に合致していることを示唆する．

　Chomsky (2021a, to appear) が示した演算メカニズムでは，第三要因である最小演算性や簡潔性（simplicity）に基づき，メカニズムに備わっているものがそぎ落とされ，最小限の道具立てで構造構築を行う．ゆえに，構造構築とかけはなれた語彙項目の複製を行うコピー操作や指標の導入など，演算メカニズムに複雑なことを要求するものは組みこまず，簡素で純粋なメカニズムのみで行う．極小主義において SMT を推し進めたゆえの帰結であると言える．注目すべきは，何の飾りもない演算メカニズムであるにもかかわらず，第三要因に帰着する概念・公理と絡み合いながら，最適な形でコピー形成など普遍文法にとって必須なものを派生できることである．生成文法の歴史の中で，移動は意味解釈でも，発話上の音声や手話などによる外在化（externalization）でも，言語に必須で重要なものだとみなされてきている（Chomsky (1957) など）．ゆえに，コピー形成が最適な形で出てくることは理論として理想である．

　コピー形成が統辞構造の根幹を成すことをひもとくために，コピーの役割を振り返ってみよう．従来の生成文法理論で指摘される通り，言葉には移動という事象が観察され，構造構築において基盤を成す．移動において，移動先と移動元の語句が同等であると仮定されており，移動を経た語彙項目（Lexical

Items／LI) の代替になるものが重要な役割を果たしてきている．例えば，移動する際に，痕跡 (trace／t) が移動元に残されると考えられてきており (cf. Chomsky (1981))，例文 (1) のような語彙項目の移動が観察される簡単な文からもはっきりと痕跡の役割が見える．

(1) a. **Donuts** were made *t* by students.　［受け身文］

　　b. **What** did students make *t*?　　　［wh 疑問文］

(1a) の受け身文，(1b) の wh 疑問文において，donuts と what はともに動詞が示す make という行為の対象であり，基底位置で make と組み合わさり，対象 (Theme) の θ 役割を受ける．その後，双方の文において，移動が生じ，(1a) では，基底位置から donuts が主語位置に移動し，(1b) では what が文頭に移動する．donuts は主語位置を占め，INFL と一致関係 (agreement) を結び，主格を受け取る．この INFL 指定部の位置において，移動した donuts と述部の間で叙述関係が得られる (cf. Chomsky (2021a, to appear) など)．INFL 指定部に統辞体 (Syntactic Object) が位置する場合，意味上でも統辞体が表すものが特定のものであるという解釈を受けることで知られている (Diesing (1992) の「投射仮説」参照)．

(2) a. Football tickets seem (to be) available in this shop.

　　b. There seem to be football tickets available in this shop.

(2a) では，Football tickets が INFL 指定部に移動しており，話し手 (及び聞き手) の頭の中でチケットの種類が定まっていて，，J1 強豪チームなど特定の「サッカーのチケット」がこの店で入手できることを示す解釈があり得るが，football tickets の移動がない (2b) ではプロの下部リーグか大学サッカーか何か分からないが「何らかのサッカーのチケット」があるという存在解釈のみを許す．

　(1a) において，発音されるのは移動先の donuts で，移動元ではないが，移動元の基底位置で受け取った θ 役割の情報と結びつく必要がある．加えて，格情報と叙述関係などの意味解釈情報と θ 役割の情報を結び付ける必要があるので，donuts と同等のものが移動先にも基底位置にも存在する必要がある．

　一方，(1b) において，what は C の指定部に位置し，wh 疑問文の解釈を保証し，what が疑問の対象になることを導き出す．(1a) と同様に，移動した統辞体が移動先で発音されるので，基底位置の θ 役割との結びつきが必要となる．もちろん，移動先でも意味解釈に必須な情報を担うので，基底位置だけではなく移動先の統辞位置にて解釈されなければいけない．加えて，wh 疑問文

の場合，wh 疑問の解釈を産み出すために，what の基底位置に演算子（opera-tor）に束縛される変項（variable）が必要になり，基底位置で解釈される同等の語彙項目が必要になる．

　以上のように，移動を経た語彙項目（(1a) の donuts と (1b) の what）は移動先で外在化を受け，さらに適切な文の意味解釈を産出するためには，基底位置で得られる θ 役割の情報（wh 疑問文では変項の位置を保証すること）が必須になり，移動先に加えて，移動した統辞体に匹敵するものが当初の位置に存在することを規定することが必要不可欠になる．

　この構造上で移動した統辞体が二か所で同時に解釈される必要性を説明するために，生成文法初期では痕跡 t に加え，連鎖（chain）が提案されてきた（cf. Chomsky (1981, 1986)）．(1) で示した痕跡は詳細に説明すると，(3) のように，基底生成位置で θ 役割を受け取った統辞体が移動した後に，移動元に目印として統辞体の痕跡が挿入されると考えられており，移動した統辞体と同じ指標を有することで移動の跡を刻むことになる．

> (3) a. {like, what}
>   b. {what$_i$, C, {you, INFL {like, t_i}}}

この痕跡と移動した what の関係を結ぶために連鎖が形成される．

　Chomsky (1981, 1986) では，項移動（A-movement）に関わる統辞体と痕跡は，局所的に c 制御に基づく束縛関係（binding relation）を結んだ上で，意味解釈を担う Logical Form/LF にとって適正な連鎖として解釈される．具体的には，連鎖の最大範囲 C{a_1, ..., ..., a_n} において，(i) 最上位にある a_1 が格付与の固有位置にある時に，a_n が固有の θ 役割位置に存在する（連鎖条件）場合，もしくは (ii) a_1 が演算子位置にある時に，a_n が適正に束縛される変項位置に存在する（非項連鎖条件）場合に，LF に適正な連鎖として解釈される（連鎖統一性条件/Condition on Chain Uniformity (Chomsky (1986))）．[1] 加えて，痕跡は適正束縛条件/Proper Binding Condition (cf. Fiengo (1977)) に基づき，束縛されなければいけない．つまり，適格な連鎖の一部として束縛されることになる．最後に，最上位にある移動先の統辞体も θ 役割の解釈を受けるために，連鎖の最上位に位置して，適正な連鎖の一部として認識される必

---

[1] 演算子位置というのは，疑問文や談話領域の作用域を決める位置を言い，wh 疑問文の場合は作用域が wh 疑問詞が主節か従属節の疑問であるか示している．変項位置は，作用域を決める演算子と対応し，演算子に対応する語彙項目が解釈される位置である．疑問文の場合は疑問詞が元々存在した位置だと考えられ，What did you buy x? の主節疑問作用域を決める演算子の *what* に対し，x が疑問文の内容を示している．

要がある．言いかえれば，この連鎖を作り上げる条件として c 統御 (c-command) が必須となる (Rizzi (2001)，Nunes (2004) など)．

このように，痕跡と連鎖の概念は道具立てとして，移動を経た語彙項目に意味解釈を保証し，構造構築上で必要なことを捉えているので，コピー形成を考える上で非常に深い示唆を与えている．

しかしながら，痕跡が UG の演算システムに存在するとしたら，それが統辞体の移動後に導入され，構造構築の派生過程をさかのぼって，移動元の位置に後付けで導入されるので，複雑になってしまう（本書 序論参照）．連鎖形成も構造構築の中で新たな関係を導入することになってしまい，連鎖を成す語彙項目と痕跡が連鎖の関係を上書きされて置きかわることを示唆し，単純な構造関係で導けないので，簡潔性を主とした演算メカニズムにはそぐわない．

Chomsky (2000) では，上記のことを解決するために移動には併合に加え，一致操作と移動する統辞体を複製する複製 (Copy) いう操作が関与すると提案した．この提案では，一致操作の過程で，演算メカニズムは主要部 H の素性 [F] に対応し，一致を行える相手方の素性 [F] を有する XP を主要部 H が c 統御する範囲内から見つけ出し，その統辞体を複製したうえで，主要部 H に併合する．ここで，Colors will change を使って例示してみる．

(4)　Colors will change.

    i.　$\{_{VP}$ change, colors$_{[v\phi, \_case]}\}$

    ii.　素性の一致操作：$\{_{\alpha} \{_{I}$ will$\}_{[\_\phi]} \{_{VP}$ change, colors$_{[v\phi, \_case]}\}\}\}$

    iii.　複製 | colors | → **colors$_2$**

    iv.　併合 $\{$colors$_2, \alpha\}$

        $\{_{IP}$ colors$_{2[v\phi, NOM]} \{_{\alpha} \{_{I}$ will$\}_{[v\phi]} \{_{VP}$ change, colors$_{1[v\phi, vcase]}\}\}\}\}$

まず，(4i) で動詞の change が内項である colors と併合し，動詞句 VP を作る．colors はこの位置で θ 役割を受け取る．それから，INFL の will が動詞句と併合を行い，(4ii) のように α を形成する．will は φ 素性（数/性/人称）を有しているが，値を欠いており，値を得ないと非解釈素性であり SM や C-I で読み取れない非解釈素性である．そこで，will は一致操作にて値を有する φ 素性 (vφ) がある colors と関係を持つ（一致操作について概説第 3 章第 1 節の「最小探索」を参照）．一致関係の結果，colors 上にある値を欠く格素性も INFL との一致の結果，[NOM] の値を持つ．この一致関係を基に演算メカニズムは α の併合対象を colors に定めるが，colors をそのまま併合することはできない．そのため，(4iii) で colors を複製し．colors$_2$ を作り出す．(4iv)

で colors$_2$ と α を併合し，colors$_2$ を IP 指定部の位置に定める.

　上記のように，Colors will change に対応する統辞構造を作り出すのに，colors の主語位置である IP 指定部の移動を伴い，移動は，一致操作＋複製＋併合から構成される．結果として，主語位置における主格に加えて意味解釈と外在化，それに基底位置の θ 役割を保証している.

　この複製という操作を加えることで，元の位置にある統辞体をそのまま残存させることになり，同じ統辞体を複製して併合で使えるので，痕跡と同様に意味解釈面でも外在化面でも (4) に見るように必要なことを提供していると一見思える．加えて，基底生成の場合は併合だけで行えるが，移動は複製という操作と複製の前提になる一致操作が加わるので，基底生成よりも複雑な操作という見方が生まれ，単純な基底生成が好まれるという仮説につながっていく.

　一致操作は移動を伴わずに単独で行えるし，(4ii) で見るように c 統御を前提とし，併合より先に起こる可能性も追求できるので，移動とは独立した操作であるとみなせる．たとえ，そうだとしても，移動には併合に加えて複製という操作が加わり，語彙項目だけではなく素性も含めて全て複製するので，単純な構造構築操作に類さないものであり，併合に加えて行うとしたら，移動を説明する際に演算メカニズムを複雑にし，移動を基底生成よりもかなり負荷のかかるものにしてしまう.

　このように，統辞構造を構築するメカニズムに構造構築にとって複雑かつ異質な複製という操作を加えることで，以前の構造にただ統辞体を新たに付け足して構造を組み立てるという単純な演算から成る演算メカニズムから離れることになる．また，以下，(5) に見られるように，連鎖を組むために，同様の統辞体のコピーであることを保証するのに指標 i を加える必要も考えられるが，汎用性が高い飾り気のない演算メカニズムに指標を加える項目を入れるとなると，非常に特別な装置を加えることになり，演算メカニズムを複雑にしてしまう危険性がある.[2]

　(5)　{$_{CP}$ What$_i$, {$_C$ did} John INFL, {$_{v*P}$ what$_i$, John, v* {$_{VP}$ buy, what$_i$}}}

また，連鎖関係を打ち立てるために，Chomsky (2000, 2001) は姉妹関係や支配関係を利用しているが，演算メカニズムに統辞構造をスキャンして，関係を確認する振り返りの負荷を与えることになるので，簡素な演算に固執するのな

---

[2] v*P 指定部にある what と John の順番は介在性効果 (intervention effects) で問題が指摘されるが，ここでは便宜上，移動した what を v*P 指定部の外側に想定する．詳細は Chomsky (2000, to appear) 及び Richards (2001) を参照のこと.

ら好ましくない（本書の序論参照）．

　こうした中，演算システムの簡素化を目的に，Chomsky (2005) において，移動を別個のものとせず，基底生成と同じ併合のみで派生されることを主張した．とりわけ，併合の対象が構造構築中の統辞体の中にあれば内的併合 (Internal Merge)，対して構築中の構造の外から持ってくる場合を外的併合 (External Merge) とした．基底生成と移動は，併合という単一の操作で捉え直され演算システムとして最適化された．しかし，意味解釈面及び外在面で移動元と移動先に同じ統辞体が同時に存在することを保証しなければならないという点については，何も手立てがない．特に，この移動元の統辞体と移動先の統辞体の関係を保証していたのは，先に紹介した連鎖条件だったが，連鎖も派生過程で連鎖関係を導き，関係性を付加することを前提としているので，余計な演算が必要になり，演算システムが複雑になってしまう．

　Chomsky (2008) は，この問題を解決するために，位相記憶 (phase memory) を打ち立て，位相 (phase) 内で起こった演算操作や過程を記憶していると提案した．これにより，移動である内的併合も記録されるので，統辞体の連鎖を読取ることも可能になることを示唆した．しかし，この位相記憶が演算システムに備わっているとしたら，構造構築のメカニズムと別個のものになるし，位置づけが曖昧であり，効率的なシステムとは言えなく，最適なものと言えない．

　以上のように，移動先の統辞体と移動元の統辞体を同等の統辞要素と見なすのには，演算メカニズムとして単純ではなく，言葉だけに特化したものを想定し，演算システムを複雑にせざる得ないように思える．

　ここで，Chomsky (2021a, to appear) は SMT に基づいて，第三要因にある公理を基に，汎用的演算メカニズムの特徴を適用すれば，これらのことは何ら問題がないことを示し，演算メカニズムが最適に形作られている可能性を示している．そして，演算メカニズムが汎用性がある一般的なものであり，言語固有ではなく，特別な想定もない簡潔なものであることを示した点で重要な転回である．以下では，順々にどのように説明できるか，見ていくことにする．

　まず，移動元に移動した統辞体と同じコピーが存在することは，構造構築の根本を成す改変禁止条件 (No Tampering Condition) によって，自然と答えを導き出せる．

　(6)　改変禁止条件
　　　i.　演算メカニズムは構造構築にて併合のみ使用可能であり，構造に新
　　　　たな要素を追加できる

　　ii. 演算メカニズムは構造構築にて統辞体の内部構造を削除・付加・置
　　　　換などで一切変えてはいけない

(6) によれば，演算メカニズムが内的併合を行う際，統辞構造内にある基底生
成された移動元の統辞体はそのまま残すことになる．そして，併合の対象とし
て，移動元にある統辞体を対象にして，内的併合することになる．

　ここで，移動先の統辞体をどこから持ち出してくるのかという疑問が自然に
生じる．この問題に対し Chomsky (2021a: 16) が命題論理 (propositional
calculus) の演算について言及し，この問題について糸口を与えてくれている．
ここでは少し単純化して，論理記号である a/b/c の 3 つの記号を用い，(7)
と (8) の論理の演算がどのように進むか考えてみる．

　(7) i.　$a = b$
　　 ii.　$b = c$
　　iii.　$a = c$
　(8) i.　$X \subset a, b$
　　 ii.　$b = c$
　　iii.　$X \subset a, b, c$

まず，(7i) で a が b と同等であり，(7ii) で b, c が同等であるとすれば，
(7iii) の a が c と同等であることが成り立つ．演算メカニズムは当然，a をそ
のまま再利用できる．加えて，(8i) で a と b が X に含まれており，(8ii) の
ように c が b と同等であると規定されると，同じものだから (8iii) のように
c は X に含まれる．演算メカニズムは当然 c を (8i) と (8ii) の命題から c を
そのまま再利用している．

　ここで大事なことは，(7iii) / (8iii) で演算記号である a, b, c が再利用され
ていることである．一般的な演算メカニズムにおいて，一度出てきたものを置
き換えなくても，そのまま用いることを考えれば，同様な演算が言語構築で用
いられることは不思議ではない．演算メカニズムであれば，既出のものを再利
用することは当然であり，上記のことを踏まえ，Chomsky (2021a: 16) はさ
らに移動先の統辞体が移動元の統辞体と同等なものであることについて，演算
システムにおける不変性 (stability) で定められていることをあげ，2 つとも
同じコピーとして処理されることを示した．数字や論理記号などが変わらず扱
えるように，不変性は演算システムの最適なデザインに基づき，特別な想定を
廃する最小演算に従う第三要因ともいえる．

　また，SMT に従うと，UG の演算メカニズムは隣接するシステムに出力を

提供する関係上，出力に特定の条件群を課されることになり，「言語固有の条件」（LSCs / Language Specific Conditions）に関連する要件を満たせるように，第三要因の公理に基づいて最適にデザインされている．LSCs を代表するものはテータ理論（θ 理論）に紐づけられた概念事象構造（conceptual event structure）があげられる．従来の研究（Uriagereka (2008)，Reinhart (2016)，Munakata (2009) など）で指摘されているように，外的併合は概念事象構造によって基底生成される併合位置が決まり，統辞体は外的併合位置で θ 役割を受ける．そうなると，LSCs により外的併合は必ず θ 位置に限定されることになる．Chomsky (to appear) では，この概念事象構造に基づいて構築された統辞体を命題領域（propositional domain）と呼び，v*P / VP など θ 役割に関係する統辞体が含まれていると提案している．

　また，SMT は普遍文法の演算メカニズムが概念思考システム（CI / Conceptual Intentional System）の入力として統辞構造を構築することを規定している．Chomsky は「思考」部分で用いて「意図」に関係する「談話」(discourse)「法」(force) など C(omplementizer) 領域に関係する統辞構造を節領域（clausal domain）と呼び，LSCs に基づく命題領域と節領域を構築する役割が演算メカニズムにあると論じた．そして，節領域で与えられる主語の叙述関係・情報構造・談話上の役割・演算子機能などを意味役割（semantic role）だと規定している．

　上記の SMT に基づいた UG のデザインは連鎖が表していた関係に最適な回答を与えてくれる．Chomsky (2021a, to appear) では，演算メカニズムは最小計算性に従い，マルコフ演算（Markovian computation）の特質を持ち，演算負荷を減らし，一切，過去の構造構築の派生過程を振りかえらず，今ある構造情報のみを利用できる（本書 序論参照）．つまり，構築されている構造が外的併合によってでき上がったものなのか，内的併合によって作られたものなのか，演算システム内で判断できない．しかし，LSCs により外的併合される位置は θ 位置に限定され，内的併合される位置は θ 役割を受け取れない位置であり，「叙述関係」などの意味役割に関係する位置になる．すなわち，派生過程に頼らなくても，演算システムの特性から併合位置を参照すれば，外的併合によるものか内的併合に関係するのか，判明する．

　また，以前に連鎖の特徴として構造内で c 統御が必要なことを述べたが，このことは内的併合の特性から導出される．内的併合の特徴として，構築されている統辞体 YP 内部にある XP を対象として，(9) のように併合を行う．

　　(9)　a.　$\{_{\text{YP}} \dots \text{Y} \{\dots \text{XP}\}\}$

  b. 併合 {XP, YP}

  c. {XP$_1$, {$_{YP}$ ... Y {... XP$_2$}}}

(9c) で見られるように，移動先で XP$_1$ は XP$_2$ を含む YP と併合する．c 統御は姉妹関係 (sister relation) で定義される．この考え方に基づくと，統辞体 α は併合した統辞体 β 及び統辞体 β の構造に含まれるすべての統辞体と語彙項目を c 統御する．したがって，(9c) では，併合の結果，移動先にある XP$_1$ は YP に加えて，YP 内部にある XP$_2$ を c 統御する．この構造内に見られる c 統御の位置関係を c 統御配置 (c-command configuration) と呼び，内的併合で必ず産まれるものになる．この c 統御配置は連鎖を形成する c 統御の必要性をそのまま満たすことに留意してもらいたい．

 以上を受けて，Chomsky は CI が位相 (Phase) など構築された統辞構造の入力にアクセスし，適切に命題領域と節領域につながる項の解釈を読み取るために，**同じ統辞体 XP の同一個体である XP$_1$ と XP$_2$** のコピー関係に根差したコピー形成 (Form Copy) の情報を読み取ることを提案した．

 最適化された演算メカニズムでは，外的併合された θ 位置にある統辞体の個体 (inscription) が基底位置になり，移動先で意味役割を受け取った同じ**統辞体から派生する同一個体 (identical inscriptions)** が最上位の統辞体になる．そして，この 2 つの個体は c 統御配置の関係になるので，コピー形成が行われることになる．このコピー形成を使用すると，(4) の Colors will change は以下，(10) のように説明できる．

 (10) Colors will change.

  i. {$_\alpha$ will. {$_{VP/命題領域}$ change, colors}}

  ii. {$_\beta$ colors$_1$, {$_\alpha$ will, {change, colors$_2$}}}

  iii. {$_\beta$ **colors$_{1A}$**, {$_\alpha$ will, {change, **colors$_{2A}$**}}}

(10i) にて命題領域である {change, colors} が will と併合し，α を組み立てた後に，節領域の構築を進めるために α に項と併合する必要が出てくる．この場合，内項の colors が対象になるが，改変禁止条件と不変性が演算メカニズムに課されることから，colors を再利用し α と併合し，(10ii) の β が作られる．colors は同じ統辞体から派生した同一個体であり，かつ colors$_1$ が colors$_2$ を c 統御するので，コピー形成が自然に適用されて，結果，叙述関係の意味役割を付与される colors$_{1A}$ と θ 役割の colors$_{2A}$ からなる統辞体のコピー連続体である colors$_A$ が形成され，SM と CI で解釈を受けることになる．このように連鎖など移動で説明されることを保証している．

　このコピー形成は命題領域にある基底生成位置で θ 役割を受け取る統辞体と節領域に移動し意味役割を受け取る移動元の統辞体を結び付け，連鎖で必要とされた特徴を満たす．連鎖が課す意味解釈も外在化条件も命題領域と節領域の結びつきという CI の要請から出てくるものである．そして，注目すべきことは，連鎖がとらえた特徴は全て SMT から出てくることであり，何も規定しなくても，自動でコピー形成が行えるように演算メカニズムがデザインされていることである．[3]

　SMT に従い，言葉の構造構築に固有な装置を廃し，第三要因の最小演算性を遵守した汎用性の高い演算メカニズムだけで，言葉の特徴の根本を成すコピー形成に一定の説明をつけたことは，現在の生成文法理論の大きな成果と言える．

第 2 節　SMT の促進的役割

小町将之（静岡大学）・宗像 孝（横浜国立大学）

　生成文法研究では，言語理論をどのように形成するかについて，メタ理論ともいうべき作業仮説を強く意識することが従来より多かった．極小主義プログラムでは特に，「言語はどのように完璧なのか？」という問いから（Chomsky (1995)），「言語はインターフェイスに課される諸条件に最適な解を提供する」とする SMT が形成され（Chomsky (2004)），この SMT が理論を形成する強いガイドラインとしての役割を発揮するようになった．これにより，「説明における簡潔性の追求がより汎用性の高い説明につながる」という生成文法研究の経験則は，SMT に従ってより深い説明を探求することに置き換わってきた．SMT は結果として，UG のデザインを特徴付ける理論的仮説を厳しく制限する「規律的役割（disciplinary function）」（Chomsky (2021a)）を果たしてきたと言える．[4]

---

　[3] なお，Chomsky (2021a, to appear) とも，コピー形成は位相（phase）ごとで行われるという想定があるように見える．ただ，明確に運用するとなると，詳細な検討が必要になり，本節では立ち入らない．概説後半の各節にて，関連事項が論じられており，興味深い示唆がなされている．

　[4] 規律的役割の具体例は枚挙に暇がない．例えば，構造構築のための操作として仮定される併合は，極小主義黎明期から（Chomsky (1994)），その定義が重要な論点となっていた．単純併合（the simplest Merge; Chomsky (2013, 2015)）では解釈の自由度が高く，遅発併合

　生成文法研究の目的は，人間の脳内に実在するＩ言語の成り立ちを説明することである．このための極小主義的な試みは，従来は言語固有の仮説群を抽象化する方向性のみだったが，SMT に基づく探求の中で説明項としての第三要因が考慮に入れられるようになると，最小演算性などの自然科学的な公理群への還元を試みる方向性が可能となった．これにより，個々の言語現象を説明する際にも，自然界の有機的な存在として言語機能の演算メカニズムを考える必要性が強まっている．

　したがって，SMT には，「規律的役割」という倹約家的側面だけでなく，「促進的役割 (enabling function)」がある (Chomsky (2021a, to appear))．理論的仮説を厳しく制限することは仮説の抽象化につながり，結果として，仮説の汎用力を高め，その適用範囲の拡大を含意する．すなわち，仮説が検討される段階では想定されていなかったような現象群に対しても説明を与えることで，従来は思いつかなかった言語機能のありようを見せてくれるのである．このように，抽象的な仮説のよりどころを第三要因に求める選択肢は，言語固有の原理群を最小限にとどめる大きな助けとなり，より本質的で自然な，より深い説明を探究する道を開いてくれる．

　このような「促進的役割」がどのようなものか，(1) のようなコントロール構文の分析で具体的に見てみよう．

　(1)　John tries to win.

この構文については，(2a) のように不定詞補文の主語として PRO を仮定して構造を仮定するのか (Chomsky (1981))，あるいは，(2b) のように移動に還元するのか (Hornstein (2009)) が長い間，争点になっている．

　(2) a.　John$_i$ tries [PRO$_i$ to win].
　　　b.　John$_i$ tries [t_i to win].

　ここでは前者を **PRO 分析**と呼ぶが，この PRO 分析では，音形をもたない代名詞 PRO を純粋に統辞的な語彙項目として仮定する．この PRO は補文の

(Lebeaux (1991))，並列併合 (Citko (2005))，側方移動 (Nunes (1995)) など，多様な理論的解釈の余地を残してしまうという課題があった．この理論的状況において，個々の統辞体ではなくワークスペースそのものを併合の適用対象とする解釈が提案されている (Chomsky (2019))．この定義で許容されるのは外的併合と内的併合のみであるため，規律的役割が効力を発揮している実例と見なすことができる．この点について詳しくは，本書概説第 1 章第 2 節「併合を中心とした概念の説明」および第 3 節「併合の形式および適用形式について」の各項を参照されたい．

動詞 win から θ 役割を受け取るが，補文内では格を受け取れない.[5] また，PRO は意味素性も有しておらず，主節で発音される名詞 John にコントロールされて，その指示対象についての解釈が得られる．この PRO は，名詞句として述語の項の役割を果たしているようにも見えるが，格をもたないとも考えるため，これらの仮定を十分に正当化する必要がある．また，PRO に解釈を与えるコントロールという統辞的関係をどのように定式化するかも問題である (Chomsky (1981)，Martin (1996)，Landau (2015)).

　もうひとつの分析，これをここでは**移動分析**と呼ぶが，このアプローチでは PRO もコントロールも仮定しない (Hornstein (2009) など). 不定詞補文の主語位置について，その代わりに仮定するのは，主節の主語位置への A 移動に従った名詞句 John の痕跡である．この分析では，不定詞補文の主語が格をもたないことをより自然に説明できる．より詳しくは (3) のように分析する.

(3)　[John$_i$ [t''_i tries [t'_i [to t_i win]]]].

最終的に主節の主語として発音される John は，不定詞補文の述語 win の外項 (t) として基底生成されたのち，補文節の周縁部 (t') を経由して主節の述語 try の外項位置 (t'') に至り，try から θ 役割を付与される．その後に主節の I(nfl) 指定部に移動して主格が与えられる.

　移動分析は，言ってしまえば，コントロール構文を繰り上げ構文と同様に扱うものである．このアプローチは，同じ移動によって両構文を統一的に説明することで，PRO という理論的措定物を排除できるので，SMT の規律的役割が発揮されたものと理解することもできる.

　しかしながら，この 2 つの構文は伝統的に区別されてきたことからもわかるように，区別するのに十分な根拠があった．例えば (4) に示すような，変項束縛に関する事実がある (Fox (1999)).

(4)　a.　[His$_i$ father]$_j$ seems to [every boy$_i$] t_j to be genius.
　　b.??[His$_i$ father]$_j$ wrote to [every boy$_i$] PRO$_j$ to be genius.

繰り上げ構文の (4a) では，主節の与格目的語 every boy が主節主語内の his を変項束縛する解釈が可能だが，コントロール構文の (4b) では，この解釈が得られない．この対比は，主節の主語 his father が不定詞補文の主語位置 (t)

---

[5] 格に関連する議論は Bouchard (1984) や Chomsky (1981) にて，格を受け取れない場所として規定されている．最近では，Chomsky and Lasnik (1993) や Martin (2001) が空格 (null Case) 分析を提示しているが，通常の格を受け取れないという点では，変わりがない.

から移動したかどうかで説明し分けることができる．すなわち，繰り上げ構文は (5) のような派生の段階を含んでおり，every boy が his を変項束縛することを保証する．

(5)　seems to [**every boy**ᵢ] [[**his**ᵢ father]ⱼ to be genius]

これに対してコントロール構文では，繰り上げ構文と同じように移動を含むのであれば変項束縛の解釈が当然認められるものと考えられるが，事実としてこの解釈は得られない．このため，(4b) に移動が関わっているとは考えづらい．[6]
　移動分析のもうひとつの難点は，不定詞補文のサイズである．(6) の対比が示すように，コントロール構文を取る動詞 want は，for を伴う不定詞補文を取れるが，繰り上げ構文の動詞 seem は取れない．

(6) a.　John wants [for you to come].
　　b.　*It seems [for John to come].

このことは両構文における補文のサイズが，少なくとも「for 名詞句」を含むかどうかにおいて異なることを示唆している．従来の分析で仮定されるように，仮にコントロール補文が CP だとすると (Chomsky (1986)),[7] 移動分析では CP の節境界を超える A 移動を仮定する必要がある．
　CP の節境界を超える A 移動は，(7) の対比で明らかなように，標準的な分析では想定されない．

(7) a.　Johnᵢ seems [tᵢ to came].
　　b.　*Johnᵢ seems [that tᵢ came].

(7a) のように不定詞補文内の名詞句を主節主語位置へ移動できる繰り上げ構文であっても，(7b) が示すように，典型的な CP から名詞句を抜き出して主節主語の位置に移動させることはできないのである．この構造を考えてみる

---

[6] Chomsky (to appear) は，コントロール構文では移動が伴わない点で繰り上げ構文と異なることを，each を使って論じている．
　(i)　One interpreterᵢ each seemed tᵢ to be assigned to the diplomats.
　(ii)　*One interpreterᵢ each tried PROᵢ to be assigned to the diplomats.
(i) の繰り上げ構文では each の分配解釈（「one interpreter がそれぞれの diplomats に配置される」）を許すが，(ii) のコントロール構文ではこの解釈が得られない．
[7] ただし，to 不定詞が関連するコントロール節のサイズは，繰り上げ構文の不定詞補文より大きかったとしても，話題化や φ 素性の欠如などの点で C 主要部の位相性 (phasehood) を満たしていない可能性もある (Sugimoto (2022) を参照されたい)．

と，(8) のようになる．

(8)　[John$_i$ [$_{vP}$ t''_i seems [$_{CP}$ t'_i that [t_i came]]]]

補文 CP 内の名詞句 John が，CP 周縁部 (t') を経て，主節の主語位置 (t'') へ移動すると考えられるが，通例これは非適正移動 (improper movement) として認められない．コントロール構文の移動分析では，この非適正移動が可能であるという議論を提示しなくてはならない．

　このような課題を抱えるコントロール現象について，Chomsky (2021a, to appear) が新たに提示するのは，コピー形成 (Copy Formation: CF) に基づく説明である．これを **CF 分析**と呼ぼう．この分析では (9a)（= (1)）のようなコントロール構文に対して，(9b) のような構造を仮定する．

(9)　a.　John tries to win.
　　　b.　[{John$_1$ Infl {John$_2$ try {to John$_3$ win}}}].[8]

構造中で複数箇所に現れる名詞句 John は，主節の述語 try の外項 (John$_2$)，および不定詞補文の述語 win の外項 (John$_3$) として，それぞれ外的併合によって θ 格子 (theta-grid) を基に構造に導入される．主節の IP 指定部にある John$_1$ は，John$_2$ に内的併合を適用した結果である．つまり，得られた構造では，John$_2$ と John$_3$ との間に内的併合の関係が成立していない．

　この構造は，概念思考システムによって解釈されるが，演算に課されるマルコフ演算により，概念思考システムは派生の履歴を知ることができない．つまり，John$_2$ と John$_3$ とが併合の適用過程で関連付けられていないこと自体は解釈に影響しない．複数箇所に生じる要素間のコピー関係は，移動分析とは異なり，完成した構造からのみ読み取ることができる．この読み取りのプロセスをコピー形成と呼ぶが (本書概説第 2 章第 1 節を合わせて参照されたい)，これは第三要因に由来する探索システムを利用したものであり，言語機能に固有の仮定を利用しない点が画期的である．

　John$_1$ と John$_2$, John$_3$ について，それぞれコピーの関係が認められるのは他の分析と同じである．この分析で新しいのは，移動（内的併合）が関わらない要素同士の間においても，(統辞体の同一個体が満たしている) 構造的統一性や c 統御配置といった条件を満たせば，コピー関係を認めることにある．

---

[8] Chomsky (2021a, to appear) が想定する不定詞補文の構造は不詳だが，ここでは論点を明確にするため，便宜的に，不定詞に先行する to は Infl 主要部を構成するものとして扱っている．

(9b) においては，John$_1$ と John$_3$ の間でコピー関係の成立を阻害する要因は見当たらない．結果として，John$_1$, John$_2$, John$_3$ のすべてについて同一指示の解釈が得られる．

　このように CF 分析は，第三要因に由来する（言語固有の原理でない）コピー形成を仮定するだけで，PRO のような統辞的語彙項目や，構造的な説明が難しい移動操作などを仮定することなく，コントロール現象への説明を与えることができる．CF 分析によるこの功績は，第三要因に由来する公理群に基づく説明を SMT に則った形で進めることが，I 言語の成り立ちを理解するうえで有効なことを示唆している．

　このように，SMT の促進的役割は，理論を構成する仮説群について，言語の領域を超えて抽象度を上げることで，説明の汎用性を大幅に高めてくれるような，SMT の驚くべき側面を強調したものである．SMT に従った説明理論の探究は，演算メカニズムの純化を進めながら「真の原理的説明」を希求し，自然科学の対象として言語を理解しようとする，生成文法研究の原点に私たちを立ち返らせてくれる．

第3章

SMT と新たな方向性

第1節　最小探索

林 愼将（南山大学）・大宗 純（関西外国語大学）・小町将之（静岡大学）

1. 最小探索 (Minimal Search)

ある操作を統辞体に対して適用する場合，その適用対象を決定する必要がある．その対象を決定するプロセスとして，Chomsky (2021a) では，以下のような形で探索（Search）の必要性が述べられる．

(1) For an operation O to apply to items it must first locate them. It must incorporate an operation Σ that searches LEX and WS and selects items to which O will apply.　　　　(Chomsky (2021a: 17))

上記の引用では，探索はレキシコン（Lexicon）かワークスペース（workspace）に適用するとされている．この探索が，第三要因に由来する経済性に従ったものが最小探索である．

この最小探索という概念は，その萌芽的なものも含め，極小主義プログラムの随所に現れる．例えば一致操作では，探査子（Probe）がその c 統御領域内で目標（Goal）を探索するが，その探索も，「最小」の形で適用されると考えられる（Chomsky (2008: 138)）．具体的には，候補となる目標が複数ある場合，その探査子から最も近い目標が検出されると探索は終了し，さらに遠い目標の探索は行われなれない．[1]

---

[1] 単一の探査子と複数の目標との一致操作については Hiraiwa (2005)，Béjar and Rezac (2009) などを参照．また，複数の目標が仮定される一致操作についての概念的な議論及びその代替案に関しては Hayashi (2022) を参照．

(2)

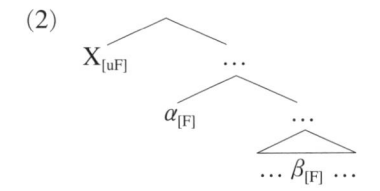

すなわち，(2) において探査子 X が一致素性 [F] を持つ要素（目標）を探索する際に，(α が c 統御する) β よりも (β を c 統御する)α の方が「構造的に近い」とみなされ，X による最小探索は α が検出されると終了する ([uF] のu は unvalued「値が与えられていない」ことを意味する)．この c 統御に基づく最小性の考え方は，介在効果や最短連結条件 (Chomsky (1995)) 等にもみられ，極小主義プログラムの中で重要な役割を果たしてきた．

　最小探索は，最近の研究において，より一層中心的な役割を果たしている．そこで，次節ではラベル付け理論 (Chomsky (2013, 2015)) における最小探索の適用を概観する．そのうえで 3 節では，より最近の研究における最小探索の理論的な定式化について概説し，最小探索が，日本語の分析でどのように応用可能かを検討する．

2.　ラベル付け理論

　Chomsky (2013, 2015) に代表されるラベル付け理論では，併合 (Merge)から投射やラベルが完全に取り除かれ，いわゆる簡素な併合操作 (SimplestMerge) が採用される (cf. Chomsky (1995))．つまり，併合によって作られたある統辞構造，例えば {X, Y} は，単に X と Y を含む非順序集合に過ぎない．しかし，Chomsky (2013, 2015) では，ラベルの情報（すなわち，名詞句や動詞句等）が実際に，感覚運動システム (Sensory-Motor System/SM) と概念思考システム (Conceptual-Intentional System/CI) の両方で解釈に寄与する点に着眼し，位相毎の解釈を受ける直前，つまり転送の際に統辞構造のラベル付けが生じると提案される．

　ラベル付けの際に統辞構造を検索するのが，探索操作である．探索自体は第三要因に起因し，単に何かを検索する操作にすぎない．つまり，探索は言語特有（すなわち，第一要因）の操作ではないので，普遍文法 (UG) を複雑化させる余分な仮定ではなく，必要に応じて自由に利用できるものである．1 節で述べたように，この探索は最小の領域を対象にする．最小探索とは，この「最小領域の探索」のことである．ラベル付けの観点では，ある構造に対してラベル

付けのための最小探索が適用された時，ラベルとなる要素が発見され次第，探索が終了する.

　以下で，統辞体 X = {C, {NP, TP}} の場合について具体的に見てみよう.[2]

(3)

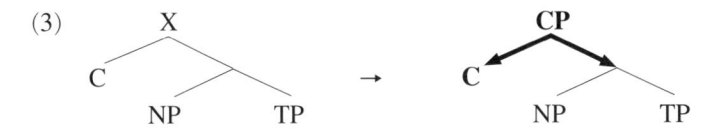

最小探索は統辞体 X を検索する際，まず X の要素である C と {NP, TP} を発見する．C への探索は「1」で済むのに対し，{NP, TP} への探索は {NP, TP} の発見で「1」，NP の発見で「2」，TP の発見で「3」といった具合に「より深い探索」を要する．よって，C への探索が「最小」であり，原始的要素である主要部 C が X のラベルとなる.[3] つまり，ラベル付けは，ある集合 X の要素を検索し，語彙項目が発見された場合，それをその集合 X のラベルと解釈する．しかし，全ての統辞体で即座に語彙項目が見つかるわけではない.

　その例として，次に，XP-YP 構造や対称構造と呼ばれる統辞体 Y = {t_{NP}, v*P}（t_{NP} は NP の下位コピー）の場合を考えてみよう.

(4)

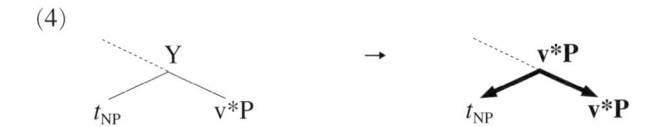

NP も v*P も併合で作られた集合であり，原始的要素（語彙項目）ではない．この場合は探索が曖昧（Chomsky (2013: 43)）なため，(2) と同じようにはラベル付けできない．ただし，領域 Y は内的併合（Internal Merge: IM）によって生じたコピーの一部のみを含んでいる．この場合，NP は定義上 Y に含まれないため（NP が Y に含まれるためには，移動した NP も Y に含まれる必要がある），最小探索の対象にならない．よって，もうひとつの要素 v*P が Y のラベルとなる.

　最後に，対称構造 Z = {NP, TP} の場合を考えてみよう.

---

　[2] 本稿では CP や NP という句表記を便宜上使用しているが，実際には C や N をラベルとしているに過ぎない点に注意されたい．その他の箇所でも同様の理由で便宜的に XP 表記を使用している.

　[3] (7) がこの意味での最小性を捉えるのに参考になるだろう．また，必要なものが発見され次第探索を終了するという意味でラベル付けの探索は「最小」だとも捉えられる.

(5)

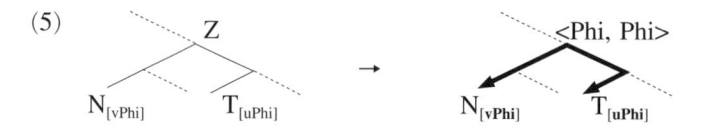

(4) の構造 Y とは異なり，Z では NP も TP も下位コピーではない．つまり，最小の検索領域では探索が曖昧でラベルが決まらない．そこで，(5) に示したように，検索領域を一段階広げてみると，語彙項目 N と T が発見される．ここで重要なのは，両語彙項目が一致関係に必要な非示差的 (non-distinct) phi 素性を有している点である．(5) の vPhi は，この素性が人称・数・性について語彙的に既に値 (e.g. 3 人称・単数・男性) を持つことを示しており，uPhi は値を持たないことを示す．N と T の一致によって uPhi の値が決まり，例えば，he sings の -s のような動詞の屈折はこの値によって具現化されると考えられる (Chomsky (2001, 2008))．[4] 最小探索がこうした一致関係にある素性を同時に発見した場合は，その一致に共有された，最も目立つ素性がラベルとなる．Z の場合はその共有された素性は phi 素性であるため Phi がラベルとなる．<Phi, Phi> という表示は，共有された phi 素性がラベルであることを示している．

3.　近年の研究から

3.1.　Ke (2024)

　この節では，近年の研究から，最小探索の理論的実装方法とその説明範囲を見る．Ke (2024) は，一致操作とラベル付けにおける最小探索の類似点と相違点を議論し，これら 2 つは部分的にしか統一できないと主張した．Ke によると，最小探索は，探索アルゴリズム，探索領域，探索対象の 3 つにより定義される．[5]

(6)　A formal definition of Minimal Search:
　　　MS = <SA, SD, ST>, where MS = Minimal Search, SA = search al-

---

[4] 1 節でも一致については触れたが，ラベル付け理論の枠組みで探査子・目標一致を採用するかどうかは立場が分かれる．Epstein, Kitahara, Seely (2021) では，(5) のようにラベル付けの際に一致関係にある素性が同時に探索され，<F, F> ラベルを提供した要素が SM 系で一致を行う（詳しくは 3.2 節を参照）．一方，Chomsky (2020a) では素性継承 (Feature Inheritance) 等の規則適用の順序を変更した上で探査子・目標一致を採用している．

[5] Ke (2024: 8) では，3.2 節で見るような，経路を考慮に入れた探索は複雑性の観点から受け入れられないことを述べている．

gorithm, SD = search domain (the domain that the SA operates on),
ST = search target (the features that the SA looks for).

(Ke (2024: 854))

さらに，探索アルゴリズムには，横幅優先なものと深さ優先なものがあるとさ
れる.[6]

(7) a.　横幅優先の探索　　　　　　　b.　深さ優先の探索

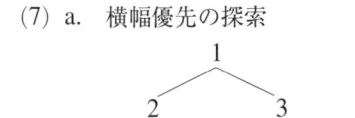 

横幅優先の探索は，構造の根 (root) 節点から出発し，同じ高さ (深さ) のも
のを順に探索する方法である．これに対して，深さ優先の探索は，ある節点の
全ての要素を探索した後で隣の節点の探索に移る方法である．Ke は，深さ優
先の探索では c 統御のような階層構造的特徴を捉えるのが難しいという理由
から，横幅優先の探索を採用する.[7]
　一致操作とラベル付けは，上記に述べた探索アルゴリズムは共通するが，探
索領域と探索対象の観点から違いがある．Ke の主張を以下にまとめる.

(8)

	一致操作	ラベル付け
探索領域	[uF] を持つ主要部の sister	ラベルが付与されるべき集合
探索対象	[uF] に対応する値	何らかの素性/主要部

この相違点から，最小探索に基づく一致操作とラベル付けとは相互に独立した
操作だと Ke は結論づけている.
　しかし，ここで最小探索の理論的実在性が問題となる．Chomsky (to ap-
pear: 7) では，併合操作のプロセスにおける併合要素の選択が，最小探索に従
うとしている．この最小探索では，探索領域がレキシコン及びワークスペース
の要素，探索対象が語彙項目となり，(8) でみた，一致操作及びラベル付けの

---

[6]　関連する議論については Krivochen (2023) も参照.
[7]　深さ優先の探索がなぜ人間言語に用いられていないかに関しては議論が残る．Kural
(2005) は，階層構造の語順決定のアルゴリズムを深さ優先の探索に基づくやり方で提案して
いる．また，Kural の提案を最小句構造 (Bare Phrase Structure) の下で発展させた Toyoshi-
ma (2013) も参照.

最小探索とともに異なる種類の探索であることが示唆される。[8]

このことを以下 (9) で詳しく見ていこう。(9a) では、T の持つ [uPhi] が主語 John の持つ [Phi] と一致し、(9b) では John が主語位置へ移動して、一番上の構造に <Phi, Phi> のラベルが付与される。[9]

(9) a. $[_\beta$ T$_{[uPhi]}$ $[_\alpha$ John$_{[Phi]}$ [likes Mary]]]
   b. $[_{<Phi, Phi>}$ John$_{[Phi]}$ $[_\beta$ T$_{[uPhi]}$ $[_\alpha$ John$_{[Phi]}$ [likes Mary]]]]

(9a) で、一致操作適用時の探索領域は T の c 統御領域 α であり、探索対象は [Phi] である。また、(9b) で適用される John の内的併合における探索領域はワークスペース全体であり、探索対象は John となる。そして、ラベル付けにおける探索領域は形成された構造全体であり、探索対象はラベルとなるという語彙要素となる。

このように考えると、一致操作のための最小探索、ラベル付けのための最小探索、そして、併合における最小探索の、少なくとも三種類が統辞論中で働くことになる。しかし Chomsky et al. (2023) では、併合のみが統辞論に実在する操作だとする強い見方も提示されており、これら複数の最小探索の理論的実在性は、理論的単純性、進化可能性等を推し進める観点から、今後も検討する必要がある。次節では、Ke (2024) の提案とは異なり、一致操作に用いられる探査子-目標による最小探索を、ラベル付けに用いられる最小探索に還元する提案を見る。

3.2. Epstein, Kitahara and Seely (2020, 2021)

Epstein, Kitahara and Seely (EKS) (2021) は、c 統御に従う一致操作で同題になる例を挙げている。

(10) [Which$_{[uQ]}$ dog] C$_{[Q]}$ did John like?

(10) では、wh 演算子 which が c 統御する要素は dog のみであり、目標である疑問の C[Q] を c 統御していないことから、[uQ] と [Q] の一致は不可能である。しかしこの場合、そこで、EKS は代わりに、ラベル付けにおける最小探索であるが、構造が存在しないレイキシコン内の要素の探索に関してこれらと同様の探索アルゴリズムとなるのかに関しても議論の余地が残る。

---

[8] 探索アルゴリズムについては、ワークスペース内の要素に対する探索は一致操作/ラベル付けと同様、横幅優先の探索であるが、構造が存在しないレイキシコン内の要素の探索に関してこれらと同様の探索アルゴリズムとなるのかに関しても議論の余地が残る。

[9] いずれの構造においても、素性継承 (feature inheritance) 等の議論に関係の無い要素は省略している。

探索では，[*u*Q] と [Q] が同時に見つけられる位置であることから，ラベル付けの最小探索により得られる <Q, Q> ラベルに基づき，SM インターフェイスにて一致が起こることを主張した．この EKS (2020, 2021) の考え方により，従来の一致操作は，ラベル付けの最小探索に還元できる．

　EKS は，これにより，日本語の多重指定部の一致現象に対して新たな分析を提示できると主張する．

　（11）　文明国が男性が平均寿命が短い．

（11）では，「文明国が」「男性が」「平均寿命が」の 3 つの名詞句が主格を担っている．この多重主語の文における主格が T との一致によって得られると考えると，c 統御に従った最小探索に基づく一致操作では問題が生じるように思われる．

　（12）　$[NP_1 [NP_2 [NP_3 [T, ...]]]]$

（12）の構造では，c 統御に基づく最小性に従うと，T と最も近い名詞は NP_3 であり，最も近い要素のみが一致するという考えのもとでは，どのように NP_1，NP_2 の一致が可能になるのかが問題となる．[10] EKS (2020) はこの問題に対し，最小探索における最小性を経路 (path) を用いて定式化することを提案している．[11] 日本語の格を独立の主要部とする KP 仮説 (Travis and Lamontagne (1992), Fukuda (1993), Saito (2018)) に従うと，（12）の構造は以下のように表せる．[12]

　（13）

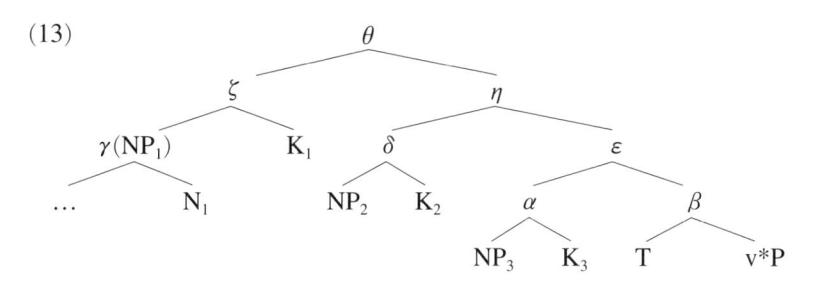

EKS（2020, 2021）の枠組みでは，ラベル付けの最小探索において同時に探索され，<F, F> ラベルを提供した要素が SM インターフェイスで一致を行う．ここで，ある語彙項目に到達するまでに通過するラベルをその要素に対する経路だと考えると，例えば K_1 に対する経路は，path (K1) = { θ , ζ } と表せる．経路に基づく距離の計算を用いて ζ のラベルを考えると，NP_1 の語彙項目 N に最小探索が到達するための経路は，path (N) = { θ , ζ, γ (NP$_1$) } となる．ここで，path (K_1) ⊂ path (N) となっており，このように経路同士が関係にある時には，最小探索は K_1 で探索を終了することとなる．(14) において，それぞれの K 主要部と T の経路を以下に表す．

(14) a.　path (K_1) = { θ , ζ }
　　 b.　path (K_2) = { θ , η , δ }
　　 c.　path (K_3) = { θ , η , ε , α }
　　 d.　path (T) = { θ , η , ε , β }

これらから見て分かるように，K_1, K_2, K_3, T の経路はいずれも部分集合の関係にはなっていない．このような場合には，最小探索においてこれら 4 つの主要部は等しくアクセス可能になる．θ , η , ε のラベルは，それぞれ K 主要部と T が同時に探索された結果，<Nom[inative], Nom> のラベルが付与され，SM インターフェイスにおいて一致の結果，主格が付与されることとなる．[13] したがって，(11) の構造は以下 (15) のように表されることとなる．[14]

(15)

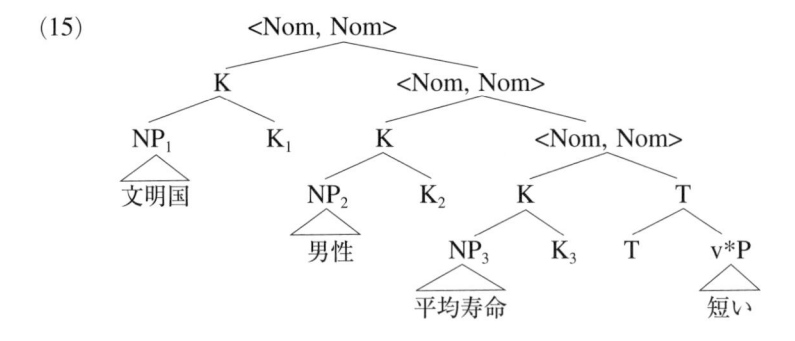

---

[13] EKS (2020) は，この多重主要部構造が日本語には許され，英語には許されない言語間差異に関しても論じているが，紙面の都合上割愛する．
[14] K を含むラベル付けに関しては，Saito (2018), Hayashi (2024) などを参照．

第 2 節　ボックス理論

大宗　純（関西外国語大学）・杉本侑嗣（大阪大学）

1.　序論

　Chomsky（2021a）は，併合（Merge）を以下のように再定義した（Merge の詳細については本書収録の概説「併合の形式および適用様式について」等も参照）.[15]

(1)　Merge $(X_1,...,X_n, WS) = WS' = \{\{X_1,...,X_n\}, W, Y\}$, satisfying SMT and LSCs

WS はワークスペース（workspace），SMT は極小主義の強いテーゼ，LSCs は言語固有の条件を指す. Chomsky（2021a）で LSCs として具体的に言及されているのはデータ理論（θ Theory）の一義性の原理（the Principle of Univocality）と意味の二元性（Duality of Semantics）である. 前者は θ 付与子が，ある要素に対して θ 役割を 2 つ以上付与した場合にその派生を取り除くフィルターの役割を担い，後者は併合適用時に満たすべき条件とされている. 一義性の詳細は，本書収録の第 1 章第 2 節「併合を中心とした概念の説明」（54-55 頁）や大宗・小町論文（研究論文第 II 部：300-301 頁），意味の二元性の詳細は，第 1 章第 2 節「併合を中心とした概念の説明」（54-55 頁）第 1 章第 3 節「併合の形式および適用様式について」（3.1 節）や大宗・小町論文（研究論文第 II 部：301-302 頁）を参照されたい.

　特に Chomsky（2013, 2015）では，併合は原理的には自由に適用可能であり，何を入力に取っても問題ないとされた. しかし，併合の自由適用の下では，何も条件がなければ際限のない過剰生成の問題が生じてしまう. ある程度，解釈系で不適当な生成結果を排除可能であるとはいえ，計算効率が良いとは決して言えない（Fong（2022）参照）. 上記の LSCs は特にこの問題を解決していると思われる. 一方で，第一要因に起因する LSCs を追加することで併合の定義の複雑化を招いている. 真の説明理論の構築を目指すためにはこの

---

[15] 併合の定義に関しては Chomsky et al.（2023）も参照されたい. また，ボックス理論における A・A′ 移動の扱いについては概説「併合の形式および適用様式について」の 3.2 節も参照されたい.

複雑化は最小に留められるべきである．次に概説するボックス理論 (box theory) では，この問題をある程度解決していると言えるかもしれない．

2.　ボックス理論における基本的な派生 (その 1)

　ボックス理論 (Chomsky (2023, to appear)) では一義性の原理と意味の二元性を規則として併合の定義に取り入れるのではなく，これらの概念で捉えようとしていた効果を位相と併合の特性から導き出している．具体的には，位相を超えて内的併合した要素は A′ 位置，つまり節領域にまつわる (clausal: force- and information-related) 位置で解釈されると仮定することでそれらを導き出す．以下でボックス理論での具体的な話題化構文の派生過程を概観する．[16]

(2)　John, John met yesterday:
　　　{C, {John$_4$, {INFL, {$_{v*P}$ John$_3$, {[**John$_2$**], {met **John$_1$** yesterday}}}}}}
　i.　{met$_{v*}$, John$_1$}
　ii.　{[John$_2$], {met$_{v*}$, John$_1$}}
　iii.　{John$_3$, {[John$_2$], {met$_{v*}$, John$_1$}}}
　iv.　{INFL, {John$_3$, {[John$_2$], {met$_{v*}$, John$_1$}}}}
　v.　{John$_4$, {INFL, {John$_3$, {[John$_2$], {met$_{v*}$, John$_1$}}}}}
　vi.　{C, {John$_4$, {INFL, {John$_3$, {[John$_2$], {met$_{v*}$, John$_1$}}}}}}

以前の理論 (Chomsky (2021a)) と大きく変更があった点としては，John$_1$ が v*P 位相を超えて内的併合している過程 (2ii) である．上で述べたように，このように位相を超えて内的併合した要素は節機能を表す位置にあるとみなされる．つまり，John$_2$ は θ 位置を提供する項構造 (argument structure) v*P から隔離されている状態になっているのである．Chomsky (to appear) では，便宜上，この状態のことを「John$_2$ がボックスに入っている」と表現しているが，文字通り何かを「ボックスに入れる」特殊な理論的装置を仮定しているわけではないことに注意されたい．以下でも「ボックス」という表現を使用し，それを四角括弧で表すことにするが，四角括弧も便宜的に用いているに過ぎない．

---

[16] Chomsky (to appear) を読む限りでは v*P の内部構造が不明瞭である．一般的に，その構造は [EA [v* [V IA]]](EA：外項，IA：内項) や，IA の R 指定部への目的語転移を伴う [EA [v* [IA [R IA]]]] であるが (Chomsky (2015) 参照)，ここではあえて不明瞭なままにしておく．その他にも本理論には不明瞭な点があるが，2 節の派生の仕組みはあくまで Chomsky (to appear) に対する解釈の 1 つとして捉えてほしい．3 節では v*P の内部構造を明らかにした上で Kitahara and Seely (2024) による別解釈を概観する．

さらに，過程 (2ii) において，内的併合の結果 John$_2$ はボックス内（A′ 位置）にあるので θ 役割の付与対象にならない点も重要である．過程 (2iii) では外項の John$_3$ が外的併合により導入されている．ただし，位相不可侵条件 (Phase Impenetrability Condition: PIC) により位相主要部 v* の補部である John$_1$ はそれ以上アクセスできない．したがって，John$_3$ は John$_1$ とコピー関係を構築できない．

(3)　位相不可侵条件：
　　In phase α with head H, the domain of H is not accessible to operations outside α, only H and its edge are accessible to such operations.　　　　　　　　　　　　　　　　(Chomsky (2000: 108))
　　（意訳：H が主要部である位相 α = {XP, {H, YP}} において，H の補部 YP は，位相 α の外からの操作にとってアクセス不可である．）

Chomsky (2023, to appear) では，PIC 効果の発現タイミングについて詳細には語られていないが，このコピー関係を構築できない理由は次のように考えられるかもしれない．(2ii) の内的併合で導入された John$_2$ を (3) における edge（意訳の XP）だとみなすと，John$_3$ と John$_1$ を探知するコピー形成操作 (FormCopy) は v*P 位相外の操作であると考えられる．よって，John$_3$ は John$_1$ とコピー関係を確立できない．ただし，Chomsky (to appear) はコピー形成について議論しているが，Chomsky (2021a) のコピー形成操作をそのまま採用している訳ではない点については注意すべきである．

　過程 (2iv) では外的併合により INFL が導入され，過程 (2v) では内的併合により John$_4$ が INFL 指定部に導入される．ただし，これは位相を超える内的併合ではないため（INFL は位相主要部でないことに注意），John$_4$ はボックスに入らない．Chomsky (2023) では，John$_3$ は拡張された位相 (extended phase) にあるとされている．この拡張された v*P 位相が正確にどのような特性を持つのかに関しては議論の余地があるが，この表現からも純粋な v*P 位相は (2i) であると考えられる．したがって，過程 (2v) の John$_4$ は v*P 位相を超えて INFL 指定部に内的併合していないとみなせるだろう．このような内的併合により生じた位置（主語位置）は，A 位置と A′ 位置の両方の特性を生み出す．つまり，主語位置は θ 役割と談話関連の意味が混合されたような意味（すなわち「存在前提 (existential presupposition)」や「事象様相 (de re)」の解釈）を持つ．[17] (2vi) では，位相主要部 C が外的併合により導入されてい

---

[17] Chomsky 自身は「θ 役割と談話関連の意味が混合されたような意味」という表現はして

るが，この主要部はボックス内要素，つまり，John$_2$ にアクセス可能であると
される．ボックス内要素は節機能を表す位置にあるとみなされるため，節機能
を表す素性（Q 素性等）を持つ C が John$_2$ にアクセスできるというのは合理
的であるように思われる．(2iv) では，この C のアクセスによって，John$_2$ は
v*P の指定部に留まったまま CI では話題化 (topicalized) 解釈を受け，SM
では CP の指定部で外在化される．以前の理論的枠組み（Chomsky (2021a)）
では，目的語の話題化は，CP の指定部まで目的語を連続循環的に（位相毎に）
内的併合することで説明されていた．しかし，ボックス理論では，そのような
目的語の連続循環的な（位相毎の）内的併合は排除され，v*P 指定部でのボック
ス化と C からのアクセスによって説明される．ボックス理論では位相を超え
る連続循環移動は排除されたのである．

3.　ボックス理論における基本的な派生（その 2）

　以上がボックス理論における基本的な派生となるが，ボックス理論には多く
の課題が残されている．まず，ボックス位置に関する理論的な扱いである．
「ボックス化」という新たな理論措置が追加されたのか，あるいは，A′ 位置は
ボックス位置と演算システムで解釈されるのか（おそらくチョムスキーは後者
の立場のようである），具体的に A′ 位置とはどこを指すのか，phasal edge と
いうことになるだろうが，一連のチョムスキーによる講義や MIT での講義で
は，移動先の位置がやや異なる想定をしているようにも見受けられる．ボック
ス (A′) 位置に関して，例えば，Kitahara and Seely (2024) では，内的併合
により導入された要素は非 θ 要素となり，位相とは無関係に節領域（つまり，
CP 領域）に導入されると主張する．この主張を支える 1 つの根拠が，意味の
二元性に関わる，以下の外的併合と内的併合の適用対象とそれらの役割
（Chomsky (to appear)，Kitahara and Seely (2024) 参照）である．((4) に関
しては，第 1 章第 3 節 67 頁の表 1 も参照されたい.)

(4) a. 外的併合は，ワークスペースの 2 つの要素 (member) に適用され，
θ 構造を構築する．

b. 内的併合は，ワークスペースの要素と θ 標示されたターム (term)
に適用され，非 θ 構造を構築する．

いない．主語位置の存在前提や事象様相解釈については Chomsky (2021: 27) や第 1 章第 3
節「併合の形式および適用様式について」(64–65 頁) を参照されたい．

(4) に厳格に従うと，たとえ v*P 内部の移動であっても一旦内的併合により
導入された非 θ 要素は，θ 構造 (v*P) 内の操作の影響を受けない．こう分析
することで，Kitahara and Seely (2024) は，一部の「ボックス化」効果 (ボッ
クス内要素は θ 標示されない等) を導出する．また，内的併合により導入され
た非 θ 要素は非 θ 機能 (節機能) を担う主要部 C からアクセス可能であると
仮定することで，さらなる「ボックス化」の効果 (話題化の意味解釈や外在化
等) を導き出す．以下で Chomsky (2023, to appear) を基にした Kitahara
and Seely (2024) の派生の仕組みを概観する．斜体はその要素が θ 標示され
ていることを示す．[18]

(5)　John, John met yesterday:

   i.　$\{\text{met}, John_1\}$

   ii.　$\{\text{John}_2, \{\text{met}, John_1\}\}$

   iii.　$\{\text{v*}, \{\text{John}_2, \{\text{met}, John_1\}\}\}$

   iv.　$\{John_3, \{\text{v*}, \{\text{John}_2, \{\text{met}, John_1\}\}\}\}$

   v.　$\{\text{INFL}, \{John_3, \{\text{v*}, \{\text{John}_2, \{\text{met}, John_1\}\}\}\}\}$

   vi.　$\{\text{John}_4, \{\text{INFL}, \{John_3, \{\text{v*}, \{\text{John}_2, \{\text{met}, John_1\}\}\}\}\}\}$

   vii.　$\{\text{C}, \{\text{John}_4, \{\text{INFL}, \{John_3, \{\text{v*}, \{\text{John}_2, \{\text{met}, John_1\}\}\}\}\}\}\}$

この派生の仕組みでは，(5i) でまず動詞 met と内項の John$_1$ が外的併合した
後に，(5ii) でその内項が V (または R) 指定部に内的併合し，非 θ 要素 John$_2$
を形成する．(2) では，V (または R) 指定部に内項を内的併合するような派
生を仮定していないため，この点は大きな違いである．[19] (4) にあるように，
併合は，ワークスペースにある要素と θ 標示されたタームのみにアクセス可能
であると想定されている．よって，非 θ 要素 John$_2$ はもはや併合の対象にはな
らない．(5iii) で，位相主要部の v* が外的併合により派生に導入され，v*P
位相が完成した時点で，John$_1$ は John$_2$ の下位コピーと解釈されるため，John$_1$
も併合の対象になれない．すなわち，彼らの分析では，位相特有の効果 (位相
内部のタームは併合の対象にはなれないが，一致 (Agree) や束縛 (binding)
の対象にはなれるという効果) を派生の当然の帰結として導き出せるのである．
(5iv) で，外的併合は外項の John$_3$ を v*P 指定部に導入した後，(5v) で

---

[18] (5) の met は主要部 (語彙項目) であり，語根 R や伝統的には V と表記されてきたよう
な範疇である．

[19] 注 16 でも触れたが，Chomsky (2023, to appear) ではあまり詳細に v*P の内部構造が
示されていないため，このような単純な他動詞文の場合に R 指定部に内項が内的併合される
かどうかは一考の余地がある．

INFL を導入する．(5vi) で内的併合が John$_4$ を INFL 指定部に導入する．この John$_4$ も θ 標示されたタームではないため，(4) より，それ以上併合の対象になれず，移動することができない．過程 (5vii) で，CP 位相が完成し，C 主要部のアクセスにより John$_2$ は話題化の（音韻的・意味的）解釈を受ける．

Chomsky (2021a: 27) で議論されているように，以下のような ECM（例外的格付与）構文では，R（または V）指定部も INFL 指定部同様に存在前提や事象様相の意味を表す．

(6)　John believes someone in the group to be a police infiltrator.

この例の someone (in the group) は believe の R（または V）指定部に内的併合で導入され，存在前提や事象様相の意味を表す．一方，(5) のような単文の他動詞文では R（または V）指定部の存在前提や事象様相の意味は随意的である．(5) では，CP 位相と v* 位相の並行性・類似性がうまく捉えられているが，このような些細な懸念が残る．

4.　今後の発展に向けて

多くの疑問が残るボックス理論だが，他の残された課題としては，併合と移動が，意味の二元性を厳密に捉えているか不明瞭な点である．このことは A 位置への移動と関連するところであり，A 移動の扱いは，Chomsky (2023, to appear) でも明らかに示しているとは思えない．具体的には，A 移動した統辞体は，ボックスに入るのかどうかという問題である．また，付加詞をどのように派生に導入するか等も課題として残るだろう．Chomsky (2000, 2004) 等では対併合 (Pair-Merge) により導入された要素が付加詞であるとされているが，果たしてその操作が現在の枠組みでも利用され得るのかどうかについて考える必要があるだろう．Chomsky (to appear) では，集合形成 (Form Set) (Chomsky (2021a) では FormSequence) で等位接続構造が説明されているが，集合形成が対併合に置き換わるかどうかについても考えるべき点は多い（関連する議論については本書（研究論文第 II 部）収録の石井・後藤論文 (4 節) および中島論文参照）．

以上が残された課題の一部である．いずれにせよ，Chomsky (2023, to appear) で展開された分析には様々可能性が残されており課題も残るが，SMT という根本的な原理から導かれていることが重要であり，SMT に基づいたボックス理論の今後の発展に期待する（関連する議論については第 I 部第 2 章参照）．

第 I 部　参考文献

Abraham, S. (1965) "Some Questions of Phrase Structure Grammars, I," *Computational Linguistics* IV, 61-70.

Ades, Anthony E. and Mark J. Steedman (1982) "On the Order of Words." *Linguistics and Philosophy* 4(4), 517-558.

Adleman, Leonard M. (1994) "Molecular Computation of Solutions to Combinatorial Problems," *Science* 266(5187), 1021-1024.

Aho, Alfred V. (1968) "Indexed Grammars—An Extension of Context-Free Grammars," *Journal of the Association for Computing Machinery* 15(4), 647-671.

Aho, Alfred V. (1969) "Nested Stack Automata," *Journal of the Association for Computing Machinery* 16(3), 383-406.

Amdahl, Gene M. (1967) "Validity of the Single Processor Approach to Achieving Large-Scale Computing Capabilities," *1967 Spring Joint Computer Conference, April 18-20. AFIPS Conference Proceedings* 30, 483-485.

Bach, Emmon (1981) "Discontinuous Constituents in Generalized Categorial Grammars," *Proceedings of the North East Linguistic Society* 11, 1-12.

Bach, Emmon and Philip Miller (2003) "Generative Capacity," *International Encyclopedia of Linguistics* 3, 2nd ed., ed. by William J. Frawley, 20-21, Oxford University Press, Oxford.

Bar-Hillel, Y., M. Perles and E. Shamir (1961) "On Formal Properties of Simple Phrase-Structure Grammars," *Zeitschrift für Phonetik, Sprachwissenschft, und Kommunikationsforschung* 14(2), 143-172.

Becker, Tilman, Owen Rambow and Michael Niv (1992) *The Derivational Generative Power of Formal Systems or Scrambling is Beyond LCFRS*, Technical Report IRCS-92-38, Institute for Research in Cognitive Science, University of Pennsylvania.

Béjar, Susana and Milan Rezac (2009) "Cyclic Agree," *Linguistic Inquiry* 40, 35-73.

Benioff, Paul (1980) "The Computers as a Physical System: A Microscopic Quantum Mechanical Hamiltonian Model of Computers as Represented by Turing Machines," *Journal of Statistical Physics* 22(5), 563-591.

Benioff, Paul (1982) "Quantum Mechanical Hamiltonian Models of Turing Machines," *Journal of Statistical Physics* 29(3), 515-546.

Bernstein, Ethan and Umesh Vazirani (1997) "Quantum Complexity Theory," *SIAM Journal on Computing* 26(5), 1411-1473.

Blum, Manuel (1967) "A Machine-Independent Theory of the Complexity of Recursive Functions," *Journal of the Association for Computing Machinery* 14(2), 322–336.

Boeder, Winfried (1995) "Suffixaufnahme in Kartvelian," *Double Case. Agreement by Suffixaufnahme*, ed. by Frans Plank, 151–215, Oxford University Press, New York/Oxford.

Bouchard, Denis (1984) *On the Content of Empty Categories*, Foris, Dordrecht.

Boullier, Pierre (1998) *Proposal for a Natural Language Processing Syntactic Backbone*, Insitut National de Recherche en Informatique et en Automatique Rappart de Recherche 3342.

Boullier, Pierre (1999) "Chinese Numbers, MIX, Scrambling, and Range Concatenation Grammars," *Proceedings of the 9th Conference of the European Chapter of the Association for Computational Linguistics*, 53–60.

Brame, Michael K. (1984) "Recursive Categorial Syntax 1: Semigroups, Monoids, Lattices, and Categories," *Linguistic Analysis* 14(4), 265–288.

Brame, Michael K. (1985) "Recursive Categorial Syntax II: n-arity and Variable Continuation," *Linguistic Analysis* 15(2-3), 147–185.

Brame, Michael K. (1987) "Recursive Categorial Syntax III: d-Words, l-Words, and dl-Induction," *Linguistic Analysis* 15(3-4), 137–176.

Büchi, J, Richard and Jesse B. Wright (1960) *Mathematical Theory of Automata*, Lecture Notes, Communication Sciences, Course #40, Fall 1960, University of Michigan, Ann Arbor, MI.

Burgin, Mark and Eugene Eberbach (2013) "Evolutionary Turing in the Context of Evolutionary Machines," arXive:1304.3762 [cs.AI].

Chartrand, Gary and Ping Zhang (2012) *A First Course in Graph Theory*, Dover Publications, Mineola, NY.

Chomsky, Noam (1949) *Morphophonemics of Modern Hebrew*, Master's thesis, University of Pennsylvania. [Published in 1979 by Garland, New York/London.]

Chomsky, Noam (1955) "The Logical Structure of Linguistic Theory," ms., Harvard University. [Published partially with revisions in 1975 by Plemun Press, New York.]

Chomsky, Noam (1956) "Three Models for the Description of Language," *IRE Transactions on Information Theory* IT-2, 113–124.

Chomsky, Naom (1957) *Syntactic Structures*, De Gruyter Mouton, Berlin.

Chomsky, Noam (1959) "On Certain Formal Properties of Grammars," *Information and Control* 2, 137–167.

Chomsky, Noam (1961) "On the Notion of 'Rule of Grammar'," *Structure of Language and its Mathematical Aspects*, ed. by Roman Jakobson, 6–24, American Mathematical Society, Providence.

Chomsky, Noam (1962) "Context-Free Grammar and Pushdown Storage," *Quarterly Progress Report* 65, 187-194, Research Laboratory of Electronics, MIT.

Chomsky, Noam (1963) "Formal Properties of Grammar," *Handbook of Mathematical Psychology* II, ed. by R. Duncan Luce, Robert R. Bush and Eugene Galanter, 323-418, John Wiley and Sons, New York/London.

Chomsky, Noam (1965) *Aspects of the Theory of Syntax*, MIT Press, Cambridge, MA.

Chomsky, Noam (1973) "Conditions on Transformation," *A Festschrift for Morris Halle*, ed. by Stephen R. Anderson and Paul Kiparsky, 232-286, Holt, Rinehart and Winston, New York.

Chomsky, Noam (1981) *Lectures on Government and Binding: The Pisa Lectures*, Foris, Dordrecht.

Chomsky, Noam (1986) *Knowledge of Language*, MIT Press, Cambridge, MA.

Chomsky, Noam (1992) "Some Notes on Economy of Derivation and Representation," *Principles and Parameters in Comparative Grammar*, ed. by Robert Freidin, 417-454, MIT Press, Cambridge, MA.

Chomsky, Noam (1993) "A Minimalist Program for Linguistic Theory," *The View from Building 20: Essays in Linguistics in Honor of Sylvain Bomberger*, ed. by Kenneth Hale and Samuel Jay Keyser, 1-52, MIT Press, Cambridge, MA.

Chomsky, Noam (1994) *Bare Phrase Structure*, MIT Occasional Papers in Linguistics No. 5, MITWPL, Cambridge, MA.

Chomsky, Noam (1995) *The Minimalist Program.* MIT Press, Cambridge, MA.

Chomsky, Noam (2000) "Minimalist Inquiries: The Framework," *Step by Step: Essays on Minimalist Syntax in Honor of Howard Lasnik*, ed. by Roger Martin, David Michaels and Juan Uriagereka, 89-155, MIT Press, Cambridge, MA.

Chomsky, Noam (2001) "Derivation by Phase," *Ken Hale: A Life in Language*, ed. by Michael Kenstowicz, 1-52, MIT Press, Cambridge, MA.

Chomsky, Noam (2004) "Beyond Explanatory Adequacy," *Structures and Beyond: The Cartography of Syntactic Structures, Volume 3*, ed. by Adriana Belletti, 104-131, Oxford University Press, Oxford.

Chomsky, Noam (2005) "Three Factors in Language Design," *Linguistic Inquiry* 36, 1-22.

Chomsky, Noam (2008) "On Phases," *Foundational Issues in Linguistic Theory: Essays in Honor of Jean-Roger Vergnaud*, ed. by Robert Freidin, Carlos P. Otero and Maria Luisa Zubizarreta, 133-166, MIT Press, Cambridge, MA.

Chomsky, Noam (2013) "Problems of Projection," *Lingua* 130, 33-49.

Chomsky, Noam (2015) "Problems of Projection: Extensions," *Structures, Strategies and Beyond: Studies in Honour of Adriana Belletti*, ed. by Elisa Di Domenico, Cornelia Hamann and Simona Matteini, 3-16, John Benjamins, Amsterdam.

Chomsky, Noam (2019) "Some Puzzling Foundational Issues: The Reading Program," *Catalan Journal of Linguistics,* Special Issue, 263-285.

Chomsky, Noam (2020a) "Puzzles about Phases," *Linguistic Variation: Structure and Interpretation*, ed. by Ludovico Franco and Paolo Lorusso, 163-168, De Gruyter Mouton, Berlin / Boston.

Chomsky, Noam (2020b) "The UCLA Lectures (with an introduction by Bob Freidin," LingBuzz [https://lingbuzz.net/lingbuzz/005485].

Chomsky, Noam (2021a) "Minimalism: Where Are We Now, and Where Can We Hope to Go," *Gengo Kenkyu* 160, 1-41.

Chomsky, Noam (2021b) "Simplicity and the Form of Grammar," *Journal of Language Modelling* 9(1), 5-15.

Chomsky, Noam (2023) "Working toward the Strong Interpretation of SMT," 2023 Theoretical Linguistics at Keio-EMU Linguistics as Scientific Inquiry Lecture Series #3 (https://www.youtube.com/playlist?list = PLWXQYxRCmeP7B2UtIA8OJs vAF-xvjDuZ).

Chomsky, Noam (to appear) "The Miracle Creed and SMT," *A Cartesian Dream: A Geometrical Account of Syntax. In Honor of Andrea Moro*, ed. by Matteo Greco and Davide Mocci, 17-40, Lingbuzz Press.

Chomsky, Noam, Ángel J. Gallego, and Dennis Ott (2019) "Generative Grammar and the Faculty of Language: Insights, Questions and Challenges," *Catalan Journal of Linguistics,* Special Issue, 229-261.

Chomsky, Noam and Morris Halle (1968) *The Sound Pattern of English*, Harper and Row, New York.

Chomsky, Noam and Howard Lasnik (1993) "The Theory of Principles and Parameters," *Syntax: An International Handbook of Contemporary Research*, ed. by Joachim Jacobs, Arnim von Stechow, Wolfgang Sternefeld and Theo Vennemann, 506-569, de Gruyter, Berlin.

Chomsky, Noam and George A. Miller (1958) "Finite State Languages," *Information and Control* 1, 91-112.

Chomsky, Noam and George Miller (1963) "Introduction to the Formal Analysis of Natural Languages," *Handbook of Mathematical Psychology* 2, ed. by Duncan Luce, Robert Bush and Eugene Galanter, 269-321, John Wiley and Sons, New York.

Chomsky, Noam and Marcel-Paul Schützenberger (1963) "The Algebraic Theory of Context-Free Languages," *Computer Programming and Formal Systems*, ed. by Paul Braffort and David Hirschberg, 118-161, North-Holland Publishing, Amsterdam.

Chomsky, Noam, T. Daniel Seely, Robert C. Berwick, Sandiway Fong, M.A.C. Huybregts, Hisatsugu Kitahara, Andrew McInnerney and Yushi Sugimoto (2023)

Merge and the Strong Minimalist Thesis, Cambridge University Press, Cambridge.

Church, Alonzo (1936) "An Unsolvable Problem of Elementary Number Theory," *American Journal of Mathematics* 58(2), 345-363.

Citko, Barbara (2005) "On the Nature of Merge: External Merge, Internal Merge, Parallel Merge," *Linguistic Inquiry* 36, 475-496.

Citko, Barbara and Martina Gračanin-Yuksek (2020) *Merge: Binarity in (Multidominant) Syntax*, MIT Press, Cambridge, MA.

Cobham, Alan (1965) "The Intrinsic Computational Difficulty of Functions," *Logic, Methodology and Philosophy of Science*: *Proceedings of the 1964 International Congress*, ed. by Yehoshua Bar-Hillel, 24-30, North-Holland Publishing, Amsterdam.

Collins, Chris (1997) *Local Economy*, MIT Press, Cambridge, MA.

Comon, Hubert, Max Dauchet, Rémi Gilleron, Florent Jacquemard, Denis Lugiez, Christof Löding, Sophie Tison and Marc Tommasi (2008) *Tree Automata Techniques and Applications*, hal-03367725. <https://inria.hal.science/hal-03367725/document>.

Culy, Christopher (1985) "The Complexity of the Vocabulary of Bambara," *Linguistics and Philosophy* 8(3), 345-351.

Dalrymple, Mary and Andrew Kehler (1995) "On the Constraints Imposed by *Respectively*," *Linguistic Inquiry* 26, 531-536.

Denkinger, Tobias (2016) "An Automata Characterization for Multiple Context-Free Languages," *Developments in Language Theory*: *20th International Conference, DLT 2016, Montréal, Canada, July 25-28, 2016, Proceedings. Lecture Notes in Computer Science* 9840, ed. by Srečko Brlek and Christophe Reutenauer, 138-150, Springer, Berlin/Heidelberg.

Diesing, Molly (1992) *Indefinites*, MIT Press, Cambridge, MA.

Edmonds, Jack (1965) "Paths, Trees, and Flowers," *Canadian Journal of Mathematics* 17(3), 449-467.

Epstein, Samuel D., Hisatsugu Kitahara and T. Daniel Seely (2012) "Structure Building That Can't Be," *Ways of Structure Building*, ed. by Myriam Uribe-Etxebarria and Vidal Valmala, 253-270, Oxford University Press, Oxford.

Epstein, Samuel D., Hisatsugu Kitahara and T. Daniel Seely (2020) "Unifying Labeling under Minimal Search in "Single-" and "Multiple-Specifier" Configurations," *Coyote Papers* 22, 1-11.

Epstein, Samuel D., Hisatsugu Kitahara and T. Daniel Seely (2021) "A Simpler Solution to Two Problems Revealed about the Composite Operation Agree," *A Minimalist Theory of Simplest Merge*, ed. by Samuel D. Epstein, Hisatsugu Kitahara and T. Daniel Seely, 111-115, Routledge, New York.

Fiengo, Robert (1977) "On Trace Theory", *Linguistic Inquiry* 8, 35-61.

Fischer, Micahel J. (1968) "Grammars with Macro-Like Productions," *IEEE Conference Record of 1968 Ninth Annual Symposium on Switching and Automata Theory*: *Papers Presented at the Ninth Annual Symposium*, 131-142.

Fong, Sandiway (2022) "Simple Model: Computational and Linguistic Perspectives," *Journal of Institute for Research in English Language and Literature* 46, 1-48, Tohoku Gakuin University. [東北学院大学 英語英文学研究所 紀要]

Fox, Danny (1999) "Reconstruction, Binding Theory, and Interpretation of Chains," *Linguistic Inquiry* 30, 157-196.

Fujiyoshi, A and T. Kasai (2000) "Spinal-Formed Context-Free Tree Grammar," *Theory of Computing Systems* 33(1), 59-83.

Fukuda, Minoru (1993) Head "Government and Case Marker Drop in Japanese," *Linguistic Inquiry* 24, 168-172.

Fukui, Naoki (1996) "On the Nature of Economy in Language," *Cognitive Studies*: *Bulletin of the Japanese Cognitive Science* Society 3, 51-71.

Gazdar, Gerald (1988) "Applicability of Indexed Grammars to Natural Language," *Natural Language Parsing and Linguistic Theories*, *Studies in Linguistics and Philosophy* 35, ed. by Uwe Reyle and Christian Rohrer, 69-94, Reidel, Dordrecht.

Geffert, Viliam (1991) "Normal Forms for Phrase-Structure Grammars," *Informatique Théorique et Applications* 25(5), 473-496.

Gilman, Robert H. (1996) "A Shrinking Lemma for Indexed Languages," *Theoretical Computer Science* 163(1-2), 277-281.

Ginsburg, Seymour and Edwin H. Spanier (1968) "Control Sets on Grammars," *Mathematical Systems Theory* 2(2), 159-177.

Golubski, Wolfgang and Wolfram-M. Lippe (1990) "Tree-Stack Automata," *Mathematical Foundations of Computer Science 1990*: *Banská Bystrica, Czechoslovakia, August 27-31, 1990, Proceedings. Lecture Notes in Computer Science* 452, ed. by Branislav Rovan, 313-321, Springer-Verlag, Berlin/Heidelberg.

Goto, Nobu and Toru Ishii (2020) "Determinacy Theory of Movement," *Proceedings of the Fiftieth Annual Meeting of the North East Linguistic Society* 2, 29-38.

Gödel, Kurt (1934) "On Undecidable Propositions of Formal Mathematical Systems," Lecture notes taken by Stephen Kleene and J. Barkley Rosser at the Institute for Advanced Study. [Published in *The Undecidable*: *Basic Papers on Undecidable Propositions, Unsolvable Problems and Computable Functions*, ed. by Martin Davis (1965), 39-74, Raven Press, Hewlett, NY.]

Graves, Alex, Greg Wayne and Ivo Danihelka (2014) "Neural Turing Machines," arXiv:1410.5401 [cs.NE].

Greibach, Sheila A. (1965) "A New Normal-Form Theorem for Context-Free Phrase Structure Grammars," *Journal of the Association for Computing Machinery* 12(1), 42-52.

Greibach, Sheila A. (1970) "Full AFLs and Nested Iterated Substitution," *Information and Control* 16, 7-35.

Groenink, Annius V. (1997) "Mild Context-Sensitivity and Tuple-Based Generalizations of Context-Grammar," *Linguistics and Philosophy* 20(6), 607-636.

Guessarian, Irène (1983) "Pushdown Tree Automata," *Mathematical Systems Theory* 16(1), 237-263.

Harkema, Henk (2001) "A Characterization of Minimalist Languages," *Logical Aspects of Computational Linguistics, 4th International Conference, LACL 2001, Le Croisic, France, June 2001, Proceedings, Lecture Notes in Computer Science* 2099, ed. by Philippe de Groote, Glyn Morril and Christian Retoré, 193-211.

Harris, Zellig (1982) *A Grammar of English on Mathematical Principles*, John Wiley and Sons, New York.

Harris, Zellig (1988) *Language and Information*, Columbia University Press, New York.

Harris, Zellig (1991) *A Theory of Language and Information: A Mathematical Approach*, Clarendon Press, Oxford.

Hauser, Marc D., Noam Chomsky and W. Tecumseh Fitch (2002) "The Faculty of Language: What Is It, Who Has It, and How Did It Evolve?" *Science* 298(5598), 1569-1579.

Hayashi, Norimasa (2022) *Labels at the Interfaces: On the Notions and the Consequences of Merge and Contain*, Kyushu University Press, Fukuoka.

Hayashi, Norimasa (2024) "Case Particle as the Enabling Function Japanese Scrambling by labeling and Form Copy," ms., Nanzan University.

Hayashi, Takeshi (1973) "On Derivation Trees of Indexed Grammars—An Extension of the uvwxy-Theorem—," *Publications of the Research Institute for Mathematical Sciences* 9(1), 61-92. Kyoto University.［京都大学　数理解析研究所］

Head, Tom (1987) "Formal Language Theory and DNA: An Analysis of the Generative Capacity of Specific Recombinant Behavior," *Bulletin of Mathematical Biology* 49(6), 737-759.

Head, Thomas, Gheorghe Păun and Dennis Pixton (1996) "Language Theory and Molecular Genetics: Generative Mechanisms Suggested by DNA Recombination," *Handbook of Formal Languages Volume 2. Linear Modeling: Background and Application*, ed. by Grzegorz Rozenberg and Arto Salomaa, 295-360, Springer-Verlag, Berlin.

Hilbert, David and Paul Bernays (1939) *Grundlagen der Mathematik*, 2, Springer, Berlin.

Hiraiwa, Ken (2005) *Dimensions of Symmetry in Syntax: Agreement and Clausal Architecture*, Doctoral dissertation, MIT.

Holland, John H. (1975) *Adaptation in Natural and Artificial Systems: An Introducto-*

ry Analysis with Applications to Biology, Control, and Artificial Intelligence, University of Michigan Press, Ann Arbor, MI.

Hopcroft, John E. and Jeffrey D. Ullman (1979) *Introduction to Automata Theory, Languages, and Computation*, Addison-Wesley, Reading, MA.

Hornstein, Norbert (2009) *A Theory of Syntax: Minimal Operations and Universal Grammar*, Cambridge University Press, New York.

Hudson, Richard (1984) *Word Grammar*, Basil Blackwell, Oxford.

Huffman, David A. (1954) "The Synthesis of Sequential Switching Circuits," *Journal of The Franklin Institute—Engineering and Applied Mathematics* 257(3, 4), 161-190, 275-303.

Huybregts, Riny (1984) "The Weak Inadequacy of Context-Free Phrase Structure Grammar," *Van Periferie naar Kern*, ed. by Ger J. de Haan, Mieke Trommele and Wim Zonneveld, 81-99, Foris, Dordrecht.

Ising, Ernst (1925) "Beitrag zur Theorie des Ferromagnetismus," *Zeitschrift für Physik* 31(1), 253-258.

Jäger, Gerhard and James Rogers (2012) "Formal Language Theory: Refining the Chomsky Hierarchy," *Philosophical Transactions of the Royal Society* B: *Biological Sciences* 367(1598), 1956-1970.

Johnson, David S. (1990) "Chapter 2: A Catalog of Complexity Classes," *Handbook of Theoretical Computer Science* A: *Algorithms and Complexity*, ed. by Jan van Leeuwen, 67-161, Elsevier Science Publishers / MIT Press, Amsterdam / Cambridge, MA.

Joshi, Aravind K. (1985) "Tree Adjoining Grammars: How Much Context-Sensitivity Is Required to Provide Reasonable Structural Descriptions?" *Natural Language Parsing: Psychological, Computational, and Theoretical Perspectives*, ed. by David R. Dowty, Lauri Karttunen and Arnold M. Zwicky, 206-250, Cambridge University Press, New York / Cambridge.

Joshi, Aravind K., K. Vijay-Shanker and David Weir (1991) "The Convergence of Mildly Context-Sensitive Grammar Formalisms," *Foundational Issues in Natural Language Processing*, ed. by Peter Sells, Stuart M. Shieber and Thomas Wasow, 31-81, MIT Press, Cambridge, MA.

Joshi, Aravind K., Leon S. Levy and Masako Takahashi (1975) "Tree Adjunct Grammars," *Journal of Computer and Systems Sciences* 10(1), 136-163.

Kayne, Richard (1981) "Unambiguous Paths," *Levels of Syntactic Representation*, ed. by Robert May and Jan Koster, 143-183. Foris, Dordrecht.

Ke, Alan Hezao (2024) "Can Agree and Labeling Be Reduced to Minimal Search?" *Linguistic Inquiry*, 55, 849-870.

Kemeny, John G., Hazelton Mirkil, J. Laurie Snell and Gerald L. Thompson (1959) *Finite Mathematical Structures*, Prentice-Hall, Englewood Cliff, NJ.

Kiparsky, Paul (1968) "Linguistic Universals and Linguistic Change," *Universals in Linguistic Theory*, ed. by Emmon Bach and Robert T. Harms, 170-202, Holt, Rinehart and Winston, New York.

Kitahara, Hisatsugu and T. Daniel Seely (2024) "Merge and Minimal Search: A Preliminary Sketch from GK to MC and Beyond," paper presented at Glow in Asia XIV.

Kleene, Stephen C. (1936) "λ -Definability and Recursiveness," *Duke Mathematical Journal* 2(2), 340-353.

Kleene, Stephen C. (1951) *Representation of Events in Nerve Nets and Finite Automata*, U.S. Air Force Project Rand Research Memorandum RM-704, The Rand Corporation, Santa Monica, CA.

Kleene, Stephen C. (1952) *Introduction to Metamathematics*, Van Nostrand, New York.

Kleene, Stephen C. (1967) *Mathematical Logic*, Wiley, New York.

Kohonen, Teuvo (1982) "Self-Organized Formation of Topologically Correct Feature Maps," *Biological Cybernetics* 43(1), 59-69.

Kornai, András and Geoffrey K. Pullum (1990) "The X-bar Theory of Phrase Structure," *Language* 66(1), 24-50.

Krivochen, Diego Gabriel and Douglas Saddy (2018) "Toward a Classification of Lindenmayer Systems," arXiv:1809.10542 [cs.FL].

Krivochen, Diego Gabriel (2023) "The Search for Minimal Search: A Graph-Theoretic Approach," *Biolinguistics* 17, Article e9793.

Kural, Murat (2005) "Tree Traversal and Word Order," *Linguistic Inquiry* 36, 367-387.

Kuroda, S.-Y. (1964) "Classes of Languages and Liner-Bounded Automata," *Information and Control* 7, 207-223.

Lakoff, George (1969) "On Derivational Constraints," *Proceedings from the Annual Meeting of the Chicago Linguistic Society* 5(1), 117-139.

Lakoff, George (1973) "Some Thoughts on Transderivational Constraints," *Issues in Linguistics*: *Papers in Honor of Henry and Renée Kahane*, ed. by Braj B. Kachru, Robert B. Lees, Yacov Malkiel, Angelina Pietrangeli and Sol Saporta, 442-452, University of Illinois Press, Urbana, IL.

Landweber, Peter S. (1963) "Three Theorems on Phrase Structure Grammars of Type 1," *Information and Control* 6, 131-136.

Lasnik, Howard (2011) "What Kind of Computing Device is the Human Language Faculty?" *The Biolinguistic Enterprise: New Perspective on the Evolution and Nature of the Human Language Faculty*, ed. by Anna Maria and Cedric Boeckx, 354-364, Oxford University Press, Oxford.

Lebeaux, David (1988) *Language Acquisition and the Form of Grammar*, Doctoral dissertation, University of Massachusetts.

Lebeaux, David (1991) "Relative Clauses, Licensing and the Nature of the Derivation," *Perspectives on Phrase Structure: Head and Licensing*, Syntax and Semantics 25, ed. by Susan Rothstein, 209–239, Academic Press, New York.

Lecomte, Alain and Christian Retoré (2001) "Extending Lambeck Grammars: A Logical Account of Minimalist Grammars," *Proceedings of the 39th Annual Meeting and the 10th Conference of the European Chapter of the Association for Computational Linguistics*, 362–369.

Lehmer, Derrick H. (1964) "Chapter 1: The Machine Tools of Combinatorics," *Applied Combinatorial Mathematics*, ed. by Edwin F. Beckenbach, 5–31, John Wiley and Sons, New York.

Lenz, Wilhelm (1920) "Beitäge zum Verständnis der magnetischen Eigenschaften in festen Körpern," *Physikalische Zeitschrift* 21, 613–615.

Lindenmayer, Aristid (1968a) "Mathematical Models for Cellular Interaction in Development I. Filaments with One-Sided Inputs," *Journal of Theoretical Biology* 18 (3), 280–299.

Lindenmayer, Aristid (1968b) "Mathematical Models for Cellular Interaction in Development II. Simple and Branching Filaments with Two-Sided Inputs," *Journal of Theoretical Biology* 18(3), 300–315.

Maibaum, T. S. E. (1974) "A Generalized Approach to Formal Languages," *Journal of Computer and System Sciences* 8(3), 409–439.

Markov, Andreĭ Andreevich (1906) "Rasprostranenie Zakona Bol'shih Chisel na Velichiny, Zavisyaschiye Drug ot Druga (Extension of the Law of Large Numbers to Qunatities, Dependent on Each Other)," *Izvestiya Fiziko-Matematicheskogo Obschestva pri Kazanskom Universitete, 2-ya seriya* 15, 135–156.

[Марков, Андрей Андреевич (1906) "Распространеніе Закона Большиъ Чиселъ на Величины, Зависящія Другъ отъ Друга," *Извѣстія Физико-Математическаго Обсчества при Казанском Университете*, 2-я серия 15, 135–156.]

Markov, Andreĭ Andreevich (1954a) "O Népréryunosti Konstruktinyh Funkcij (On the Insurmountability of Constructive Functions)," *Uspékhi Matématičéskikh Nauk* 9 (3), 226–230.

[Марков, Андрей Андреевич (1954a) "О непреодолимости конструктивных функций," *Успехи математических наук* 9(3), 226–230.]

Markov, Andreĭ Andreevich (1954b) "Téoriá Algorifmov (The Theory of Algorithms)," *Trudy Matématičéskogo Instituta iméni V. A. Stéklova* 42, 3–375. Izdatél' stvo Akadémii Nauk SSSR, Moscow-Leningrad.

[Марков, Андрей Андреевич (1954b) "Теория Алгорифмов," *Труды*

Математического института имени В. А. Стеклова 42, 3–375. Издательство Академии наук СССР, Москва-Ленинград.]

Martin, Roger (2001) "Null Case and the Distribution of PRO", *Linguistic Inquiry* 32, 141–166.

McCulloch, Warren S. and Walter Pitts (1943) "A Logical Calculus of the Ideas Immanent in Nervous Activity," *The Bulletin of the Mathematical Biophysics* 5(4), 115–133.

McNaughton, R. and H. Yamada (1960) "Regular Expressions and State Graphs for Automata," *IRE Transactions on Electronic Computers* 9(1), 39–47.

Mealy, George H. "A Method for Synthesizing Sequential Circuits," *The Bell System Technical Journal* 34(5), 1045–1079.

Mel'čuk, Igor A. (1988) *Dependency Syntax: Theory and Practice*, SUNY Press, Albany, NY.

Mermin, N. David (2007) *Quantum Computer Science: An Introduction*, Cambridge University Press, Cambridge.

Michaelis, Jens (1998) "Derivational Minimalism Is Mildly Context-Sensitive," *Logical Aspects of Computational Linguistics, LACL'98, Grenoble, France, December 1998, Selected Papers, Lecture Notes in Computer Science* 2014, ed. by Michael Moortgat, 179–198.

Michaels, Jens and Marcus Kracht (1997) "Semilinearity as a Syntactic Invariant," *Logical Aspects of Computational Linguistics, First International Conference, LACL'96, Nancy, France, September 1996, Selected Papers, Lecture Notes in Computer Science* 1328, ed. by Christian Retoré, 329–345.

Miller, Philip H. (1999) *Strong Generative Capacity: The Semantics of Linguistic Formalism*, CSLI Publications, Stanford, CA.

Milserk, Gary (1974) *Existential Sentences in English*, Doctoral dissertation, MIT.

Mizushima, Fuminori and Takashi Toyoshima (2006a) "Language Learnability by Feedback Self-Organizing Maps," *Neural Information Processing. 13th International Conference, ICONIP 2006, Hong Kong, China, October 3-6, 2006. Proceedings, Part I. Lecture Notes in Computer Science* 4232, ed. by Irwin King, Jun Wang, Laiwan Chan, and DeLiang Wang, 228–236.

Mizushima, Fuminori and Takashi Toyoshima (2006b) "Suprasymbolic Grammar Induction by Recurrent Self-Organizing Maps," *Grammatical Inference: Algorithms and Applications. 8th International Colloquium, ICGI 2006, Tokyo, Japan, September 20-22, 2006, Proceedings. Lecture Notes in Artificial Intelligence* 4201, ed. by Yasubumi Sakakibara, Satoshi Kobayashi, Kengo Sato, Tetsuro Nishino and Etsuji Tomita, 346–348.

Moore, Edward F. (1956) "Gedanken-Experiments on Sequential Machines," *Automata Studies, Annals of Mathematics Studies* 34, ed. by C. E. Shannon and J. Mc-

Carthy, 129-153, Princeton University Press, Princeton, NJ.

Munakata, Takashi (2009) "The Division of C-I and the Nature of the Input, Multiple Transfer and Phases," *Interphases: Phase-Theoretic Investigations of Linguistic Interfaces*, ed. by Kleanthes Grohmann, 48-81, Oxford University Press, Oxford.

Myhill, John (1960) "Linear Bounded Automata," *Wright Air Development Division Technical Note* 60-165, Wright Air Development Division, Air Research and Technology Command, United States Air Force, Wright-Patterson Air Force Base, Cincinnati, OH.

Nielsen, Michael A. and Isaac L. Chuang (2010) *Quantum Computation and Quantum Information: 10th Anniversary Edition*, Cambridge University Press, Cambridge.

Nunes, Jairo (1995) *The Copy Theory of Movement and Linearization of Chains in the Minimalist Program*, Doctoral dissertation, University of Maryland.

Nunes, Jairo (2004) *Linearization of Chains and Sideward Movement*, MIT Press, Cambridge, MA.

Øksendal, Bernt (1998) *Stochastic Differential Equations: An Introduction with Applications*, Springer-Verlag, Berlin / Heidelberg / New York.

Ott, Dennis (2022) "Unbounded Sequences as Paratactic Configurations," *Proceedings of NELS* 52, 275-284.

Penttonen, Martti (1974) "One-Sided and Two-Sided Context in Formal Grammars," *Information and Control* 25, 371-392.

Pesetsky, David (1982) *Paths and Categories*, Doctoral dissertation, MIT.

Peters, P. Stanley Jr. and R. W. Ritchie (1973) "On the Generative Power of Transformational Grammars," *Information Sciences* 6, 49-83.

Pollard, Carl J. (1984) *Generalized Phrase Structure Grammars, Head Grammars, and Natural Language*, Doctoral dissertation, Stanford University.

Post, Emil L. (1936) "Finite Combinatory Processes—Formulation 1," *The Journal of Symbolic Logic* 1(3), 103-105.

Post, Emil L. (1943) "Formal Reductions of the General Combinatorial Decision Problem," *American Journal of Mathematics* 65(2), 197-215.

Pullum, Geoffrey K. (1983) "Context-Freeness and the Computer Processing of Human Languages," *ACL '83: Proceedings of the 21st Annual Meeting of the Association for Computational Linguistics*, 1-6.

Rabin, M. O. and Scott, D. (1959) "Finite Automata and Their Decision Problems," *IBM Journal of Research and Development* 3(2), 114-125.

Radzinski, Daniel (1991) "Chinese Number-Names, Tree Adjoining Languages, and Mild Context-Sensitivity," *Computational Linguistics* 17(3), 277-299.

Reinhart, Tania (2016) *Concepts, Syntax and Their Interface: The Theta System*, ed. by Martin Everaert, Marijana Marelj and Eric Reuland, MIT Press, Cambridge,

MA.

Rizzi, Luigi. (2001) "Relativized Minimality Effects," *The Handbook of Contemporary Syntactic Theory*, ed. by Mark Baltin and Chris Collins, 89–110, Blackwell, Oxford.

Rosenkrantz, Daniel J. (1969) "Programmed Grammars and Classes of Formal Languages," *Journal of the Association for Computing Machinery* 16(1), 107–131.

Rounds, William C. (1970) "Mappings and Grammars on Trees," *Mathematical Systems Theory* 4(3), 109–116. 257–287.

Saito, Mamoru (2018) "Kase as a Weak Head," *McGill Working Papers in Linguistics* 25, 382–391.

Savitch, Walter J. (1970) "Relationships between Nondeterministic and Deterministic Tape Complexities," *Journal of Computer and System Sciences* 4(2), 177–192.

Schimpf, Karl M. and Jean H. Gallier (1985) "Tree Pushdown Automata," *Journal of Computer and System Sciences* 30(1), 25–40.

Seki, Hiroyuki, Takashi Matsumura, Mamoru Fujii and Tadao Kasami (1991) "On Multiple Context-Free Grammars," *Theoretical Computer Science* 88, 191–229.

Shannon, C. E. (1948) "A Mathematical Theory of Communication," *The Bell System Technical Journal* 27(3, 4), 379–423, 623–656.

Shieber, Stuart M. (1985) "Evidence against the Context-Freeness of Natural Language," *Linguistics and Philosophy* 8(3), 333–343.

Sillars, Walter Anthony (1968) *Formal Properties of Essentially Context-Dependent Languages*, Doctoral dissertation: Pennsylvania State University.

Sleator, Daniel D. K. and Davy Temperley (1991) *Parsing English with a Link Grammar, Carnegie Mellon University Computer Science Technical Report*, CMU-CS-91-196.

Sportiche, Dominique (2015) "Neglect (or doing away with Late merger and Countercyclicity)," ms., UCLA. lingbuzz/002775

Stabler, Edward (1996) "Derivational Minimalism," *Logical Aspects of Computational Linguistics, First International Conference, LACL '96, Nancy, France, September 1996, Selected Papers, Lecture Notes in Computer Science* 1328, ed. by Christian Retoré, 68–95.

Stabler, Edward P. (2004) "Varieties of Crossing Dependencies: Structure Dependence and Mild Context Sensitivity," *Cognitive Science* 28(5), 699–720.

Starosta, Stanley (1975) "Case in the Lexicon," *Proceedings of the Eleventh International Congress of Linguists* II, ed. by Luigi Heilmann, 805–813, Società editrice il Mulino, Bologna.

Starosta, Stanley (1988) *The Case for Lexicase*: An Outline of Lexicase Grammatical Theory, Pinter Publishers, London.

Sugimoto, Yushi (2022) *Underspecification and (Im)possible Derivations: Toward a*

Restrictive Theory of Grammar, Doctoral dissertation, University of Michigan.

Szabolcsi, Anna (1987) "Bound Variables in Syntax (Are There Any?) " *Proceedings of the Sixth Amsterdam Colloquium*, ed. by Jeroen Gronendijk, Martin Stokhof and Frank Veltman, 331–351, Institute for Language, Logic, and Information, Amsterdam.

Tesnière, Lucien (1959) *Éléments de Syntaxe Structurale*, C. Klincksieck, Paris.

Thatcher, J. W. (1967) "Characterizing Derivation Trees of Context-Free Grammars through a Generalization of Finite Automata Theory," *Journal of Computer and System Sciences* 1(4), 317–322.

Thue, Axel (1906) *Über unendliche Zeichenreihen*, Skrifter udgivne af Videnskabsselskabet i Christiania, I, Mathematisk-naturvidenskabelig Klasse 7, Norske Videnskaps-Akademi, Oslo.

Thue, Axel (1910) *Die Lösung eines Spezialfalles eines generellen logischen Problems*, Skrifter udgivne af Videnskabsselskabet i Christiania, I, Mathematisk-naturvidenskabelig Klasse 8, Norske Videnskaps-Akademi, Oslo.

Thue, Axel (1912) *Über die gegenseitige Lage gleicher Teile gewisser Zeichenreihen*, Skrifter utgit av Videnskapsselskapet i Kristiania, I, Matematisk-naturvidenskabelig Klasse 1, Norske Videnskaps-Akademi, Oslo.

Thue, Axel (1914) *Probleme über Veränderungen von Zeichenreihen nach gegebenen Regeln*, Skrifter utgit av Videnskapsselskapet i Kristiania, I, Matematisk-naturvidenskabelig Klasse 10, Norske Videnskaps-Akademi, Oslo.

Toyoshima, Takashi (2009) "Dynamic Economy of Derivation," *Exploration of Phase Theory: Interpretation at the Interfaces*, ed. by Kleanthes K. Grohmann, 211–251, Mouton de Gruyter, Berlin/New York.

Toyoshima, Takashi (2013) Traversal Parameter at the PF Interface: Graph-Theoretical Linearization of Bare Phrase Structure," *Theoretical Approaches to Disharmonic Word Order* eds. by Theresa Biberauer and Michelle Sheehan, 340–388, Oxford University Press: Oxford.

Travis, Lisa, and Greg Lamontagne (1992) "The Case Filter and the Licensing of Empty K," *Canadian Journal of Linguistics* 37, 157–174.

Turing, A. M. (1937) "On Computable Numbers, with an Application to the Entscheidungsproblem," *Proceedings of the London Mathematical Society, 1936, second series* 42(1), 230–265.

Turing, A. M. (1948) "Intelligent Machinery," *Report, National Physics Laboratory*. [Reprinted *Machine Intelligence* 5 ed. by Bernard Meltzer and Donald Michie, 1969, 3–23, Edinburgh University Press, Edinburgh.]

Uriagereka, Juan (2008) *Syntactic Anchors: On Semantic Structuring*. Cambridge University Press, Cambridge.

Vijay-Shanker, K. (1987) *A Study of Tree Adjoining Grammars*, Doctoral dissertation,

University of Pennsylvania.

Vijay-Shanker, K., David J. Weir and Aravind K. Joshi (1987) "Characterizing Structural Descriptions Produced by Various Grammatical Formalisms," *Proceedings of the 25th Annual Meeting of the Association for Computational Linguistics*, 104–111.

Walker, R. J. (1960) "An Enumerative Technique for a Class of Combinatorial Problems," *Combinatorial Analysis*: *Proceedings of Symposia in Applied Mathematics X*: *Proceedings of the Tenth Symposium in Applied Mathematics of the American Mathematical Society, Held at Columbia University, April 24-26, 1958*, ed. by Richard Bellman and Marshall Hall, Jr., 91–94.

Watrous, John (2008) "Quantum Computational Complexity," arXiv:0804.3401 [quant-ph].

Weir, David J. (1988) *Characterizing Mildly Context-Sensitive Grammar Formalisms*, Doctoral dissertation: University of Pennsylvania.

Wilson, Robin J. (2010) *Introduction to Graph Theory*, Pearson, London.

Wong, Thomas G. (2022) *Introduction to Classical and Quantum Computing*, Rooted Grove, Omaha, NE.

Žolkovskij, Aleksandr K. and Igor A. Mel'čuk (1965) "O Vozmožnom Metode i Instrumentax Semantičeskogo Sinteza (On a Possible Method and Instruments for Semantic Synthesis)," *Naučno-Texničeskaja Informacija* 5, 23–28.

[Жолковский, Александр К. и Игорь А. Мельчук (1965) "О возможном методе и инстру- ментах семантического синтеза," *Научно-техническая информация* 5, 23–28.]

Yao, Andrew Chi-Chi (1979) "Some Complexity Questions Related to Distributive Computing (Preliminary Report)," *STOC '79: Proceedings of the Eleventh Annual ACM Symposium on Theory of Computing, April 1979*, 209–213.

研究論文

構造構築の演算と言語事象における
原理的説明への挑戦

第 1 章

なぜ「併合」は二項なのか？
― その背後にある原理を探る ―[*]

石井　透・後藤　亘

明治大学・東洋大学

1.　序論

　生成文法の最新の枠組みである極小モデルでは，人間言語が持つ普遍的特徴である「離散無限性」(discrete infinity) と「転置特性」(displacement) は「併合」(Merge) と呼ばれる「集合形成演算」(set-formation operation) によって説明される (Chomsky (1995, 2000, 2001, 2004, 2007, 2008, 2013, 2014, 2015, 2019a, b, 2021, to appear), Chomsky et al. (2019))．併合は，精神／脳内に実在する言語機能の中心的なメカニズムであり，生成文法における重要な研究課題の 1 つである．そこで本稿では，併合の適用条件の 1 つとして規定されている「二項性」(Binarity) ($n=2$, n は「併合」の対象となる要素の数) について理論的に詳細な検討を行い，なぜ併合は二項性に従ったかたちで適用されるのか，その背後にある原理を探ることを目的とする．

　本稿の構成は以下のとおりである．まず，はじめに，2 節では本稿が採用する枠組み (Chomsky (2021, to appear) および Goto and Ishii (2024)) での併合に関する最近の見解を概観する．そして，3 節では「二項併合」(Binary Merge) の背後にある原理を探る．具体的には，併合の二項性 ($n=2$) は，Chomsky (1981) の「θ 理論」(Theta Theory) と Rizzi (2006) の「クライテ

　* 本稿は「第 35 回上智大学言語学会」と「第 24 回 Seoul International Conference on Generative Grammar」の招待講演で発表した研究内容の一部 (Goto and Ishii (2021, 2022)) をさらに発展させたものである．「併合」(Merge) の「二項性」(Binarity) 研究の重要性についてご助言いただいた福井直樹氏と，研究を進めていく過程で有意義な意見交換をしてくださったノーム・チョムスキー氏には心より感謝の意を表する．なお，本研究は JSPS 科研費 JP19K00692 の助成を受けたものである．

リア理論」(Criterial Theory) における「一対一対応の要請」(one-to-one correspondence) を内包する「一意性原理」(Uniqueness Principle, UP) (cf. Harada (1975)) から導かれると提案する．この「一意性原理」(UP) により，併合の適用対象となる要素の数が常に $n = 2$ に制限され，それに伴い，併合が利用できるリソース数が削減される．そして，一意性原理は，言語体系に課されている第三要因の 1 つである「リソース制限」(Resource Restriction) を構成するものであり，計算体系の複雑性を減じる点において，言語体系が要請する最適性・単純性の面からも正当化されると論じる．次に，4 節では，一意性原理に従う併合と，それに従わないより一般的な Proto 演算である「集合形成」(Form Set, FS) (cf. Chomsky (to appear)) を比較し，併合と集合形成の適用条件の違いを明らかにすることで，一意性原理の課題と今後の展望を簡単に述べる．最後に，5 節で議論をまとめる．

2.　枠組み[1]

2.1.　Chomsky (2021, to appear)

2.1.1.　「併合」(Merge) と「探索」(Search Σ)

人間言語のもっとも基本的な性質は「離散無限性」(discrete infinity) と「転置特性」(displacement) である．これらの性質はいかなる言語理論でも説明されなければならない．Chomsky (1994) 以降の極小モデルでは，これらの特性は「併合」(Merge) と呼ばれる構造構築演算 (structure building operation) によって説明されている．Chomsky (2013, 2015) での併合の特定的な定義は以下のようなものである．

(1)　Merge (P, Q) = {P, Q}

この併合の定義のもとでは，併合は 2 つの要素 (P, Q) に対して適用され，無順序集合 (unordered set){P, Q} を形成する一種の「集合形成演算」(set-formation operation) として定式化される（ここの P と Q は特定の「統辞体」(Syntactic Object, SO) を意味する）．

併合には「外的併合」(External Merge, EM) と「内的併合」(Internal Merge, IM) の 2 つの適用様式がある．併合の入力となる (P, Q) がそれぞれ独立した「ターム」(term) である場合（つまり P も Q も互いに包含関係 (containment relation) にない場合）を外的併合と呼び，(P, Q) のどちらかが

---

[1]　Chomsky (2021, to appear) の枠組みについては第 1 部概説も参照されたい．

他方のタームである場合（つまり P あるいは Q が Q あるいは P に包含されている場合）を内的併合と呼ぶ．外的併合は伝統的な「句構造規則」(phrase structure rules) に対応し，「θ 構造」(theta structure) などの基本的な統辞構造を構築する役割を担う一方で，「内的併合」は伝統的な「変換規則」(transformation rules) の一種である「移動」(movement) に対応し，転置現象（ある表現が意味的に解釈される場所と発音される場所が異なる現象）を捉える役割を担う．したがって，(1) の併合の定義を仮定すれば，転置特性は内的併合の適用によって捉えることができ，離散無限性は外的併合と内的併合の再帰的適用 (recursive application) によって捉えることができる．

　Chomsky (2021, to appear) は，(1) の併合の定義では，併合の入力となる (P, Q) がどのように選択されるのかが明らかではないため，その入力を決定する演算として「探索」(Search Σ) の関与が必須であると提案している（同様の考えについては，Chomsky (2014, 2015), Goto (2016), Kato et al. (2026), Larson (2015) を参照）．さらに，(1) の定義では，主部－述部のような外心構造を構築する際，併合は P(主部) と Q(述部) という 2 つの統辞体 (SO) に適用されることになるが，そのためには，並行して構築される 2 つの統辞体 (SO)（すなわち，P と Q）を蓄えておく「空間」の存在が必要であると指摘する．そのような空間を Chomsky (2021, to appear) は「ワークスペース」(Workspace, WS) と呼び，併合は統辞体 (SO) を含むワークスペースに適用されると主張している（同様の考えについては，Bobaljik (1995), Collins and Stabler (2016), Chomsky et al. (2019) を参照）．したがって，Chomsky (2021, to appear) 以降の極小モデルでは，(1) の併合の定義は (2) のように再定式化されている（(2) における丸括弧 ( )，角括弧 [ ]，波括弧 { } はそれぞれ，併合の入力オペランド，併合の適用対象であるワークスペース (WS) を表す集合，併合によって構築される統辞体 (SO) を表す集合を示す．以下ではこれらの表記方法を用いる）．

(2)　Merge (P, Q, WS) = WS' = [{P, Q}, X_1, ... X_n]

この最新の併合の定義のもとでは，併合は P と Q を含むワークスペースに適用され，無順序集合 {P, Q} を含む新たなワークスペースへと写像する一種の「写像演算」(mapping operation) として定式化される．新たなワークスペースの中に含まれる $X_1, ... X_n$ は，併合により構築された統辞体 (SO = {P, Q}) を除くワークスペース内にあるすべての要素である．ここで重要なことは，併合によって構築された新たな統辞体 (SO = {P, Q}) を構成する要素，つまり併合の入力となる P と Q は，併合が適用される前に探索が「レキシコン（語

彙目録）」(Lexicon, LEX) とワークスペースにアクセスして選択した要素で
あるということである．すなわち，探索は，併合の適用にとって必要不可欠な
「前提演算」(prerequisite operation) であり，探索が適用されない限り併合は
適用されないのである．

2.1.2. 「探索」(Search Σ) と最適計算 (Optimal Computation)

　探索がレキシコン（語彙目録）とワークスペースにアクセスして併合の入力
を選択するというとき，具体的にどのような手続きを踏んでいるのかをもう少
し詳しく考えてみよう．

　レキシコン（語彙目録）内の要素は階層的構造関係を持たず，単に無作為に
格納されているという状況を鑑みれば，レキシコン（語彙目録）を探索すると
きの探索は，特に制限を設けない限り，レキシコン（語彙目録）全体を自由に
探索し併合の入力を選択しているはずである．一方，(2) で見たように，ワー
クスペース内には既に併合によって構築された階層的構造関係を持つ統辞体
(SO) が含まれているため，ワークスペース内を探索するときの探索は，レキ
シコン（語彙目録）内を探索するときのそれとは異なる手続きで入力を決定し
ているに違いないと考えることは，ごく自然なことといえよう．

　そこでわれわれは，Chomsky (2021, to appear) の考えに基づき，ワークス
ペース内を探索するときの探索は「最適計算」(Optimal Computation, OC)
に従って適用されると仮定する（最適計算は「最小計算」(Minimal Computa-
tion, MC) とも呼ばれる．最適計算／最小計算に基づく探索についての詳し
い議論は，Ke (2024) を参照されたい).[2] 以下のワークスペースを例にとっ
て，最適計算に基づく探索がどのように適用されるのかを見てみよう．

　　(3)　　WS = [P, Q], where P = {R, S}

(3) では，P と Q がワークスペースの要素（元）で，R と S が P のタームで
ある．このようなワークスペースが与えられると，探索は，第一段階として，
ワークスペースの要素（元）である P か Q のどちらかを選択する．P と Q は
ワークスペース (3) を探索する際に初めに出くわすものなので，P または Q
の選択は最適計算に従ったものである．ここで仮に P を選択したとする．探

---

　[2] Chomsky (2021, to appear) では，ワークスペース内を探索するときの探索は「最小探索」
(Minimal Search) に従って適用されると述べられている．Chomsky (2021, to appear) では
最小探索の明確な定義が示されていないが，ここでの最適計算／最小計算と同じ意味で用いて
いると考えられる．

索は，第二段階として，その P を「固定」した状態で，(i) ワークスペース (3) のもうひとつの要素（元）である Q を選択するか，あるいは，(ii) P のタームである R か S のどちらかを選択する．このように，併合の入力を選択する探索が最適計算に従うというとき，それは，探索が「二段階演算」(two-step operation) として適用されることを意味している．そして，探索が P を固定した状態で (i) の選択肢をとった場合，併合は (P, Q) の入力を探索から提供され，{P, Q} を構築する．他方，探索が P を固定した状態で (ii) の選択肢をとり，仮に S を選択した場合，併合は (P, S) の入力を探索から提供され，{S, {${}_\text{P}$R, S}} を構築する（ここでは便宜上，併合の適用を受けていない Q を無視しているが，実際には Q は新たな WS に持ち越されている）．このように，探索が二段階演算として適用されることにより，外的併合と内的併合の 2 つの適用様式が導き出される．ここで重要なことは，内的併合に入力を提供するために探索を適用する際，ワークスペース (3) の要素（元）でない R または S は，探索の第一段階で選択する要素の候補にはなれないということである．探索がワークスペース (3) の要素（元）を選択するには一段階の探索しか必要でないが，ワークスペース (3) の要素（元）のタームを選択するには，要素（元）を選択し，さらにそのタームを選択するという二段階の探索が必要である．探索で必要とされる段階が多いとより複雑な計算が要求されるため，R または S を探索の第一段階で選択することは，最適計算により排除される．R または S を選択するためには，まず探索の第一段階でワークスペース (3) の要素（元）である P を選択し，次に第二段階で P のタームである R または S を選択するというように，段階的な手続きを踏むことが要求されるのである．Chomsky (2021, to appear) では，このような手続きを踏んで適用される探索が，最適計算に従ったものであると主張されている．

2.1.3. 「リソース制限」(Resource Restriction)

　Chomsky (2021) は，精神／脳内に実在する言語機能は「超高感度の感覚器官から提供される膨大な量の情報を取捨選択するという基本的な神経プロセスに関する脳の特性」(Chomsky (2021: 19)) である「リソース制限」(Resource Restriction) を反映させたかたちで設計されているという考えを採用し (Fong et al. (2019) 参照)，演算の 1 つである併合もリソース制限に従うと提案している．そして，言語機能の中核的なメカニズムである併合がこのリソース制限に従って適用されるからこそ，演算が利用できるリソース（演算にとってアクセス可能な要素）の数が最小化されることを通じ計算負荷が軽減されるため，言語体系が要請する最適性・単純性に適うものになっていると主張する．

　リソース制限を構成する条件としては，「二項性」(Binarity)，「最小探索」(Minimal Search, MS)，「最小出力」(Minimal Yield, MY)，「位相不可侵条件」(Phase Impenetrability Condition, PIC) があり，それらは簡略化して述べると次のような条件であると考えられている．

(4)　リソース制限に含まれる条件群[3]
　　a.　二項性 (Binarity)：併合の入力は「$n=2$」でなければならない．
　　b.　最小探索 (MS)：内的併合の適用対象となる構造上同一の inscription が複数存在する場合，内的併合は「構造上より近い」要素に適用されなければならない．
　　c.　最小出力 (MY)：併合がワークスペースに追加する新たなアクセス可能な要素は「1つだけ」でなければならない．
　　d.　位相不可侵条件 (PIC)：併合は「位相」(phase) v*P/CP の「補部」(Complement) にアクセスできない．[4]

Chomsky (2021) はこれらの条件をすべて併合の適用条件だと考え，例えば，内的併合が最小探索 (MS) に従うということを以下の例を用いて示している ((5) の例は Chomsky (2021: 18) からの引用であり，who_2 と who_1 上の打ち消し線も原論文から直接引用したものである．なお，ここでの打ち消し線は「発音されない要素」を意味する)．

(5)　*who_3 do you wonder if ~~who_2~~ was appointed ~~who_1~~

ここでは，従属節が受動文であるため，who が who_1 の基底位置から who_2 の主語位置まで移動している．ここから (5) を派生するには，who_1 か who_2 のいずれかを who_3 の位置までさらに移動させる必要がある．Chomsky によれば，who_3 まで移動するのは，who_1 を「C 統御」(c-command) している who_2 とされる．言い換えれば，内的併合が (4b) の最小探索 (MS) に従うとすると，この場合，内的併合の適用対象となるのは，構造上同一の inscriptions で

---

　[3] Chomsky (2021) では，これらの条件はすべて併合の適用条件だと述べられているが，2.1.1 節で見たように，併合の前提演算として探索があるため，これらの条件を併合の入力を選択するときに適用される探索の適用条件とみなしても差し支えないだろう．現時点ではどちらの可能性もありうると想定しておくが，その詳しい議論は 2.2 節を参照されたい．
　[4] 本稿では，Chomsky (2015) に従い，v*P の位相性 (phasehood) は V に継承され，V の補部 (目的語位置) がアクセスできなくなると想定する．したがって，この想定の下で目的語の WH に移動を適用した場合，その WH は v*P 指定部を経由することなく VP 指定部を経由し，そこから直接 CP 指定部まで移動する．詳細については Chomsky (2015) を参照．

ある who_1 と who_2 の中で，who_3 までの距離が「構造上より近い」who_2 となる．しかし，仮に内的併合を who_2 に適用して who_3 の位置まで移動させたとしても，if / that / whether などの「補文標識」(complementizer) の後ろに「痕跡」(trace) を残すことを禁止する「補文標識 - 痕跡効果」「complementizer-trace effect」の違反となるため，結果的に (5) を正しく派生することができないのである．ここで重要なのは，もし内的併合が最小探索に従わないのであれば，内的併合を who_1 に適用して who_3 の位置まで移動させることで (5) を派生することができるはずであり（受動文の位相 vP の補部が併合にとってアクセス可能であるということについては，Chomsky (2021) を参照），(5) は文法的であるという誤った予測をしてしまうということである．そこで Chomsky (2021) は，(5) の非文法性を正しく説明するためには，内的併合は (4b) の最小探索 (MS) に従うと仮定する必要があると主張する．

さらに Chomsky (2021) は，内的併合が最小出力 (MY) を満たす上で最小探索 (MS) が重要な役割を果たすと論じている．まず初めに，(6) を例にとって，外的併合が最小出力 (MY) をどのように満たすのか考えてみよう．

(6)　外的併合
    a.　$WS_1 = [a, b, c]$
    b.　$WS_2 = [\{a, b\}, c]$

(6b) のワークスペース WS_2 内にある $\{a, b\}$ は (6a) のワークスペース WS_1 内にある a, b に対して外的併合を適用することで形成される集合である．ここで重要なのは，この外的併合の適用によってワークスペースが (6a) から (6b) に写像されるときにワークスペースに追加される新たな要素は「1 つだけ」でなければならないということである．そこで，(6a) と (6b) のそれぞれのワークスペースを見てみると，(6a) のワークスペース WS_1 内でアクセス可能な要素は a, b, c の 3 つであるのに対して，(6b) のワークスペース WS_2 内でアクセス可能な要素は a, b, c, $\{a, b\}$ の 4 つであることがわかる．これは，外的併合が (6a) から (6b) にワークスペースを写像する過程で追加した新たな要素は $\{a, b\}$ の「1 つだけ」ということを意味する $(WS_1 \rightarrow WS_2: 3 \rightarrow 4)$．したがって，外的併合は最小出力 (MY) を満たす．

同様に，(7) を例にとって，内的併合が最小出力 (MY) をどのように満たすのか考えてみよう．

(7)　内的併合
    a.　$WS_1 = [\{a, \{b, c\}\}]$

b.　WS$_2$ = [{c$_2$, {a, {b, c$_1$} } }]

(7b) のワークスペース WS$_2$ 内にある {c$_2$, {a, {b, c$_1$} } } は，(6a) のワークスペース WS$_1$ 内にある c に対して内的併合を適用することで形成される集合である．上で述べたように，この内的併合の適用によって (7a) のワークスペース WS$_1$ から (7b) のワークスペース WS$_2$ に写像されるときに追加される新たなアクセス可能な要素は「1 つだけ」でなければならない．そこで，(7a) と (7b) のそれぞれのワークスペース WS を見てみると，(7a) のワークスペース WS$_1$ 内でアクセス可能な要素は a, b, c, {b, c}, {a, {b, c}} の 5 つであるのに対して，(7b) のワークスペース WS$_2$ 内でアクセス可能な要素は c$_2$, a, b, c$_1$, {b, c$_1$}, {a, {b, c$_1$} }, {c$_2$, {a, {b, c$_1$} } } の 7 つであることがわかる．これは，内的併合が (7a) から (7b) にワークスペースを写像する過程で追加した新たな要素は 2 つということを意味するため (WS$_1$ → WS$_2$: 5 → 7)，内的併合はこのままでは最小出力 (MY) に違反することになる．そこで Chomsky (2021) は，(7b) のワークスペース WS$_2$ 内で c$_2$ によって C 統御されている c$_1$ は，(4b) の意味での最小探索 (MS) によってアクセス不可能であると主張している．この考えによれば，(7b) のワークスペース WS$_2$ 内でアクセス可能な要素は c$_2$, a, b, {b, c$_1$}, {a, {b, c$_1$} }, {c$_2$, {a, {b, c$_1$} } } の 6 つになるため，内的併合が (7a) から (7b) にワークスペースを写像する過程で追加した新たな要素は {c$_2$, {a, {b, c$_1$} } } の「1 つだけ」ということになる (WS$_1$ → WS$_2$: 5 → 6)．したがって，内的併合は (4b) の最小探索 (MS) のおかげで最小出力 (MY) を満たす．

　このように Chomsky (2021) では，(4b) の最小探索 (MS) は，併合の中でも特に内的併合の非合法的な適用を排除し合法的な適用を認可する上で重要な役割を果たすと考えられている．

2.2.　Goto and Ishii (2024)

2.2.1.　探索が最小探索 (MS) に従わないとき

　Goto and Ishii (2024) は，最小探索 (MS) を以下 (8) のようにより厳密に定義し，併合の入力を選択するときに適用される探索は，2.1.2 節で見た最適計算 (OC) には従うが，最小探索 (MS) (Ke (2024) 参照) には従わないと主張する．この主張は，前節で見た，内的併合が (4b) の意味での最小探索 (MS) に従うとする Chomsky (2021) の見解とは大きく異なるものである．[5]

---

[5] Chomsky (2013, 2015, 2021, to appear) では最小探索 (MS) は明確に定義されていない

(8)　最小探索（MS）
　　　最小探索（MS）は，ワークスペース内にある「特定の適用対象」
　　　（specific target, ST）を探索し，その特定の適用対象を探知し次第，
　　　探索を「終了」（terminate）する．

この定義における最小探索（MS）の「最小」（minimal）とは，探索がワークス
ペース内で特定の適用対象を探知するとすぐに探索が終了するという意味で
「最小」ということになる．[6]

　ここで注意しなければならないのは，Goto and Ishii（2024）は，探索は常
に最小探索（MS）に従わないと主張しているのではなく，併合の「前提演算」
としての探索（すなわち併合の入力を選択するときに適用される探索）は最小探
索（MS）に従わないと主張しているにすぎず，他の演算に関与する探索が
最小探索（MS）によって制限される可能性は排除していないということであ
る．例えば，「一致」（Agree），「コピー形成」（Form Copy, FC），「ラベル付
与」（Labeling）などの演算は基本的に最小探索（MS）に従うと考えられてい
るが（Chomsky（2000, 2001, 2013, 2015, 2021），Ke（2024）参照），このよ
うな考え方はごく自然な考え方と言えよう．なぜなら，これらの演算を行うと
きに適用される探索は，（8）で定義されるように，ワークスペース内にある特
定の適用対象（ST）を探知するとその探索をすぐに終了（terminate）するから
である．一致，コピー形成，ラベル付与での探索にとっての「特定の適用対象
（ST）」は，それぞれ「素性」（feature），「ターム」（term），「主要部」（head）で
ある．具体例として，一致を行うときの探索が（9）のワークスペースでどの
ように適用されるのか考えてみよう（[uF] は「解釈不能素性」（uninterpretable
feature）を意味し，[iF] は「解釈可能素性」（interpretable feature）を意味す
る）．

　　　(9)　WS = [{P$_{[u\text{F}]}$ {$_Q$ R, S$_{[i\text{F}]}$}}]

が，併合の入力を選択するためにワークスペース内を探索する際には，本論文で最適計算
（OC）／最小計算（MC）と呼んでいるものと同じ意味として（すなわち，簡略的な言い方を
すれば，内的併合の適用対象を選択する際には（4b）の意味として）用いていると考えられる．
Ke（2024）においても，最小探索（MS）を形式的に定義しているが，最小探索（MS）に還元
できるのは「一致」（Agree）と「ラベル付与」（Labeling）だけであり併合は還元できないこと
が指摘されている．この後者の点は，併合が最小探索（MS）に従わないことを理論的にすで
に示唆しているといえよう．
　[6] 注2に記したように，Chomsky（2021, to appear）では最小探索（MS）は明確に定義さ
れていないが，最適計算（OC）／最小計算（MC）の意味で用いられていると考えられる．本
論文では，最小探索（MS）という概念を（8）のようにより「狭い」意味で厳密に定義する．

(9) のワークスペースでは，ワークスペースの要素（元）である P が [uF] を持ち，そしてもうひとつの要素（元）である Q のタームである S が [iF] を持っている．P の [uF] は S の [iF] との「適切な」一致関係に基づいて「値」(value) を付与される必要がある（Chomsky (2000, 2001)）．探索はその一致関係を形成するために適用される．ここで重要なのは，一致関係を形成するために適用される探索においては，探索を開始する前段階で P と S が共通して持っている素性 [F] が探索の特定の適用対象（ST）として指定されていなければならないということである．もしそうでなければ，一致に対して入力オペランドを提供することができず，適切な一致関係を形成できないため，P の [uF] に対して値を付与することができない．したがって，ここで適切な一致関係を形成するためには，[F] を探索の特定の適用対象（ST）として指定し，その [F] を持っている特定の適用対象（ST）を (9) のワークスペース内で探知したらすぐに終了するような最小探索（MS）に従った探索を適用しなければならないのである．それによって，適切な入力オペランドの提供と一致関係の形成が可能となり，P の [uF] に対して値を付与することができるようになるのである．

　問題は，これと同様の最小探索（MS）に従った探索が，併合の入力を選択するときに機能しているのかということである．Chomsky (2004) 以降の「自由併合システム」(Free Merge system) によると，Chomsky (2001) の「探査子－目標子システム」(probe-goal system) のように併合は素性によって誘引される演算ではなく，どの統辞体（SO）にも自由に適用できる演算と考えられている．したがって，併合の入力を選択する探索も自由に適用できると考えることは，極めて自然なことである．併合のような不特定要素を対象とする演算に関わる探索は，一致のような特定の適用対象（ST）を事前指定する演算に関わる探索とは決定的に異なり，（位相不可侵条件（PIC）などにより統辞体（SO）がアクセス不可能にならない限り）基本的にはワークスペース内のどの統辞体も自由に検索できるような探索でなければならない．したがって，併合およびその前提演算として適用される探索は特定の適用対象（ST）を指定することなく「自由に」適用されるべきであり，その限りにおいて，「併合は最小探索（MS）に従う」とか，「併合の前提演算として適用される探索は最小探索（MS）に従う」と主張することは，そもそも意味をなさないのである．

2.2.2.　「最小探索フリー併合仮説」(Minimal Search (MS) Free Merge Hypothesis)

　このような理論的考察に基づいて，Goto and Ishii (2024) は，併合の入力

を選択するときに適用される探索は最小探索 (MS) には従わず, その結果として探索によって提供される入力に対して適用される併合も最小探索 (MS) に従わないと提案している. そして, 併合の入力を選択するときに適用される探索が従うのは, リソース制限を構成する条件の中で二項性 (Binarity) と位相不可侵条件 (PIC) の 2 条件だけだと主張している. このような考えを Goto and Ishii は「最小探索フリー併合仮説」(Minimal Search Free Merge Hypothesis) と呼んでいる.

(10)　　最小探索フリー併合仮説 (Goto and Ishii (2024))
　　　　外的併合と内的併合を含むすべての併合は最小探索 (MS) から完全に自由である. 併合の入力を選択するときに適用される探索は二項性 (Binarity) と位相不可侵条件 (PIC) には従うが, 最小探索 (MS) には従わない.

最小探索フリー併合仮説では, リソース制限に含まれる最小探索 (MS) が, 併合とその前提演算として適用される探索から完全に切り離されるため, 「併合は最小探索 (MS) に従う」と考える Chomsky (2021) のシステムとは全く異なるものであることは再度強調しておきたい (2.1.3 節参照).

　この最小探索フリー併合仮説のもとでは, Chomsky (2021) が最小探索 (MS) や最小出力 (MY) の条件で説明していた現象は二項性 (Binarity) の観点から説明することができる. 例えば, 最小探索 (MS) によって説明されていた (5) の非文法性 (内的併合の非合法的な適用) (参照の便宜のため, (11) に再掲) は, who が Spec-CP に移動する前の (12) のワークスペースを考えることで説明できる.

(11)　*who$_3$ do you wonder if ~~who$_2$~~ was appointed ~~who$_1$~~
(12)　　WS = [{C {$_{TP}$ **who$_2$** {T {v {V **who$_1$**}}}}}]

(12) のワークスペースでは, who$_1$ と who$_2$ がそれぞれが「θ 理論」と「ラベル理論」の要請で V の補部 (V-Comp) と主語の TP 指定部 (Spec-TP) に生成されている (Chomsky (2013, 2015, 2021, to appear) 参照). ここから (11) を生成するためには, (12) のワークスペースに探索を適用して主節の C と who を選択し, それらを内的併合に提供しなければならない.[7] しかし, (12) のワークスペース内には who の「コピー」(Copy) が 2 つ (すなわち, who$_2$

---

[7] 便宜上, 埋込節の C には触れない. また, ここでの併合の入力は {C {$_{TP}$ who$_2$ {T {v {V who$_1$}}}}} (= CP) 全体であるが, その主要部である C で簡略表記する (以下同様).

と who_1）があるため，探索が C と who を選択した場合，IM に提供される要素の数は C, who_2, who_1 の「3 項」(ternary) となり二項性 (Binarity) 違反となる．このように，最小探索フリー併合仮説のもとでは，(5) の非文法性（内的併合の非合法的な適用）は最小探索 (MS) を仮定しなくても探索の二項性 (Binarity) の観点から説明できるのである．

　ここで探索が C と who_2 か who_1 のどちらか 1 つの who を選択すれば二項性 (Binarity) を満たすことができると思われるかもしれない．しかし，併合は統辞体 (SO) に対してしか適用されないと定義されている以上 (2.1.1 節参照)，who_2 か who_1 のどちらかを選択しても併合を適用することはできないということに注意されたい．なぜなら，who_2 と who_1 は統辞体 (SO) ではなく，who という特定の統辞体 (SO) の「不連続な生起」(discontinuous occurrences) だからである．仮に探索が C と who_2 か who_1 のどちらか 1 つの who のコピーを選択し（例：C と who_2），それらを併合の入力として提供したとしても，併合は統辞体 (SO) にしか適用されないため，併合を適用することはできないのである．さらにここで注意すべき点としては，併合およびその前提演算の探索は「自由に」適用できるため (2.2.1 節参照)，(12) で「探索」が C と who 以外の統辞体 (SO) を選択することで（例：C と you）二項性 (Binarity) を満たすこともできるが，その場合，結果として得られる出力はラベル付与違反 (Chomsky (2013, 2015)) などの独立した原理によって除外されるということである．

　最小探索フリー併合仮説は，(7) の文法性（内的併合の合法的な適用）（参照の便宜のため，(14) に再掲）も最小探索 (MS) や最小出力 (MY) に依存せずに説明できる．

　(13)　内的併合
　　　a.　$WS_1 = [\{a, \{b, c\}\}]$
　　　b.　$WS_2 = [\{c_2, \{a, \{b, c_1\}\}\}]$

2.1.3 節で見たように，内的併合が (13b) のワークスペース WS_2 内の $\{c_2, \{a, \{b, c_1\}\}\}$ を生成するためには，探索が (13a) のワークスペース WS_1 のメンバーである $\{a, \{b, c\}\}$ とそのタームの c を選択する必要がある．しかしこの場合，探索が $\{a, \{b, c\}\}$ とそのタームの c を選択したとしても，内的併合に提供される要素の数は $\{a, \{b, c\}\}$ と c の「2 項」なので二項性 (Binarity) 違反とはならない．したがって，最小探索 (MS) や最小出力 (MY) に依存せずとも，(13b) での内的併合の合法的な適用は最小探索フリー併合仮説の必然的帰結として導き出されるのである．

　併合の前提操作としての探索は最小探索（MS）に従わないとする最小探索フリー併合仮説下では，(13a) から (13b) にワークスペースを写像する過程で内的併合が追加した新たな要素は c と {c, {a, {b, c}} の 2 つであるため，一見すると (4d) の最小出力（MY）に違反しているように見える．しかし，本論文では，最小出力（MY）は併合の適用そのものを制限する条件ではなく，あくまでも「派生の後の段階」で適用される探索の適用を制限する条件であると主張する．これと同様の見解は，Chomsky (2021: 19) によっても示唆されている．

(14)　"Merge should construct the fewest possible new items that are accessible to further operations, thereby limiting Σ. […] Call this condition *Minimal Yield* (MY)."

上記 (14) において "further operations, thereby limiting Σ" と述べられているように，最小出力（MY）の本質は，併合が 2 つの新しい要素をワークスペースに追加することを禁ずることにあるのではなく，派生の後の段階で適用される探索にとってアクセス可能な要素の数を制限し（リソース制限），言語体系が要請する最適性・単純性に適うようにすることにあると考える．したがって，内的併合が (13a) から (13b) の写像過程で新たな要素を 2 つ追加したとしても，それ自体は問題ではない．しかし，仮に (13b) のワークスペース WS_2 内にある c に対してさらに探索を適用しようとした場合，それは二項性（Binarity）違反となってしまうことに注意する必要がある．なぜならこの場合は，c という特定の統辞体（SO）は (13b) のワークスペース WS_2 内で c_2 と c_1 の 2 つのコピー（生起）を持っているため，探索にとってのアクセス可能な要素の数が十分に制限されていないからである．このように，最小探索フリー併合仮説のもとでは，最小出力（MY）の洞察は二項性（Binarity）の観点から捉えることが可能となるため，もはや最小出力（MY）を併合の条件として仮定する必要はない．

　また Chomsky (2021) は，「遅発併合」(Late Merge) (Lebeaux (1991), Ishii (1997))，「並列併合」(Parallel Merge) (Citko (2005))，「側方移動」(Sideward Movement) (Nunes (1995)) などのいわゆる「併合の拡張版」(Extensions of Merge) は最小出力（MY）違反として排除されると主張しているが，Goto and Ishii (2024) は，最小探索フリー併合仮説のもとでは，これらも拡張版も二項性（Binarity）違反として説明できるため，最小出力（MY）を支持する説得力のある証拠はもはや存在しないということも示している．議論の詳細については Goto and Ishii (2024) を参照願いたい．

さらに，最小探索フリー併合仮説では，Chomsky (2021) のシステムでは
どのように説明できるか明らかでない移動の「局所性条件」についての説明が
可能になるなどの経験的な帰結も有する．一例として，(15) のような「主語
の島効果」(subject island effect) を考えてみよう．(15) の who が Spec-CP
に移動する前のワークスペース WS が (16) である．

(15)　*[$_{CP}$ ***who***$_i$ did [$_{TP}$ [$_{DP}$ pictures of t_i]$_j$ [$_{v*P}$ t_j please you]]
(16)　WS = [{**C** {$_{TP}$ {$_{DP2}$ … **who**$_2$} {T {$_{v*P}$ {$_{DP1}$ … **who**$_1$} {$v*$ … }}}}}]

(16) では who$_1$ を含む DP$_1$ と who$_2$ を含む DP$_2$ がそれぞれ θ 理論とラベル理
論の要請で Spec-$v*$P と Spec-TP に生成されている．ここから (15) を生成
するためには，(16) のワークスペースに探索を適用して C と who を選択し，
それらを内的併合に提供しなければならない．しかし，上で見た (12) の場合
と同様，(16) のワークスペース内には who$_2$ と who$_1$ の 2 つのコピー（生起）
があるため，探索が C と who を選択しようとした場合，内的併合に提供され
る要素の数は C, who$_2$, who$_1$ の「3 項」となり二項性 (Binarity) 違反になって
しまう．このように，最小探索フリー併合仮説のもとでは，主語の島効果も探
索に課せられる二項性 (Binarity) 違反として説明できる．[8]

以上，本節では，Chomsky (2021, to appear) と Goto and Ishii (2024) の
併合に関する最近の見解を概観した．両者の見解の共通点と相違点は以下のよ
うにまとめることができる．

---

[8]　その他の最小探索フリー併合仮説の経験的帰結として，「凍結効果」(freezing effect)
(Culicover and Wexler (1977), Wexler and Culicover (1980)),「*that*- 痕跡効果」(that-trace
effect) (Perlmutter (1971), Ishii (1997, 2004, 2011)),「反局所性効果」(anti-locality ef-
fect) (Fiengo et al. (1988), Lasnik and Saito (1992)),「空虚移動仮説」(vacuous move-
ment hypothesis) (George (1980), Chomsky (1986, 2021, to appear)),「派生の経済性」
(economy of derivation) (Chomsky (1995)),「併合の拡張」(extensions of Merge) (Chom-
sky 2021) など，さまざまな移動制約に対して二項性 (Binarity) の観点から統一的な説明を
与えることができる点がある．詳細については，Goto and Ishii (2024) を参照願いたい．

(17) Chomsky (2021, to appear) と Goto and Ishii (2024) の共通点と相違点

  a. 共通点

    i. 併合はその入力を選択する演算として探索を前提とし，統辞体 (SO) ではなくワークスペース (WS) に適用される ((2) 参照)．

    ii. 併合の入力を選択するときに適用される探索は最適計算 (OC) に従う ((3) 参照)．

    iii. 併合は二項性 (Binarity) と位相不可侵条件 (PIC) に従う ((4a, d) 参照)．

  b. 相違点

    i. 併合および併合の入力を選択するときに適用される探索は最小探索 (MS) ((4a), (8) 参照) と最小出力 (MY) ((4c)) に**従う** (Chomsky (2021, to appear))．

    ii. 併合および併合の入力を選択するときに適用される探索は最小探索 (MS) ((4a), (8) 参照) と最小出力 (MY) ((4c)) に**従わない**【最小探索フリー併合仮説：(10)】(Goto and Ishii (2024))．

ここで特に重要なのは，両者が共通して想定している併合の定義 (2) においても，併合の前提演算としての探索においても，これらの適用を根幹で規定している条件の1つに二項性 (Binarity) があるということである．すなわち，二項性 (Binarity) 条件は「併合の生成能力」(generative capacity of Merge) を決定しているのである．では，なぜ二項性 (Binarity) が言語機能においてこれほどまでに重要な役割を担うようになっているのだろうか．なぜ併合やその前提演算として適用される探索が二項性 (Binarity) に従ったかたちで適用されなければならないのだろうか．そもそも二項性 (Binarity) とは何に由来するのだろうか．次節では，これまで明らかにされていないこのような問題について理論的に詳細な検討を行い二項併合 (Binary Merge) の背後にある原理を探る．

3. 二項併合 (Binary Merge)

3.1. なぜ併合は二項 (Binary) なのか

この問題に関連して，Chomsky (2001) は次のことを示唆している．

(18) "In the probe-goal system […] it follows from optimal computa-

tional considerations that Merge must be binary, minimizing search
for the goal"　　　　　　　　　　　　　　　　(Chomsky (2001: 115))

この考えによれば，併合が二項でなければならない理由は，「探査子」(probe)
が「目標子」(goal) を探索する際の「探索範囲」(search domain) を「最小化」
(minimize) するためということになる。[9] 確かに，目標子を見つけるための探
査子の探索を，3 つの娘節点 (daughter node) を持つ三項構造 (ternary struc-
ture) に適用するよりも，2 つの娘節点を持つ二項構造 (binary structure) に
適用した方が，探索経路の数が少なくなり，計算の複雑さが軽減されることは
容易に想像できる。したがって，(18) のように，「計算効率性」(computa-
tional efficiency) の観点から併合の二項性を導き出そうとする試みは，直観
的に納得のいくことであると思われる。[10] また，ここで重要なことは，(18)
のような計算効率性に基づく二項併合の説明は，いわば，併合が二項性に従っ
て適用されるがゆえに，派生の後の段階で適用される探索の効率性が保証され
る，という構図であり，これが内包しているアイデアは，述べ方の違いや，そ
の他の細かい相違はあるが，まさに Chomsky (2021) の最小出力 (MY) に他
ならないということである ((14) 参照)。そして最小出力 (MY) は，2.1.3 節
で見たように，第三要因であるリソース制限を構成する一条件だとすると，併
合が二項併合でなければならない理由は，究極的には，第三要因から余分な
「コスト」なしに導き出されることになる。もしそうであるならば，ここであ
えて併合の二項性問題を提起することにどれほどの意義があるのか，訝るむき
もあるかもしれない。

　しかし，ここで留意しなければならないのは，探索範囲を最小化する最小出
力 (MY) の観点から併合の二項性を導き出そうとする試みは，一見妥当なよ
うに聞こえるが，その妥当性は必ずしも自明ではないということである。2.2.2
節で見たように，最小出力 (MY) で説明しようとしている現象やそれが導き
だそうとしている効果は，二項性の下に包含できるので，二項性 (Binarity)
を二項性 (Binarity) から導き出すということになり，単なるトートロジー (同

---

[9] 探査子-目標子システム (probe-goal system) は「一致」(Agree) 関係を形成するときに
適用される探索の一種である。探査子と目標子はそれぞれ，例えば，(9) の P と S に相当す
る (探査子-目標子システムの一致理論については，Chomsky (2000, 2001)，Hiraiwa (2005)
などを参照されたい)。

[10] Chomsky による同様の発言は 2021 年 4 月に開催された WCCFL 会議でもなされてい
る。

　(i)　"[...] binarity [...] reduces search"　　　　(Chomsky (2021) / WCCFL talk: 24:34)

語反復) に陥る可能性が高いからである.

　加えて, Chomsky (2001) が上記 (18) の示唆に続いて次のことを指摘していることは注目に値する.

(19)　"The conclusion has been generally assumed, but has resisted explanation and is not obvious; some considerations might yield a preference for *n*-ary categories"　　　　　　(Chomsky (2001: 115))

(19) で引用している "The conclusion" は (18) ことである. ここで Chomsky が示唆していることは, (18) のような計算効率性に基づく見解はあくまでもひとつの考えにすぎず, 「併合」の二項性問題に対する「真の説明」(genuine explanation) としては不十分である可能性があり, しかも二項構造よりも *n* 項構造 (*n*-ary structure) のほうを好む場合さえありうるかもしれないということである.[11] このことは取りも直さず, 併合の二項性については未だ多くの問題が残されており, 引き続き慎重な検討と分析が必要であるということを意味している. したがって以下本節では, 併合の二項性問題を未解決の問題として提起し, その背後にある原理を探ることを目的とする.[12]

3.2. 「機能的一意性原理」(Functional Uniqueness Principle, FUP)

　そこで我々は, 併合の二項性は Chomsky (1981, 2021, to appear) の「θ 理論」(Theta Theory) と Rizzi (2006) の「クライテリア理論」(Criterial Theory) における「一対一対応の要請」(one-to-one correspondence) を内包する「一意性原理」(Uniqueness Principle, UP) から導かれると提案する (詳細は 3.3 節参照). 一意性原理 (UP) の考え方は, Harada (1975) が「機能的一意性原理」(Functional Uniqueness Principle, FUP) によって捉えようとしている先駆的な洞察と共通点があるため, 本節では, 次のように定義される Harada の機能的一意性原理 (FUP) を詳説することにする.[13]

---

[11] Chomsky (1965) では, 変換規則には, 二項枝分かれ (Binary Branching) 構造を三項枝分かれ (Ternary Branching) 構造に変換し, 構造の複雑さを減じる役割があるのではないかと示唆されている. 二項併合と「*n* 項併合」, すなわち二項性に従わないより一般的な Proto 演算である「集合形成」(Fosrm Set) の違いについては第 4 節で詳しく検討する.

[12] Chomsky (2001) 以外にも「二項性」(Binarity) を導き出す試みはこれまで存在した. 例えば, Kayne (1983) では, 言語機能にはある種の「形式的多義性」に「不寛容」であるという性質があると考え, そこから二項枝分かれ (Binary Branching) を導き出している. Collins (1997) では, 「経済性原理」の 1 つである「最小性の原理」(Minimality) に基づくと, 「併合」の対象となる要素の数は少ない方が選択されるとし, 「二項性」(Binarity) を導き出している.

[13] Harada (1975) の機能的一意性原理 (FUP) の重要性についての議論は, 福井 (2000) を

(20) 機能的一意性原理 (Functional Uniqueness Principle, FUP) (Harada (1975: 17))

「文法関係」(grammatical relation) は 1 つ以上の「文構成要素」(constituent) によって表されてはならず，また逆に，各文構成要素は 1 つ以上の文法関係を担ってはいけない．

Harada (1975) の機能的一意性原理 (FUP) は，「関係文法」(Relational Grammar) の枠組み (Perlmutter and Postal (1974) などを参照) で提案されたものであり，「初期層」(initial stratum) と「最終層」(final stratum) を生成する演算を規制する原理としている．[14] 機能的一意性原理 (FUP) の骨子は，いわば，主語や目的語などの文法関係と名詞句などの文構成要素の間の関係は，原則として，一対一対応でなければならないということである．[15]

　機能的一意性原理 (FUP) は (21)(22) に挙げるような文が人間言語には存在しないという事実を説明する (Harada (1975: 17))．

(21) *John bliffed Mary
(22) *Pete goked

(21) の bliff と (22) の goke は架空の動詞である．そして，(21) の John と Mary は両者とも bliff の主語であり，(22) の Pete は goke の主語および目的語であるとする．(21) の文は，主語が John と Mary の 2 つの名詞句によって担われており，文法関係と文構成要素の間の関係が一対二対応となっているため FUP 違反として排除される．(22) の文は，主語および目的語が Pete という 1 つの名詞句によって担われており，文法関係と文構成要素の間の関係が二対一対応となっているため機能的一意性原理 (FUP) 違反として排除され

参照されたい．

[14] 関係文法の枠組みにおける「初期層」と「最終層」はそれぞれ，大まかにいえば，生成文法の GB 理論の枠組み (Chomsky (1986) 参照) における「D-構造」(Deep Structure) と「S-構造」(Surface Structure) に対応する．

[15] 生成文法の歴史を顧みると，一意性原理 (UP) が内包する一対一対応の要請は随所で重要な役割を担っている．例えば，「一致」(Theory of agreement) (Chomsky (1981), George and Kornfilt (1981), Fukui (1986))，「1 対 1 対応の原理」(Bijection Principle) (Koopman and Sportiche (1982))，「θ 理論」(Theta Theory) (Chomsky (1981, 2021, to appear))，「最小遵守の原理」(Principle of Minimal Compliance) (Richards (1998))，「クライテリア理論」(Criterial Theory) (Rizzi (2006)) などがある．これらの中でも，本論文では，併合の二項性に関係する θ 理論とクライテリア理論について取り上げるが，一意性原理 (UP) は，第三要因を構成する言語体系全般わたる「メタ条件」の 1 つとして機能している可能性がある．

る．人間言語が許すのは (23) に示すような文であるが,

　(23)　Bill likes Kate.

ここでは Bill と Kate が 1 つずつ文法関係 (それぞれ主語と目的語) を担い,
文法関係と文構成要素の間の関係が一対一対応となっているため機能的一意性
原理 (FUP) を満たしている．このように機能的一意性原理 (FUP) は, (21)
(22) (23) のような文の文法性を正しく説明する．

　Harada (1975) の研究でわれわれが特に注目したいのは,統辞的演算が示
す「義務的適用性」(obligatoriness) を機能的一意性原理 (FUP) から導き出し
ている点である．例えば, Harada (1975: 22) では,以下 (24) の例で,名詞
句の「自分が」が補文主語として現れることができないのは「同一名詞句削除」
(Equi-NP Deletion) が機能的一意性原理 (FUP) に従って適用されるからだ
と考える.[16]

　(24)　太郎は (*自分が) 夕飯を食べ始めた.

Harada によると, (24) の基底構造は (25) に挙げるような複文構造をもつ.

　(25)　[S 太郎は [S 太郎が夕飯を食べ] 始めた]

(25) の「食べ」と「始めた」に「述語繰り上げ」(Predicate Raising) を適用し
て「食べ始めた」という複合述語を形成することにより,補文 S が「刈り取り
規則」(Pruning) によって削除され (Ross (1967)), (26) のような単文構造
が得られる.

　(26)　[S 太郎は太郎が夕飯を食べ始めた]

そして, (26) の「太郎が」に同一名詞句削除を適用することによって (27) の
文 (= (24)) が正しく派生されると考える ((27) の取り消し線は削除を表す).

　(27)　[S 太郎は ~~太郎が~~ 夕飯を食べ始めた] (= (24))

ここで重要なことは,同一名詞句削除は「太郎が」に対して義務的に適用され
なければならないということである．そうすることによって,「太郎は」と主
語の間の関係が一対一対応となり,機能的一意性原理 (FUP) が満たされる.

---

[16] 同一名詞句削除は,補文の主語が主文の名詞句と同一であれば,補文の主語を削除する
操作である．この操作の発想は Rosenbaum (1967) の「同一消去変換」(Identity Erasure
Transformation) に遡る.

もし (27) の「太朗が」に対して同一名詞句削除ではなく「再帰代名詞化」(re-flexivization) が適用されると，「太郎が」は (28) に示すように「自分が」として現れることになる．

（28）　[s 太郎は自分が夕飯を食べ始めた]

しかし，(28) では，主語が「太郎は」と「自分が」の 2 つの名詞句によって担われているため，(20) と同じ理由で機能的一意性原理 (FUP) 違反として排除される．このように，Harada (1975) では，(24) の派生における同一名詞句削除の義務的適用性を個別に明記することなく，一般原則である機能的一意性原理 (FUP) から原理的に導き出している．ここで特に注目に値するのは，解釈部門の一般原理と見做される機能的一意性原理 (FUP) が変換規則の出力に適用される「フィルター」として機能することにより，派生段階での変換規則の適用を制限している点である．

3.3.　一意性原理 (UP)

　上述したように，Harada の機能的一意性原理 (FUP) による分析は関係文法の枠組みで述べられているため，そのままの形で生成文法の枠組みに取り入れることはできない．しかしながら，機能的一意性原理 (FUP) が内包している洞察は，現在の枠組みが採用している θ 理論とクライテリア理論における「一意性」(Uniqueness)（一対一対応の要請）に対応しているといえる（注 13 参照）．[17] 実際，θ 理論は，EM が産出する {X, Y} 構造において，X と Y の「θ 関係」(theta relation)（すなわち「θ 役割付与者」(theta-role assigner) と「θ 役割被付与者」(theta-role assignee) の関係）が一意的関係 (Uniqueness Relation) でなければならないことを要求している (Chomsky (1981, 2021, to appear))．例えば，(29) と (30) に示すように，目的語を表す「内項」(internal argument, IA) が「主題」(THEME) の θ 役割を担うには動詞 (V) と一意的関係でなければならないし，主語を表す「外項」(external argument, EA) が「動作主」(AGENET) の θ 役割を担うには動詞句 (VP) と一意的関係でなければならない．

（29）　{V, IA}(V = θ 役割付与者；IA = θ 役割被付与者)
　　　　(V と IA の関係は一意的関係である)

---

[17]　機能的一意性原理 (FUP) が θ 理論を内包しているという考察については福井 (2000: 825) を参照．

(30)　{EA, VP}（EA = θ 役割被付与者；VP = θ 役割付与者）
　　　（EA と VP の関係は一意的関係である）

　同様に，クライテリア理論は，IM が産出する {X, Y} 構造において，X と
Y の「スコープ／談話に関わる情報」(scope / discourse-oriented information)
が一意的関係でなければならないことを要求している (Rizzi (2006))．例え
ば，who did you see? のような疑問文では，「クライテリア素性」(criterial
feature) の一種である「疑問素性」（Q 素性）を担う who が，同じく Q 素性
を担う C 主要部の指定部まで移動することによってそのスコープを決定して
いる．この時の who と C 主要部の関係は，(31) に示すように，一意的関係
でなければならない．

(31)　{WH, C}（WH = スコープを取る要素；C = WH が占める指定部を提
　　　供する主要部）
　　　（WH と C の関係は一意的関係である）

　ここで注目したいことは，自明なことではあるが，一意的関係にある要素数
の総和がとりも直さず二項（Binary）だということである（1 + 1 = 2）．
　そこでわれわれは，θ 理論とクライテリア理論が要求している一意的関係を
一意性原理（UP）という一般原則として定式化する．

(32)　一意性原理（UP）
　　　θ 役割あるいはクライテリア素性は 1 つ以上の文構成要素によって
　　　表されてはならず，また逆に，各文構成要素は 1 つ以上の θ 役割あ
　　　るいはクライテリア素性を担ってはいけない．

ここで，Harada (1975) において解釈部門の一般原理である機能的一意性原
理（FUP）が，変換規則の出力に適用される「フィルター」として機能するこ
とにより，派生段階での変換規則（Transformation Rules）の適用が制限され
ていることを思い出していただきたい．われわれは，Harada の機能的一意性
原理（FUP）と同様に，θ 理論とクライテリア理論を含む解釈部門での一般原
理である一意性原理（UP）が，併合の出力に適用される「フィルター」として
機能することにより，併合の前提演算である探索の適用を制限し，二項性（Bi-
narity）が導き出されると提案する．これを「一意性原理仮説」と呼ぶことに
する．[18]

---

[18] 併合の適用を θ 理論から制限しようとする試みは Chomsky (2021, to appear) でもなさ

(33)　一意性原理仮説
　　　併合の入力を選択するときに適用される探索は一意性原理に従う.[19]

　一意性原理 (UP) 仮説によれば，併合の入力を選択するときに適用される探索が一意性原理 (UP) の要請，つまり，θ 理論とクライテリア理論における一意性の要請に従うため，併合の二項性は一意性の要請の帰結として導き出すことができる．またこの一意性原理 (UP) を，併合の入力を選択するための探索の適用を制限する一般原理として仮定すれば，併合という演算が利用できるリソース数を制限することができる．すなわち，一意性原理 (UP) は，言語体系に課されている第三要因の 1 つである「リソース制限」(Resource Restriction) (2.1.3 節参照) を構成するものであり，それによって計算体系の複雑性が減じられる点で，言語体系が要請する最適性・単純性に適うものであると言える.[20]

れている（ちなみに，Chomsky (2021) は，θ 理論を「言語固有条件」(Language Specific Conditions, LSCs) の 1 つとしている）．しかしそれが具体的に二項性とどのように関係しているのかまでは明らかにされていない．また (32) で述べている一意性原理 (UP) 仮説の骨子は，Chomsky (to appear) よりも前に Goto and Ishii (2022) によってすでに提唱されているということは強調しておきたい.

　本論文が提案している一意性原理 (UP) においても，θ 理論における θ 役割付与者 (theta-role assigner) と θ 役割被付与者 (theta-role assignee) の関係，およびクライテリア理論におけるクライテリア関係は言語固有条件 (LSCs) であるが，これらの関係を制限している一意性原理 (UP) はリソース制限を構成するものであることに注意されたい.

[19] 併合の入力を選択するときの探索はそもそも最適計算 (OC) に従って適用されるのだから (2.1.2 節および 2.2.2 節参照)，併合が示す二項性は一意性原理」(UP) に頼らずに最適計算 (OC) の要請の帰結として導き出すことができるのではないかと訝る人もいるかもしれない．しかし最適計算 (OC) は併合の入力オペランドを選択するときの探索の最適な適用方法を述べたものに過ぎず，探索の適用条件までは保証していないことに注意する必要がある．ここでは，併合が示す二項性を背後で支配している原理として一意性原理 (UP) 仮説を提案しているのである.

[20] 機能主要部とその補部が示す二項性（例：{v^*, RP}, {R, CP}, {C, TP}, {T, v^*P}, {D, NP} のような構造）と「付加詞」(adjuncts) と機能範疇が示す二項性（例：{Adv, CP}, {Adv, TP}, {Adv, VP} のような構造）は (32) の一意性原理 (UP) からは説明できない．しかしながら，(32) の一意性原理 (UP) を，機能主要部が示す「選択制限」(selectional requirement) と「修飾」(modification) などの「拡張 θ 役割」(extended theta roles) を含める形で一般化すれば，これらの構造が示す二項性も一意性原理 (UP) の要請（すなわち，一対一対応の要請）として導き出すことができるだろう（なお付加詞がある要素と一対一対応になるという考え方は Cinque (1999) の分析と軌を一にする）．また，一意性原理仮説にとっては，日本語の「多重主格構文」(multiple nominative constructions) (Kuno (1973)) やブルガリア語の「多重 WH 構文」(multiple WH constructions) (Rudin (1988)) など一対多の対応関係を示すような現象も問題となるが，この点については 4 節を参照されたい.

　一意性原理（UP）仮説は Chomsky (2021, to appear) の「繰り上げ構文」(raising constructions) と「コントロール構文」(control construction) の分析と矛盾しない．Chomsky (2021, to appear) によると，(34) のような繰り上げ構文における主文主語の John は，(35) に示すように外的併合（EM）によって生成される補文主語の $John_2$ に内的併合（IM）を適用することで生成される．

(34)　**John** seems to have left.

(35)　$\mathbf{John_1}$ seems [$\mathbf{John_2}$ to have left]
　　　　IM　　　　　　EM

そして「構造的に同一である inscription」(structurally identical inscription) で「C 統御配置」(c-command configuration) にある $John_1$ と $John_2$ は「コピー」(copy) 関係にあるとみなされ（<$John_1$, $John_2$>），このうち，下位のコピーである $John_2$ を削除することで (34) の文が派生されると考える．

(36)　$John_1$ seems [~~$John_2$~~ to have left]　(= (34))

一方，(37) のようなコントロール構文における主文主語の John は，

(37)　**John** tried to win.

(38) に示すように外的併合（EM）によって生成される補文主語の $John_2$ とは別に，新たに外的併合（EM）を適用することで生成される．

(38)　$\mathbf{John_1}$ tried [$\mathbf{John_2}$ to win]
　　　　EM　　　　　　EM

そして，繰り上げ構文の場合と同様に，$John_1$ と $John_2$ は，C 統御配置にある構造的に同一である inscription であるので，コピー関係にあるとみなされ（<$John_1$, $John_2$>），このうち，構造上下位にあるコピーである $John_2$ を削除することで (37) の文が派生されると考える．

(39)　$\mathbf{John_1}$ tried [~~$\mathbf{John_2}$~~ to win]　(= (37))

　Chomsky による上記の分析は一意性原理仮説と矛盾しない．繰り上げ構文の分析 (35) では，leave の θ 役割（動作主）と seem の θ 役割（主題）がそれぞれ $John_2$ と [$John_2$ to have left] の 1 つずつの文構成要素によって表されていて，また逆に $John_2$ と $John_1$ はそれぞれ leave の θ 役割（動作主）と「述部の項の意味役割」(semantic role of argument of predication) (Chomsky

(2021: 27)）の（拡張）θ 役割を1つずつ担っているため，一意性原理（UP）を満たしている．同様に，コントロール構文の分析（38）でも，win の θ 役割（動作主）と try の θ 役割（動作主）がそれぞれ $John_2$ と $John_1$ の1つずつの文構成要素によって表されていて，また逆に，$John_2$ と $John_1$ はそれぞれ win と try の θ 役割（動作主）を1つずつ担っているため，一意性原理（UP）を満たしている．[21] 重要なことは，もし（38）の $John_1$ が，繰り上げ構文と同様に，$John_2$ に内的併合（IM）を適用することで生成されるとすると，try の θ 役割（動作主）が $John_2$ と $John_1$ の2つの文構成要素によって表されることになってしまうし，また逆に，$John_1$ が win と try の θ 役割（動作主）を2つ担うことになってしまうため，一意性原理（UP）違反として排除される．このように Chomsky の繰り上げ構文とコントロール構文の分析は一意性原理（UP）仮説と矛盾しない．

　二項併合の背後にある原理として一意性原理（UP）を仮定することのさらなる利点は，一意性原理（UP）に従う二項併合と，それに従わないより一般的な Proto 演算である「集合形成」（Form Set, FS）の適用条件の違いは何かという根本的な問題に新たな洞察を与えることができるということである．この問題については，次節で簡単に論じる．

4.　併合と集合形成

　生成文法の最新の枠組みである極小モデルでは，併合は一般的な Proto 演算である「集合形成」（Form Set, FS）において，対象となる要素の数が2つに制限されている「特別な例」（special case）であると見做すことができる（Goto and Ishii (2021) におけるノーム・チョムスキー氏との私信）．集合形成（FS）は，「自由に利用できる」（available freely）演算として次のように定義される（Chomsky (2021: 31-32, to appear))．

(40)　集合形成（FS）
　　　$FS\ (X_1, ..., X_n, WS) = WS' = [\{X_1, ..., X_n\}\ ...]$

集合形成（FS）は $X_1, ..., X_n$ を含むワークスペース WS に適用され，$\{X_1, ..., X_n\}$ の集合を含む新たなワークスペース WS' を生成する集合形成演算として定式化される．Chomsky (2021, to appear) では集合形成（FS）の入力となる

---

[21] 一意性原理（UP）はコピー関係にある要素（例：(38) の <$John_1$, $John_2$>）にではなく各文構成要素に適用されるということに注意されたい．

$X_1, …, X_n$ はワークスペースから選択されるとだけ述べられており，その具体的な手続きまでは明らかにされていないが，併合を含むあらゆる演算にとって，その演算が適用対象とする要素は必ず探索を介して選択されなければならないという考え（Chomsky (2021: 17)）を自然に延長すれば，集合形成 (FS) の入力も探索を介して選択されると考えることは妥当と思われる.

　しかし，集合形成 (FS) の入力を選択する探索の適用を制限なしに許すと，「過剰生成」(overgeneration) の問題に直面することはどうしても避けられないであろう. したがって，集合形成 (FS) がどのような環境で適用可能であるかを明確にすることが重要である. 前節で提案した一意性原理仮説に依ると，一意性原理 (UP) の観点から併合と集合形成 (FS) の適用条件の違いを具体的に規定することができる. つまり，一意性原理仮説によれば，Proto 演算の集合形成 (FS) に，言語固有条件 (LSCs) である θ 理論における θ 役割付与者と θ 役割被付与者の関係，およびクライテリア理論におけるクライテリア関係に，第三要因であるリソース制限を構成する一意性原理 (UP) の要請が加わることによって二項併合 (Binary Merge) が導出されるという構図が得られるのである.

(41)　二項併合 (Binary Merge) が導出される構図
　　　集合形成 (FS) → 言語固有条件 (LSCs) → 二項併合 (Binary Merge)
　　　　　　　　　　　　　　　↑
　　　　　　　　一意性原理 (UP) (リソース制限)

したがって，併合が適用されるのは一意性原理 (UP) によって一意性の要請に従うときであり，集合形成 (FS) は，そのような一意性の要請に従う必要がないときのみ適用可能であるといえる. 別の言い方をすれば，集合形成 (FS) が適用可能なのは，θ 理論およびクライテリア理論を含む「拡張 θ 役割」(extended theta roles) が関わっていない環境であるといえる. 詳細は今後の研究にまたなければならないが，二項の階層構造しか形成できない併合の「守備範囲」を越える「一対多対応」(one-to-many correspondence) の関係を示す次のような言語現象は，集合形成 (FS) によって生成されているのではないかという路線を検討することは大いに価値があると考える.

(42) a. 「等位構造」(coordination) (Chomsky (1957))
　　 b. 「非階層的言語」(nonconfigurational languages)
　　　　 (Hale (1982, 1983))
　　 c. 「多重 WH 構文」(multiple WH-fronting constructions)

(Rudin (1986))
d. 「多重主格構文」(multiple nominative constructions)
(Goto and Ishii (2021))

この中でも特に興味深いのは，「非階層的言語」に関することである．井上 (1976) や柴谷 (1978) に代表される 1970 年代までの日本語統辞論では，日本語の文構造は「平坦な構造」である（すなわち，動詞句が存在しない「非階層的言語」である）という見解が広く受け入れられていた．1980 年代に入ってからも，Hale (1983) の階層的パラメータ (Configurational Parameter) の提案に沿った形で Farmer (1980) などでも同様の主張がされている．現在では，日本語のような「非階層的言語」も含めすべての言語の「文の核の部分」は階層的構造をなしていることは明らかであるが，「非階層的言語」に関して 1970 年代に主張された文構造は平坦な構造であるという「直観」は，θ 理論およびクライテリア理論などが関わらない「文の周縁部分」（等位構造，多重主格構文など）については当を得ているのかもしれない．[22]

5.　おわりに

以上，本稿では Chomsky (2021, to appear) と Goto and Ishii (2024) の併合 (Merge) に関する最近の見解についてまず外観し，併合の適用を根幹で規定している条件の 1 つに二項性 (Binarity, $n = 2$) があるということを指摘した．併合の二項性を単なる所与の事実として扱うのではなく，説明を要する未解決の理論的問題として提起し，その背後にある原理を探った．

Chomsky と Goto and Ishii の提案の共通点は，(17) でまとめたように，併合はその入力を選択する演算として，最適計算 (Optimal Computation)，二項性 (Binarity)，位相不可侵条件 (Phase Impenetrability Condition) に従う探索 (Search Σ) を前提としながらワークスペース (Workspace) に適用されるということである．一方，相違点は，Chomsky の場合は，併合および併合の入力を選択するときに適用される探索は，最小探索 (Minimal Search) と最小出力 (Minimal Yield) に従うのに対して，Goto and Ishii の場合は，それらには従わないということである（「最小探索フリー併合仮説」）．この Goto and Ishii の提案の骨子は，Chomsky が最小探索や最小出力という概念で説明

---

[22] Chomsky (2021, to appear) では全く触れられていないが，併合は {X, {Y, Z}} のような階層構造を形成するのに対して（2 節参照），集合形成 (FS) は非階層的な「平坦構造」(flat structures) を形成するということは重要な相違点である．

しようとしていた言語現象は，Chomsky が扱っていない説明対象にも拡がりをもつかたちで，実は併合の生成能力を決定している二項性のみから演繹的に導出することが可能であるという点にある.

　生成文法では，二項併合（Binary Merge）が人間言語の普遍的特徴である離散無限性（discrete infinity）と転置特性（displacement）を説明し，精神／脳内に実在する言語機能の中心的なメカニズムであると考えられてきたが，二項性問題に関する実質的な提案は Chomsky（2021, to appear）以降の極小モデルではほとんどなされていなかった. 計算効率性（computational efficiency）や最小出力の観点から併合の二項性を導き出そうとする試みは，一見妥当なように聞こえるが，その妥当性は必ずしも自明ではなかったり，単なるトートロジー（同語反復）に陥る可能性が高いということを指摘した. また，n 項（n-ary）構造のほうが二項構造よりも好まれる場合があるかもしれないということにも触れた.

　このような背景のもと，本稿では，併合の二項性は θ 理論（Theta Theory）とクライテリア理論（Criterial Theory）における一対一対応（one-to-one correspondence）の要請を内包する一意性原理（Uniqueness Principle）から導かれるとする「一意性原理仮説」を提案した. この一意性原理により，併合の適用対象となる要素の数が常に $n=2$ に制限され，それに伴い，併合が利用できるリソース数が削減されると主張した. そして，一意性原理は，言語体系に課されている第三要因の１つであるリソース制限（Resource Restriction）を構成するものであり，計算体系の複雑性を減じる点において，言語体系が要請する最適性・単純性の面からも正当化されると論じた. 第４節では，一意性原理に従う併合と，それに従わないより一般的な Proto 演算である集合形成（Form Set）を比較し，併合と集合形成の適用条件の違いを明らかにすることで，一意性原理の課題と今後の展望を述べた. 特に，非階層的言語，等位構造，多重主格構文，等々の，θ 理論およびクライテリア理論などが関わらない一対多対応（one-to-many correspondence）の関係を示す言語現象は，二項の階層構造しか形成できない併合の守備範囲を超えているため，平坦な構造を形成できる集合形成によって生成される可能性を示唆した.

　ここで取り上げた併合の本質と二項性の問題については，生成文法の最新の枠組みである極小モデルでも未だに多くの謎が残されていると思われるが，今後，本稿で提案した「最小探索フリー併合仮説」と「一意性原理仮説」のさらなる探究を通して，これらの問題に対するより深い理解や洞察が得られることを期待したい.

参考文献

Bobaljik, Jonathan David (1995) "In Terms of Merge: Copy and Head Movement," *MIT Working Papers in Linguistics* 27, 41-64.

Chomsky, Noam (1957) *Syntactic Structures*, Mouton, London.

Chomsky, Noam (1965) *Aspects of the Theory of Syntax*, MIT Press, Cambridge, MA.

Chomsky, Noam (1981) *Lectures on Government and Binding*, Foris, Dordrecht.

Chomsky, Noam (1986) *Barriers*, MIT Press, Cambridge, MA.

Chomsky, Noam (1994) "Bare Phrase Structure," *Government and Binding Theory and the Minimalist Program*, ed. by Gert Webelhuth, 383-439, Blackwell, Oxford.

Chomsky, Noam (1995) *The Minimalist Program*, MIT Press, Cambridge, MA.

Chomsky, Noam (2000) "Minimalist Inquiries: The Framework," *Step by Step: Essays on Minimalist Syntax in Honor of Howard Lasnik*, ed. by Roger Martin, David Michaels and Juan Uriagereka, 89-155, MIT Press, Cambridge, MA.

Chomsky, Noam (2001) "Derivation by Phase," *Ken Hale: A Life in Language*, ed. by Michael Kenstowicz, 1-52, MIT Press, Cambridge, MA.

Chomsky, Noam (2004) "Beyond Explanatory Adequacy," *Structures and Beyond: The Cartography of Syntactic Structures, vol. 3*, ed. by Adriana Belletti, 104-131, Oxford University Press, Oxford.

Chomsky, Noam (2007) "Approaching UG from Below," *Interfaces+Recursion = Language?*, ed. by Uli Sauerland and Hans-Martin Gärtner, 1-29, Mouton de Gruyter, Berlin.

Chomsky, Noam (2008) "On Phases," *Foundational Issues in Linguistic Theory: Essays in Honor of Jean-Roger Vergnaud*, ed. by Robert Freidin, Carlos Otero and Maria Luisa Zubizarreta, 291-321, MIT Press, Cambridge, MA.

Chomsky, Noam (2013) "Problems of Projection," *Lingua* 130, 33-49.

Chomsky, Noam (2014) "Minimal Recursion: Exploring the Prospects," *Recursion: Complexity in Cognition*, ed. by Thomas Roeper and Margaret Speas, 1-15, Springer, New York.

Chomsky, Noam (2015) "Problems of Projection: Extensions," *Structures, Strategies and Beyond: Studies in Honour of Adriana Belletti*, ed. by Elisa Di Domenico, Cornelia Hamann and Simona Matteini, 3-16, John Benjamins, Amsterdam.

Chomsky, Noam (2019a) "Fundamental Issues in Linguistics," Lectures at MIT, 10th and 12th April.

Chomsky, Noam (2019b) "UCLA Lectures," 29-30 April and 1-2 May. Manuscript available with some changes and an introduction by Robert Freidin (https://ling.auf.net/lingbuzz/005485).

Chomsky, Noam (2021) "Minimalism: Where Are We Now, and Where Can We Hope to Go," *Gengo Kenkyu* 160, 1-41.

Chomsky, Noam (to appear) "The Miracle Creed and SMT," *A Cartesian Dream: A Geometrical Account of Syntax. In Honor of Andrea Moro*, ed. by Matteo Greco and Davide Mocci, 17-40, Lingbuzz Press.

Chomsky, Noam, Ángel J. Gallego and Dennis Ott (2019) "Generative Grammar and the Faculty of Language: Insights, Questions, and Challenges," *Catalan Journal of Linguistics*, 229-261.

Citko, Barbara (2005) "On the Nature of Merge: External Merge, Internal Merge, and Parallel Merge," *Linguistic Inquiry* 36, 475-496.

Collins, Chris (1997) *Local Economy*, MIT Press, Cambridge, MA.

Collins, Chris and Edward Stabler (2016) "A Formalization of Minimalist Syntax," *Syntax* 19, 43-78.

Cinque, Guglielmo (1999) *Adverbs and Functional Heads: A Cross-Linguistic Perspective*, Oxford University Press, Oxford.

Culicover, Peter and Kenneth Wexler (1977) "Some Syntactic Implications of a Theory of Language Learnability," *Formal Syntax*, ed. by Peter Culicover, Thomas Wasow and Adrian Akmajian, 7-60, Academic Press, New York.

Farmer, Ann. (1980) *On the Interaction of Morphology and Syntax*, Doctoral dissertation, MIT.

Fong, Sandiway, Robert Berwick and Jason Ginsburg (2019) "The Combinatorics of Merge and Workspace Right-Sizing," Paper presented at the Workshop of Evolinguistics, 25-26, May.

Fiengo, Robert, C.-T. James Huang, Howard Lasnik and Tanya Reinhart (1988) "The Syntax of Wh-In-Situ," *WCCFL* 7, 81-98.

Fukui, Naoki (1986) *A Theory of Category Projection and Its Application*, Doctoral dissertation, MIT.

福井直樹 (2001)「WH 疑問文の分析」『シンタクスと意味：原田信一言語学論文選集』，福井直樹（編），817-830，大修館書店，東京．

George, Leland (1980) *Analogical Generalization in Natural Language Syntax*, Doctoral dissertation, MIT.

George, Leland and Jaklin Kornfilt (1981) "Finiteness and Boundedness in Turkish," *Binding and Filtering*, ed. by Frank Heny, 105-127, Croom Helm, London.

Goto, Nobu (2016) "Labelability = Extractability: Its Theoretical Implications for the Free-Merge Hypothesis," *NELS* 46, 335-348.

Goto Nobu and Toru Ishii (2021) "Where Does Determinacy Apply?" *Sophia University Linguistics Society* 35, 23-41.

Goto Nobu and Toru Ishii (2022) "Genuine Free Merge and Resource Restriction-Obedient Search: Consequences and Challenges," *SICOGG* 24, 1-21.

Goto Nobu and Toru Ishii (2024) "Seeking an Optimal Design of Search and Merge: Its Consequences and Challenges," *The Linguistic Review: Special Volume on Workspace, MERGE and Labelling,* ed. by Victor Junnan, Mamoru Saito and Yuqiao Du.

Hale, Kenneth (1982) "Preliminary Remarks on Configurationality," *NELS* 12, 86-96.

Hale, Kenneth (1983) "Warlpiri and the Grammar of Non-Configurational Languages," *Natural Language and Linguistic Theory* 1, 5-47.

Harada, Shin-Ichi (1975) "The Functional Uniqueness Principle," *Attempts in Linguistics and Literature*, 17-24, ICU, Tokyo.

Hiraiwa, Ken (2005) *Dimensions of Symmetry in Syntax: Agreement and Clausal Architecture*, Doctoral dissertation, MIT.

井上和子 (1976)『変形文法と日本語（上，下）』大修館書店，東京.

Ishii, Toru (1997) *An Asymmetry in the Composition of Phrase Structure and Its Consequences*, Doctoral dissertation, University of California, Irvine.

Ishii, Toru (2004) "The Phase Impenetrability Condition, the Vacuous Movement Hypothesis and That-*t* Effects," *Lingua* 114(2), 183-215.

Ishii, Toru (2011) "The Subject Condition and Its Crosslinguistic Variations," WECOL 2011, 407-418.

Kato, Takaomi, Hiroki Narita, Hironobu Kasai, Mihoko Zushi and Naoki Fukui (2016) "On the Primitive Operations of Syntax," *Advances in Biolinguistics*, ed. by Koji Fujita and Cedric Boeckx, 29-45, Routledge, London / New York.

Kayne, Richard (1983) "Connectedness," *Linguistic Inquiry* 14(2), 223-249.

Kayne, Richard (1984) *Connectedness and Binary Branching*, Foris, Dordrecht.

Ke, Alan Hezao (2024) "Can Agree and Labeling be Reduced to Minimal Search?" *Linguistic Inquiry* 55, 849-870.

Koopman, Hilda and Dominique Sportiche (1982) "Variables and the Bijection Principle," *The Linguistics Review* 2, 139-160.

Lasnik, Howard and Mamoru Saito (1992) *Move α: Conditions on Its Application and Output*, MIT Press, Cambridge, MA.

Larson, Bradley (2015) "Minimal Search as a Restriction on Merge," *Lingua* 156, 57-69.

Lebeaux, David (1991) "Relative Clauses, Licensing and the Nature of Derivations," *Phrase Structure, Heads and Licensing*, ed. by Susan Rothstein and Margaret Speas, 209-239, Academic Press, San Diego, CA.

Nunes, Jairo (1995) *The Copy Theory of Movement and Linearization of Chains in the Minimalist Program*, Doctoral dissertation, University of Maryland.

Perlmutter, David (1971) *Deep and Surface Structure Constraints in Syntax*, Holt, Rinehart Winston, New York.

Perlmutter, David and Paul Postal (1974) "Relational Grammar," Linguistic Institute handouts.

Richards, Norvin (1998) "The Principle of Minimal Compliance," *Linguistic Inquiry* 29, 599-629.

Rizzi, Luigi (2006) "On the Form of Chains: Criterial positions and ECP Effects," *Wh-Movement: Moving On*, ed. by Lisa Lai-Shen Cheng and Norbert Corver, 97-133, MIT Press, Cambridge, MA.

Rosenbaum, Peter (1967) *The Grammar of English Predicate Complement Constructions*, MIT Press, Cambridge, MA.

Ross, John Robert (1967) *Constrains on Variables in Syntax*, Doctoral dissertation, MIT.

Rudin, Catherine (1988) "On Multiple Questions and Multiple Wh-Fronting," *Natural Language and Linguistic Theory* 6, 445-501.

柴谷方良 (1978)『日本語の分析 ― 生成文法の方法 ―』大修館書店, 東京.

Wexler, Kenneth and Peter Culicover (1980) *Formal Principles of Language Acquisition*, MIT Press, Cambridge, MA.

第 2 章

コピーの区別に対する表示的分析とその帰結
—「派生的」制約と ECP の導出—

林　愼将

南山大学

1.　イントロダクション

　あらゆる文法及び言語理論は，適格な言語表現と不適格なものを分けることが目標の 1 つとなる．その上で生成文法理論は，統語構造として構成された言語表現の派生プロセスも考慮するために，その構造がどのように作られたのかという側面と，作られた結果の構造はどのような形をしているかという側面の 2 つが重要となる．統語部門で形成された構造が音と意味のそれぞれの解釈システムに送られ解釈されるとする（inverted）Y モデルにおいては，統語部門が前者を，解釈システムが後者を司ることとなる．この派生的側面と表示的側面は，理論の進展とともにそれぞれの重要性が変わっていった．言語表現の（非）文法性を説明するために仮定される統語的な制約は，派生的なものと表示的なものの 2 つがあるが，本稿ではある言語現象に対して派生的な制約から説明を試みるものを派生的アプローチ，表示的なものにより説明を行うものを表示的アプローチと呼ぶ．例えば Doubly Filled COMP Filter，格フィルターに代表されるフィルターや Empty Category Principle: ECP（空範疇原理）等はできた表示に対してかかる制約となる．一方，Attract，一致操作等にかかる局所性は，最終的なアウトプットではなく，その操作が適用される際，派生の中で規定される局所性に基づく点で派生的な性格を持つ．Chomsky (1995) 以降のミニマリストプログラムでは，もちろん表示的な性格を全く捨て去ることはないにせよ，長らく派生的な制約に焦点が当てられて理論が進展してきた．本稿では，Chomsky (2021) 以降中心的なトピックとなっているコピー関係の区別に対する表示的アプローチを提案し，その帰結を探る．

　本稿の構成は以下の通りである．まず 2 節で派生的アプローチと表示的ア

プローチの考えを概観した後，3 節において，Chomsky（2021）で提案される
二種類のコピー関係を簡単に見る．4 節では Chomsky（2021）の中で述べら
れている，外的併合と内的併合とでは内的併合の方が経済的である，という見
方を検討し，外的併合と内的併合には区別を付けない自由併合仮説を取ること
を述べる．5 節では，統語論で与えられたコピー関係は解釈システムで初めて
その種類が区別されるとする枠組みを提示し，その中で，これまで移動に対し
て提案されてきた島の制約がどのように解釈部門における制約として捉え直さ
れるのかを検討する．その後，6 節では自由併合仮説の下では説明が難しく
なった ECP について，主語の特殊性に着目しながらその効果を Form Copy
の観点から引き出すことを試みる．7 節では，6 節での提案と同様の効果を持
つ代案を提示する．8 節は結論である．

2.　派生的アプローチと表示的アプローチ

　ミニマリストプログラム以前の理論では，統語論には D 構造と S 構造があ
り，それぞれについて条件，制約が存在した．θ 理論は D 構造で満たされる
べきものであり，ECP は S 構造に適用される原理であった．一方，Chomsky
（1995）においてこれらのレベルは棄却され，言語的なレベルはインターフェ
イスレベルのみであるとされた．さらに，Chomsky（2021: 7）では言語学的
なレベルとしてのインターフェイスレベルも不要であり，言語に存在するのは
レキシコン，統語論（作業領域（Workspace））と，外的システム（external
systems）としての解釈システムのみであるとする考え方も出されている．[1] 次
に，統語論で作られる構造を制限する方法として，解釈システムでの表示に基
づきその派生を評価する表示的アプローチと，解釈システムにおける表示を作
る過程となる派生の中で制限をかける派生的アプローチが存在する．[2] 派生的
アプローチに至るようになった背景には，大局的な経済性（global economy）
の考え方が存在する（Chomsky（1995））．例えば，ある語彙項目の集合が与
えられ，そこから複数の表示が作られる場合を考える．この時，一方の表示を
作る派生に他方よりも「短い」移動が含まれる場合，「長い」移動を含む派生は
不適格となる，といった分析をすると，本来収束しないはずの大量の派生を比

---

[1] インターフェイスの有無は本稿の議論に影響は無いが，本稿では統語構造が解釈を受ける
場所を解釈システムと呼ぶ．
[2] 純粋な派生的／表示的アプローチは少ない．生成文法におけるほとんどの理論は（本稿で
提案するものも含め）どちらの性格も併せ持つものである．

較のために生成し，その中から最も経済的な派生を選ぶことになり冗長性が高い．したがって，Chomsky (1995) 以来，局所的な経済性 (local economy) に基づく派生的アプローチが主流となってきた．この考えの下では，派生のステップ毎に最も経済的な操作のみが適用される．例えば，移動や一致操作は，最も近い場所，要素にのみ適用することができ，それ以外の遠い場所，要素への適用は不可能となる．経済性の規則により許される操作のみが適用されると考えることで，最終的に可能となる表示を派生の中で制限するこの派生的アプローチの下では，非文法的な派生を大量に生成して比較するといったことは行わない．ミニマリストプログラムにおける派生的な性格は様々なところに見られ，例えば c 統御の定義には主に Reinhart (1976) の表示的 c 統御，Epstein et al. (1998) による派生的 c 統御，Chomsky (2000) における configurational （配置的）c 統御が存在するが，現在は派生的な定義がほとんど用いられている．これは，原初的な操作である併合が行われた段階で，2 つの要素間に c 統御関係を与えるものであり，派生の中で関係が定義される．

　以上，派生の中で働く制約により各々の操作が評価される派生的アプローチを見てきたが，もう一方の表示的アプローチにおいて重要となるのは，統語論における最終的なアウトプットとなる．ミニマリストプログラムは Chomsky (1995) 以降長らく派生的な性格が強かったが，Chomsky (2013, 2015) の提唱するラベル理論は表示的な性格が比較的強い理論と理解することが可能となる．ラベル理論においては，併合や移動は自由に適用され，最終的にできたアウトプットが適切な形をしているかどうかがラベルの観点から評価される枠組みとなっている．[3] さらに，Chomsky (2021) が提唱するモデルは，これまでコピー関係を派生の中で定義していたメモリーを統語論から排除した枠組みを提示している点で，さらに表示的アプローチと親和性が高くなっている．次節では，Chomsky (2021) において導入された Form Copy の考えを簡単に見る．

3.　Chomsky (2021)

　Chomsky (2021) において，従来移動操作によって自動的に形成されていたコピー関係が見直された．この枠組みでは，併合は純粋に構造を構築する操

---

[3]　しかし，ラベル理論が完全に表示的アプローチというわけではない．v*P フェイズの派生や，C 削除に見られるように，ラベルが付与される段階の構造と最終的なアウトプットが異なる場合も存在する．

作となり，Form Copy と呼ばれる別の操作により，同一の inscription にコ
ピー関係が与えられる．一度移動からコピー関係が切り離されると，外的併合
で導入された要素が同じ構造を持っている場合にもコピー関係を与えることが
可能になる．Chomsky (2021) はこの関係を M-gap と呼ぶ．M-gap の理論
的動機づけは θ 位置には移動が不可能であるとする Duality of Semantics に
存在するため，意味役割を既に持っている要素同士にコピー関係が与えられる
場合，その 2 つの間に内的併合の関係は想定できず，M-gap とみなされる．
本稿では，伝統的に内的併合により与えられるコピー関係を IM-copy と呼び，
2 つのコピー関係を区別する．以下 (1) に挙げるように，これら 2 つのコピー
関係は解釈システムにおいても異なる振る舞いを示す．

(1) a. one interpreter each$_1$ seems [one interpreter each$_1$ to have been
assigned to the diplomats] (Chomsky (2021: 22))

b. *one interpreter each$_1$ tried [one interpreter each$_2$ to be assigned
to the diplomats] (Chomsky (2021: 22))

(1a) では，one interpreter$_1$ は意味役割を持たないため，(one interpreter$_1$,
one interpreter$_2$) の間のコピー関係は IM-copy となり，(1b) では，one in-
terpreter$_1$ は tried から，one interpreter$_2$ は assigned からそれぞれ意味役割が
与えられているため，(one interpreter$_1$, one interpreter$_2$) の間のコピー関係
は M-gap となる．ここで，解釈システムは 2 つのコピー関係を見分けること
が可能であり，IM-copy では再構築効果が得られるが M-gap には再構築効果
が無いとすると，(1b) では one interpreter each$_1$ が one interpreter each$_2$ の
位置に再構築できず，分配読みが不可能となることがその非文法性の原因であ
ると考えられる．このように，Chomsky (2021) の Form Copy の分析は経験
的にも望ましいことが分かる．

　一方，Chomsky (2021) の枠組みにおいて，Form Copy は探査 (Search)
によって見つけられた同じ inscription にコピー関係を与えるものだが，探査
がどのように θ／非 θ 位置を見分けるのかが不明であるといった問題も残る．
本稿では，統語論で与えられるものはコピー関係だけであり，解釈システムで
その 2 つが区別されると考える．[4] 次節では，コピー関係を派生の中で区別し

---

[4] 詳しい派生のメカニズムは 5.1 節を参照．Chomsky (2021: 28) は A 位置からの Form
Copy は A 位置のみを探査すると想定し，従来の不適格移動 (improper movement) を排除す
ることを提案しているが，θ／非 θ 位置と同様にこの制限に関しても，どのように探査が A
位置と A′ 位置を見分けるのかが不明である．6 節の議論も参照．

ないのと同様に，外的/内的併合を派生中では区別しないことを見る.

4. Move over Merge

Chomsky (1995, 2000, 2001) では，移動操作は素性照合や一般随伴 (generalized pied-piping) 等が必要であるとし，併合と移動操作では併合の方が経済的であるとされた. したがってその枠組みの中では，両者がどちらも適用可能な場合は併合操作が選ばれる. その後理論が進展し，Chomsky (2004) において，併合と移動操作はどちらも同じ構造構築操作の表れであるとされ，両者は外的併合と内的併合という形で再定式化された. しかし，Chomsky (2004) では概念的にこの 2 つが統合されたに過ぎず，その後の理論でも，依然として統語論中でその 2 つは異なる扱いがなされていた. その後，Chomsky (2015) が提唱する自由併合仮説の枠組みにおいてようやく，統語派生の中でも外的併合と内的併合が同一のものであると扱われ，それら 2 つは派生の中でどちらも自由に適用可能となった.

　しかし，Chomsky (2021) では立場が変わり，探査の範囲の違いにより外的併合と内的併合では内的併合の方が経済的であると述べられる. 仮に外的併合の際レキシコン全体に探査が適用するとすると (Chomsky (2020: 23))，既にできている構造の内部に探査が適用する内的併合よりも，外的併合の方がコストがかかるように思われる. したがって Chomsky (1995) とは逆に，外的併合と内的併合の間で選択肢がある場合，内的併合の方が選択されるとする Move over Merge が提唱された.

　本稿では，自由併合仮説に則り，外的併合と内的併合は 1 つの操作であるために，その 2 つの操作の間に優先順位は存在しないという立場を取る. この概念的な理由としては，Chomsky (2021) の見方では Chomsky (2004) で行った外的併合と内的併合の統一が崩れかねず，好ましくないためである. 理論的な理由を見るために，以下 (2) の作業領域を考える.

(2) $[_\beta$ XP $[_\alpha$ ...the boy$_1$...]]　　the boy$_2$

(2) において，the boy を β に併合する際に，the boy$_2$ を外的併合する選択肢と，the boy$_1$ を内的併合する選択肢が存在する. ここで，the boy$_2$ は既に作業領域に存在している. 名詞表現は，Chomsky (2015) が分散形態論の考えを取り入れていることにも見られるように，名詞表現はレキシコンから直接構造に組み込まれるわけではない. 名詞表現はその内部構造として semantic root R と名詞化辞 n，さらに D 等の機能範疇を含むため，(2) のように作業領域

で組み立てられた形で存在する．したがって，外的併合はレキシコン全体を探査する必要はない．

　また，併合における探査の適用方法について，Chomsky et al. (2023) では，作業領域のメンバー（β と the boy$_2$）と作業領域のメンバーのメンバー（β に含まれている要素）を区別し，前者のみが一度目の探査に対して可視的であり，後者は β が一度目の探査の対象になって初めて可視的になることが述べられている．ここで (2) の作業領域において，一度目の探査で可視的なもの同士（β と the boy$_2$）を併合する外的併合の方が，探査に対して最初から見えないもの（the boy$_1$）を併合の対象とする内的併合よりも経済的である，という議論により Merge over Move を導くことも可能であり，探査の範囲に基づく動機づけは決定的なものとは言えない．[5]

　次に，以下 (3) の構造を考える．

　(3)　[$_{v*'}$ tries to [John$_1$ win]]

ここで，John を $v*'$ に併合する場合，Duality of Semantics に従うと，John$_1$ を内的併合することはできない．したがってこの場合内的併合の選択肢は存在しないため，（よりコストのかかる）外的併合が許されるとされる．しかし，前節の最後で触れたように，どのように探査が θ 位置とそうでないものを区別するのか定かではない．(3) では便宜的にラベルを与えているが，併合の段階では構造にラベルは無いため，ラベルの情報を用いて（例えば $v*$ のラベルを持つ集合と併合している場所は θ 位置である，というように）θ 位置を見極めることもできない．本稿では，θ 役割は意味解釈システムで初めて与えられるものであると考える．したがって Duality of Semantics は解釈部門でのみ働くため，θ 位置は解釈部門で初めて決定されるものであると考える．したがって，Duality of Semantics に基づいて統語論中で外的併合と内的併合の区別を設けることはしない．[6]

　最後に，Chomsky (2021) の Move over Merge の議論において，経験的にそれを支持する例は挙げられていない．以上のように，Move over Merge の議論は，概念的，理論的，経験的いずれの観点からも決定的なものであるとは

---

[5] より単純に，内的併合は外的併合よりも「深い」探査を必要とするために非経済的である，という述べ方も可能となる．

[6] Chomsky (2021) は，もし (3) において内的併合が用いられる場合，John の解釈が win の項から try の項へと変化するために，Preservation の違反も生じると論じる．しかし，ここでの見方が正しければ，インターフェイスで与えられるべき意味役割の変更を見越して統語論中での操作を制限することは，先読みの問題 (look-ahead problem) が生じる．

言えないためにここでは採用せず，外的 / 内的併合のどちらの操作であっても，自由に派生において適用可能であるとする．

5.　表示的モデルに基づく統語構造の解釈

5.1.　コピーと繰り返し（repetition）の区別

　前節までで，Duality of Semantics とそれに基づく外的 / 内的併合の区別を行う Chomsky (2021) の議論を検討した．しかし，Duality of Semantics は統語構造を解釈する際の一般化に過ぎず，それ自体はどこかから引き出されるものではないために，それを統語論内で維持しなければならない強い動機づけは存在しない．したがって本稿では前節までで議論したように，i. 外的 / 内的併合を区別せず，ii. 意味役割は解釈システムで初めて与えられるものであり，そのため iii. IM-copy と M-gap の区別も解釈システムで行われると考える．[7] Form Copy が統語論内で行うことは，探査に基づき同一の inscription にコピー関係を与えるのみである．このように考えることで，要素が θ 位置や A/A′ 位置にあるかどうかを見分けられるような「賢い」探査を仮定する必要がなくなり，統語論の単純性，簡潔性を維持できる．Chomsky (2021) に基づき，解釈システムでは以下 (4) に挙げる 2 つのコピー関係が存在し，それぞれは（例えば (1) で見たように）異なるステータスを持って解釈される．

(4) a.　IM-copy：再構築を行うコピー関係—内的併合＋Form Copy
　　 b.　M-gap：再構築を行わないコピー関係—外的併合＋Form Copy

---

[7] 以下の議論では，意味解釈システムでのコピー関係の同定に着目する．外在化においては，意味役割が意味解釈システムで与えられ，解釈システムはもう片方の解釈システムの情報を参照するようなことがないと考える（Chomsky (1995)）と，外在化の際は意味役割に関する情報が得られず，2 つのコピー関係が区別できないことになる．IM-copy と M-gap は，下位のコピーが発音されず最も上位のコピーのみ発音するという共通したルールに従うために，ほとんどの場合両者が外化の際に区別される必要はないが，ここで問題になるのが以下 (i) の例である．

(i) a.　I want PRO to win the rase.
　 b.　I wanna win the race.
(ii) a.　Who do you want t to win the race?
　 b.　*Who do you wanna win the race?　　　　　　　　　　　　((iia) と同じ解釈)

(i)，(ii) の対比は，M-gap は縮約を妨げない一方，IM-copy が介在する場合には縮約が不可能であることを示している．この対比をどのように説明するかについては，今後の研究に残す．

Chomsky (2021) の直観に基づくと，これらはさらに以下のように理解することが可能となる．

(5) a.　IM-copy：1 つの統語要素が 2 つの inscription を持つ場合
 b.　M-gap：2 つの異なる統語要素が（たまたま）同じ要素として扱われる場合

ここで，インターフェイスにおける意味役割の効果として，以下 (6) を仮定する．

(6)　意味役割は述語が表すイベントに（新しい）統語要素を導入する．

(6) に従うと，(4)，(5) は自然な帰結として出てくる．すなわち，意味役割を持つ要素はそれぞれの述語により派生に導入されたものであり，それらがForm Copy の適用を受けて同一の要素とみなされた場合でも，元々別の要素として導入されていると解釈されるため，M-gap の関係においては再構築が起こらないと考える．裏を返せば，コピー関係を持つ 2 つの要素がそれぞれ意味役割を持っていた場合，それらは独立に導入された統語要素として解釈され，(5a) と (6) が相容れない仮定であるために，それらの間のコピー関係はIM-copy とはなり得ない．具体例として，以下 (7) を考える．[8]

(7)　[$_{CP}$ C [$_{TP}$ John$_1$ [$_T$ T [$_{v*P}$ John$_2$ [$_{v*'}$ tries to [John$_3$ win]]]]]]

　　　　　　　 ⌞＿＿＿＿⌟　　⌞＿＿＿＿＿＿⌟

　　　　　　　　Copy 2　　　　　Copy 1

v*P フェイズと CP フェイズでそれぞれ Form Copy が John の inscription に適用されるが，統語論内では，Form Copy は単にコピー関係を与えるのみであり，IM-copy と M-gap を区別しない．(7) には 2 つのコピー関係が存在し，Copy 1 は try による v*P フェイズの中で (John$_2$, John$_3$) の間に与えられたものであり，Copy 2 は主節の CP フェイズにおいて (John$_1$, John$_2$) の間に与えられたコピー関係となる．その後，解釈システムにおいてこれらが合成され，(John$_1$, John$_2$, John$_3$) のコピー連鎖が作られる．同時に，解釈システムにおいて意味役割が与えられるために，意味役割に基づき IM-copy と M-gap

---

[8] これ以降，構造中に示されるコピー関係を Copy と示し，それとともに現れる数字はForm Copy の適用順序を示したものとする．構造上高い要素から順に Form Copy が適用されると仮定するが，構造的な高さ関係が無い場合，Form Copy の適用順序は任意の順となるため，必ずしも本文中で示した通りの順で Form Copy が適用されなくても良い場合もあり得る．Form Copy の適用順序は，6 節の議論において重要になる．

の区別がなされる.[9] ここで，Copy 1 は $John_2$, $John_3$ の両方が意味役割を持つ要素であるために M-gap と解釈される．一方で，$John_1$ は意味役割を持たない要素であるために，Copy 2 は IM-copy とみなされる．次に，インターフェイスにおいて不適切だとみなされるコピー関係を以下 (8) に挙げる.

(8) a. *John praises.

b. [$John_1$ [praises $John_2$]]

　　　　Copy

ここで，$John_1$, $John_2$ は両方とも praise から意味役割を与えられているため，これが適切なコピー関係とみなされれば，(8a) が M-gap の適格な例となってしまう．これを排除するために，Chomsky (2021: 21), Chomsky et al. (2023) の Univocality の考えに基づく θ 理論を踏まえ，以下の仮定を立てる.

(9) 解釈システムにおいて，1 つの統語要素が同じ意味役割付与子から与えられる複数の意味役割を持つことはできない.

Chomsky は，統語論において意味役割を付与する場合の制約として θ 理論を想定したが，ここでは解釈条件として (9) を想定する．したがって，(8b) ではコピーとみなされる要素が複数の意味役割を praise から与えられているため，不適格な文となる.

　次に，複雑なコピー関係の例として，寄生空所構文を考える（which article の下位のコピーを WH と表す).[10]

(10) a. Which article did you file without reading?

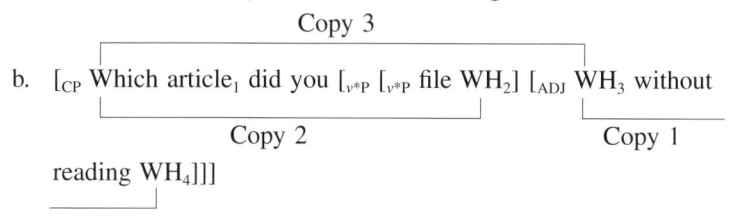

b. [CP Which article₁ did you [v*P [v*P file WH₂] [ADJ WH₃ without

reading WH₄]]]

[9] 解釈システムにおいて意味役割を与える方法はいくつか存在し，標準的なものは併合関係を用いるものであり，項が意味役割の付与子に併合されていることで意味役割が与えられる．一方，ラベルの解釈システムでの役割に着目した意味役割付与の方法として，Hayashi (2022a) は，意味役割の付与子がラベルとなる集合に含まれる要素に意味役割が与えられるとする代案を示している.

[10] 寄生空所構文の様々な特徴がどのように Form Copy から導き出されるかについては，Hayashi (2024) を参照.

(10b) には 3 つのコピー関係が含まれる．Copy 1 に関して，WH_4 には意味役割が与えられ，WH_3 は意味役割を持たないために Copy 1 は IM-copy とみなされる．次に，Copy 2 も which $article_1$ が意味役割を持たないために IM-copy とみなされる．これらのコピー関係により，which $article_1$ と WH_3 は意味役割を継承し，それぞれの述語の表すイベントの中で解釈される．したがって，これらの間に与えられる Copy 3 は，異なるイベントに参与している要素同士のコピー関係となるために，M-gap とみなされる．ここで，フェイズ毎に計算が行われる統語論と異なり，解釈システムでは全ての表示を見ることができるため，(10) に示されたコピー関係の同定は必ずしもこの順で行われる必要はない．(10) では，3 つのコピー関係に対して 2 つの意味役割が存在するので，コピー関係の 1 つは必ず M-gap にならなければならない．解釈における可能性としては Copy 3 が IM-copy となり，それにより which $article_1$ が意味役割を持つことで Copy 2 を M-gap とみなすことも可能となる．しかしこの派生は，島を越えた IM-copy が含まれるため不適格なものとみなされる．[11]

　この節では，解釈システムにおける表示のみを用いて 2 つのコピー関係を区別した．この枠組みでは，意味役割が統語論で果たす役割は存在しないため，意味解釈部門で働く要素である意味役割が統語論の中で仕事をするようなことはない．さらに，4 節で見たように，統語論中での外的/内的併合の区別も行われない．統語論では，単に併合により解釈システムで読み取り可能な（ラベルを持った）表示が作られ，Form Copy が 2 つの inscription にコピー関係を与える．このようにコピー関係は解釈システムで区別されると考えることで，統語論の単純性を保証できる．続く節では，統語論で働くとされている派生的な制約を見ていき，それらを表示的アプローチで捉え直す．Chomsky (1995: 205, 1998: 126) では，多くの場合に片方のアプローチは他方に読み替え可能だと述べるが，5.2 節では表示的アプローチが優れていると考えられる議論を行う．

5.2.　「派生的」制約

　統語論の表示的アプローチにおいては，統語論内で働くとされている内的併合の制約は異なる方法で導出される必要がある．ここでは島の制約に着目し，これらは島を越えたコピー関係に対する制約ではなく，再構築に対する制約であると考える．まず，(11a) は複合名詞句の島の例であり，(11b) の構造を

---

[11] 島の効果については，5.2 節でさらに議論される．

持つ.

(11) a. *Who do you hear the rumor that Mary likes?

    b.　[$_{CP}$ who$_1$ … [$_{NP}$ the rumor that … who$_2$]]

                         Copy

ここで (who$_1$, who$_2$) の間に与えられるコピー関係は,who$_2$ が意味役割を持たないために IM-copy となる.IM-copy は再構築効果を自動的に生み出すとされ (Chomsky (2021)),このことが (11a) の不適格性の要因であると考える.すなわち,派生中で (Form Copy の適用時に) 島を越えたコピー関係ができることが問題なのではなく,できた構造が解釈システムで解釈される際に,島を越えた再構築現象が起こってしまうことが問題となると考える.この見方は Chomsky (2021) における寄生空所構文の分析からも支持される.(10) で見たように,寄生空所構文では付加詞の島を越えたコピー関係が成り立っているが,これは島の中への再構築を伴わない M-gap であるために認可されている.[12]

次に *wh* 島を取り上げ,弱い島について考察する.

(12) a. *How intelligent do you wonder whether I consider John?

                                   (Rizzi (2004: 230))

    b.　[how$_1$ … [$_{island}$ whether I consider how$_2$]]

                         Copy

(12b) において,(how$_1$, how$_2$) の間に IM-copy の関係が与えられていることが非文法性の原因となっている.一方,Cinque (1990), Rizzi (2004), Haegeman (2012) 等で議論されるように,D-linked wh 演算子は島を越えた移動

---

[12] ここで,M-gap が複合名詞句の島を越えた場合を考察する.以下 (i) において,wh$_2$ と wh$_4$ は θ 位置にあるものとする.

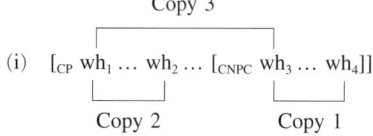

                  Copy 3

(i)　[$_{CP}$ wh$_1$ … wh$_2$ … [$_{CNPC}$ wh$_3$ … wh$_4$]]

          Copy 2　　　　　　Copy 1

ここで,(wh$_1$, wh$_2$) と (wh$_3$, wh$_4$) の間にそれぞれ IM-copy の関係が与えられると,(wh$_1$, wh$_3$) の間に M-gap が許されるように思われる.しかし,この種の寄生空所構文は束縛条件 C に帰せられる反 c 統御条件 (anti-c-command condition) により排除される (Chomsky (1986: 63)).

が可能であることが知られている.[13]

(13) a. ?Which particular problem were you wondering [how to phrase]?

　　 b. ?Which student did he wonder [whether to consider intelligent]?

　　 c. How have you decided to phrase the problem?

　　 d. *How are you wondering [which problem to phrase]?

(全て Cinque (1990: 3) より)

(13a, b, d) はそれぞれ,括弧で示した個所に wh の島があり,文頭の wh 演算子はその内部から移動している.この時,D-linked wh 演算子が含まれる (13a, b) の例は,通常の wh 演算子の (13d) の例よりも容認度が高くなっている.この対比を説明するために,D-linked wh 演算子は文頭位置に基底生成していると考える.

(14)　$[_{CP}$ wh$_1$ ... $[_{\text{phase edge}}$ wh$_2$ $[_{\text{island}}$ ...wh$_3$ ...]]]$

　　　　　　Copy 2　　　　　Copy 1

(14) は,D-linked wh 演算子の長距離コピー関係を示している.ここで,wh$_2$ は文頭位置までにフェイズ境界が存在するため,中間コピーとして機能するものとなる.[14] (wh$_2$, wh$_3$) の間には,寄生空所構文 (10) の場合と同様に M-gap 関係が与えられると考え,それ故に島を越えたコピー関係が可能となると考える.しかし,ここで 1 つの問題が生じる.Chomsky (2021) は,M-gap は意味役割を持っている要素に与えられる関係だと述べているが,Copy 1 がこの条件を満たしているようには思われない.ここで,(6) に加え,意味役割の他に名詞要素をイベントに導入する方法として,以下 (15) を提案する.

---

[13] 複合名詞句の島が含まれる例を以下 (i) に挙げる.

　　(i) a. (?)Which book did John announce a plan (for you) to read?

(Cinque (1990: 23))

　　　 b. *With whom did John announce a plan to go out?　　(Cinque (1990: 23))

(13) と同様に,D-linked wh 演算子である (ia) の島からの抜き出しの方が容認度が高い.

[14] 派生的な述べ方をすると,中間コピー wh$_2$ は外的併合により導入され,wh$_1$ の位置まで移動したものであると言える.中間コピーの外的併合は,Duality of Semantics を考えると到底受け入れられない派生であるが,ここでは派生において Duality of Semantics は働かないと考えているために,問題がない.

(15)　節と併合した統語要素は疑似意味役割として話題 (topic) 解釈を受け
　　　取ることができる.

(15) に基づき，wh$_1$ が文から与えられた話題解釈が M-gap 関係を媒介すると
考える. これに基づき，解釈システムにおいて，2 つのコピー関係を持つ (14)
は以下のように解釈される. 初めに Copy 2 を考えると，これは wh$_1$ が疑似
意味役割として話題解釈を受けるが，wh$_2$ は意味役割を持たないため，IM-
copy となる. そうすると，wh$_2$ は wh$_1$ から意味役割を継承し，wh$_3$ も意味役
割を持つものとなるために，Copy 1 は M-gap として解釈される. ここでは 2
つの (疑似) 意味役割に対して 3 つの inscription があるため，Copy 1, 2 の
いずれかは IM-copy となるが，Copy 1 が IM-copy となる解釈は島のために
排除される.[15]

　もしコピー関係が派生的に (フェイズ毎に) 決定されるものだとすると，
フェイズレベルでコピーを評価する際には wh$_2$ は (疑似) 意味役割を持たない
ので，Copy 1 は IM-copy の可能性しかなくなりここで述べた分析は取れな
い. したがってこの分析が正しければ，コピー関係は解釈システムにおいて表
示的に同定される方が望ましい. また，(15) はアドホックな仮定ではなく，
文頭に基底生成された話題要素は他の場合にも見られる.

(16)　a.　Defoe, even I could have scored that goal. (Radford (2018: 42))
　　　b.　魚は鯛がうまい.

これらの例に見られる話題要素は文中に対応する空所が無いために基底生成し
なければならない. この際，伝統的な問題として，これらの話題要素が意味役
割を持たず，θ 基準の違反となることが考えられるが，ここでは Saito (2017),
Hayashi (2022a) に従い，θ 基準は完全解釈の原理 (Chomsky (1995)) に還
元されると考える. すなわち，意味役割を持たない名詞表現は解釈システムで
文のイベントに解釈上の貢献を行わないために不適格となる. そうすると，
(16) の話題要素は (15) により文の解釈に組み込まれ，解釈上の貢献を果た
すために問題とならない.

　この節では，統語論で与えられたコピー関係は解釈システムで IM-copy か
M-gap かに区別されると考えることで，島の現象とその例外を表示的アプロー
チの下で説明した. 次節では，統語論内で働く Form Copy の適用方法と解釈

---

[15] 話題要素が移動によって派生される可能性は排除されるものではないが，このタイプの
話題は対比の解釈を持ち，ここで議論しているものとは異なる.

システムとのかかわりに目を向け，ECP を考察する．

6.　ECP の導出

　Chomsky（1957）の句構造規則には，先行関係，投射，構造構築という性質が異なる 3 つの特徴が全て含まれていた．その後，Chomsky（1970）が X′理論を提唱し，3 つの特徴からまず先行関係が切り離された，そして Chomsky（2013, 2015）のラベル理論では，投射と構造構築操作が切り離され，併合は最も単純な操作として自由に適用できるようになった．しかし，この自由併合仮説の結果，要素の移動が自由にできるようになったと考えられることで取り残されたのが，これまでの理論において移動の適格性条件として機能していた ECP である．Chomsky（2015）では that 痕跡効果をラベル付けの観点から説明したが，ECP によって説明されていた他の現象は手つかずのままとなっている．

　本節では，主に主語に焦点を当て，表示的なアプローチにより統率・束縛理論で仮定されていた ECP の導出を提案する．ECP は可能な移動と不可能な移動を区別する上で重要な役割を果たしていたが，ミニマリストプログラムの枠組みにおいては棄却された．一方で，ECP により説明されていた経験的事実が現在仮定されている理論において十分に説明されているとは言い難い．Chomsky（2013, 2015）におけるラベル理論により，英語における主語の移動では要素が特定の位置から必ず移動しなければならないことが説明され，同様にラベルの観点から，要素が特定の位置で必ずとどまらなければならない基準凍結効果（criterial freezing effect）が導出された．しかし，ラベル理論は移動した要素が適切な位置に留まっているかということが理論の中心となるため，移動の元位置及び移動の中間着地点のことを考慮する ECP を捉えることは難しい．本節では，Form Copy に基づく分析の下で主語を含む移動の制約がどのように捉えられるかを議論する．ここで扱う現象は，それぞれ (17)–(19) に例が示される主語条件，主語を含む優位性効果および，in-situ wh 演算子が引き起こす that 痕跡効果である．[16]

---

[16]　主語と目的語の違いを説明する近年の研究には，移動に部分的な制限をかけるもの（Chomsky (2008), Müller (2010), Bošković (2018)）や，独自の枠組みで自由併合仮説の下でその違いを説明するもの（Bode (2021)）が存在するが，前者は移動に制限をかける点で自由併合仮説とは相容れない．後者はアドホックな想定が多い問題があるため採用しない（Hayashi (2022b) も参照）．

(17) a. *Who did stories about terrify John?　　　(Chomsky (1973: 249))
　　 b. 　Who did John hear stories about?　　　(Chomsky (1973: 249))

(18) a. *I'd like to know what who hid there.　　　(Kayne (1983: 235))
　　 b. ?I'd like to know what who hid where.　　　(Kayne (1983: 235))

(19) a. *We're trying to find out which man said that which woman was
　　　　in love with him.　　　(Kayne (1983: 234))
　　 b. ?We're trying to find out which man said that which woman was
　　　　in love with which boy.　　　(Kayne (1983: 234))

ここで，Form Copy に関して，以下の制約を提案する．

(20) a.　Form Copy は最も高い要素から行われる．
　　 b.　下位のコピーステータスが与えられているものは Form Copy の
　　　　対象とならない．

(20a) は，ラベル付けの探査と同様，探査一般は top-down の方法で行われる
とする考えに基づく．[17] また，(20b) は，下位のコピーとなっている要素は統
語要素としては欠如的なステータスしか持たないため (Chomsky (2013: 44))，探査に不可視となるという考えに基づく．この制約を元に，まず (17)
の主語条件を考える．

(21) a. *Who did stories about terrify John?　　　(= (17a))
　　 b.　Who did John hear stories about?　　　(= (17b))

(21a) の CP の構造は以下のようになる．

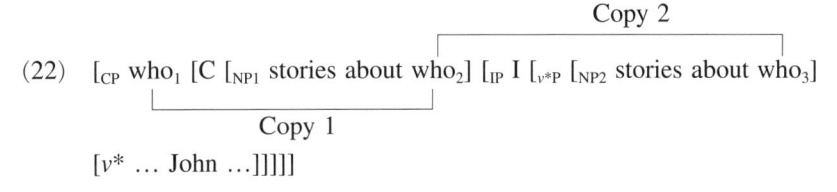

(22)　$[_{CP}$ who$_1$ $[C$ $[_{NP1}$ stories about who$_2]$ $[_{IP}$ I $[_{v*P}$ $[_{NP2}$ stories about who$_3]$

　　　　　　　　　　　Copy 1

　　　$[v*$ … John …$]]]]]$

Form Copy は phase level operation であり，主語を含む Form Copy は CP
フェイズで行われる．(20a) に基づき，初めに (who$_1$, who$_2$) の間に Form
Copy が適用し，who$_2$ は下位のコピーとみなされる．したがって，NP$_1$ は下

---

[17] 5 節では，できたコピーの解釈システムにおける解釈の議論を行っていたために，任意の
順でコピー関係の同定を許したが，この節では統語論における Form Copy の適用時の（いわ
ば派生的な）制約を論じているため，その適用順序は構造的な高さに制約される．

位のコピーステータスを持つ要素を含むために, その次に行われる (NP$_1$, NP$_2$) の Form Copy が失敗し, コピー関係が形成できない.[18] 一方で, (21b) の目的語からの抜き出しの場合, v*P フェイズで最初の Form Copy の適用がされるため, v*P フェイズと CP フェイズではそれぞれ (23a, b) の構造が作られる.

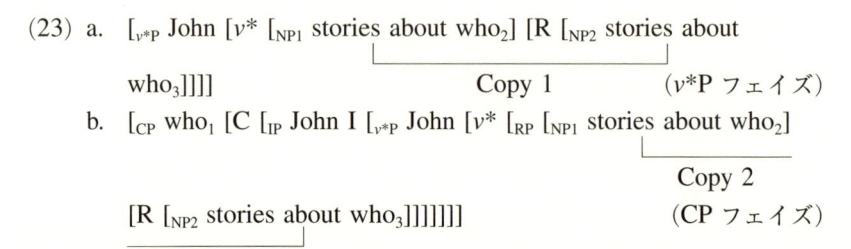

(23)　a.　[$_{v*P}$ John [v* [$_{NP1}$ stories about who$_2$] [R [$_{NP2}$ stories about

　　　　　who$_3$]]]]　　　　　　　　　　　Copy 1　　　　　(v*P フェイズ)

　　　b.　[$_{CP}$ who$_1$ [C [$_{IP}$ John I [$_{v*P}$ John [v* [$_{RP}$ [$_{NP1}$ stories about who$_2$]

　　　　　　　　　　　　　　　　　　　　　　　　Copy 2

　　　　　[R [$_{NP2}$ stories about who$_3$]]]]]]]]　　　(CP フェイズ)

(23a) において目的語の移動が起き, 目的語は derived phase edge に移動する. その段階で Form Copy が適用し, (NP$_1$, NP$_2$) の間にコピー関係が作られる. その後 CP フェイズにおいて, (who$_1$, who$_2$) の間にコピー関係が与えられ, who$_2$ は下位のコピーとみなされる. しかし, 既に who$_3$ は下位のコピーとなっているため, (who$_2$, who$_3$) の間に改めて Form Copy を適用する必要はない. したがって, (23a) と異なり下位のコピーステータスを持つ要素が Form Copy に参与することはないため文法的となる.

　ここで提案する分析は, 同じフェイズの中で二度連続して Form Copy が適用されることを禁じるものであるため, 移動しない主語からの抜き出しを禁じるものではない.[19] したがって, Uriagereka (1988), Gallego and Uriagereka (2007) がスペイン語に対して, また, Broekhuis (2005) がオランダ語について論じるように, 元位置の主語からの wh 演算子の抜き出しは可能となる. 以下 (24) では日本語とスペイン語における主語からの抜き出しの例を挙げる.[20]

---

[18] ここで, Form Copy が (who$_1$, stories about who$_3$) に適用し, その後 (who$_2$, stories about who$_3$) のコピー連鎖を形成することもできない. この場合でも, 一度目の Form Copy の適用により, who$_3$ は下位のコピーステータスを持つことになり, Form Copy に必要な探査に不可視になってしまうためである. あるいは, Chomsky (2021: 19) に従い, NP$_2$ を c 統御している NP$_1$ が NP$_2$ へのアクセスを禁じていると考えることもできる. 7 節の議論も参照.

[19] 一方で, この一般化により, Chomsky (2021: 29) が述べる, A 移動は一度に起こらなければならないとする制約は自動的に導かれる.

[20] (24a) は不自然であると判断されているが, 非文法的な英語とは差が存在するとされる. また, (24a) は以下 (i) に挙げる目的語からの抜き出しと容認性の差が無いとされることから

(24)　a. ??どの本を Mary が [John が買ったこと] が問題だと思っているの？

　　　　　　　　(Lasnik and Saito (1992: 124)，cf. Ross (1967: 263))

　　b. ¿De　qué　equipo　dices　que　han　hailado　[dos

　　　　of　what　team　say　that　have　danced　two

　　　participantes]?

　　　participants

　　　'Which team do you say that two members of have danced?'

　　　　　　　　（スペイン語；Gallego and Uriagereka (2007: 57))

これらの例では主語が元位置にとどまっており，そこからの wh 演算子が移動しているため，(20b) の制約に関して問題なく Form Copy が適用され，派生が収束する．

　次に，(18) の優位性効果を考察する．[21]

(25)　a. *I'd like to know what who hid there.　　　　　　(= (18a))

　　　b. ?I'd like to know what who hid where.　　　　　　(= (18b))

ここで，(25) に含まれる，作用域位置まで移動しない in-situ wh に対して以下の想定を行う．

(26)　作用域位置に無い wh 演算子は，空演算子が作用域位置まで移動する．

Chomsky (1964)，Kuroda (1969)，Tsai (1994)，Ambar (2003)，Kayne (2005)，di Sciullo (2005) 等に従い，wh 演算子は演算子 (operator) 部分と制限子 (restriction) 部分に分けられると想定する．このうち，作用域を司るのは演算子部分であるため，(26) では演算子部分が作用域位置まで移動すると想定している (cf. Tsai (1999)，Bošković (2002))．まず，演算子部分の移動まで含めた (25a) の埋め込み節の派生を以下に示す．[22]

も，日本語には主語条件が働いていないと述べられる (Lasnik and Saito (1992: 124))．

　(i) ??どの本を Mary が [John が買ったことを] 問題にしているの？

　　　　　　　　　　　　　　　　　　　(Lasnik and Saito (1992: 124))

[21] 以下 (i) に優位性効果の別の例を挙げる．

　(i)　a.　I'd like to know where who hid what.　　　　(Cinque (1990: 149))

　　　b. *I'd like to know where who hid it.　　　　　(Cinque (1990: 149))

[22] ここでの議論に無関係な what の内部構造及び *v**P フェイズの構造は省略している．

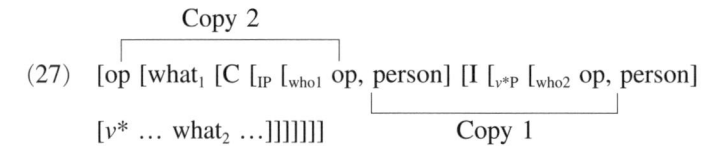

(27) では，[op, person] の構造を持つ who_1 が作用域位置には位置していないため，そこから空演算子 op が CP 指定部まで移動する．ここで，CP で適用される主語に関する Form Copy を考えると，op と who_1 の演算子部分に Form Copy が適用される．したがって who_1 は下位のコピーステータスを持つ要素を内部に含み，(who_1, who_2) の間に適用される Form Copy が妨げられることになる．

　この Form Copy の適用は，Form Copy は語彙項目やそれから作られる構造より小さな単位にも適用が可能であるという想定に基づいている．Chomsky (2021: 25) は，束縛条件 A に見られる同一指示解釈を，先行詞と照応形の間に Form Copy を適用して導く示唆を行っているが，ここでの提案は，Chomsky の示唆を A′ 関係に拡張したものと考えることができる．

　次に，適格な (25b) の埋め込み節の派生を以下 (28) に示す．また，(29)–(31) には，それぞれの wh 演算子がかかわるコピー関係を記している．[23]

(28) a.　$[op_1 [op_2 [what_1 [C [who_1 T [op_3 [who_2 v^* [[what_2 [R what_3]] where]]]]]]]]$

b.
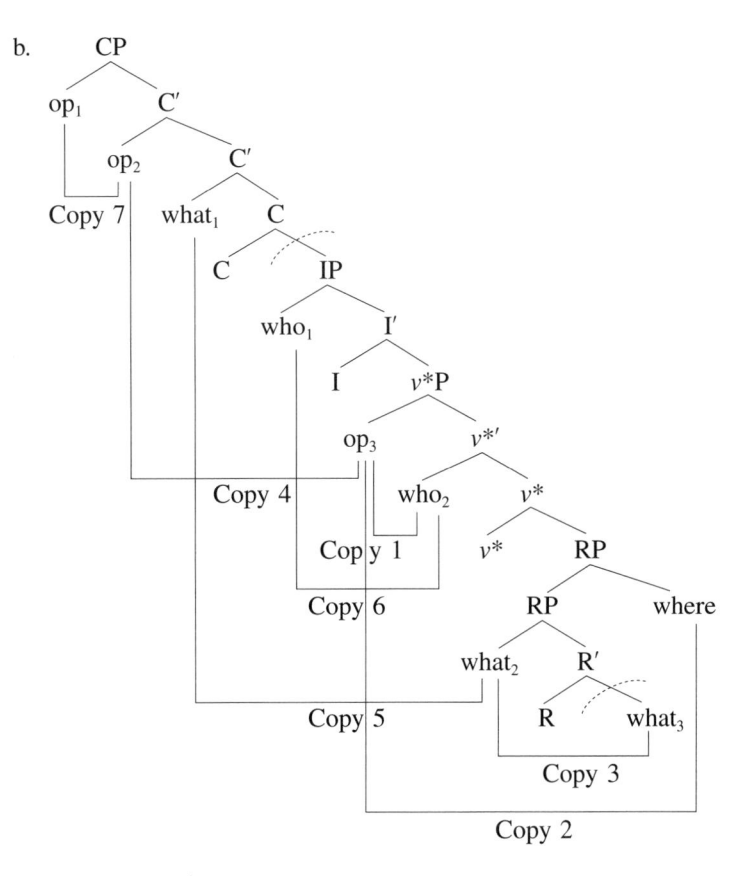

(29)　who に関するコピー関係

　　a.　$[_{v*P}$ op$_3$ [who$_2$ [$v*$ [[$_{RP}$ what$_2$ [R what$_3$]] where]]]] （$v*$P フェイズ）
　　　　　　　└──┘
　　　　　　　Copy 1

　　　　　　　　　　　　　　　　　　Copy 6
　　　　　　　　　　　　　　　┌──────┐
　　b.　$[_{CP}$ op$_1$ [op$_2$ [what$_1$ [C [$_{IP}$ who$_1$ I [$_{v*P}$ op$_3$ [who$_2$ [$v*$ [[$_{RP}$ what$_2$ [R
　　　　　└────────────┘
　　　　　　　　　Copy 4

　　　what$_3$]] where]]]]]]]]　　　　　　　　　　　　（CP フェイズ）

　　c.　解釈システムにおけるコピー連鎖：（op$_2$, who$_1$, who$_2$）

(30)　what に関するコピー関係

  a.　$[_{v*P}$ op$_3$ [who$_2$ [$v*$ [[$_{RP}$ what$_2$ [R what$_3$]] where]]]]（$v*$P フェイズ）

      Copy 3

  b.　$[_{CP}$ op$_1$ [op$_2$ [what$_1$ [C [$_{IP}$ who$_1$ I [$_{v*P}$ op$_3$ [who$_2$ [$v*$ [[$_{RP}$ what$_2$ [R

    what$_3$]] where]]]]]]]]　　　　Copy 5　　　　（CP フェイズ）

  c.　解釈システムにおけるコピー連鎖：（what$_1$, what$_2$, what$_3$）

(31)　where に関するコピー関係

  a.　$[_{v*P}$ op$_3$ [who$_2$ [$v*$ [[$_{RP}$ what$_2$ [R what$_3$]] where]]]]（$v*$P フェイズ）

      Copy 2

  b.　$[_{CP}$ op$_1$ [op$_2$ [what$_1$ [C [$_{IP}$ who$_1$ I [$_{v*P}$ op$_3$ [who$_2$ [$v*$ [[$_{RP}$ what$_2$ [R

      Copy 4

    what$_3$]] where]]]]]]]]　　　　　　　　（CP フェイズ）

  c.　$[_{CP}$ op$_1$ [op$_2$ [what$_1$ [C [$_{IP}$ who$_1$ I [$_{v*P}$ op$_3$ [who$_2$ [$v*$ [[$_{RP}$ what$_2$ [R

    Copy 7

    what$_3$]] where]]]]]]]]　　　　　　　（主節フェイズ）

  d.　解釈システムにおけるコピー連鎖：（op$_1$, op$_3$, where）

$v*$P フェイズでは目的語転移が起こり，（what$_2$, what$_3$）の間にコピー関係が与えられる。[24] また，in-situ wh 演算子である where から空演算子の移動が起こ

---

[24] 本稿では，項構造が完成した $v*$P と談話構造が完成した CP をフェイズとして扱う．したがって，主語が派生に入った $v*$P がフェイズとなり，空演算子等，その後移動する要素が edge である $v*$P 指定部に移動してから phase level operation が開始される．何をフェイズの単位とするかについて，Chomsky (to appear) では，主語の元位置と目的語は別のフェイズで導入されているという示唆も存在するが，この見方とここでの提案との整合性については扱わない．Chomsky (to appear) においては，主語と目的語が別フェイズで導入されるという仮定は以下 (ib) の構造を持つ (ia) の非文法性を説明していた．

 (i) a. *John praises.   （= (8a)）

   b. $[_{IP}$ John$_1$ I [$_{v*P}$ John$_2$ [likes John$_3$]]]

(ib) において，すべての John の inscription にコピー関係が与えられると (ia) が派生される．Chomsky (to appear) は，同一フェイズ内の要素に（自動的に）コピー関係が与えられるとし，（John$_2$, John$_3$）の間のコピー関係を禁止する．ここでは，Chomsky (2021), Chomsky et al. (2023) の Univocality の想定に従い，1 つの術語が自身の持つ複数の θ 役割を 1 つの要素に与えることができないことによると仮定する．Chomsky (2021) のように，Form Copy が統語論内で IM-copy と M-gap を見分けることができ，θ 関係まで見ることができる「賢い」探

る．where から移動した空演算子 op_3 は，where に加え，who_2 とも Form Copy を受ける．その後，CP フェイズにおいて，op_3 は作用域位置である op_2 位置へ移動する．ここで，Form Copy が，(op_2, op_3)，$(what_1, what_2)$，(who_1, who_2) のペアにそれぞれ適用する．最後に，主節のフェイズにおいて，フェイズ edge にあるために可視的なままである (op_1, op_2) の間にコピー関係が与えられる．

　続いて，(28) の解釈システムにおける構造の解釈を考える．ここでは，5 節で見たように，任意の順でコピー関係の同定が行われると考える．まず，統語論で与えられた copy pair から合成的にコピー関係 $(op_1, op_2, who_1, op_3, who_2, where)$ が得られるが，この構造は who_2, where の 2 つの変項位置が含まれるため，これを 1 つの演算子–変項関係とみなすことはできない．したがって，この関係から 2 つの独立した演算子–変項関係を抽出する．この結果，$(op_1, op_3, where)$ と (op_2, who_1, who_2) に対して IM-copy の解釈を与え，それぞれの演算子–変項関係解釈が保証される．この 2 つのコピー連鎖同士は M-gap として解釈され，同じ演算子–変項構造の中では解釈されない．ここで，M-gap が θ 役割に完全に依存した概念であれば，どのようにこれらのコピー連鎖同士を M-gap と解釈するのかという問題が存在する．ここでは，A 関係において要素と θ 役割との一対一対応にならない場合に (A-)M-gap の関係が与えられていたのと同様，コピー連鎖の中で演算子と変項の一対一対応の関係が作れない場合，(A′-)M-gap の関係性が要求され，異なる演算子–変項の関係が作られると考える．[25]

　次に，上記の派生において問題になりうる点を順に考察する．まず，where から移動した空演算子が $v*P$ フェイズにおいて who_2 とコピー関係を持つことが可能なのかというものである．ここでは，派生は Markovian であり，空演算子がどこから移動したのかは派生が知ることはない．派生に課せられる条件は，その派生が解釈システムにおいて読み取り可能な表示を作ることだけで

査を仮定すると，Univocality は統語論の制約となり，Chomsky (to appear) が指摘するように，統語論を複雑にする点で好ましくない．一方ここでの提案は，Form Copy は単にコピー関係を 2 つの要素間に与えるだけであり，θ 役割を考慮したコピーの解釈は全て解釈システムで行われる．したがって，(ib) は統語論中ではなく解釈システムにおいて，θ 関係が適切に満たされていないものとして排除されると考える．

[25] 前節で議論した D-linked wh 演算子の場合に介在していた M-gap は（疑似）意味役割に基づく (A-)M-gap であるため，ここで議論している (A′-)M-gap とは異なる．D-linked wh 演算子が含まれる (A-)M-gap は，演算子–変項関係を考えると一対一対応は成り立っており，通常の wh 演算子と同様に解釈される．

あると考える．(28) では，(op_2, who_1, who_2) のコピー連鎖により，who の作用域解釈が保証され，$(what_1, what_2)$ 及び $(op_1, op_3, where)$ のコピー連鎖により，what と where の作用域解釈も保証されるため問題がない表示であると考える．[26] 別の問題として，主語 who は v*P フェイズにおいて与えられた (op_3, who_2) のコピー関係において下位のコピーステータスが与えられているのにもかかわらず，なぜ CP フェイズで Form Copy が適用し，(who_1, who_2) のコピー関係が与えられるのかという問題が残る．ここでは，統語論上に存在するのは各々の (two-membered) copy pair であり，そこからコピー連鎖が合成されるのは解釈システムにおいてであると考える．そうすると，who_2 が下位のコピーステータスを持っているとみなされているのは，(op_3, who_2) の copy pair において op_3 が存在し，それに c 統御されているためである．しかし，CP フェイズにおいて (op_1, op_3) の copy pair が与えられると，op_3 は下位のコピーステータスを持ち，統語操作に不可視になる．自身を不可視にしていたものが無くなるこの段階で who_2 は再び可視的となり，who_1 との copy 関係に参与することができる．言い換えると，下位のコピーの不可視性は動的 (dynamic) なものとして捉えられる．[27] 最後に，who のコピー関係において，(op_2, who_1) は直接 Form Copy により与えられたコピー関係ではなく，コピーの推移性により (op_2, op_3) および (op_3, who_2) の関係から得られるものである．派生的アプローチの下では (op_2, who_1) の間にコピー関係を与えることは問題になるが，表示的アプローチの下では，与えられたコピー関係から合成的なコピー連鎖を作る解釈システムにおいてコピー関係の同定が行われるため問題ない．[28]

---

[26] who に関するコピー連鎖に op_3 を含め，$(op_2, who_1, op_3, who_2)$ としない理由は後に述べる．

[27] ここで，派生は Markovian であるために v*P フェイズで who_2 に与えられた下位のコピーステータスは次のフェイズでは無関係になるという考え方は使えない．コピー関係は解釈システムで利用可能でなければならないものであるために，ある要素が外的/内的併合のどちらで導入されたかという情報とは異なり，派生を通じて維持されなければならない特性であるためである．ここでは，解釈に関する情報（何と何がコピーか）と，統語的な情報（構造上の高さ関係）を区別しており，前者に関する copy pair は派生を通じて不変的であり維持される情報であるが，最小探査にかかる後者の情報は，最小探査の適用ごとに（すなわち Form Copy 等の操作の適用ごとに）動的に変わりうる．

[28] (28) の構造ではラベル付けの問題も生じない．演算子と C 主要部では演算子が持つ素性の値が未指定だと考えられ（Chomsky (2015)），C の持つ [int(errogative)] 素性について一致が起こる．値が未指定の要素が多重指定部を作る構造が，最小探査において問題が無いとされる（Kitahara (2020))．したがって，(28) の構造の CP レベルのラベルは，以下 (i) のようになる．

　このように (28) では，i) 派生においては，不可視だったコピー関係が派生の途中で再び可視的になること，ii) 解釈においては，合成されたコピー連鎖から2つの独立した演算子-変項構造を構成することの2つの点で複雑な例となっている．この複雑さが，(18b) における若干の容認性の低下を引き起こしていると考える．

　ここで，(28) において主語からの抜き出しを許している op_3 を，同じく主語 wh 演算子が in-situ wh 演算子となっている (18a) に適用した場合を考える．

(32) *I'd like to know what who hid there.　　　　　　　　　　(= (18a))

(33) a.　$[_{v*P}$ op_3 $[[_{who2}$ op_4, person] $[v*$ $[_{RP}$ ... what$_2$ ...]]]]$　(v*P フェイズ)

Copy 1

Copy 3

　　b.　$[_{CP}$ op_1 [what$_1$ [C $[_{IP}$ $[_{who1}$ op_2, person] [I $[_{v*P}$ op_3 $[[_{who2}$ op_4,

Copy 2

　　　person] $[v*$ $[_{RP}$ ... what$_2$ ...]]]]]]]]$　　　　　　(CP フェイズ)

　　c.　解釈システムにおけるコピー連鎖：(op$_1$, who$_1$, op$_3$, who$_2$)

(33) の派生では，(op$_3$, who$_2$) の間に v*P フェイズでコピー関係が与えられ，その後 who$_2$ への Form Copy の適用を妨げている op$_3$ を op$_1$ との Form Copy により不可視にすることで，(who$_1$, who$_2$) 間の Form Copy を可能にしている．この派生が許されると，主語からの移動が予測に反して自由に可能になってしまうために，(33) の派生を排除する必要がある．ここで，統語論において適用された Form Copy により与えられたコピー関係が解釈システムにおいてどのように解釈されるのかを考える．与えられた copy pair から，合成されたコピー連鎖 (op$_1$, who$_1$, op$_3$, who$_2$) がつくられた場合を考える．この連鎖中の (who$_1$, op$_3$, who$_2$) の関係において，(who$_1$, who$_2$) は A 関係であるにもかかわらず，その間に op$_3$ が介在しているため，不適格な連鎖 (improper chain) とみなされることが (32) の非文法性の原因となっていると主張する．一方，この合成されたコピー連鎖から解釈に問題を起こしている op$_3$ を除き，(op$_1$, who$_1$, who$_2$) の連鎖として who の演算子-変項関係を解釈すると，op$_3$

(i)　$[_\varepsilon$ op_1 $[_\delta$ op_2 $[_\gamma$ what$_1$ $[_\beta$ C $[_\alpha$ who$_1$ T ...

　　　$(\alpha = \text{<phi, phi>}, \ \beta = C, \ \gamma = \text{<int, int>}, \ \delta = \text{<int, int>}, \ \varepsilon = \text{<int, int>})$

が解釈に寄与せず完全解釈の原理に違反するため，この選択肢も不適格なものとなる．したがって，(32) における主語からの抜き出しは，op_3 が存在しなければ Form Copy が適用できずに統語論で派生が破綻し，op_3 が存在する場合は解釈システムにおいて A 関係の間に A′ 要素が介在していることにより，解釈上の問題が生じる．

　以上をまとめると，優位性効果の違反の例外となっている (28) では，(op_1, op_2) へ Form Copy が適用することにより，統語論から解釈システムへの指示として与えられる構造中では，who の連鎖と where の連鎖が混在していることとなる．解釈システムでは 2 つの連鎖がそれぞれ適格な演算子–変項構造を形成する形で解釈がなされるが，その中で who のコピー連鎖において問題を引き起こす op_3 が where のコピー連鎖へ「移し替えられる」ことにより，(28) は (32) と異なり，A 関係の中に A′ 要素がある問題と，完全解釈の原理のどちらにも抵触することなく解釈が成功する．

　最後に，ここでの提案は Kayne (1983) の Connectedness の概念を導く．Kayne の提案は経験的に優れたものであるが，構造に左右関係を持ち込んでいる分析であるために，統語論で作られる構造は順序関係の無い集合であるとする見方を取るのであれば，他の方法で定式化する必要がある．Kayne が Connectedness を用いて説明していた現象として，初めに (34) の対比を考える．

(34)　a. *We're trying to find out which man said that which woman was in love with him.　　　　　　　　　　(= (19a))

　　　b. ?We're trying to find out which man said that which woman was in love with which boy.　　　　　　(= (19b))

(34a) では，in-situ wh 演算子により that 痕跡効果が現れている．これは，Pesetsky (2017) が指摘するように，that 痕跡効果を音韻的現象として説明する Kandybowics (2006) 等のような立場に対して問題となる．一方で，Chomsky (2015) のラベル理論に基づく説明も (34a) の非文法性を説明できない．Chomsky (2015) の that 痕跡効果の説明では，主語が that 節の後ろから移動すると，移動をしてできた下位のコピーはラベル付けに見えないという仮定により，IP レベルでのラベル付けに問題が出るという分析であった．(34a) では主語 which woman は IP 指定部に留まっているため，ラベル付けにおける最小探査には可視的となるはずである．さらに興味深いことには，(34b) のように wh 演算子を追加すると容認度が上がると観察されている．この対比を説明するために，(34a) の埋め込み節の構造を以下として示す．

Copy 2

(35)　[$_{CP}$ op [that [$_{IP}$ [$_{NP1}$ which woman$_1$] was [$_{PredP}$ [$_{NP2}$ which woman$_2$]

Copy 1

in love with him]]]]

(35) では，TP 指定部に移動した which woman$_1$ が in-situ wh 演算子なので，そこから主節の作用域を取るために，空演算子が escape hatch である埋め込み節の CP 指定部まで移動する．その結果，CP フェイズにおいて (op, which woman$_1$)，(which woman$_1$, which woman$_2$) の二度の Form Copy が必要となり，2つ目の Form Copy の適用は which woman$_1$ の演算子部分が下位のコピーステータスを持つために失敗する．

一方で，追加の wh 演算子が含まれる (34b) の埋め込み節の構造を以下 (36) に示す（which woman を WH と示す）．[29] また，(37)，(38) にそれぞれの wh 演算子に関するコピー関係を表す．

(36) a.　[$_{CP}$ op$_1$ [op$_2$ [that WH$_1$ was [$_{PredP}$ op$_3$ WH$_2$ [Pred in love] [$_{PP}$ with which boy]]]]]

---

[29] (36) の構造は簡略化したものであり，詳細な構造は I 以下の構造をどのように考えるかによって異なる．ここでは，i. I がある種のフェイズ（PP in love もしくは述語構造を導入する PredP 等）と併合していること，ii. which boy が上位の CP フェイズから可視的であることの二点が必要となる．これらを満たすためにはいくつかの方法が考えられる．例えば，i. PP に対して他動詞の v*P と同様の構造を仮定して PIC 領域を変更し，フェイズ主要部の補部である love with which boy は他動詞の目的語同様 PIC 領域から外れると考え which boy を可視的にする，ii. P をある種の弱フェイズ（Chomsky (2008)）と考え，phase level operation は起きるが PIC 効果は表れないと考える，iii. PredP をフェイズとした上で，with which boy は右方付加により PIC 領域より外側に存在すると考える，といった選択肢がある．ここでは iii を仮定して議論を行う．

b.

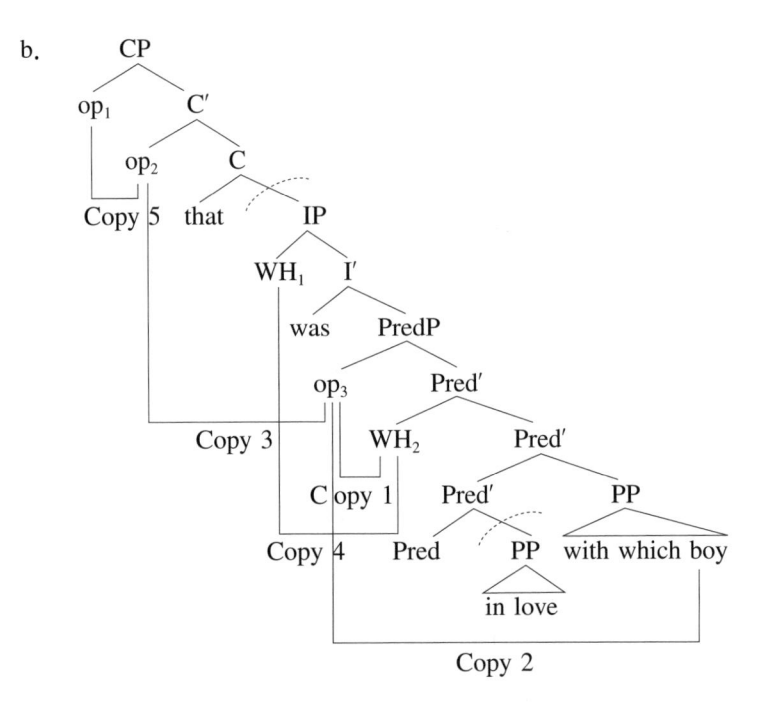

(37)　which woman に関するコピー関係

    a.　[$_{PredP}$ op$_3$ [WH$_2$ [[Pred [$_{PP}$ in love]] [$_{PP}$ with which boy]]]]

            Copy 1　　　　　　　　　　　　　　（PredP フェイズ）

                   Copy 4

    b.　[$_{CP}$ op$_1$ [op$_2$ [that [$_{IP}$ WH$_1$ [was [$_{PredP}$ op$_3$ [WH$_2$ [[Pred [$_{PP}$ in love]]

                 Copy 3

      [$_{PP}$ with which boy]]]]]]]]　　　　　（CP フェイズ）

    c.　解釈システムにおけるコピー連鎖：(op$_2$, WH$_1$, WH$_2$)

(38)　which boy に関するコピー関係

    a.　[$_{PredP}$ op$_3$ [WH$_2$ [[Pred [$_{PP}$ in love]] [$_{PP}$ with which boy]]]]

                  Copy 2　　　　　　　（PredP フェイズ）

    Copy 5

    b.　[$_{CP}$ op$_1$ [op$_2$ [that [$_{IP}$ WH$_1$ [was [$_{PredP}$ op$_3$ [WH$_2$ [[Pred [$_{PP}$ in love]]

      [$_{PP}$ with which boy]]]]]]]]]　　　　（主節フェイズ）

c.　解釈システムにおけるコピー連鎖：（op$_1$, op$_3$, which boy）

ここで，v*P と CP に加え，ある種の述語構造が完成した構造をフェイズとみなし，(36) では PredP が v*P 同様フェイズとして機能すると仮定する。[30] wh 演算子を含む PP with which boy は，CP フェイズで可視的になっている必要があるため，ここでは PredP フェイズの PIC 領域の外に付加していると考える。PredP フェイズにおいて，which boy から移動した op$_3$ は（op$_3$, WH$_2$）および（op$_3$, which boy）のコピー関係を形成する。その後 CP フェイズにおいて，（op$_2$, op$_3$），（WH$_1$, WH$_2$）のコピー関係が形成され，主節のフェイズで（op$_1$, op$_2$）の間にコピー関係が与えられる。既に議論したように，CP フェイズにおける（WH$_1$, WH$_2$）のコピー関係は，（op$_2$, op$_3$）のコピー関係により op$_3$ が統語論に不可視になった結果可能となる。その後，解釈システムにおいて which woman は（op$_2$, WH$_1$, WH$_2$）のコピー連鎖により解釈され，which boy は（op$_1$, op$_3$, which boy）のコピー連鎖の中で解釈される。この構造では，下位のコピーステータスを持つ要素が Form Copy に参与しておらず，また，op$_3$ が which boy のコピー連鎖に組み込まれることで A 関係の間に介在する A′ 要素もないために派生は収束する。一方で，3つ以上の wh 演算子があれば常に適格な構造が生まれるわけではない。

(39)　a. *We're trying to find out which man said to which boy that which woman was in love with you.　　　(Kayne (1983: 236))

　　　b. *We're trying to find out which man said that which woman thought that which boy would help her.　　　(Kayne (1983: 237))

(39a, b) は最も深い埋め込み節としてそれぞれ (40a, b) の構造を持ち，Copy 1 で下位のコピーステータスが与えられた which woman$_1$／which boy$_1$ が Copy 2 を与える Form Copy に参与できず派生が破綻する。

(40)

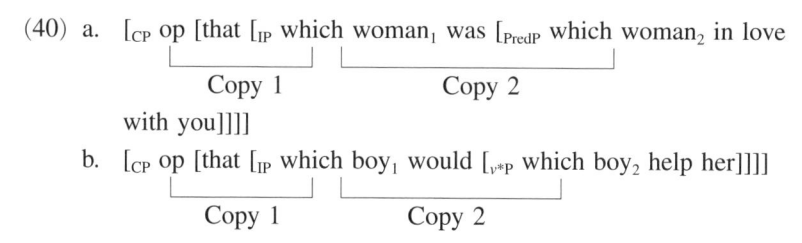

a. [$_{CP}$ op [that [$_{IP}$ which woman$_1$ was [$_{PredP}$ which woman$_2$ in love
　　　　　　　　　　Copy 1　　　　　　　　Copy 2
with you]]]]

b. [$_{CP}$ op [that [$_{IP}$ which boy$_1$ would [$_{v*P}$ which boy$_2$ help her]]]]
　　　　　　　　　　Copy 1　　　　　　　Copy 2

---

[30] 注24も参照.

次に，主語条件と関連して，主語の寄生空所構文を議論する．

(41) a. ?a person who people that talk to usually end up fascinated with
(Kayne (1983: 228))

　　 b. *a person who people that talk to usually end up fascinated with
him (Kayne (1983: 228))

非文法的となる (41b) の構造は以下のようになる．

(42)　[$_{NP}$ a person [$_{CP}$ who$_1$ [$_{CNP}$ people that talk to who$_2$]]] usually end up
fascinated with him

この構造では who$_1$ と who$_2$ の間に Form Copy が適用されるが，この場合の
関係は who$_1$ に意味役割が与えられず IM-copy となる．[31] したがって再構築
効果が得られるが，それが島である CNP を越えているため非文法的となる．
一方，主節からの移動が存在する (41a) は以下 (43) の構造を取る．[32] また，
各々のフェイズで与えられるコピー関係を (44) に示す．

(43) a.　[$_{NP}$ a person [$_{CP}$ who$_1$ C [$_{IP}$ [$_{CNP1}$ who$_2$ people that talk to who$_3$] I
usually [$_{v*P}$ who$_4$ [$_{CNP2}$ who$_5$ people that talk to who$_6$] end up fas-
cinated with who$_7$]]]

---

[31] who は関係節の演算子であり，(16) のように話題の解釈を持つわけでもないため，
M-gap の可能性はない．

[32] 一部の構造は省略している．

b.

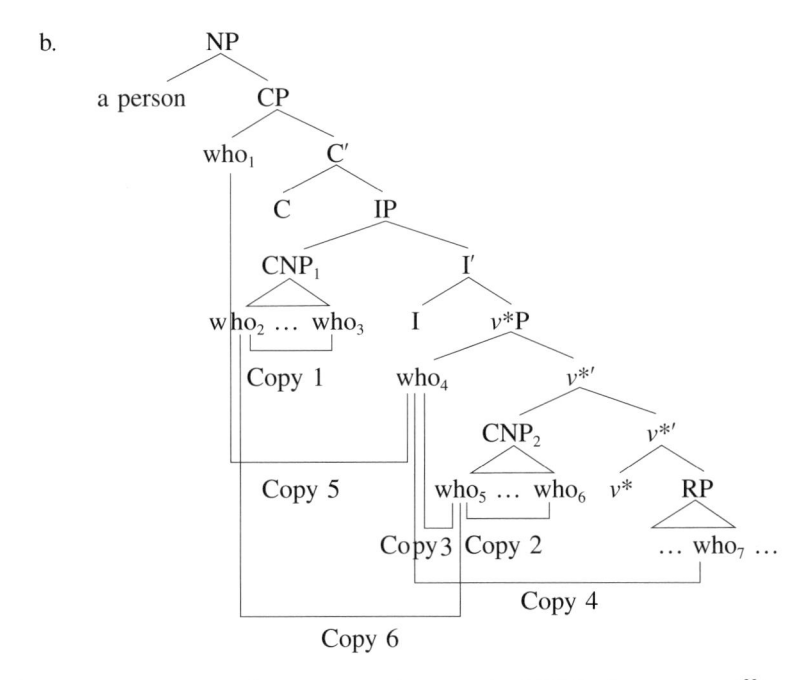

(44) a. $[_{CNP1}$ who$_2$ … who$_3$]　　$[_{CNP2}$ who$_5$ … who$_6$](CNP 内のフェイズ[33])

　　　 └──Copy 1──┘　　└──Copy 2──┘

---

[33] (44a) では CNP$_1$ と CNP$_2$ を独立に派生させているが，CNP$_1$ は CNP$_2$ が内的併合を受けたものであり，CNP$_1$ を一から派生させる必要はないのではないかという疑問が出てくる．しかし，下位のコピーステータスを持った要素は統語論に不可視であるという想定をとると，who$_6$ は下位のコピーステータスを持っているために，who$_6$ を含む CNP$_2$ の内的併合が失敗する．この解決策として，(44a) では CNP$_1$ を一から派生させ，CNP$_1$ を TP 指定部に外的併合させている．ここでの枠組みでは，外的／内的併合は統語論中では区別されず，解釈システムでのみ区別されるため問題はない．(CNP$_1$, CNP$_2$) の間にコピー関係が与えられた時にこのコピー関係は IM-copy と同定されるため，解釈システムでは内的併合を受けたと解釈される．別の解決策として，CNP$_1$ と CNP$_2$ の間の IM-copy を許すために，Ke (2023) の洞察を取り入れ，内的併合にかかる探査と Form Copy やラベル付けにかかる探査の種類を分ける可能性がある．探査は探査アルゴリズム，探査領域，探査対象の 3 つで定義されるが，このうち，Form Copy やラベル付けでは下位のコピーステータスを持った要素を探査対象とすることができないのに対し，併合操作にかかる探査の探査対象は下位のコピーステータスを持つ要素も対象になると想定することで，下位のコピーステータスを持つ who$_6$ を含む CNP$_2$ の内的併合が可能になる．これは，Form Copy やラベル付けは phase level operation であり，それらが適用するタイミングで下位のコピーステータスが与えられるため，それらの操作は下位のコピーステータスを検知することができるのに対し，併合操作は phase level operation とは

Copy 4

b.　$[_{v*P}$ who$_4$ $[[_{CNP2}$ who$_5$ ... who$_6]$ $[v*$ $[_{RP}$ ... who$_7$ ... $]]]]$

Copy 3　　　　　　　　　　　　　　　　　　（v*P フェイズ）

Copy 6

c.　$[_{CP}$ who$_1$ $[C$ $[_{IP}$ $[_{CNP1}$ who$_2$ ... who$_3]$ $[I$ $[_{v*P}$ who$_4$ $[[_{CNP2}$ who$_5$ ...

who$_6]$　　　　　　Copy 5

$[v*$ $[_{RP}$ ... who$_7$ ...$]]]]]]]]$　　　　　　　　　（CP フェイズ）

d.　解釈システムにおけるコピー連鎖：(who$_1$, who$_2$, who$_3$, who$_4$,
who$_5$, who$_6$, who$_7$)

まず，CNP におけるフェイズにおいて (who$_2$, who$_3$) および (who$_5$, who$_6$)
の間にコピー関係を与える．次に v*P フェイズでは，(who$_4$, who$_5$) および
(who$_4$, who$_7$) の間にコピー関係が与えられる．最後に CP フェイズにおいて，
(who$_1$, who$_4$)，(who$_2$, who$_5$) の間にコピー関係が与えられる．これまでの議
論で出てきているように，who$_4$ が下位のコピーステータスを得ることにより
who$_5$ は v*P フェイズにおいて Form Copy の適用時に可視的な要素となる．
また，解釈システムにおいて，(who$_4$, who$_7$) のコピー関係により who$_4$ が意
味役割を持つ要素となり，(who$_4$, who$_5$) の間のコピー関係は M-gap とみな
される．M-gap は再構築が起こらないために，CNP を越えた copy 関係が可
能となり，(43) は文法的となる．

　最後に，複合名詞句ではない場合の例を以下で考察する．

(45)　a.　?a person who close friends of admire　　　（Kayne (1983: 228)）
　　　b.　*a person who you admire because close friends of become fa-
　　　　　mous.　　　　　　　　　　　　　　　　　　（Kayne (1983: 228)）

まず，適格な (45a) は，以下 (46) の構造を取る．また，各々のフェイズで
与えられるコピー関係を (47) に示す．

(46)　a.　a person $[_{CP}$ who$_1$ C $[_{IP}$ $[_{NP1}$ close friends of who$_2]$ I $[_{v*P}$ who$_3$
　　　　　$[[_{NP2}$ close friends of who$_4]$ $[v*$ $[_{RP}$ who$_5$ [R who$_6]]]]]]]]$

適用するタイミングおよび性質が異なる操作であるため，下位のコピーステータスを見分ける
ことができず，全ての統語要素に適用可能であるとする考えである．

b.
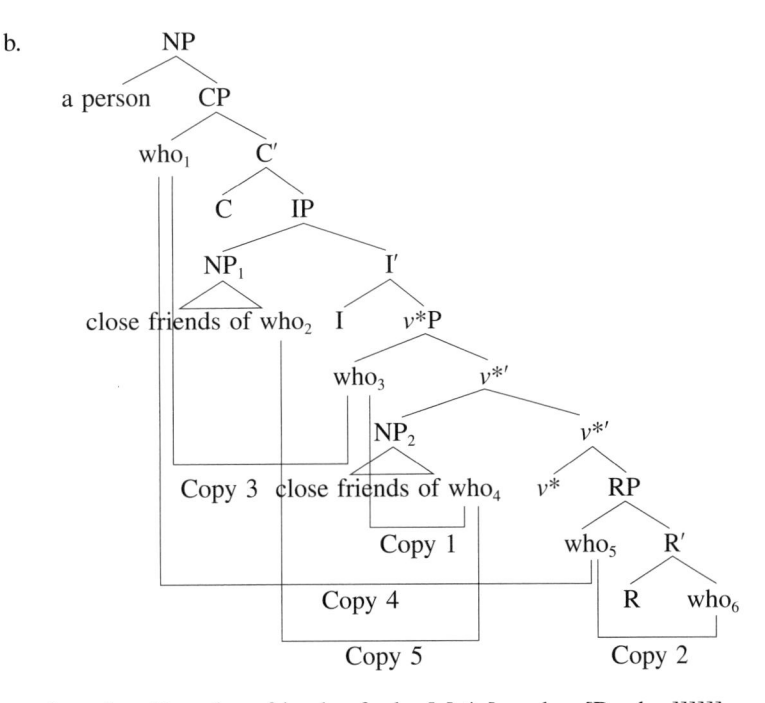

(47) a.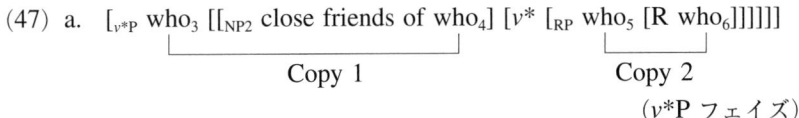

b.
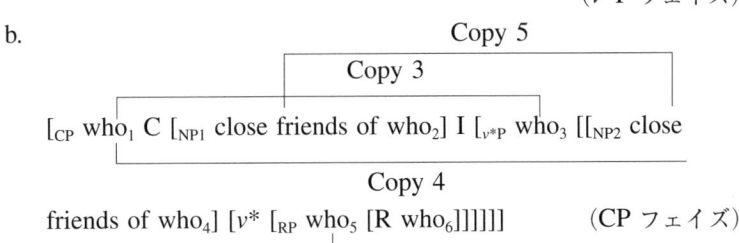

c. 解釈システムにおけるコピー連鎖：(who₁, who₂, who₃, who₄, who₅, who₆)

v*P フェイズにおいて，(who₃, who₄)，(who₅, who₆) の間にコピー関係が与えられ，who₆ が PIC により不可視となる．その後，CP フェイズで構造上高い位置から順に，(who₁, who₃)，(who₁, who₅)，(NP₁/who₂, NP₂/who₄) の間にコピー関係が与えられる．(who₂, who₄) の Form Copy の適用時には，

(who₁, who₃) のコピー関係によって who₃ が不可視となっているため，who₄
への Form Copy は問題がない．これに対し，不適格な (45b) の簡略化した
構造を以下 (48) に示す．

(48)　a person [who₁ [[you admire who₂] [$_{ADJ}$ who₃ because [close friends
　　　of who₄] become famous]]]

付加詞節 ADJ 内の who は，主節の who₁ とコピー関係が与えられるために，
who₃ 位置まで移動する必要があるが，その際主語からの抜き出しが含まれる
ため，(17a) と同様の理由で非文となる．

7.　残された問題とその解決

以下 (49) は本稿の提案では問題となる．[34]

(49)　[$_{AP1}$ How likely John₁ to win] [$_{CP}$ C John₂ is [$_{AP2}$ how likely John₃ to
　　　win]]

(49) では，A 移動で移動した残りの構造が文頭まで移動しているが，CP フェ
イズでの Form Copy は構造上上位のものから適用されるため，John₁ が下位
のコピーステータスを持つことが保証されない．この問題を解決するために，
PredP フェイズを立てる可能性が存在する．

(50)　[$_{PredP}$ John₂ Pred (be) [$_{AP2}$ how likely John₃ to win]]

この場合，PredP フェイズで (John₂, John₃) の間に Form Copy が適用し，
John₃ は下位のコピーステータスを持つ．その後，John₂ は IP 指定部へ移動
し，John₃ を含む AP₂ が CP 指定部に移動する．しかし，この場合 (AP₁,
AP₂) の間にコピー関係を与える際，AP₂ が下位のコピーステータスを持つ
John₃ を含むため，(20b) に基づくと Form Copy が失敗し派生が破綻してし
まう．これを回避するため，本稿で提案した制約 (20b) を緩め，以下 (51)
が代案として考えられる．

(51)　下位のコピーステータスを持つ要素からの Form Copy は禁止される．

(51) の動機付けとして，Form Copy で得られる copy pair (α_1, α_2) において，
上位のコピー α_1 はその copy pair を司る要素として機能する．したがって，

---

[34] (49) に対する近年の分析については Kitahara (2018)，Saito (2021) を参照．

α_1 は統語的に欠如した下位のコピーステータスを持つ要素であってはならないというものである.[35] (49) では,(AP_1, AP_2) の間にコピー関係が与えられる際,AP_1 は下位のコピーステータスを持っていないため問題ない.また,このコピー関係により,AP_1 と AP_2 は同一のものであることが保証されるため,$John_1$ は $John_3$ と同じく下位のコピーステータスが与えられる.

　しかしこの場合,本稿で中心的に扱っている主語条件の分析に問題が生じる可能性がある.

(52) a. *Who did stories about terrify John?　　　　　(= (21a))

　　 b. $[_{CP}$ who$_1$ C $[_{IP}$ $[_{NP1}$ stories about who$_2]$ $[I$ $[_{v*P}$ $[_{NP2}$ stories about who$_3]$ $[v^*$ $[…]]]]]]$

(52) において主語 NP_1 からの抜き出しが非文法的になるのは,CP フェイズで Form Copy が上の要素から適用した際,(who$_1$, who$_2$) の間にコピー関係が与えられることで,who$_2$ は下位のコピーステータスを持つため,(NP_1, NP_2) の間の Form Copy が失敗するというものであった.しかし,(51) の想定に従うと,下位のコピーステータスを持つ要素からでない限り Form Copy を自由に適用できるため,(who$_1$, who$_3$),(NP_1, NP_2) の順に Form Copy が適用すれば,下位のコピーステータスを持つ要素からの Form Copy の適用はなくなり,誤って派生が収束してしまう.しかし,この派生は以下 (53) から排除されると考えられる.

(53)　構造上同一の要素に c 統御関係がある場合,下位の要素は上位の要素から protect される.　　　　　(Chomsky (2021: 19))

(53) は Chomsky (2021) の Minimal Yield を導出する議論で重要な想定であり,本稿の議論とは独立に必要なものとなる.(53) に従うと,(52b) では Form Copy が適用する際,NP_2 は NP_1 から protect されるため,NP_1 内の who$_2$ を越えて (who$_1$, who$_3$) の間に Form Copy が適用できないということになる.したがって who$_1$ は who$_2$ とコピー関係を結ぶしかなく,その後の (NP_1, NP_2) の間の Form Copy は (51) の違反となる.

　以上この節では,本稿の中心的な提案である (20b) には問題となりうる現象を紹介し,(20b) を緩めた (51) の可能性を議論した.なお,(51) は本稿のこれまでの分析において採用しても問題は生じないため,(20b) と (51) は

---

[35] すなわち,注 33 の議論とは異なり,下位のコピーステータスを持つ要素は Form Copy の探査対象になり得ると想定することになる.

((49) の詳細な分析とともに) どちらも等しい可能性と考えるにとどめる.

8.　結論

　本稿では, 構造解釈における派生的アプローチと表示的アプローチの特徴を概観し, 表示的アプローチの下で Chomsky (2021) の Form Copy を用いる枠組みを提案した. この枠組みの下では, 外的/内的併合や意味役割の有無に基づく 2 種類のコピー関係は統語論中で区別される必要はなく, 統語論では Form Copy によって copy pair が与えられるのみであり, 意味役割は解釈システムにおいてその構造に基づき与えられる. その後, 与えられた copy pair からコピー連鎖が作られ, そこで初めて意味役割に基づき二種類のコピー関係の同定が行われる. Chomsky (2021) に従い, M-gap は内的併合によっては関係づけられない 2 つの要素の間に与えられるコピー関係である. Chomsky (2021) は, 意味役割を持つ要素, もしくは IM-copy により意味役割が継承されている要素同士の間のコピー関係が M-gap となると述べるが, 本稿ではその概念を拡張し, CP に (外的) 併合された要素は疑似的意味役割として, 話題解釈を持つことができ, それも述語から与えられる意味役割と同様に M-gap の条件とみなされることを提案した.

　5 節では, 解釈システムにおいては統語構造の高さは関係なく, 与えられたコピー関係を任意の順で同定することが可能であると考え, これまで派生的な制約だと考えられていた弱い島の制約を再構築の制約であると捉え, D-linked wh 演算子がかかわる例外を分析した.

　6 節では, Chomsky (2013, 2015) 以降で説明が取り残されていた ECP を扱った. 派生の中の制限として, 下位のコピーは Form Copy の適用対象にならないことを提案し, 主語条件, 優位性効果, in-situ wh 演算子が引き起こす that 痕跡効果, 主語の寄生空所構文の分析を行い, Kayne (1983) の提案を線形順序に頼ることなく引き出した. 主語の移動の制約についての類似の先行研究として, Kotzoglou (2010) は 1 つのフェイズ内に 2 つのコピーがあると非文になるという発音の制約を仮定し主語からの抜き出しを分析するが, 本研究のようにコピー形成の観点から主語の特殊性を説明することで, in-situ wh 演算子が主語になっている場合や, 追加で wh 演算子が存在すると例外的に主語の移動が許される現象にも提案を拡張でき, 先行研究では扱えない幅広い現象を原理的に説明できる. 最後に, 6 節でみた提案に対する問題となりうる現象を 7 節で紹介し, それも説明対象に含めた代案を提示した.

参考文献

Ambar, Manuela (2003) "Wh-asymmetries," *Asymmetry in Grammar Volume I: Syntax and Semantics*, ed. by Anna Maria di Sciullo, 209-251, John Benjamins, Amsterdam / Philadelphia.

Bode, Stefanie (2020) *Casting a Minimalist Eye on Adjuncts*, Routledge, New York.

Bošković, Željko (2002) "On Multiple Wh-Fronting," *Linguistic Inquiry* 33, 351-383.

Bošković, Željko (2018) "On Movement out of Moved Elements, Labels, and Phases," *Linguistic Inquiry* 49, 247-282.

Broekhuis, Hans (2005) "Extraction from Subjects: Some Remarks on Chomsky's *On Phases*," *Organizing Grammar: Studies in Honor of Henk van Riemsdijk*, ed. by Hans Broekhuis, Norbert Corver, Riny Huybregts, Ursula Kleinhenz and Jan Koster, 59-68, Mouton de Gruyter, Berlin / New York.

Chomsky, Noam (1957) *Syntactic Structures*, Mouton, The Hague / Paris.

Chomsky, Noam (1964) *Current Issues in Linguistic Theory*, Mouton, The Hague.

Chomsky, Noam (1970) "Remarks on Nominalization," *Readings in English Transformational Grammar*, ed. Roderick Jacobs and Peter Rosenbaum, 184-221, Ginn, Boston, MA.

Chomsky, Noam (1973) "Conditions on Transformations," *A Festschrift for Morris Halle*, ed. by Stephen R. Anderson and Paul Kiparsky, 232-286, Holt, Rinehart and Winston, New York.

Chomsky, Noam (1986) *Barriers*, MIT Press, Cambridge, MA.

Chomsky, Noam (1995) *The Minimalist Program*, MIT Press, Cambridge, MA.

Chomsky, Noam (1998) "Some Observations on Economy in Generative Grammar," *Is the Best Good Enough? Optimality and Competition in Syntax*, ed. by Pilar Barbosa, Daniel Fox, Paul Hagstrom, Martha McGinnis and David Pesetsky, 115-127, MIT Press, Cambridge, MA.

Chomsky, Noam (2000) "Minimalist Inquiries: The Framework," *Step by Step: Essays on Minimalist Syntax in Honor of Howard Lasnik*, ed. by Roger Martin, David Michaels and Juan Uriagereka, 89-155, MIT Press, Cambridge, MA.

Chomsky, Noam (2001) "Derivation by Phase," *Ken Hale: A Life in Language*, ed. by Michael Kenstowicz, 1-52, MIT Press, Cambridge, MA.

Chomsky, Noam (2004) "Beyond Explanatory Adequacy," *Structures and Beyond: The Cartography of Syntactic Structures*, Vol. 3, ed. by Adriana Belletti, 104-131, Oxford University Press, Oxford.

Chomsky, Noam (2008) "On Phases," *Foundational Issues in Linguistic Theory*, ed. by Robert Freidin, Carlos P. Otero and Maria L. Zubizarreta, 133-166, MIT Press, Cambridge, MA.

Chomsky, Noam (2013) "Problems of Projection," *Lingua* 130, 33–49.

Chomsky, Noam (2015) "Problems of Projection: Extensions," *Structures, Strategies and Beyond: Studies in Honour of Adriana Belletti*, ed. by di Domenico, Elisa, Cornelia Hamann and Simon Matteini, 3–16, John Benjamins, Amsterdam/Philadelphia.

Chomsky, Noam (2021) "Minimalism: Where Are We Now, and Where Can We Hope to Go," *Gengo Kenkyu* 160: 1–41.

Chomsky, Noam (to appear) "The Miracle Creed and SMT," *A Cartesian Dream: A Geometrical Account of Syntax. In Honor of Andrea Moro*, ed. by Matteo Greco and Davide Mocci, 17–40, Lingbuzz Press.

Chomsky Noam, T. Daniel Seely, Robert C. Berwick, Sandiway Fong, M.A.C. Huybregts, Hisatsugu Kitahara, Andrew McInnerney and Yushi Sugimoto (2023) *Merge and the Strong Minimalist Thesis*, Cambridge University Press, Cambridge.

Cinque, Guglielmo (1990) Types of Ā-Dependencies, MIT Press, Cambridge, MA.

Epstein, Samuel David, Erich M. Groat, Ruriko Kawashima and Hisatsugu Kitahara (1998) *A Derivational Approach to Syntactic Relations*, Oxford University Press, Oxford.

Gallego, Ángel J. and Juan Uriagereka (2007) "Condition on Sub-Extraction," *Coreference, Modality, and Focus*, ed. by Luis Eguren and Olga Fernández Soriano, 45–70, John Benjamins, Amsterdam/Philadelphia.

Hayashi, Norimasa (2022a) *Labels at the Interfaces: On the Notions and the Consequences of Merge and Contain*, Kyushu University Press, Fukuoka.

Hayashi, Norimasa (2022b) "Stefanie Bode, *Casting a Minimalist Eye on Adjuncts*," *Studies in English Literature*: 99, 126–137.

Hayashi, Norimasa (2024) "Deducing Parasitic Gaps from Form Copy," *The Fukuoka Linguistic Circle 50th Anniversary Memorial Essay Collection*, Kaitakusha, Tokyo.

Kandybowicz, Jason (2006) "Comp-Trace Effects Explained Away," *Proceedings of the 25th West Coast Conference on Formal Linguistics*, ed. by Donald Baumer, David Montero and Michael Scanlon, 220–228, Cascadilla Proceedings Project, Somerville, MA.

Kayne, Richard (1983) "Connectedness," *Linguistic Inquiry* 14, 223–249.

Kayne, Richard (2005) *Movement and Silence*, Oxford University Press, Oxford.

Ke, Alan Hezao (2022) "Can Agree and Labeling Be Reduced to Minimal Search?" *Linguistic Inquiry* Online Eary: 1–22.

Kitahara, Hisatsugu (2018) "Some Consequences of MERGE+3rd Factor Principles," *Reports of the Keio Institute for Cultural and Linguistic Studies* 49, 143–159.

Kitahara, Hisatsugu (2020) ""Multiple-Specifier" Constructions Revisited," *Reports of the Keio Institute for Cultural and Linguistic Studies* 51, 207–216.

Koopman, Hilda and Dominique Sportiche (1982) "Variables and the Bijection Principle," *The Linguistic Review* 2(2), 139-160.

Kotzoglou, George (2010) "(Non-)Extraction from Subjects as an Edge Phenomenon," *The Complementizer Phase: Subjects and Operators*, ed. by E. Phoevos Panagiotidis, Oxford University Press, Oxford.

Kuroda, S.-Y. (1969) "English Relativization and Certain Related Problems," *Modern Studies in English: Readings in Transformational Grammar*, ed. by David A. Reibel and Sanford A. Schane, 264-287, Prentice-Hall, Englewood Cliffs.

Lasnik, Howard and Mamoru Saito (1992) *Move α*, MIT Press, Cambridge, MA.

Müller, Gereon (2010) "On Deriving CED Effects from the PIC," *Linguistic Inquiry* 41, 35-82.

Pesetsky, David Michael (2017) "Complementizer-Trace Effects," *The Blackwell Companion to Syntax: Second Edition*, ed. by Martin Everaert and Henk C. van Riemsdijk, 993-1026, John Wiley & Sons, Hoboken.

Radford, Andrew (2018) *Colloquial English: Structure and Variation*, Cambridge University Press, Cambridge.

Reinhart, Tanya (1976) *The Syntactic Domain of Anaphora*, Doctoral dissertation, MIT.

Rizzi, Luigi (2004) "Locality and Left Periphery," *Structures and Beyond: The Cartography of Syntactic Structures*, Vol. 3, ed. by Adriana Belletti, 223-251, Oxford University Press, Oxford.

Ross, John Robert (1967) *Constraints on Variables in Syntax*, Doctoral dissertation, MIT.

Saito, Mamoru (2017) "Japanese Wh-Phrases as Operators with Unspecified Quantificational Force," *Language and Linguistics* 18, 1-25.

Saito, Mamoru (2021) "Two Notes on Copy Formation," *Nanzan Linguics* 17, 157-178.

di Sciullo, Anna Maria (2005) *Asymmetry in Morphology*, MIT Press, Cambridge, MA.

Tsai, Wei-Tien Dylan (1994) "On Nominal Islands and LF Extraction in Chinese," *Natural Language and Linguistic Theory* 12, 121-175.

Tsai, Wei-Tien Dylan (1999) "On Lexical Courtesy," *Journal of East Asian Linguistics* 8, 39-73.

Uriagereka, Juan (1988) *On Government*, Doctoral dissertation, University of Connecticut.

第 3 章

作業領域に基づく等位接続構造の構築[*]

中島 崇法

弘前大学

1. 序

　近年の極小主義理論では，文の構造は併合 (Merge) によって与えられるとされる．Chomsky (2019, 2020, 2021), Chomsky et al. (2019, 2023) は，併合を作業領域 (workspace, WS) から作業領域への写像として捉え直し，その定義を以下のように改めた．[1]

(1)　Merge $(P_1, ..., P_n, WS) = WS' = [\{P_1, ..., P_n\}, ...]$, satisfying SMT and LSCs.

作業領域とは派生のある段階における統辞体 (syntactic object) の集合である．併合は，WS 内の任意の個数の統辞体 $P_1, ... P_n$ から無順序集合 $\{P_1, ..., P_n\}$ を形成し，WS′ の元 (element) とする．この定義において併合は集合形成操作として最も単純な形の特徴づけがなされているが，併合は人間の言語能力の一部であるがゆえに，生得的に決定される言語固有の条件 (Language Specific Conditions, LSCs) および計算効率性などの計算一般に課される条件（第

---

[*] 本論は，日本英文学会東北支部第 78 回大会（於東北学院大学）ワークショップ「近年の生成文法理論の展開とその可能性」(2023 年 12 月 9 日（土））における口頭発表「作業領域における付加構造・等位接続構造の生成」および，同大会 Proceedings の内容を発展・修正させたものである．本論を準備するにあたり議論に協力いただいた石井透氏，後藤亘氏，齋藤章吾氏，堤博一氏，廣川貴朗氏に感謝申し上げる．本論の誤りや不十分な点は，言うまでもなく筆者に帰する．

[1] 本論では，統辞体を波括弧 { }，作業領域を角括弧 [ ] で表す．ただしこれは表記上の区別であり，統辞体も作業領域も集合 (set) であることに注意されたい．

三要因）によって制限を受ける．この意味で併合は，言語は最適に設計されているとする強い極小主義のテーゼ（Strong Minimalist Thesis, SMT）に従う．

SMT による併合の制限のもとでは，併合の入力となる P の個数は構造構築に必要な最小数，すなわち 2 つとなる．すなわち，(1) は (2) の形式をとる．

(2)　Merge $(P_1, P_2, WS) = WS' = [\{P_1, P_2\}, \dots]$

また，第三要因の一種である最小出力（Minimal Yield）と最小探査（Minimal Search）の帰結として，人間言語にとって利用可能な併合は外併合（External Merge）と内併合（Internal Merge）の 2 種類に限定される．さらに LSCs の一種である意味の二重性（duality of semantics）により，項構造関係の構築には外併合のみが，演算子・作用域関係の構築には内併合のみが用いられるよう併合の適用が制限される（SMT と LSC による併合の制限については，本書概説第 1 章第 2 節を参照されたい）．

極小主義理論は文の構造構築に用いられる操作を併合に一本化し，その定義と適用様式を最大限簡素化させることに取り組んできた．しかしその一方で，人間言語に見られる統辞構造の特徴を捉えるにあたり，併合への一本化が必ずしも成功しているとは言えない例も存在する．

(3)　a.　John thought [that Bill left early].
　　　b.　John will be angry [if Bill leaves early].
　　　c.　[John is angry] and [Bill is sad].

(3a) は従属構造（subordinated structure）の例である．この従属節は動詞 think との項構造関係に入るため，外併合によって導入されると考えられる．この意味で，従属構造は併合のみによって捉えることができる．一方，(3b) は付加構造（adjunction structure）の例であるが，これまでの極小主義理論では付加構造は対併合（Pair Merge, Chomsky (2004)）という併合とは異なる操作によって導入されると考えられてきた．また，(3c) は等位接続構造（co-ordination structure）の例であるが，この構造も併合とは異なる操作であるシークエンス形成（Form Sequence）によって形成されると主張されている（Chomsky (2020, 2021)）．[2]

---

[2] Chomsky (to appear) は，等位接続構造は併合の一部門をなす操作である集合形成（Form Set）によって与えられると主張している．もしこの提案が正しければ，ここで指摘する UG の複雑化の問題は生じない．しかしながら集合形成によって等位接続構造の諸特徴がいかに捉えられるかは十分検討されていない．本論は，集合形成に基づく提案とは異なる方向から等位接続構造の諸特徴に説明を試みる．

　しかしながら，こうした併合以外の操作を文の構造構築操作として仮定することは，構造構築操作に必要な操作を可能な限り最小化させようとする極小主義の精神に照らして概念的に好ましくない．とりわけ Chomsky et al. (2023: 230) が主張するように，UG の一部門として仮定される操作の数を増やすことは，ヒトの言語機能が生物進化の時間軸上極めて短い期間で生じた事実を説明するさいの被説明項を増やすことになるため，言語進化の問題への接近を困難にする（言い換えると，言語機能の進化可能性 (evolvability) の問題を生じる）．ゆえに，対併合やシークエンス形成といった操作は，可能な限り排除されることが望ましい．

　このため本論では，等位接続構造を併合のみによって構築する分析を提案し，文の構造構築を併合に一本化する試みに支持を与える．

　本論は以下のように構成されている．まず第 2 節において，付加構造を併合に一本化する Nakashima (2022)，中島 (2024) の提案を概観する．そしてこの枠組みの拡張として，等位接続構造の派生を提案する．次に第 3 節において，第 2 節での提案に基づいて等位接続制約 (Coordinate Structure Constraint) に説明を与える．第 4 節では，等位項間にみられる C 統御関係およびその欠如について前述の枠組みのもとで分析を試みる．第 5 節では，構造化される等位接続 (structured coordination) と構造化されない等位接続 (unstructured coordination) との違いについて論じる．第 6 節では本論の提案でうまく扱えない例について，分析の見通しを述べる．第 7 節は結論である．

2.　等位接続構造

　本節では，前述の併合の定義に基づいて等位接続構造の派生を提案する．まず Nakashima (2022)，中島 (2024) による付加構造の分析を 2.1 節で概観したのち，2.2 節で等位接続構造の分析を提案する．

2.1.　非対称併合

　Nakashima (2022)，中島 (2024) は，作業領域 (4) が与えられたさい，Merge(P, Q, WS) が (5) の 4 通りの作業領域を出力しうると主張した．

(4)　WS = [P, Q]

(5)　a.　WS′ = [{P, Q}]
　　　b.　WS′ = [{P, Q}, P]
　　　c.　WS′ = [{P, Q}, Q]

　　d.　WS′ = [{P, Q}, P, Q]

(5a) は通常の外併合であり，{P, Q} のみが作業領域に置かれる（一方，(4)
の段階で WS 内にあった P, Q は (5a) の段階では WS′ に残らない）．(5b)
は P が，(5c) は Q が作業領域に残り続ける派生である．(5b, d) は P, Q の
両者が作業領域に残り続けている．Nakashima (2022) は (5b, c) のタイプの
併合を非対称併合（Asymmetric Merge）と名付け，この非対称併合によって
付加構造が構築されると提案した．例えば，(3b) の付加構造は，作業領域に
置かれた主節と付加詞節を非対称併合によって併合し，付加詞節を作業領域に
残すことによって派生される．

(6) a.　WS = [CP$_1$, CP$_2$]
　　b.　WS′ = [{CP$_1$, CP$_2$}, CP$_2$]
　　　　(CP$_1$ = John will be angry,　CP$_2$ = if Bill leaves early)

　なお Chomsky (2021) は，作業領域の前段階にある統辞体を併合後も残す
(5) のような派生は最小出力によって排除されると主張する．最小出力とは，
併合によって構築される構造の個数は最大で 1 つ（すなわち，集合 {P, Q} の
み）であるとする条件である．すなわち (5b) では {P, Q} と P の 2 つが，
(5c) では {P, Q} と Q の 2 つが，(5d) では {P, Q}, P, Q の 3 つが新たに追
加されているため，このような派生は禁じられるとされる．
　一方 Chomsky (2021) は同時に，最小出力違反を回避する手立てとして最
小探査による保護（protection）を提案している．(7) をみよう．

(7) a.　WS = [{P$_1$, Q}]
　　b.　WS′ = [{P$_2$, {P$_1$, Q}}]

(7) の派生では，内併合によって集合 {P$_2$, {P$_1$, Q}} のほか，P$_2$ が新たに構造
に追加されている．このため一見 (7) では最小出力の違反が見られそうだが，
この問題は最小探査によって回避される．最小探査は併合などの操作の対象と
なる要素を探し出す操作であり，最小探査が構造内に対象をひとたび見つけ出
すと，その対象より構造上下位の領域（上位の要素の C 統御領域内）への同
一要素の探査は中止される．(7b) において最小探査が P$_2$ を見出すと，その
C 統御領域内での P$_1$ の探査は中止される．そのため，構造上下位の P$_2$ はあ
らゆる操作の対象から外れる（これを，P$_2$ よる P$_1$ の保護と呼ぶ．本論では，
保護された領域を網掛けで示す）．この考え方を利用すると，内併合によって
(7a) から (7b) を構築すると，P$_2$ の C 統御領域内に存在する P$_1$ は P$_2$ によっ

て保護され，いかなる操作にとってもアクセス可能ではなくなる．そのため，この派生では $\{P_2, \{P_1, Q\}\}$ と P_2 の 2 つが新たに追加されるが，P_1 が利用可能でなくなるためアクセス可能な構造の数の増加は 1 つに抑えられる．

　中島 (2024) はこの考えを応用し，(5b-d) における最小出力違反は最小探査による保護によって回避されると主張した．(8) から (9) の作業領域を作り出す派生をみよう．

(8)　WS = [P, Q]

(9)　a.　WS′ = [{P, Q}]

　　　b.　WS′ = [{P_1, Q}, P_2]

　　　c.　WS′ = [{P, Q_1}, Q_2]

　　　d.　WS′ = [{P_1, Q_1}, P_2, Q_2]

まず，(9b) では新たに $\{P_1, Q\}$ と P_2 の 2 つが構造に追加されるが，P_1 は P_2 によって保護される．なぜなら，作業領域は集合であるため（脚注 1 も参照せよ），P_2 はそれが属する集合（= WS′）の別の元（= $\{P_1, Q\}$）のタームである P_1 との間に C 統御関係が成立する．[3] したがって，(9b) において P_2 は P_1 を保護し，派生に追加される利用可能な構造の数を 1 つに抑える．同様に，(9c) において Q_2 は Q_1 を保護する．(9d) においては P_1, Q_1 のいずれもが P_2, Q_2 によって保護されている．したがって，Chomsky (2021) の主張とは異なり，(9b-d) のような派生は最小出力違反を生じない．

　中島 (2024) はこの提案に基づいて，付加詞条件 (Adjunct Condition) への説明を試みている．(10) を見よう．

---

[3] 中島 (2024) は Chomsky (2021) による以下の C 統御の定義を採用している．

　(i)　[S]uppose the operation O seeks to relate elements P and Q where neither is a term of the other. O will keep to the least search space, the smallest set containing one of them, say P. With P fixed, search for Q is then limited to R, the sister of P in the syntactic object {P, R}. In this case, P c-commands Q.

(Chomsky (2021: 18))

これによれば，ある要素 P から Q への C 統御関係は，P が集合 {P, R} の元であり，かつ Q が R（集合 {P, R} のもう 1 つの元）のタームである場合に成立する．そして，作業領域が統辞体と同じく集合として定義される以上，(i) の定義に照らせば作業領域の元と作業領域の別の元のタームとの間には C 統御関係が成立する．中島 (2024) のこの提案はいわば，これまで統辞体内部に限定していた C 統御関係を，作業領域内の要素間にも拡張したものである．作業領域と統辞体とを概念的に区別できない限り，このような拡張は自然なものといえよう．

(10) ?*Which book did [$_{TP}$ [$_{TP}$ John go to class] [$_{CP}$ after he read t]]?

(Lasnik and Saito (1993: 12))

(10) の派生を示したのが (11) である.

(11) a. WS = [TP, {$_{CP}$ {which, book}, {after, …}}]

b. WS′ = [{TP, {$_{CP1}$ {which, book}, {after, …}}}, CP$_2$]

c. WS″ = [{C, {TP, {$_{CP1}$ {which, book}, {after, …}}}}, CP$_2$]

d. *WS‴ = [{{which, book}, {C, {TP, {$_{CP1}$ {which, book}, {after, …}}}}}, CP$_2$]

(11a) は付加詞節の CP = after he read which book が構造に導入される前の段階である(ここでは wh 句が CP の端にあらかじめ移動している).非対称併合により付加詞節を導入すると,(11b) が得られる.このとき作業領域に残った CP$_2$ は構造内の CP$_1$ を C 統御しているため(この分析では C 統御関係が統辞体だけでなく作業領域に拡張されたことを思い起こしてほしい),CP$_1$ は最小探査によって保護される要素となる.したがって (11c) のように主節 C を導入したのち,(11d) のように保護領域内にある wh 句を内併合によって主節 CP の指定部に移動させることはできない.[4]

この提案は,付加詞内部からの移動ができない一方で,付加詞の移動自体は可能である事実にも説明を与えることができる.(12) を見よう.

(12) When did John go to class t?

(12) の派生を示したのが (13) である.

(13) a. WS = [TP, when]

b. WS′ = [{TP, when$_1$}, when$_2$]

c. WS″ = [{C, {TP, when$_1$}}, when$_2$]

d. WS‴ = [{when$_3$, {C, {TP, when$_1$}}}, when$_2$]

(13a) は付加詞 when が構造に導入される前の段階であり,非対称併合によって when を構造に導入すると (13b) が得られる.このとき作業領域に残った

---

[4] なお,CP$_2$ の指定部にも which book があるため,これを主節に「移動」することで (10) を派生できると考える人もいるかもしれない.しかし,このような派生は側方移動 (sideward movement) となるため,最小出力によって排除される(最小出力による側方移動の排除については,本書概説第 1 章 3 節を参照されたい).なお,この点は後藤亘氏に注意を促していただいた.

when$_2$ は when$_1$ を保護している. 主節の C を導入した段階が (13c) である.
このとき, when$_1$ は when$_2$ によって保護されているものの, 作業領域内の
when$_2$ は何にも保護されていない. そのためこれを併合によって CP 指定部に
導入することで (この操作によって導入された when を when$_3$ と表記する),
(13d) の構造を構築することができる.

2.2.　相互の非対称併合による等位接続構造の構築

　以上が Nakashima (2022), 中島 (2024) の提案の概観であるが, この研究
では (9d) のタイプの併合の利用可能性は論じられてこなかった. 一方本論で
は, (9d) の併合は等位接続構造の構築に利用されると提案する ((9d) のタイ
プの併合を以下, 等位併合 (Coordinate Merge) と呼ぼう). 具体例として,
(14) がどのように派生されるかをみよう.

(14)　Mary loves John and hates Bill.

(14) の派生を示したのが (15) である.

(15)　a.　WS = [VP$_1$, VP$_2$]
　　　b.　WS′ = [{VP$_1$, VP$_2$}, VP$_1$, VP$_2$]
　　　c.　WS″ = [{and, {VP$_1$, VP$_2$}}, VP$_1$, VP$_2$]
　　　　　…
　　　d.　WS‴ = [{C, {Mary, {T, {t_{Mary} {v*, {and, {VP$_1$, VP$_2$}}}}}}},
　　　　　　VP$_1$, VP$_2$]

(15a) は, 作業領域に VP$_1$ = love John, VP$_2$ = hate bill が独立して置かれて
いる段階である. この作業領域に等位併合を適用すると, (15b) が得られる.
ここでは集合 {VP$_1$, VP$_2$} が形成されているほか, 作業領域内にも VP$_1$ と
VP$_2$ が残っている. この集合 {VP$_1$, VP$_2$} に外併合によって等位接続詞 and
を導入すると, (15c) の構造が得られる.[5] そして, (15d) のように等位接続
構造外の要素を順次構築すると, (15d) が得られる.

　本論の分析はいわば, 等位接続構造を相互の付加構造 (mutual adjunction)
として取り扱うというものである.[6] 前述の通り, 非対称併合によって集合 {P,

---

[5]　等位接続詞の線形化の問題についてはここでは扱わない.

[6]　等位接続構造を相互の付加構造として扱う先行分析としては, Neelman et al. (2023) を
参照せよ. ただし本論の分析は, 以下の 2 点において彼らの分析と大きく異なる. まず, 彼
らの分析は等位接続制約に説明を与えない. 次に, 彼らの分析において等位接続構造は必ずし

Q} を構築する場合，作業領域には P, Q のいずれかが残され，{P, Q} 内の一方が他方の付加詞として振る舞う．一方，等位併合では P, Q のいずれもが作業領域に残るため，{P, Q} 内の P, Q の両者が互いの付加詞として振る舞う．

　等位接続構造を付加構造として扱う本論の分析は，以下の例からも支持される．

(16) a.　Bill met John and Mary.

　　 b.　*Bill met John Mary.

(16a) に示すように，等位接続構造 John and Mary は動詞 meet の内項として導入することができる．一方，(16b) のように等位接続なしに meet の内項として John と Mary を導入することはできない．(16b) の事実は，項と θ 役との一対一対応を要求する θ 基準 (Chomsky (1981)) によって捉えられる．[7] すなわち，もし (16b) で動詞 meet が内項に与える θ 役（主題 theme）が John と Mary のそれぞれに与えられるならば，1 つの θ 役が 2 つの項に与えられているため，θ 基準違反が生じる（あるいは，もし meet が内項に与える θ 役が John と Mary のいずれかにしか与えられないならば，θ 役を持たないもう一方の要素が θ 基準違反を引き起こす）．一方 (16a) では θ 基準違反は見られない．これは，動詞が内項に与える θ 役が John, Mary のそれぞれではなく John and Mary という単一の構成素に与えられているためである．(16a) の動詞句の構造および意味役割を図示すると (17a) のように，(16b) の動詞句の構造および意味役割を図示すると (17b) もしくは (17c) のようになる．

(17) a.　{met, {and, {John, Mary}}}$_{<Theme>}$

　　 b.　*{{met, John$_{<Theme>}$}, Mary$_{<Theme>}$}

　　 c.　*{{met, John$_{<Theme>}$}, Mary}

ここで，(17a) の等位接続構造全体が θ 役を受け取る一方で，等位接続された各要素は θ 役を受け取らない（さもなくば，(17a) は (17b) 同様に θ 基準違反として排除される）という事実に注意されたい．この事実は，等位接続された要素を付加詞として扱う上記の提案の帰結として説明される．本論の動詞句が構築される派生の段階において，作業領域は (17a) のようになる．

(18)　WS = [{met, {and, {John, Mary}}}, John, Mary]

も二項枝分かれ構造 (binary branching structure) をとる必要がないが，本論の分析では等位接続構造は必ず二項枝分かれ構造をとる（詳細については 5 節）．

[7] 　θ 基準は，Chomsky et al. (2023) では LSCs の一種として位置づけられている．

ここで，構造内の John, Mary は相互の非対称併合によって導入された要素，すなわち付加詞である．一般に付加詞は θ 役を受け取らないため，等位接続された各要素は動詞から θ 役を受け取ることがない．このためこの構造は θ 基準違反を回避することができる．そして，動詞が内項位置に与える θ 役は外併合によって動詞の補部に導入された {and, {John, Mary}} 全体に与えられる．

3. 等位接続制約

本節では，上記の提案を用いて等位接続制約に説明を試みる．等位接続制約とは等位項からの要素の抜き出しを禁じる条件であり（Ross (1967, 1986)），等位項自体の抜き出しを禁じる等位項制約（Conjunct Constraint）と等位項内部からの抜き出しを禁じる要素制約（Element Constraint）との 2 つに分類される．

(19) 等位項制約
    a. *What sofa will he put the chair between some table and *t*?
    b. *What table will he put the chair between *t* and some table?

                                      （Ross (1986: 97)）

(20) 要素制約
    a. *Who does Mary love *t* and hate Bill?
    b. *Who does Mary love Bill and hate *t*?

以下，3.1 節では要素制約を 2.2 節で提案した分析に基づいて説明する．3.2 節では等位項制約がこの分析の一見した反例となり得る可能性を指摘し，Oda (2017) の分析を用いてこの問題を解消する．

3.1. 等位項内部からの抜き出しの禁止

まず，要素制約を考察しよう．(20a) の派生を示したのが (21) である．

(21) a.   WS = [{$_{VP1}$ love, who}, VP$_2$]
    b.   WS′ = [{{$_{VP1}$ love, who}, VP$_2$}, VP$_1$, VP$_2$]
    c.   WS″ = [{and, {{$_{VP1}$ love, who}, VP$_2$}}, VP$_1$, VP$_2$]
        …
    d. *WS = [{who, {C, {Mary, {T, {t_{Mary} {t_{who}, {v*, {and, {{$_{VP1}$ love, t_{who}}, VP$_2$}}}}}}}}}, VP$_1$, VP$_2$]

(21a) は作業領域に独立に VP$_1$ = love who と VP$_2$ = hate Bill が置かれている

段階である．これらに等位併合を適用すると (21b) が得られる．(21c) は and を導入した段階である．このとき，作業領域内の VP_1 は等位構造内の VP_1 を C 統御しているため，VP_1 およびその内部の要素は保護される．保護された要素へは内併合を含む一切の操作を適用することができないため，(21d) のように who を（v*P フェイズの端を経由して）主節 CP 指定部へと移動させることはできない．

　(20b) の場合も同様に，保護されている VP_2 内の要素に内併合を適用できないことから説明される．

　(22)　*WS = [{who, {C, {Mary, {T, {t_{Mary} {t_{who}, {v*, {and, {VP₁, {$_{VP2}$ hate, t_{who}}}}}}}}}}}}, VP₁, VP₂]

　このように，要素制約は最小探査による保護に還元することができる．前述の通り付加詞条件は最小探査による保護の帰結であるため，この分析は要素制約と付加詞条件に対して SMT に基づく統一的な説明を与えることができる．

3.2.　等位項の抜き出しの禁止

　本提案の一見した反例が，(19) の等位項制約である．2.2 節で論じた通り，本論の提案は付加詞節からの抜き出しが不可能である一方付加詞自体の抜き出しは可能であると予測する．ゆえに，本論が等位接続構造を相互の付加構造として分析する限り，等位項からの抜き出しが不可能である一方，等位項の抜き出しは可能であると予測されてしまう．より具体的に，(19a) の派生として (23) をみよう．

　(23)　a.　WS = [{and, {{$_{DP1}$ what, sofa}, DP₂}}, DP₁, DP₂]
　　　　b.　WS′ = [{{$_{DP1}$ what, sofa}, {v*, {and, {{$_{DP1}$ what, sofa}, DP₂}}}},
　　　　　　　　DP₁, DP₂]
　　　　…
　　　　c.　WS‴ = [{{$_{DP1}$ what, sofa}, {C, {Mary, {T, {t_{Mary} {DP₁, {v*, {and,
　　　　　　　　{{$_{VP1}$ love, t_{who}}, DP₂}}}}}}}}}}}, DP₁, DP₂]

(23a) は等位接続構造が構築された段階である．このとき，構造内の DP_1 what sofa は作業領域内の DP_1 に保護されているので併合を受けることができないが，作業領域内の DP_1 は併合を受けることができる．そのためこれを等位構造外の位置（(23b) における v*P の端）に併合することで，等位接続構造外にコピーを設けることができる．そして，同じ要素を (23c) の主節の CP 指定部に外併合することよって，事実に反して等位項の摘出が可能となってし

まう.

　この問題を回避するために，本論では Oda（2017）の提案に従い，等位項制約は等位接続詞の接辞化要求によるものであると仮定する．Oda によれば，英語において等位項の移動によって等位接続詞が取り残されると，（痕跡への*- 標示（*-marking）のために）音声部門で破綻が生じる．したがって，等位項制約は統辞部門で移動が禁止されるためでなく，移動の結果が音声部門で解釈不可能な構造を生じる結果として分析することができる.

　事実，Oda が指摘するように，日本語のように等位接続詞が第一等位項に接語化することのできる言語では，等位項制約は見られない．（24a）では等位接続詞「と」が第一等位項に接語化することで容認度の大きな低下を免れてるが，「と」を接語化せず元位置に取り残す（24b）は非文法的となる.

(24) a. ?Kyoodai-to　　　kanojo-wa　*t* Toodai-ni
　　　　　Kyoto.Univ-and　she-TOP　　　Tokyo.Univ-DAT
　　　　　akogareteiru.
　　　　　admire
　　　　　'She admires Kyoto University and Tokyo University.'

　　　 b. *Kyoodai　　kanojo-wa　*t*-to Toodai-ni
　　　　　Kyoto.Univ　she-TOP　　　Tokyo.Univ-DAT
　　　　　akogareteiru.
　　　　　admire　　　　　　　　　　　　（Oda（2017: 344–347））

一方，要素制約は日本語においても回避不可能である.

(25) *Taro-o　John-wa　Yamada-kyoozyu-ga　*t*　home（&）　Hanako-o
　　　T.-ACC　J.-TOP　Y.-Prof-NOM　　　　　　praise　　H.-ACC
　　　shikatta　to　itta.
　　　scolded　C　said
　　　'John said that Prof. Yamada praised Taro and scolded Hanako.'
　　　　　　　　　　　　　　　　　　　　　　　　（Oda（2017: 344））

この事実は，等位項制約とは異なり要素制約を統辞部門における移動の制約の帰結とする本論の分析を支持する.

4. C 統御関係（およびその欠如）

　本節では，上記の提案を用いて等位項間にみられる C 統御関係およびその

欠如について説明を試みる．先行研究では，等位項間に C 統御関係があるか否かは議論が分かれる．そのため本節ではまず，先行研究における C 統御の有無を論じた経験的事実を検討したうえで，経験的に妥当と思われる例について分析を行う．

4.1.　量化詞束縛

等位項間の C 統御を支持する例として，まず量化詞束縛が挙げられる (Munn (1993))．Munn は (26) の事実を指摘し，第一等位項が第二等位項を非対称的に C 統御する証拠とした．

> (26) a. Every man$_i$ and his$_i$ dog went for a walk.
>   b. *His$_i$ dog and every man$_i$ went for a walk.
>
> (Munn (1993: 16))

この事実には，等位項間の C 統御を認めない立場から代案となる分析が提案されている．Progovac (1998), Ke et al. (2022), Neelman et al. (2023) によれば，(26a) にみられる量化詞束縛は第一等位項から第二等位項への C 統御ではなく，数量詞繰り上げ (Quantifier Raising, QR) を受けた第一等位項がより高い位置から第二等位項内の代名詞を束縛することによるものだとされる．Neelman et al. に従いこれを図式化すると (27) のようになる．

> (27)　[$_{TP}$ every man$_i$ [$_{TP}$ [t_i and his$_i$ dog] went for a walk]

このような分析が正しい限り，(26) の事実は等位項間の C 統御を示す証拠とはなり得ない．しかし，もし彼らの分析が正しければ，日本語のような数量詞繰り上げがない言語では，(26a) のような量化詞束縛はみられないと予測される．日本語において数量詞繰り上げがない事実は，Oku (2021) などが論じるように，(28) の例に逆作用域の読みが見られない点から支持される．

> (28)　Onnanoko-ga hitori dono　otokonoko-mo　suisenshita.
>   girl-NOM　　one　every boy-mo　　　remomended
>   a. There is x, x a girl such that for every y, y a boy, x recommend-
>   ed y. 　　　　　　　　　　　　　　　　　　　　　($\exists > \forall$)
>   b. *For every y, y a boy, there is x, x a girl such that x recommend-
>   ed y 　　　　　　　　　　　　　　　　　　　　($* \forall > \exists$)
>
> (Oku (2021: 109))

この予測に反して，(29) に示すように日本語においても第一等位項の要素は

第二等位項内の代名詞に束縛変項の読みを与えることができる.

(29)　Subeteno　kainushi$_i$-to　soitsu$_i$-no　　inu-ga　　sanpo-ni　itta.
　　　every　　　owner-and　　his/her-GEN　dog-NOM　walk-DAT　went
　　　'Every owner$_i$ and his$_i$/her$_i$ dog went for a walk.'

したがって，前述の QR を用いた分析には疑問の余地が残る．ゆえに第一等位項が第二等位項を C 統御するという Munn 主張は必ずしも棄却できない.

4.2.　束縛条件 C

次に，Munn（1993）による等位項間の C 統御を支持するもう 1 つの証拠をみよう．Munn は束縛条件 C の観点から，第一等位項が第二等位項を非対称的に C 統御すると主張した.

(30)　a.　John$_i$'s dog and him$_i$ went for a walk.
　　　b.　*He$_i$ and John$_i$'s dog went for a walk.　　　　（Munn (1993: 16)）

しかしながら Progovac（1998）によれば，この事実は束縛条件 C ではなく，代名詞の逆行照応がこの環境で不可能である点から説明される．(31) に示すように，he が John を C 統御しない環境でも he は後続文の John を指すことができないため，(30b) の非文法性を C 統御に求めることはできない.

(31)　*He$_i$ finally arrived. John$_i$'s dog went for a walk.

　　　　　　　　　　　　　　　　　　　　　　（Progovac (1998: 3)）

ゆえにこの分析が正しい限り，(30) の事実は等位項間の C 統御を必ずしも支持しない.

4.3.　束縛条件 A

今度は等位項間の C 統御がないとする証拠をみよう．Progovac（1998）は束縛条件 A の観点から，第一等位項から第二等位項への C 統御の欠如を支持する例として (32) を挙げた（Ke et al.（2022）も，発話主体照応の可能性を排除するために無生物の先行詞を用いて同様の観察をしている）.

(32)　*Either John$_i$ or a picture of himself$_i$ will suffice.

　　　　　　　　　　　　　　　　　　　　　　（Progovac (1998: 3)）

しかし，こうした事実を C 統御の欠如として分析するかには疑問の余地が残る．再帰代名詞の束縛は，再帰代名詞が先行詞に C 統御されているだけでは

なく，先行詞と再帰代名詞とが同一述語の項となる必要性があることが指摘されている (Reinhart and Reuland (1993))．一方 (32) においては，John と picture of himself は同一述語の項ではない（言い換えると，等位接続構造は項と述語からなる構造ではない）．したがって (32) の非文法性は，C 統御の欠如ではなく同一述語の項ではないという点に求められる可能性がある.[8]

4.4. NPI 認可

等位項間の C 統御がないとする他の証拠として，否定極性項目（negative polarly items, NPIs）の認可が挙げられる．Progovac (1998) は (33) の事実を指摘し，(33b) の非文法性を第一等位項の否定数量詞 nobody が第二等位項の NPI any dogs を C 統御しないことの証拠として扱った．

(33) a. He chased nobody and / or no dogs.

b. *He chased nobody and / or any dogs. (Progovac (1998: 3))

しかし，この事実観察には疑問が残る．Hoeksema の観察によれば，等位接続詞が or である場合には第一等位項の否定数量詞によって第二等位項の NPI が認可されるが，but である場合には認可されない．

(34) a. I met no professors or anyone else.

b. *I met no professors but any students. (Hoeksema (2000: 123))

このため，もし Progovac (1998) とは異なり Hoeksema (2000) の観察が正しければ，NPI 認可は C 統御の欠如の証拠とはならない．さらに Hoeksema によれば，(34) の文法性は C 統御の有無ではなく，下方含意の有無によって説明される．すなわち，(34a) の環境では下方含意が成立する (I met no professors or students は I met no professors or female students を含意する) 一方，(34b) の環境では下方含意が成立しない (I met no professors but students は I met no professors but female students を含意しない)．ゆえに NPI による事実も，C 統御の欠如を支持する証拠とならない．

4.5. 弱い束縛条件 C

最後に，Progovac が C 統御の欠如を支持する例として挙げている指示表現同士の束縛条件 C 違反の例をみよう．

---

[8] 堤博一氏の指摘（私信）による．

(35)　a.*?John$_i$ certainly likes John$_i$'s wife.

　　　b.　John$_i$ and John$_i$'s wife are certainly invited.

(Progovac（1998: 3））

(35) では，主語の指示表現 John が目的語内の同一の指示表現 John を C 統
御し，容認度が低下している（このように，代名詞ではなく指示表現が別の指
示表現を束縛する場合，代名詞からの束縛に比べてゆるやかな容認度の低下が
見られる）．一方 (35) では，第一等位項と第二等位項の指示表現の間にこの
ような容認度の低下はみられない．

　筆者が知る限り，この事実に対する代案となる分析は見当たらない．ゆえに
本論では，(35) の事実を第一等位項から第二等位項への C 統御がない証拠と
して扱う．

4.6.　分析

　以上を整理すると，等位項間の C 統御に関して現在のところ妥当な証拠は
以下の量化詞束縛と弱い束縛条件 C の 2 つである．

(36)　a.　[$_{DP1}$ Every man$_i$] and [$_{DP2}$ his$_i$ dog] went for a walk.

　　　b.　[$_{DP1}$ John$_i$] and [$_{DP2}$ John$_i$'s wife] are certainly invited.

これらの事実は一見したところ矛盾している．(36a) では DP$_1$ が DP$_2$ を C 統
御し量化詞束縛が成立している一方，(36b) では DP$_1$ が DP$_2$ を C 統御して
おらず束縛条件 C 違反を回避しているように見える．

　この事実は，本論の提案によって説明される．等位接続構造は同一要素を作
業領域に残す等位併合によって導入されるため，(36) の等位接続構造には
(37) の作業領域が与えられる（等位接続構造が生起している主語位置の構造
のみを示す）．

(37)　a.　WS = [{and {$_{DP1\alpha}$ every, man}$_i$, {$_{DP2\alpha}$ his$_i$, dog}}, DP$_{1\beta}$, DP$_{2\beta}$]

　　　b.　WS = [{and {$_{DP1\alpha}$ John}$_i$, {$_{DP2\alpha}$ John$_i$'s, wife}}, DP$_{1\beta}$, DP$_{2\beta}$]

(37a) において被束縛要素 his dog は，等位接続構造内に DP$_{2\alpha}$ としてひとつ，
作業領域内に DP$_{2\beta}$ としてもうひとつ同一要素のコピーをもつ．束縛解釈は解
釈部門でのコピーの解釈位置において与えられると仮定すると（Chomsky
(1993))，(37a) において DP$_{2\alpha}$ の位置で his dog を解釈した場合，his dog
は等位接続構造内の every man から C 統御を受け，束縛解釈を得ることができ
きる（なお，DP$_{2\alpha}$ ではなく DP$_{2\beta}$ の位置で解釈する選択肢も認められる．ただ

しその場合は束縛変項解釈が得られない）．一方，(37b) では John's wife は $DP_{2\alpha}$ と $DP_{2\beta}$ の位置にコピーを有しているが，$DP_{2\beta}$ の位置で解釈を与えると，等位接続構造内の John からの C 統御および束縛条件 C の違反を回避することができる（同様に，$DP_{2\beta}$ ではなく $DP_{2\alpha}$ の位置でコピーを解釈してもよい．ただしその場合は束縛条件 C により出力が排除される）．

　このように，(36) にみられる C 統御に関する一見矛盾した振る舞いは，作業領域内のいずれかのコピーが解釈にとって利用可能であるという点から説明される．

5.　構造化されない等位接続

　本論は，等位接続構造が統辞部門において併合によって構築されると論じた．ゆえに，併合が (2) に示すように二項関係である以上，等位構造もかならず二項関係となる．言い換えると，本論の分析は等位接続される要素の数が必ず 2 つとなると予測する．ゆえに，3 つ以上の要素が等位接続される場合，併合を再帰的に適用するか，統辞部門外で構築することが必要となる．本節の目的は，この予測を検証することである．本節では特に，2 つの要素を等位接続する構造は統辞部門で内部構造が与えられる等位接続（構造化される等位接続，structured coordination）として分析する．一方，3 つ以上の要素を等位接続する例は内部構造のない等位接続（構造化されない等位接続，unstructured coordination）として分析し，Ott (2022) に従い，統辞部門ではなく談話部門で構築されるものとして扱う．

　3 つ以上の等位項が現れている場合，二項関係を再帰的に構築した場合とそうでない場合とで解釈に違いがあることが観察されている．まず，等位接続詞を繰り返し用いて 3 つ以上の要素を導入する例として (38) をみよう．

(38)　Hobbs and Rhodes and Barnes lifted the rock.

　　a.　Hobbs and Rodes and Barnes each lifted the rock.

　　b.　Hobbs and Rhodes lifted the rock together and Barnes lifted it on his own.

　　c.　Hobbs lifted the rock on his own and Rhodes and Barnes lifted it together.

　　d.　Hobbs and Rodes and Barnes lifted the rock together.

(Borsley (2005: 468))

(38) の文は，(38a–d) に示す 4 通りの解釈がすべて可能である．(38a) は，3

名の人物が独立に岩を持ち上げたという解釈である（これを分配読み（distribu-
tive reading）と呼ぶ）．(38b) は Hobbs と Rhodes のみが一緒に岩を持ち上
げ，Barnes が独立に持ち上げたという解釈である．(38c) は Hobbs が独立に
岩を持ち上げ，Rhodes と Barnes が一緒に持ち上げたという解釈である．最
後に (38d) は，3 名の人物すべてが一緒に持ち上げたという解釈である（この
解釈を集合読み（collective reading）と呼ぶ）．

　これに対して，等位接続詞を 1 つしか用いずに 3 つ以上の要素を接続する
例として (39) をみよう．

(39)　Hobbs, Rhodes, and Barnes lifted the rock.
　　　a.　Hobbs and Rodes and Barnes each lifted the rock.
　　　b. *Hobbs and Rhodes lifted the rock together and Barnes lifted it
　　　　　on his own.
　　　c. *Hobbs lifted the rock on his own and Rhodes and Barnes lifted
　　　　　it together.
　　　d.　Hobbs and Rodes and Barnes lifted the rock together.

(Borsley (2005: 468))

(38) とは異なり，(39) では分配読みと集合読みしか認められず，3 名のうち
2 名だけが一緒に岩を持ち上げる (39b, c) の解釈は得られない．

　(38) の解釈は，統辞部門で併合を再帰的に適用して構築された (40) の構
造から説明される．

(40)　a.　{and, {{and {Hobbs, Rhodes}}, Barnes}} lifted a piano.
　　　b.　{and, {Hobbs, {and {Rhodes, Barnes}}}} lifted a piano.

(40a) は Hobbs と Rhodes を等位接続したのちに Barnes を等位接続する構
造である．(40b) は Rhodes と Barnes を等位接続したのちに Hobbs を等位
接続する構造である．(38a) の分配読みは，(40a, b) のいずれの構造におい
ても，すべての等位項に対してイベント lifted a piano を分配することによっ
て得られる．一方，(40a) において構成素 {Hobbs, Rhodes} と構成素 Barnes
とでイベントを分配すると (38b) の読みが得られる．(38c) の読みは，構造
(40b) において構成素 Hobbs と構成素 {Rhodes, Barnes} とでイベントを分
配することによって得られる．(38d) の集合読みは，(40a, b) いずれにおい
てもイベントを分配しないことによって得られる．

　3 つ以上の要素を接続する (39) のタイプについて，本論はこれを構造化さ
れない等位接続として分析する．特に Ott (2022) に従い，構造化されない等

位接続は談話部門において複数の文から省略操作によって派生されると仮定す
る．Ott の分析によれば，(39) のような等位接続構造は (41) のように 3 つの
独立した文に対して省略操作を適用することによって得られる（省略箇所を取
り消し線で示す）．

(41)　Hobbs ~~lifted the rock~~. Rhodes ~~lifted the rock~~. Barnes lifted the
　　　rock.

(39) は (41) のような独立した複数の文から派生されるために，分配読みが
利用可能となる．集合読みについては，Ott によれば (42) のような発音され
ない代名詞を含む構造から得られる．

(42)　Hobbs ~~lifted the rock~~. Rhodes ~~lifted the rock~~. Barnes ~~lifted the~~
　　　~~rock~~. ~~They~~ lifted the rock.

(42) では空の代名詞 they が Hobbs, Rhodes, Barnes の 3 名の集合を指示
しており，これにより集合読みが得られる．重要なことに，(41), (42) いず
れの構造においても，Hobbs, Rhodes, Barnes のいずれか 2 つのみが構成素
をなすことはない．したがって (39) において (39b, c) の読みが利用不可能
であることが説明される．
　この分析は，日本語の事実からも支持される．(43) に示すように，日本語
における等位接続詞「と」は文と文との接続には利用できない一方，「そして」
は文と文との接続に利用できる．

(43)　a. *Taro-ga　iwa-o　　　mochiageta. To　　Jiro-ga　iwa-o
　　　　　T.-NOM　rock-ACC　lifted　　　　and　J.-NOM　rock-ACC
　　　　　mochiageta.
　　　　　lifted
　　　b. Taro-ga　iwa-o　　　mochiageta. Soshite　Jiro-ga
　　　　　T.-NOM　rock-ACC　lifted　　　　and　　　J.-NOM
　　　　　iwa-o　　　mochiageta.
　　　　　rock-ACC　lifted
　　　　　'Taro lifted a rock. And Jiro lifted a rock.'

この事実から，「そして」は談話部門で文を接続する場合にのみ用いられるこ
とが示唆される．そして上記の分析が正しければ，「と」を用いる等位接続構
造は統辞部門で構築されるがゆえに (38a-d) に対応する読みすべてが利用可
能である一方，「そして」を用いる等位接続は談話部門で構築されるため分配

読みと集合読みのみが利用可能であると予測される．そして，この予測は正しい．(44), (45) をみよう．[9, 10]

(44)　Taro-to　Jiro-to　Saburo-ga　iwa-o　　　mochiageta.
　　　 T.-and　 J.-and　 S.-NOM　　 rock-ACC　lifted
　　　 'Taro and Jiro and Saburo lifted a rock'

　　a.　Taro and Jiro and Saburo each lifted the rock.

　　b.　?Taro and Jiro lifted the rock together and Saburo lifted it on his own.

　　c.　Taro lifted the rock on his own and Jiro and Saburo lifted it together.

　　d.　Taro lifted the rock on his own and Jiro and Saburo lifted it together.

(45)　Taro,　Jiro,　soshite　Saburo-ga　iwa-o　　　mochiageta.
　　　 T.　　 J.　　 and　　　S.-NOM　　 rock-ACC　lifted
　　　 'Taro and Jiro and Saburo lifted a rock'

　　a.　Taro and Jiro and Saburo each lifted the rock.

　　b.　*Taro and Jiro lifted the rock together and Saburo lifted it on his own.

　　c.　*Taro lifted the rock on his own and Jiro and Saburo lifted it together.

　　d.　Taro lifted the rock on his own and Jiro and Saburo lifted it together.

(44) ではどの読みにも大きな容認度の差は見られない．一方 (45) では分配読みと集合読みのみが利用可能であり，3 人のうち 2 名のみで集合読みをする (45b, c) の解釈は利用不可能である．したがって，この判断が正しい限り，(39) のタイプの等位接続構造は談話部門で与えられるとする本論の分析が支持される．

---

　[9] (44b) では「次郎」と「三郎」との間に，(44c) では「太郎」と「次郎」との間にイントネーション境界が置かれる．

　[10] 容認性判断は筆者による．なお，必ずしもすべての話者がこのような判断を示すわけではない．3 人のインフォーマントのうち 1 名は筆者と同一の判断を示したが，うち 1 人は (45b, c) は (45a, d) に比べ容認度が劣るものの，完全に不可能ではないと判断した．また別の 1 人は，(45d) は (45a-c) に比べ容認度が劣るものの，(45a) と (45b, c) との間に容認度の差はないとの判断を示した．

6.　残された課題

　最後に，本論の分析に残された課題として，等位項からの全域的 (across-the-board, ATB) 摘出について議論しよう．Ross（1967）以来，等位項内部からの移動は，すべての等位項内部から同一の要素の移動が起きている場合に限り認められることが観察されてきた．この事実を示したのが (46) である．

(46)　Who does Mary love t and hate t?

　この事実は本論の提案にとって問題となる．なぜなら，等位項は作業領域に残された要素によって保護されているため，それらの内部からの摘出は不可能であると本論の分析は誤って予測してしまう（(46) の構造を (47) に示す）．

(47)　*WS = [{who, {C, {Mary, {T, {t_{Mary} {t_{who}, {v*, {and, {{$_{VP1}$ love, t_{who}} {$_{VP2}$ hate, t_{who}}}}}}}}}}}, VP$_1$, VP$_2$]

　この事実を捉えるために，以下では Chomsky（to appear）のボックス理論 (box theory) に基づく説明を試みる（ボックス理論の詳細については本書概説第 1 章第 3 節を参照）．特に，Goto and Ishii（2023）による ATB 移動の分析を拡張し，等位項の一部からの移動が不可能である一方で ATB 移動は認められる事実を，動詞句接続に限定しながら説明する．

　ボックス理論によれば，長距離 wh 移動をする要素は v*P フェイズの端に抜き出され，C 主要部からアクセスされることによりその CP 指定部位置で解釈/外在化を受ける．この考えに基づき Goto and Ishii は，(46) のような ATB 摘出の例が以下の構造をとると提案した．

(48)　{C, {Mary {I, {$_{v*P1}$ 「who」 {v*, {love, t}}} and {$_{v*P2}$ 「who」 {v*, {hate t}}}}}}}

(48) において wh 移動は v*P フェイズの端まででしか起きておらず，主節 CP の指定部まで who が移動することはない．しかし主節 C は v*P フェイズの端まで内併合した要素（これをボックス要素と呼び，四角囲みによって表す）にアクセスすることができ，このようにしてアクセスした who を CP 指定部で解釈/外在化することによって (46) を派生することができる．

　重要なことに，この分析では v*P フェイズが等位接続されている限り，等位項からの内併合なしに ATB 摘出の例を派生することができる．したがって (49) のように等位項が保護されていたとしても，ボックス要素へのアクセスによって (46) を派生することができる．

(49)　WS = [{C, {Mary {I, {and, {{$_{v*P1}$ $\boxed{\text{who}}$, {v*, {love, t}}}, {$_{v*P2}$ $\boxed{\text{who}}$ {v*, {hate t}}}}}}}}, v*P$_1$, v*P$_2$]

　この分析にはしかし，要素制約を違反する例を誤って容認可能とするという問題がある．例えば，(20a) に対して以下の構造を与えることができる．

(50)　WS = [{C, {Mary {I, {and, {{$_{v*P1}$ $\boxed{\text{who}}$, {v*, {love, t}}}, {$_{v*P2}$ v*, {hate Bill}}}}}}}}, v*P$_1$, v*P$_2$]

この構造では，第一等位項の内部のみで who の内併合とボックス化が起きている．そして，C が第一等位項のボックス要素にアクセスすることで，(20a) を誤って派生してしまう．

　この問題を回避するために，本論は等位接続に課される並行性条件 (parallelism condition) の一種として以下を仮定する．

(51)　フェイズの等位接続は，非拡張フェイズ同士もしくは拡張フェイズ同士の接続である限り認められる．

ここでは，フェイズの端に摘出要素を含んでいるフェイズを拡張フェイズ，含んでいないフェイズを非拡張フェイズと呼ぶ．そのため (51) の制約は，等位接続されたフェイズの端の一方に要素を含む (50) のような構造を排除する．

　なおこの条件のもとでも，(52) のように非拡張フェイズ同士を接続し，一方の等位項のみからボックス位置までの内併合を適用することで (20a) を派生することはできない．

(52)　WS = [{C, {Mary {I, {$\boxed{\text{who}}$, {and, {$_{v*P1}$ v*, {love, t}}, {$_{v*P2}$ v*, {hate Bill}}}}}}}}, v*P$_1$, v*P$_2$]

(52) では，接続されている非拡張フェイズは作業領域内の要素によって保護されており，ボックス位置への内併合の適用が禁止される．

　このように，本論の分析をボックス理論に基づく Goto and Ishii (2023) の ATB 分析および (51) の並行性条件と結びつけることで，要素制約および ATB 摘出に対して説明を与えることができる．ただしこの分析には以下 3 つの課題が残る．まず，(51) の条件はいくぶん場当たり的 (ad-hoc) であるため，より一般性の高い原理に還元することができるか否かを検討する必要がある．また，この分析を v*P 接続より大きい領域での接続 (IP 接続，CP 接続) にまで拡張できるかも検討しなくてはならない．第三に，この分析は，(10) ((53) に再掲) に示す付加詞条件の例を誤って容認可能だと予測しかねない．

本節の分析に従えば，(53) は主節の C が派生に導入された段階で (54) の構造をもつ．

(53) ?*Which book did [$_{\text{TP}}$ [$_{\text{TP}}$ John go to class] [$_{\text{CP}}$ after he read t]]?

(54)　WS = [{C, {TP, {$_{\text{CP1}}$ {which, book}, {after, … {which book, {v*, {read, t}}}}}}}}], CP$_2$]

(54) において，wh 移動は付加詞節の v*P フェイズの端までしか起きておらず，保護による摘出の禁止を回避している．そして主節の C がボックス化された which book にアクセスすることによって（言い換えると，(49) をもとに (46) を派生することが可能であるのと同じ理由によって）(53) を誤って派生してしまう．[11] そのため，本節で示唆した分析のもとでも付加詞条件を扱うことができるかを（言い換えると，3.1 節で示した付加詞条件と等位接続制約との統一的分析がボックス理論下においても維持することができるかどうかを）今後検討しなければならない．

7.　結語

　本論では，統辞部門における構造構築操作は併合のみであるという極小主義理論において追求されている仮説に基づき，等位接続構造の新たな分析を提案した．そしてこの分析に基づき，等位接続制約，等位項間の C 統御の有無，そして構造化された等位接続と構造化されない等位接続との差異について説明を試みた．

　最後に，本論の提案を近年の極小理論で追求されている方向性の中で位置づけておこう．Chomsky (to appear) は LSCs の観点から，文の構造構築操作の適用と意味関係との間に何らかの結びつきがある可能性を示唆している．Chomsky はこれを，原理 T として定式化している．

(55)　Principle [T]: All relations and structure-building operations (SBO) are thought-related, with semantic properties interpreted at CI.

(Chomsky (to appear))

項構造関係の構築には外併合のみが，演算子・作用域関係の構築には内併合のみが用いられるとする意味の二重性は，この帰結として捉えられる．

　そして本論の提案が正しければ，内併合，外併合と並んで非対称併合，等位

---

[11] この点は後藤亘氏に注意を促していただいた.

併合も CI における解釈と結びついていると予期される．事実，非対称併合に
よって構築される付加構造は修飾関係（修飾要素と被修飾要素の非対称的な関
係）と，等位併合によって構築される等位接続構造は要素間の並列関係と結び
ついている．このため，人間言語の節構造として従属構造，付加構造，等位接
続構造が見られるという事実は，それぞれ外併合，非対称併合，並列併合が併
合の一種として利用可能であり，それらが解釈システムの要求する意味解釈と
結びついているという点から説明できる可能性が示唆される．

図：従属・付加・等位接続構造を構築する操作と意味関係との対応

構造	操作	意味関係
従属	外併合	項構造関係
付加	非対称併合	修飾関係
等位接続	等位併合	並列関係

参考文献

Borsley, Robert (2005) "Against ConjP," *Lingua* 115, 461–482.

Chomsky, Noam (1981) *Lectures on Government and Binding*, Mouton de Gryter, Berlin.

Chomsky, Noam (1993) "A Minimalist Program for Linguistic Theory," *The View from Building 20: Essays in Linguistics in Honor of Sylvain Bromberger*, ed. by Ken Hale and Samuel J, Keyser, 1–52, MIT Press, Cambridge, MA.

Chomsky, Noam (2004) "Beyond Explanatory Adequacy," *Structures and Beyond*, ed. by Adriana Belletti, 104–131, Oxford University Press, Oxford.

Chomsky, Noam (2013) "Problems of Projection," *Lingua* 130, 33–49.

Chomsky, Noam (2020) "The UCLA Lectures," ms., https://ling.auf.net/lingbuzz/ 005485

Chomsky, Noam (2021) "Minimalism: Where Are We Now, and Where Can We Hope to Go," *Gengo Kenkyu* 160, 1–41.

Chomsky (to appear) "The Miracle Creed and SMT," ed. by Matteo Greco and Davide Mocci.

Chomsky, Noam, Ángel J. Gallego and Dennis Ott (2019) "Generative Grammar and the Faculty of Language: Insights, Questions and Challenges," *Catalan Journal of Linguistics* Special Issue, 2019, 229–261.

Chomsky, Noam, Daniel T. Seely, Robert C. Berwick, Sandiway Fong, M.A.C. Huygregts, Hisatsugu Kitahara, Andrew McInnerney and Yushi Sugimoto (2023)

Merge and the Strong Minimalist Thesis, Cambridge University Press, Cambridge.

Goto, Nobu and Toru Ishii (2023) "Deriving ATB from Box System," *Proceedings of the 25th Seoul International Conference on Generative Grammar* 24, 1-21.

Hoeksema, Jack (2000) "Negative Polarity Items: Triggering, Scope, and C-Command," *Negation and Polarity: Syntactic and Semantic Perspectives*, ed. by Laurence R. Horn and Kato Yasuhiko, 115-146, Oxford University Press, New York.

Ke, Alan Hezao, Andrew AcInnerney and Yushi Sugimoto (2022) "Lack of C-Command in Coordinate Structures: Evidence from Binding," paper presented at the 45th Generative Linguistics in the Old World (GLOW), April 28, 2022.

Lasnik, Howard and Mamoru Saito (1993) *Move α: Conditions on Its Application and Output*, MIT Press, Cambridge, MA.

Munn, Alan Boag (1993) *Topics in the Syntax and Semantics of Coordinate Structures*, Doctoral dissertation, The University of Maryland.

Neelman, Ad, Joy Philip, Misako Tanaka and Hans van de Koot (2023) "Subordination and Binary Branching," *Syntax* 26, 41-84.

Nakashima, Takanori (2022) "How to Generate Adjuncts by MERGE," *Proceedings of NELS* 52, 251-260.

中島崇法 (2024)「併合とボックス理論に基づく項と付加詞の非対称性の分析」『人文社会科学論叢 人文科学篇』16 号, 1-11, 弘前大学人文社会科学部.

Oda, Hiromune (2017) "Two Types of the Coordinate Structure Constraint and Rescue by PF Deletion," *Proceedings of NELS* 47, 343-356.

Oku, Satoshi (2021) "A Labeling-Based Approach to Overt/Covert Distinction: A Case Study of Quantification and Scrambling in Japanese and English," *Nanzan Linguistics* 16, 107-131.

Ott, Dennis (2022) "Unbounded Sequences as Paratactic Configurations," *Proceedings of NELS* 52, 275-284.

Progovac, Ljiljana (1998) "Structure for Coordination, Part I," *Glot International* 3, 3-9.

Reinhart, Tayna and Eric Reuland (1993) "Reflexivity," *Linguistic Inquiry* 24, 657-720.

Ross, John Robert (1967) *Constraints on Variables in Syntax*, Doctoral dissertation, MIT. [Published as Ross (1986)]

Ross, John Robert (1986) *Infinite Syntax!*, Alex Publishing, Norwood.

第4章

命題領域の構築から節領域における叙述構造の形成[*]

宗像　孝

横浜国立大学

1.　概説

　Chomsky (to appear) において，UG の演算メカニズムは，Conceptual-Intentional System（概念思考体系/C-I）が最適な形式で構造から意味を読み取れる入力を提供することが規定されており，演算メカニズムは C-I が必要とする意味解釈項目を言語構造に反映させる．この演算では，命題領域から節領域の投射（mapping）が核となり，演算メカニズムは併合を用いることで C-I の入力となる統辞構造を出力として産出する．すなわち，述部の核になる動詞・形容詞などの概念事象構造（conceptual event structure）を核にして，命題領域に対応する構造を構築する．一方で，節領域の構築では，C-I の思考・意図/Intention に関係する C 領域の構築に加え，概念事象構造にある項を vP/VP 内から INFL 指定部に移動する．結果として，命題領域から節領域の投射が完了し，節領域に対応する統辞構造が構築される．

　この構造構築は，Chomsky (to appear) が示すように演算を行うメカニズムである以上，最小演算性など最適な形でデザインされるべきであり，命題領域から節領域の投射を含めて，C-I への入力として機能する統辞構造も最適な演算の産物になる．

　本稿では，演算メカニズムが統辞構造を構築する過程を精査し，最小演算性

＊ 本稿は，日本言語学会第 166 回大会（2023 年 6 月 17 日）及び慶應言語学コロキアム（2023 年 9 月 9 日，10 日）で発表した内容の一部を加筆して，発展させたものである．企画に賛同してくれた北田伸一氏，小町将之氏，大宗純氏に深い謝意を申し上げるとともに，参加した聴衆の皆様にお礼申し上げる．有益で貴重なコメントをいただいた大宗純氏と外部査読者の方にこの場を借りて，感謝を申し上げる．

に従い，構造構築の演算メカニズムが入力になるものを作り出し，言語特有の特徴を満たす構造を作り出す役割も併せ持っているからこそ，最適な形で演算メカニズムを形成していることを示す．

　また，Chomsky（to appear）はこの演算メカニズムが演算メカニズムに関する第三要因によって，最適に設計されており，最小演算性の基で，C-I に合致する絶好の出力となる統辞構造を産出するために，コピー形成が単純な命題領域を越えて，コントロール構文など複数の概念事象構造にまたがる構文が表出することを示している．本稿では，このいわゆる極小主義の強いテーゼ/SMT（Strong Minimalist Thesis）の促進的役割（enabling functions）も概念事象構造という C-I の特徴から導きだせることを示し，演算メカニズムの設計の最適性を追い求める．

2.　命題領域と節領域：投射の役割と演算メカニズムの最適性

　Chomsky（to appear）では，概念事象構造に基づいて，外的併合が行われ，命題領域が完成するとしている．概念事象構造の核となるのは述語である語根（Root）である．[1] この語根が統辞構造に導入され，述語として核になり命題領域を形成する．

　ここで動詞・V を例にとって派生をながめてみる．内項に与える θ 役割があると，補部に項が外的併合され，{V, NP/内項} として統辞構造を成す．対して，概念事象構造が外項の θ 役割を有す場合は，述部の意味に対応する v が外的併合され，その後に外項が外的併合にて v の指定部に導入される．このように，{NP/外項, v, {V, 内項}} という統辞構造が構築されてから，概念事象構造の構成要素である主要部と項が外的併合で基底生成され，vP-VP の統辞構造の構築を通し，述語の概念事象構造を構造に反映する．C-I は外的併合によって作られた命題領域の統辞構造から，概念事象構造を読み取り，語根の意味に基づき，項に外項・内項の述語に対応する θ 役割を付与する．結果，統辞構造が概念事象構造と外的併合を通じて密接な結びつきがあるので，C-I は難なく概念事象構造の格子に基づいて概念事象構造を読み取れる．

　一方，節領域は概念事象構造に関わる vP-VP の外にある統辞構造に対応し，INFL 主要部を含み，C を核とする統辞構造を形成する．Chomsky は命題領域から節領域の投射の例として，vP 指定部にある外項が内的併合を経て，INFLP(IP) の指定部への移動を取り上げている．この内的併合後の構造に基

---

[1] 本稿では，便宜上，v/V の組を扱うが，a/A の組や n/N の組も述語になるので，本稿の分析が同様に適用されうる．

づいて，C-I は移動した外項に叙述性という意味役割（semantic role）を付与する．他方，C 領域は談話領域など情報構造，発話行為・命題的態度（force など）に携わり，意図性に関係する（cf. Rizzi (1997), Uriagereka (1999, 2008)）と言われ，C を導入することで節領域に対応する統辞構造である CP-IP が完成する．そして，統辞構造に基づいて，C-I が節全体にわたる解釈を与える．[2]

　以上のように，UG の演算メカニズムは概念事象構造を具現化する命題領域に対応する統辞構造を作り上げた上で，INFL や C を導入し，節領域に対応する統辞構造を構築し，節全体に広がる意味解釈を統辞構造に反映させる．換言すれば，最初に命題領域の概念事象構造が表す事象（状況・行為など）の入力を作り出す．この命題領域を土台にし，INFL や C を外的併合し，IP-CP を構築し，節領域に受け渡し，節全体の意味解釈を反映させる．つまり，節の意味に関係する格子を作り出すことが C-I の入力に対する条件となりうる．

　このように UG の演算メカニズムが C-I の特徴に従い，演算がデザインされているのに対し，統辞構造を作り上げていく上で，言語に関する特質及び第三要因の働きはどのようになっているのであろうか．Chomsky (2021, to appear) をなぞり，派生をながめていき，検討が必要な個所について，次節以降で詰めていくことにする．

　Chomsky は，上記で説明したように C-I に最適な入力となる統辞構造を与えることをあげ，具体的には概念事象構造を言及している．この概念事象構造は Language Specific Conditions（LSCs／言語固有の条件）の１つであり，命題領域に対応する構造の構築をする際に概念事象構造を命題領域に最適に反映するように C-I が課した条件であり C-I に隣接して構造構築を行う言語に課された特有の条件ともいえる．一方，最小演算性の特徴として，マルコフ演算性と最小探索・定性（stability）の特徴をあげている．外項と内項の概念事象構造（cf. Maienborn (2011)）を持つ beat を例として考えてみる．

(1) a. Students beat professors.

  b. ∃e beat (e) (& Agent (e, students) & Theme (e, professors))

(2) i. [students, beat, INFL, v, professors]

  ii. [{beat, professors}, students, INFL, v]

  iii. [{v, {beat, professors}}, students, INFL]

---

[2] 節全体に関与する vP 内の内的併合と C 領域に関係する内的併合及び意味解釈は概説第 3 章第 2 節の「ボックス理論」の項を参照すること．なお，本稿では叙述構造を主に扱うので，INFL 指定部の内的併合のみ取り扱う．

    iv.   [{students, v, {beat, professors}}, INFL]

    v.   [{INFL, {students, v, {beat, professors}}}]

    vi. [{students$_1$, INFL, {students$_2$, v, {beat, professors}}}].

ワークスペースには (2i) のように語彙項目が並び，構造構築の演算の対象となる。[3] beat は概念事象構造 (1b) から内項を取るので，外的併合にて，professors が beat の補部に導入される。[4] 次に，beat は外項を取るので，(2iii) で v を外的併合にて，{beat, professors} と組み合わせる。外項の students が外的併合にて構造に導入され，(2iv) のように命題領域に対応する統辞構造ができ上がる。

　節領域に対応する構造構築では，(2v) のように最初に INFL が外的併合で導入される。その後に，INFL 指定部に外項の students が内的併合にて移動する。

　最後に，INFL 指定部にある students$_1$ は vP 指定部にある students$_2$ と内的併合で結びついており，内的併合にて派生されているために student$_1$ が students$_2$ を C 統御する C 統御配置を成している。また，定性の原理から語彙項目の students の個体 (inscription) は同一の演算領域だと均一と見なされ，コピー形成の条件を満たすので，students$_1$ と students$_2$ はコピーと見なされ，命題領域から節領域に投射が完了する（マルコフ演算性など詳細は概説の序論と第 2 章第 1 節参照）。[5]

---

　[3] レキシコン (Lexicon) から語彙項目を選択し，ワークスペースに保存する経緯については，概説の石井・後藤が担当する第 1 章第 2 節「併合を中心とした概念の説明」を参照すること。
　[4] Chomsky (1995) 以来，演算メカニズムは統辞演算の先読み (look ahead) を行えず，結果を参照できない（概説 序論参照）。しかし，概念事象構造を基に外的併合を行うとしたら，併合時に演算メカニズムは C-I にある概念事象構造の情報を参照する必要があるが，完成した統辞構造と概念事象構造の対応情報を先読みできないし，出力として算出した統辞構造を C-I で対応関係を確認することになり，外的併合が θ 位置に限定されるという要求は併合時に適用するのは難しいように思える（本書 研究論文 第 2 章「コピーの区別に対する表示的分析とその帰結」参照）。可能性として，概念事象構造がレキシコンに存在し，言語特有のものとして扱われており，C-I が参照できるものとして扱われる。結果，C-I の意味解釈に関係するので，概念事象構造を言語構造に反映することが間接的に必要となり，C-I も解釈しないと構造に意味を与えられない。ゆえに概念事象構造は常に構造に反映され，C-I はレキシコンを参照し，統辞構造を基に概念事象構造を読み取ることが考えられる。
　もう一つの可能性は，概念事象構造がワークスペース導入時に併合が作り出す姉妹関係にて表されるとしたら，演算メカニズムが外的併合を行う際に制限が最初から適用される可能性はありえる。詳細は Reinhart (2016), Munakata (2009), Uriagereka (2008) を参照すること。
　[5] C が必ず外的併合をするかどうかも議論の余地があるが，不要であれば，本稿では統辞構造に導入されないと考える。C 領域の併合については脚注 2 を参照すること。

　出力された統辞構造は C-I にて読み取られ，統辞構造に応じて解釈が与えられる．項は外的併合位置に応じて，概念事象構造に基づいて θ 役割を与えられる．また，INFL 指定部の students₁ は叙述の意味役割を与えられ，存在前提の解釈が与えられる（概説　第 1 章第 3 節，第 2 章第 1 節及び第 3 章第 2 節を参照／ Diesing（1992））．

　上記のようにながめてみると，コピー形成の所を中心に第三要因が影響を及ぼして，命題領域で LSCs が関与していることも見えてくる．しかしながら，よく派生過程を検討すると，(3) に列挙される疑問が出てくる．

　(3)　A.　命題領域
　　　　i.　v の選択と役割
　　　B.　節領域
　　　　i.　INFL の外的併合
　　　　ii.　外項の外的併合の義務的適用
　　　　iii.　最小探索が外項の内的併合の適用を優先する
　　　C.　C-I[6]
　　　　i.　叙述の意味役割（と存在前提解釈）の出どころ

(3A) の命題領域について，詳細な議論と分析を次節に譲るので，本節では (3B) の節領域と (3C) の C-I について考えていきたい．

　(3Bi) において，文構造に対応する統辞体の主要部が INFL と仮定されている．Chomsky は以下のような例をあげて，時制（Tense）ではなく，INFLが主要部であると論じている．[7]

　(4)　a.　John arrives every day at noon and met Bill yesterday.

　　　　　　　　　　　　　　　　　　　　　　　　(Chomsky (2021: (44)))

　　　b.　John ate dinner an hour before and will come here soon.

もし，時制が文の主要部だとしたら，(4a) のように動詞の時制が異なったり，時制を帯びる主要部が (4b) のように等位接続構造で動詞と INFL 主要部に分かれたりすることはないと主張し，暫定で文の主要部は ϕ 素性を担う INFLを用いている．

---

[6]　概念事象構造の意味解釈については姉妹関係で読み取られる可能性がある．詳細は脚注 4 を参照すること．
[7]　時制主要部が事象を選択し，命題などの核になっていることは Guéron and Lecarme (2004) を参照すること．

では，INFL が文の主要部を占めるとしたら，C-I が何らかの理由で統辞構造に INFL を主要部に組み込むことを要求しているはずである．INFL は φ 素性の担い手であり，人称素性 (person feature) によって，述部が表す事象の視点を定めている (cf. Martin (1996))．Sudo (2012) も代名詞と人称素性を絡めて，発信者 (addresser)・受取人 (hearer) の当事者と第三者 (-addresser/-hearer) に分けて論じている．例えば，人称素性を含めた φ 素性の一致関係により，(5a) では，事象の主体が発信者であり，(5b) では当事者ではない第三者が中心の事象・状況を示している．

(5) a. I usually join meetings in person.
　　b. Sana controls the defense of the YNU lacrosse team.

C-I は解釈する際に，人称素性の一致関係により命題領域が表す事象の主体を定め，後述する叙述構造とともに節領域の主眼 (at-issue) になっているものを節の解釈として明示する．

　本稿では上記の観察に基づいて，INFL は人称関係の一致関係で命題領域が表す事象の主体を表すだけでなく，指定部に来る主語の内的併合によって叙述構造を作り出し，節領域の主眼を表しているので，C-I が INFL を外的併合にて統辞構造に反映するよう要求すると提案する．[8] 命題領域に対応する構造構築では，概念事象構造の項と事象の内容のみ反映されるが，演算メカニズムが INFL を導入し，構造構築を成すことで節領域において主眼となる統辞体と事象の主体となる統辞体の情報を反映させているとしたら，命題領域から節領域の投射を完了させるために，INFL 主要部の外的併合は節領域の構造構築に必要になる．

　上記の議論は (3Bii) の特徴に答えを与える．(3Bii) を考えてみると，数多くの言語で統辞体は INFL 指定部に移動することが義務的になっており，Chomsky (1995) の EPP 効果 (EPP Effects) を始め分析の主流である．Chomsky は命題領域から節領域の投射に関連して，外項の INFL 指定部の内的併合による移動を言及しているが，上記のように，INFL の外的併合を軸にして構造構築を進め，INFL 指定部に統辞体を併合することで節領域の主眼を表すとしたら，節領域に対応する入力に必須な演算操作となる．つまり，C-I で読み取る節領域に必須な情報を反映する構造を構築し，命題領域から節領域

---

[8] 節領域が視点・談話における指標変換 (indexical shift) などを定め，法 (mood) や代名詞の解釈に影響を及ぼしていることは Moltmann (2022), Safir (2004), Sudo (2012) を参照すること．

を作り出すのに欠かせないものだと考えられる．そして，内的併合は C 統御配置を作り出し，INFL 指定部にある統辞体（students$_1$）と基底生成先で θ 役割により概念事象構造の項として解釈を受ける統辞体（students$_2$）のコピー形成を通じて，命題領域と節領域を結び付けるのである．

　次に（3Biii）について考えてみる．

(6)　Students$_i$ (of Linguistic Department) said that students$_j$ (of Philoso-py Department) beat professors.

　　i.　$[\{_\alpha$ INFL, {students$_2$, v, {beat, professors}}}, students$_3$ …]

　　ii.　$[\{$students$_1$, $\{_\alpha$ INFL, {students$_2$, v, {beat, professors}}}}, students$_3$ …]

　　iii.　*$[\{$students$_3$, $\{_\alpha$ INFL, {students$_2$, v, {beat, professors}}}}] …]

(6) の文を派生する際に，従属節の INFL を導入した時点で (6i) のようになり，演算メカニズムは α を併合の対象に選択し，組み合わせる他の統辞体を探索する．この場合，統辞構造 α 内の students を選択して，内的併合を行うか，ワークスペースにある students$_3$ を選び，外的併合を行うか，どちらかを選択する．Chomsky (2021) は，演算メカニズムは第三要因である最小演算性に従う最小探索の性質から，α を探索の対象として同定し，そのまま α の内部を探索し，students$_2$ を併合対象とし，(6ii) を作り出すと提示している．理由は，ワークスペースに併合対象の探索をかけると，ワークスペース全体が探索領域になり，語彙項目や統辞体をまんべんなく探索する必要があり，探索領域が膨大になるが，α に探索領域を定めると，探索領域が最初から限定されて，探索領域は格段と狭まる．ゆえに，students$_1$ の内的併合による移動が義務的であり，students$_3$ の外的併合からできた (6iii) は排除される．[9]

　そうなると，命題領域に対応する統辞構造が構築された後に，そのまま構造を構築すると，最小探索により併合の対象となる構造の内部からもう一方の統辞体を併合対策として選ぶことになる．結果として，内部構造で一番近い外項（非対格動詞の場合，内項）が必ず選択され，内的併合にて INFL 指定部に移動することが導かれる．そして，この移動は第三要因からも Chomsky (1995) が問題としてきた EPP 効果の必然性が上記のように導かれる訳である．この内的併合に関与した students$_1$ と students$_2$ のコピー形成の内的併合の特徴が

---

[9] 探索領域の最小演算性に関係する議論は本書概説 序論及び第 1 章第 2 節及び第 3 章第 1 節の項を参照すること．なお，この提案に対する疑問については本書の第 II 部第 2 章の林論文が述べている．

最小演算性に特徴づけられているのは大変興味深い.

　このようにして，上記の演算過程は全て第三要因である最小演算性に沿って，演算メカニズムが内的併合を行い，C-I が定める節領域の解釈に必要なことを反映している構造構築を最適な形で満たして，命題領域から節領域を受け渡しているので，SMT に沿って演算が進んでいることを示している.

　最後に (3Ci) について取り扱う. 上記の路線を推し進めると INFL 指定部にある統辞体 XP が {INFL, vP} など命題領域を含み，述部に相当するものと叙述関係を結び，XP を主眼にして述部が表す事象を述べることになる. 構造に着目すると XP と {INFL, vP} は姉妹関係であり，構造上の関係から，C-I にとって命題領域を成す概念事象構造の主体を表すだけではなく {INFL, vP} からなる述部が姉妹関係にある XP を叙述するのに最適な読取形式である. この姉妹関係の構築は命題領域から節領域の投射に関わる XP の内的併合による移動で導出されていることに着目すると，C-I の要請である節領域構築と連動して自然と導かれることになり，何をしなくても C-I はこの構造関係から叙述関係を与えられ，最適な演算になっている.

　加えて，XP はコピー形成により，概念事象構造の θ 役割を受け取る基底生成先と結びつけられて意味解釈を与えられるので，概念事象構造が表す事象に項としても結び付けられていることに留意したい. 結果，叙述関係という節領域の意味役割と命題領域の θ 役割を与えられることで，命題領域と節領域の投射を保証しているのである.

　ここまで，命題領域から節領域の投射に対応する構造構築を振り返ったが，(3B) と (3C) の疑問の答えを合わせると，以下 (7) のように演算メカニズムが最小演算性と概念事象構造に基づいて，最適な形で C-I の意味解釈で用いられる叙述構造を導き出している.[10]

(7) A.　命題領域
　　i.　外的併合 → 概念事象構造の反映 → 命題領域の読取
　　ii.　C-I :
　　　　命題領域にて主要部と外的併合の適用位置から，概念事象構造
　　　　を読み取る

---

[10] 命題領域に対応する vP と節領域に対応する CP が両方ともフェーズを成し，演算領域を設定することも C-I の要請から導き出せる可能性がある (cf. Grohmann (2003), Munakata (2009), Uriagereka (2008)). 本書の序論が示すように，演算領域が拡大すれば，演算量が増えるが，統辞領域であるフェーズは最小演算性に従いつつも，概念事象構造の要請に応えていることになる.

B.　節領域
  i.　INFL 外的併合：
     人称素性 / ϕ 素性 → 一致関係により事象の主体を示す
  ii.　最小探索：
     構築中の構造内の命題領域にある外項（非対格動詞の場合，内
     項）を選択し，内的併合を行う
  iii.　内的併合：命題領域から節領域の投射を保証する
     ｛外項（非対格動詞の場合は内項），｛INFL, vP / 命題領域｝｝
     → 命題領域に基づいた叙述構造の派生
  iv.　コピー形成：内的併合から自動的に導出
     内的併合で移動した統辞体と基底生成の θ 役割を結び付け，命
     題領域と節領域の関係を保証
  v.　C-I
     INFL と叙述構造から，節領域の必要な解釈を読み取り，コ
     ピー形成から叙述構造と概念事象構造を結び付ける

　以上のように，命題領域から節領域の構築まで，概念事象構造の反映から叙述構造の派生まで，演算メカニズムのデザイン設計は LSCs と第三要因に従って最適な形で行われている．以上のことは SMT を基に，洞察を深めた結果であり，今後の研究に多大な示唆を与えるものである．

3.　統辞構造と概念事象構造の並行性

　前節において，C-I にて意味役割として INFL 指定部に与えられる叙述性は (8a-b) の構造の鋳型から派生することを示した．

(8) a.　｛XP₁, ｛INFL ｛XP₂ v, ｛V (YP)｝｝｝｝　　［対格動詞 / 非能格動詞］
    b.　｛XP₁, ｛INFL ｛V, XP₂｝｝　　　　　　　　［非対格動詞］

XP はコピー形成を通じて，概念事象構造の項として θ 役割の解釈を受け，XP を軸に概念事象構造が表す事象について叙述する構造を作り上げている．
　構造を見てみると，(8b) の構造は V が補部を取り，前節で説明したように INFL の外的併合に加え内項が INFL 指定部に内的併合にて移動し，叙述構造を形作っている．命題領域では，概念事象構造で主題（Theme）の θ 役割を割り当てられる項が 1 つ存在し，演算メカニズムが項と V を外的併合にて ｛V, NP｝ を構築すれば，前節の説明と同様に C-I までの意味解釈を説明できる．

一方，(8a) において，v の外的併合は，C-I 及び LSCs の特徴に基づいて，行われているはずである．Hale and Keyser (1993) を始め，数多くの研究で v は外項を導入する役割を担っている．vP の中で階層上，外項は一番高い位置に位置するために，演算メカニズムが INFL 指定部の併合を行う際に最小探索で選択できるようになっている．この点からみると，前節で論じた演算メカニズムの最適な設計にかなっている．

3.1.　v の役割と外項：対格動詞を中心に

名詞句項は v と VP が外的併合された後に，外項として機能し，C-I にて「動作主」(Agent) などの θ 役割を受け取る．ここでいう概念事象構造には，Chomsky (2021, to appear) の提案を基にすると，少なくとも再掲する (2) のように，θ 役割を含んだものになる．

(2)　$\exists$e beat (e) (& Agent (e, students) & Theme (e, professors))

それでは，v は外項を導入する以外に，機能を有しているだろうか？ 概念事象構造を命題領域に反映させるために，v を外的併合する以上，概念事象構造にとって 外的併合にて統辞構造に v を組み入れる特徴があるはずである．

Hale and Keyser を始め，この種の分析が v に関係する言語現象として，以下の自他交替があげられる．[11]

(9)　a.　The office opens at 9 every morning.

　　b.　Our staff opens the office at 9 every morning.

(10)　a.　毎朝，9 時に店が開く

　　b.　毎朝 9 時にアルバイトが店を開ける

簡単に事象構造で θ 役割を担う項と事象を示すと，自動詞の場合は (11a) となり，他動詞だと (11b) になる．

(11)　a.　$\exists$e open (e) (& Theme (e, the office))

　　b.　$\exists$e open (e) (& Agent (e, our staff) & Theme (e, the office))

(12)　a.　{{the office}$_1$, INFL, {open, {the office}$_2$}}

　　b.　{{our staff}$_1$, INFL, {{our staff}$_2$, v, {open, the office}}}

(9a) (10a) では，語根である open・ak-(開く) が動詞化して，非対格動詞と

---

[11] 本稿では詳細まで立ち入らないが，自他交替の詳細や分析は Aoyagi (2014), Alexiadou and Anagnostopoulou (2004) を参照のこと．

なり，1 項動詞の自動詞として事象の 1 つである状況を示している．ゆえに簡略化された概念事象構造 (11a) では，open という事象に加え対象 (Theme) の θ 役割を担う項が 1 つ存在し，この項が INFL 指定部に移動することで open が示す状況の主体が the office になり，内的併合から由来するコピー形成が叙述性と θ 役割を保証している．

　一方，(9b) (10b) では，open・ake-（開け−る）に外項が加わり対格動詞となり，内項が目的語になる．結果，2 項動詞の他動詞として，open の状況を誘発する出来事を示している．それに伴って，(11b) の事象構造に，(11a) から動作主の θ 役割を担う項が増え，外項として機能している．(12b) の構造では，ν が外項の our staff を導入するので，最小探索は内項である the office より上位に位置する ν 指定部の外項を内的併合の対象に選び，INFL 指定部に移動した our staff がコピー形成を通じて叙述性と動作主の θ 役割の意味解釈を受け出来事を誘発する主体になる．

　このように見ていくと，ν が状況を「誘発する」行為者として，外項を示していることに気づく．また，英語でも以下のように状況を表す形容詞が「誘発」を示す接辞の en-/-en がつくことによって，「誘発者」(Causer) の θ 役割を有す外項が追加され，enliven や ripen みたいに他動詞になり，事象の出来事を示すことがある．[12]

　さらに，動詞の例を見て，動詞が表す事象を基に，外項と内項の関係を検討する．

(13) a.　Sana broke a net.　　　　　　　　［出来事/動作主・誘発者］
　　　cf.　A net broke.
　　　b.　Ko believes Sana.　　　　　　　　［状況/経験者］
　　　c.　Kano plays good lacrosse.　　　　　［動作/動作主］
　　　d.　Naru got refreshment.　　　　　　　［出来事/経験者］
　　　e.　Kano produced good communities.　　［出来事/動作主・誘発者］
　　　cf.　Good communities were born due to Kano's efforts.
　　　f.　This key opened that door.　　　　　［出来事/誘因］

上記のように並べてみると，内項が関わる「状況」に何らかの働きかけを行っており，働きかけの内容に従って，外項の θ 役割が定まっている．

　この外項の θ 役割の分析は様々なものがあるが，ここでは Reinhart (2016)

---

[12] 脚注 11 の文献が示すように，動詞に付随する形態素が必ずしも外項を導入するものでない．後述する受動化形態素は外項を抑圧している．

の θ システム (Theta System) を参考にし，議論を進める．Reinhart は θ 役割の素性として，「変化を誘因する」[± c](cause change) と「心的状態を有す」[± m](mental state) を使い，θ 役割を表している．[13] 以下に本稿で関係する外項の θ 役割を示す．

(14)　a.　動作主 (Agent)[+c+m]　　　　(13a) / (13c) / (13e)

　　　b.　経験者 (Experiencer)[-c+m]　　(13b) / (13d)

　　　c.　誘因 (Causer)[+c]　　　　　　(13f)

(14) を基にすると，概念事象構造が表す事象から由来する外項に課される θ 役割に応じて，外項が内項もしくは内項を主体とする状況や行為に働きかける内容が決まる．つまり，概念事象構造が表す事象と事象が定める外項の θ 役割によって，ν の内容が決まり，それに応じて，ν は誘発や所有など他動性を含めた機能が定められる．

　本稿では，ν が概念語彙意味論 (Levin and Rapoport (1995)) の意味関数を大まかに表すと規定し，概念事象構造が示す事象により，「V + 内項」が示す状況・行為など事象に対し，外項が働きかける内容を ν が表すと提案する．この ν が表す事象は物体や心理状況の所持を表す「所有 / have」の他に「誘発 / cause」，「行為 / do」，「創造 / make (creation)」，「獲得 / get」に及ぶと考えている．そして，意味関数の機能を帯びることで，ν は事象に働きかける外項を指定部に導入する．ν は以上 2 つの役割を果たすので，概念事象構造に基づいて，C-I が外的併合にて命題領域に対応する νP に ν を導入することを認可する．

　例えば，(13a–c) と (13f) を簡略化して表すと以下のようになる．

(15)　a.　[x(+c+m) cause [y broken]]　　(13a)

　　　b.　[x(-c+m) have [believing y]]　　(13b)

　　　c.　[x(+c+m) do [playing y]]　　　(13c)

　　　d.　[x(+c) cause [y open]]　　　　(13f)

　また，本分析は Chomsky (to appear) が提示する θ 役割の付与についても明確な解答を与える．Chomsky は以下のような熟語に類した例から外項の θ

---

[13] Reinhart は +m は有生性 (animacy) を表す素性であると明記している．
　なお，本稿では，Chomsky (2021, to appear) に従い，概念事象構造の基として (2) の neo-Davidsonian のものを採択した上で，命題領域を構築する外的併合における ν の役割と θ 役割の並行性を捉えなおしている．概念事象構造を命題領域に反映させる LSCs / C-I の要求から，ν の機能と ν-V の関係を追い求めると，Rainhart の θ システムが最適解であり，概念語彙意味論の意味関数が ν の機能に適していると考え，(15) 以降の提案を行っている．

役割は語根を含んだ動詞ではなく，{V＋内項}の動詞句が与えると示唆している．

(16) a. Haru got some rest this morning.

　　　　 ［外項：経験者／ν：所有／VP：状況］

　　 b. Ko got a new lacrosse stick.

　　　　 ［外項：動作主／ν：獲得／VP：状況変化］[14]

(17) a. Sana cut the mustard.　　「サナは期待に応えた」

　　　　 ［外項：経験者／ν：所有／VP：状況］

　　 b. Sana cut a lacrosse stick.

　　　　 ［外項：動作主／ν：誘発／VP：動作］

　(16)–(17)において，同じ動詞なのに，(16a)(17a)の熟語的な意味に少なからず関係するものと動詞の基本的な意味に関係するもので，外項に与えられるθ役割が異なるし，νで見てわかるように，概念事象構造が表す事象も異なる．

　動詞の内項を考えると，(16a)ではsome restが内項になっており，getとともに「休憩時間を有した」という状況を作り出すのに対し，(16b)では内項のsome stickがθ役割の対象／Themeを担い，getとともに所有の対象を示している．他方，(17a)では，the mustardがgetと一緒になって熟語的な意味を出し，「評判」に関する状況を示すが，(17b)はstickが物体なので，cutとともに切る動作の対象を示している．以上を鑑みて，Chomskyは{V, 内項}が外項のθ役割を付与すると示唆している．

　しかし，概念事象構造というのは，述語が表す事象に応じて，事象に必要な項を示すというものであり，述語が示す事象によって外項が決定する（cf. Grimshaw (1990), Reinhart (2016), Uriagereka (2008)）．上記で論じたように外項の導入はνが担い，外項に連動して概念事象構造に基づきνの事象が決まるとしたら，{V, 内項}ではなく概念事象構造に基づいて，動詞句が表す事象と動詞句と外項の関係を結ぶνの事象と連動して外項のθ役割が定まる．例えば，have・「持つ」という動詞が誘発の事象を表さないし，外項が動作主／Agentのθ役割を担わないし，play・「遊ぶ」という動詞に所有の事象の意味はなく，外項が経験者／Experiencerのθ役割の解釈は持たない．つまり，動詞などの語根由来の述語が有する意味から概念事象構造が表現する事象が決

---

　[14] ラクロススティックを所有していない状況から所有状況になる変化を含めた所有権の獲得という出来事をVPは表しているが，所有権の獲得はgetが示しているので，便宜上，状況変化にしている．一方，(16a)はrestと類似した意味であり，「休憩」という状況を有することで，「休む」ので，違いがみられる．

定するのである.

　本稿では, v と VP が連なる場合 (対格動詞・非能格動詞など), 述語は意味に応じて, 複数の概念事象構造を有すると仮定する. 基本, C-I は外的併合で構築された命題領域に対応する統辞構造を読み取ることで, 反映されている概念事象構造を認識する. 認識した概念事象構造を基に, v に所有・誘発などの事象解釈を割り当て, 外項と動詞句の働きかけの関係を明らかにし, 外項の θ 役割を定める. 命題領域が表す事象を基にして, 節領域の意味解釈に移行すると考えられる.[15] 述語が複数の概念事象構造を有する場合, 外的併合で導入された {V, 内項} の構造に応じて, C-I が動詞句が表す事象と合致する概念事象構造を選択することになり, v と外項の意味解釈が行えるようになる.

　(17a) のように特殊な解釈を取る場合も, {V, 内項} を参照し, 熟語の鋳型に当てはまる概念事象構造に基づき, v に所有事象を割り当て, 外項が cut the mustard が示す「期待に応えてる」状況と所有関係を結ぶ解釈を付与し, 外項である Sana に経験者 (Experiencer) の θ 役割を与える.

　上記のように説明してきたが, 統辞構造でも外項は v により VP から区切られて, v が取り持つ働きかけという他動性を基に, VP が表す事象に対して, 影響を与える主体として読み込める形になっている. この構造の区分に妥当性があるとしたら, θ 役割と v の事象に応じて, 概念事象構造における参加者役割を受ける.

3.2.　語根と v の表出と概念事象構造：非能格動詞と軽動詞

　今まで対格動詞について論じてきたが, 本稿の分析を拡張して概念事象構造と自動詞の統辞構造を有する命題領域の対応について説明を試みたい.

　最初に, 非能格動詞について検討してみる. 非能格動詞は内項が動詞によって随意的なものがあるが, 内項が存在しない自動詞である. この種の動詞は語根である動詞などの述語が表す事象が行為性を有し, 外項により動詞が表す動作を誘発して存在させているので, 外項を導入する v が必要となる. この v は C-I にて動詞が表す動作行為の事象を誘発する事象の解釈の基になるので, 概念事象構造を適切に反映するのに, 命題領域に対応する統辞構造に v が必須であり, 外的併合の対象となる. そして, v が V を補部に取ることで動詞

---

[15] C-I が概念事象構造を読み取る際に, 本節で用いている概念事象構造に事象項を含むものを参照している可能性もあるが, 他にも生成語彙論 (Generative Lexicon, cf. Pustejovsky (1995)) が提示するクオリア構造や概念意味論 (cf. Levin and Rapoport (1995)) が提案する語彙概念構造を参照している可能性もある. どちらにしても, 単一述語が複数の構造を有する提案と相反していない.

が表す動作を誘発する行為動詞になることを表す構造になる.

　また, 対格動詞の分析で観察したように, v は外項と補部にある {V, 内項} の関係を保証し, 外項が {V, 内項} が表す事象に影響を与える関係を構造にて反映している. 同様に考えると, 非能格動詞でも, v の補部の動詞が表す動作行為を v 指定部にある外項が引き起こす関係を結んでおり, 概念事象構造が表す関係を構造に反映している. 最適な形で C-I は構造関係から概念事象構造を読み取れるように構築されているともいえる. そして, 動詞が walk 100 miles のように随意的に目的語を取る場合は対格動詞と同じように {V, 内項} が表す動作を外項が誘発する構造の鋳型になっているので, そのまま C-I は構造を読み込めば良いことになる.

　以上から, v が V/語根を選択し, V が表す事象を誘発 (・所有) すると規定し, (18) のように {v, V} の混合体によって, 動作の主体となる外項を導入する行為動詞を形成する.[16]

(18)　非能格動詞:v[誘発・所有] + V/語根 [動作性]
　　　a.　v が V/Root と併合し, 複合体として行為動詞になる
　　　b.　V の概念事象構造に応じ, v の事象と外項の θ 役割を付与
(19)　Naru walked(, while Sana ran).
　　　i.　{$_v$ v, walk}
　　　ii.　{Naru, {v, walk}}
　　　iii.　{… {$_\alpha$ INFL, {Naru, {v, walk}}}}
　　　iv.　{Naru$_{1A}$, {$_\alpha$ INFL, {Naru$_{2A}$, {v, walk}}}}

(19) のように, 演算メカニズムは v が動詞と外的併合すると, 外項を導入する. その後, INFL を構造に組み込み, 命題領域から節領域に投射する一環として, α が併合の対象となる. 最小探索の結果, 外項 Naru の内的併合が優先され, INFL 指定部に Naru が移動する. 内的併合の結果, C 統御配置になり, 同一語彙項目の個体である Naru$_1$ と Naru$_2$ にコピー形成が適用され, Naru$_A$ というコピーが形成される. 結果, (19iv) のように, 叙述構造の鋳型に合う構造が構築され, C-I にて Naru$_A$ は叙述性と外項の θ 役割である動作主/Agent が付与される. 概念事象構造も v を中心に構造を読み取り, 解釈されている.

　上記の分析において, 非能格動詞は対格動詞と v を共有し, v は補部が表す

---

[16] v が V/語根に誘発・所有という関係を結び, 影響を及ぼす観点から, v が V/語根を選択し, 選択関係から併合の結果できる {v, V} のラベルは v と考えられる. もしくは両方とも +v/+V の素性を有する可能性があるので, 最小探索の素性共有で v/V のラベルを有する可能性がある.

事象を埋め込み，外項と結びつける機能を有し，概念事象構造に応じて，C-I にて事象解釈を受けることで共通している．この共通性が Chomsky (to appear) によって提示されている軽動詞 (light/weak verbs) が含まれる動詞句に回答を導く．

(20) に示すように，軽動詞句 {V, 内項} は動詞自体に特段意味がなく，内項の名詞 (句) が主な意味を担い，場合によっては (21) のように非能格動詞と同等の意味を有する．Chomsky は (20) の外項が動詞というより，{V, 内項} で決定されることに着目し，{V, 内項} が外項の θ 役割を決定づけていると示唆している．

(20) a. Chomsky makes contributions to linguistics.

　　 b. Mugi does exercises most evenings.

　　 c. Mugi always has a deep consideration.

　　 d. Sana gives a smile every day.

(21) a. Chomsky contributes to linguistics.

　　 b. Mugi exercises most evenings.

　　 c. Mugi always considers deeply.

　　 d. Sana smiles every day.

しかし，(20) において，動詞句全体の意味として軽動詞の動詞本来の意味から外れることもないし，(20a) make：「創造」，(20b) do：「行為」，(20c) have：「(経験) 所有」，(20d) give：「発信」のように軽動詞本来の意味に応じて，動詞句全体の解釈に寄与している．特に，(20a-d) に対応して，(21a-d) の非能格動詞が等価の意味を有することを考えると，(20a-d) の対格動詞の {外項 {v, {V, 内項}}} と (21a-d) の非能格動詞の {外項, {v, V}} で並行した構造を有すると考えられる．また，対格動詞で内項が事象の中身を示し，非能格動詞では動詞が事象の中身を示していることを考えると，語根の表出先が異なると言える．

レキシコンから演算メカニズムのワークスペースに移される過程の中で，意味を有する語根が (20) では名詞と組み合わさり内項として表出し，事象の中身を決定づけているのに対し，(21) では動詞と組みあわさり，事象の中身を決定し，動詞としてそのまま v と組み合わさっている．[17] 一見，異なるように

---

[17] Chomsky (2015) では，語根は統辞構造上で V や N と併合を行い，範疇が決まるとされているが，その後に方針を転換して，統辞構造に組み込まれる前に併合もしくは集合形成 (FormSet) で範疇が決まるとしている (cf. Chomsky (2019))．レキシコンからワークスペースの以降の派生については本書の概説の第 1 章第 2 節を参照すること．

思えるが，事象の核が表出している所は ν の補部で一致している．

一方，ν が表す事象は (20) の対格動詞では軽動詞として具現化しているのに対し，(21) では表出していない．しかし，ν の補部が表す事象の中身がほぼ同一であり，ν の役割が外項を導入し，外項と補部 ((20) の {V, 内項} と (21) の V) が示す事象をつなげ，外項が埋め込まれている事象に働きかけていることを示すのであれば，ν の機能は変わらないはずである．ゆえに，(20) でも (21) でも，ν は変わらず外項と補部の事象を関係づける「行為」/do・「所有」/have などの事象を同様に担い，外項の θ 役割も ν が表す事象に応じて定められている．

すなわち，元になる概念事象構造が表す事象は (20) の対格動詞と (21) の非能格動詞でも同じで，ν が担う事象と ν の補部が表す事象も同じである．異なるのは，(20) の対格動詞だと，語根が示す事象の中身を表すものが名詞として具現化されている．他方，動詞は範疇として語根が表す動作などの事象を表すが，語根と一体化していないので，外在化する形を持ち合わせてない．ゆえに，外在化の際に ν が表す事象を参照し，軽動詞として表出する．

他方，非能格動詞では語根が表す事象の中身が全て動詞に具現化する．動詞は語根と一体化しているので問題なく外在化され，外在化で ν を参照する必要はない．

(20) (21) に見られる例は，結局，語根が一体化する範疇の違いであり，概念事象構造に違いはない．語根が一体化する範疇により概念事象構造が外在化される仕方が 2 種類あるだけである．語根が名詞範疇要素と一体化し，名詞として表出する場合は，動詞を外在化する際に ν の事象を参照して軽動詞として表出し，(20) の対格動詞の文になる．[18] 一方，語根が動詞範疇要素と一体化すると，動詞として表出し，(21) の非能格動詞になる．

概念事象構造に含まれる事象の中身を示す語根が具現化される品詞は異なるが，ν の補部に来ることは変わりがない．また，外項と ν と ν の補部の関係も変わりない．命題領域に対応する統辞構造の形が変わらないので，C-I は対格動詞であれ，非能格動詞であれ，同じ概念事象構造として命題領域から読み取るはずである．簡略してまとめると，以下の (22)-(23) になる．

(22) a. 概念事象構造 / 統辞構造 [共通]

    i. ∃e 事象 [語根] (e) (& 外項 (e) ((& Theme / 内項 (e)))

    ii. 統辞構造：{外項 , ν, [{V} / {V, 語根名詞句}]}

---

[18] ワークスペースに n があれば，Chomsky's contribution to linguistics のように概念事象構造は名詞句として表出する．

  iii. V / {V, 語根名詞句 }：語根が表す核の事象

  iv. *v*：外項と補部の事象をつなぎ合わせる事象関数

  v. 外項：補部が表す事象に働きかける項

 b. 語根に関係する統辞構造と語根・動詞の外在化

  i. 対格動詞：

   {*v*, {V, {R+N(, 内項) } } }[19] → V：軽動詞 / R+N の形で外在化

   軽動詞の外在化：語根の事象種類 +*v* の事象関数の種類

  ii. 非能格動詞：

   {*v*, {R+V(, 内項) } } → R+V の形で外在化

 c. C-I：同一の命題領域 → 同一の概念事象構造を読み取る

  概念事象構造 → 命題領域：{外項 , *v*, {V(＋ 名詞) } }

  → 意味解釈付与は同一

(23) a. √contribute [*v*：make / 創造 ＋動作 [語根]][20]

  b. √exercise [*v*：do / 行為 ＋動作 [語根]]

  c. √consider [*v*：have / 所有 ＋状況 [語根]]

  d. √smile [*v*：give / 発信 ＋動作 [語根]]

例えば，(23b) で √exercise が名詞範疇と一体化すると，名詞として表出し，動詞はそのまま外在化できないので，外在化を受ける際に √exercise の動作性と *v* の事象である do / 行為を参照し，do として表出し，(20b) のように対格動詞になる．一方，√exercise が動詞範疇と一体化すると，動詞として表出し，そのまま外在化し，(21b) の非能格動詞となる．概念事象構造は一貫しているので，C-I で両方とも *v* は行為の事象として処理され，外項は exercise という行為を行う動作主の θ 役割を受ける．(23c) の √consider だと，*v* が表す事象が所有なので，外項は経験者の θ 役割を付与される．[21]

---

[19] (20a) (21a) の √contribute は内項を随意的に取り，以下のように内項を取らないこともある．

 (i) Chomsky makes a great contribution in the world.

内項が随意的なために，*v* と内項の一致に必要な φ 素性が *v* にかけており，一致関係の反映と考えられる対格が内項に認可されないので，対格の代わりに to が用いられていると考えられる．一致を含めた格の認可は本稿の研究対象ではないので，将来の課題にする．内項の随意性は Reinhart (2016) を参照すること．

[20] contribute には「貢献する活動を行い，成果を産出して影響を及ぼす」という意味があり，到達動詞 (achievement verb) の側面がある．

[21] √consider が内項を取る場合も，内項が対格を受けるか，on など前置詞を付随するか異なるにせよ，*v* の補部として表れるのは同じで概念事象構造も同一である．(22)–(23) の分析は他動詞構文に相当する軽動詞構文にも当てはまる．

以上のように，本稿が取る演算メカニズムは既存の分析（cf. Borer (2005)，Hale and Keyser (1993)）に由来する LSCs の特徴を見事にとらえ，統辞構造の基本的な鋳型に応じ，概念事象構造を解釈している．Chomsky (to appear) のように，{V 内項} を参照して外項の θ 役割を定めるという必要は一切なく，語根の表出する品詞の違いで，概念事象構造は常に一定であり，外項の θ 役割も変わらない．

3.3.　非対格動詞

次に，非対格動詞について検討する．非対格動詞は誘発性を始めとした他動性の解釈に欠け，行為性を表すものもない．本稿の分析では，v が他動性を表して，「誘発 / cause」「動作 / do」の事象を示すが，非対格動詞には他動性が欠如していることから v が存在しないことになる．{V, 補部} が表す事象は「状況・状態」か「動作」になるが，v が存在しないゆえに，外項を導入できないので，動作を引き起こす θ 役割を担う存在を示せない．したがって，{V, 補部} が「動作」を示すと，C-I で解釈不能とされる．非対格動詞において，{V, 内項} は「状況・状態」を示し，従来の分析通りになる．非対格動詞の派生は (24) のようになる．

(24)　Rin arrived(, though Mare was still in YNU Stadium).

　　i.　{arrive, Rin}

　　ii.　{$_\alpha$ INFL, {arrive, Rin}}

　　iii.　{Rin$_{1A}$, INFL, {$_V$ arrive, Rin$_{2A}$ …}}

(24i) で命題領域に相当する統辞構造を組み立てた後，命題領域から節領域の投射を行うため，(24ii) において，α を対象として併合が適用される．しか

(i)　Kano considered formations sincerely.

　　{外項 , v, {$_{補部}$ consider, 内項}}

(ii)　Kano had a sincere consideration on formations.

　　{外項 , v, {$_{補部}$ V, {P, 内項}}}

また，注 13 にあるように，本稿では，neo-Davidsonian に基づいた概念事象構造を θ システムと組み合わせて統辞構造との並行性を重視している．そのため，v に語彙概念構造における意味関数を取り入れても，Levin and Rappaport Hovav (1995) のように概念事象構造に語根が含まれているという前提をとらず，語彙概念構造と語根の考え方が異なっている．本稿の分析では，上記の考え方から語根に応じて概念事象構造が決まり，語根の概念事象構造が表す事象に対応する意味関数が v に割り当てられる．その後，v は補部に語根が表す概念事象構造の下位事象を取り，統辞構造に反映されるという Hale and Keyzer (1993) の基本的な考えを採用している．重要な指摘をいただいた前田宏太郎氏に感謝する．

し，外項が存在しないので，最小探索により arrive の補部にある内項の Rin
が併合の対象になり，Rin が内的併合を経て，INFL 指定部に移動し，(24iii)
の構造を構築する．結果，Rin_1 と Rin_2 は C 統御配置を構成し，コピー形成
が適用される．叙述構造の鋳型の構造とともに，コピーを形成する Rin_A があ
るので，C-I は Rin_A に適切に叙述性と Theme/対象の θ 役割を付与する．ま
た，命題領域に {V, 内項} の構造しかないので，C-I は概念事象構造が表す事
象が状況であることを読み取る．

3.4.　概念事象構造とフェーズ性

以上，SMT に基づき，演算メカニズムが C-I にとって最適な入力となる統
辞構造を提供するという前提に立ち，演算メカニズムの派生と構造構築を俯瞰
してきた．演算メカニズムの構造構築が命題領域から節領域の投射から成り，
命題領域に概念事象構造を組み込む際も C-I の意味解釈に適合した形で行わ
れていることを示唆してきた．本節を締めくくる前に，v の考察を深め，上記
で記した演算メカニズムがフェーズ性（phasehood）と受動化に対して，どの
ような示唆を与えるか論じる．

従来の研究では，他動詞など外項・内項を共に有する場合に，ϕ 素性が挿入
された強フェーズ主要部 v^* が表出し，外項がない非対格動詞と受動化動詞の
場合に弱フェーズ主要部の v が存在するとされた（cf. Chomsky (2000, 2001,
2004)，Legate (2003)）.[22] 強フェーズ主要部は転移（transfer）を引き起こし，
フェーズ不可侵条件（Phase Impenetrability Condition/PIC）を規定し，強
フェーズ主要部の補部に存在する統辞体・語彙項目が演算メカニズムからアク
セスできなくなる（Chomsky (2000, 2015, 2021)）．PIC は演算領域を定めて
いるだけではなく，演算メカニズムが対象とする演算量が減じ，第三要因の経
済性を発露している一例である（本書 概説 序論参照）．

本稿では，Chomsky (to appear) に従い，LSCs の核となる概念事象構造を
軸に命題領域に対応する構造構築を論じてきた．このデザインを基にして，演
算領域が命題領域に対応するとなると，問題が生じる．本稿の分析でも，命題
領域は v（対格動詞・非能格動詞）と V（非対格動詞）で異なるし，強フェー
ズ主要部で定める演算領域にしても，非対格動詞の場合は $\underline{v}$ で弱フェーズ主
要部なので演算領域に対応していない（cf. Bošković (2016)，Saito (2017)）．
一方，節領域に対応するのは CP であり，通常ラベリング（labeling）や内的
併合などの演算領域として設定され，C が強フェーズ主要部であることと合

---

[22] 便宜上，弱フェーズ主要部の $\underline{v}$ はアンダーバーをつけて示す．

致する．Chomsky (to appear) でも節領域は一定して CP であり，C がボックスの解釈が行われるフェーズとして機能するので，演算領域として一致している．

　それでは，命題領域に関係して，演算領域を決定づける要因は何だろうか．Chomsky (2000) を始め，v^* の強フェーズ性として最大規模命題性 (full-fledged propositonality) をあげ，外項と内項に加え，ϕ 素性を有し一致にて対格を認可することと関連付けてる．最大規模命題性という概念を本稿の分析で捉えなおすと，所有・誘発などを表す v が外項を認可し，{V (, 内項)} の補部が表す事象とつなぐ構造になる．言い換えれば，v が上位事象として機能し，補部が表す下位事象を組み込み，重なりを成すことで，外項を認可し，外項と補部の下位事象の橋渡しをしている．つまり，本分析では，上位事象である v が外項と下位事象を結び付けて，概念事象構造が重層事象を含み，外項の導入を必須化する命題領域を必要とする場合に，最大規模命題性を有する統辞構造が出てくる．

　本分析で外項が出てくるのは，概念事象構造が重層事象を表し，下位事象を埋め込む v が外項と下位事象を結び付ける場合になり，最大規模命題性も複数事象の重層性という述語の概念事象構造に基づくことになる．

　上記のように，ϕ 素性を有し内項の格を認可し，外項を導入する強フェーズである v^* と異なり，本分析では ϕ 素性と内項の認可に関係なく，一律に v と定義している．上記のことは LSCs が概念事象構造を核とし，事象を表すものだとしたら，自然のことだと思われる．第一に，上記の対格動詞と非能格動詞の交替で示したように，語根の表出範疇が異なっても，同一の概念事象構造に基づいているので，命題性に違いはないはずであるし，同じ概念事象構造を反映しているのであれば，演算メカニズムも同等に命題領域に対応する統辞構造 {外項, v, 補部} を構築し，重層事象と外項の関係性を構造に映し出すはずである．

　第二に非能格動詞であっても，同族目的語が Mugi played a great play in defense. みたいに，随意的に内項に出ることを考えると，ϕ 素性を随意的に有し，内項を認可することになる．すなわち，強フェーズ性が有する特徴を潜在的に持っていることになる．[23]

---

[23] レキシコンからワークスペース内に v が ϕ 素性とともに組みこまれるかどうかは随意的で，構造構築中に ϕ 素性を有した v が外的併合にて，導入されたら内項が認可されるという分析も可能である．概念事象構造で内項を要する語根が動詞範疇化して対格動詞なのに，ϕ 素性を欠いた v が導入された場合は，必須である内項の格が認可されないため，内項が欠け，派生を進めても，概念事象構造を満たさないので，C-I ではねつけられて派生が失敗する．しかし，この随意性は，脚注4で出た先読みに関係する問題が複雑化する可能性もある．本稿

　また，強フェーズ性が関係する局所性について検討すると，v が外項と下位事象である補部を結び付ける機能から出てくる可能性がでてくる．C-I が，この上位事象 v と下位事象の ${V(, 内項)}$ の重層事象を読み取るとしたら，上位事象の v に連動して θ 役割が定まる外項の外的併合で命題領域が完成した時である．それ以降だと，INFL など命題領域に雑多なものが入り，v を核として外項と v の補部の下位事象の関係性を最適に読み取れない．外項を含めた vP は最大規模に命題性が表されており，統辞構造から重層事象から成る概念事象構造を直接読み取れる．ゆえに，強フェーズ性に類する特徴を有する．

　そして，演算メカニズムは命題領域から節領域の投射を含めた節領域の構築をしなければならない．投射する項を演算領域になるワークスペース中に残すことが必要であると同時に，演算量を最小限にする最小演算性を満たさなければならない．ゆえに，可能性として，項を含む周縁部はアクセス可能なままにして，節領域の構造構築とつなげるが，v の補部は既に外項と v の関係を構造から読み取りが済んでいるので，アクセス不可能にしていることはあり得る．

　上記のことは，Chomsky (2021: 7) が示唆するように，C-I はフェーズに基づく演算領域ごとにアクセスし，統辞構造から情報を読み取るだけで，インターフェースを想定しないことと合致する．すなわち，転移などで構造がワークスペースから消えるのではなく，C-I はフェーズに関わる演算領域ごとに統辞構造を読み取り，統辞構造の演算に必要がなければ，重層化している統辞構造から統辞体をアクセス不能にすることで演算対象から省き，演算量を減らすのである．

　外項が位置する v 周縁部がワークスペースにてアクセス可能なのは，叙述構造を核にした統辞構造を形成し，命題領域から節領域の投射に必要だからである．

　上記の方向性が正しいとすると，${V, 内項}$ からなる非対格動詞は一層構造で単一事象から成り，そのまま内項を内的併合にて移動させ，節領域に投射し，叙述構造を形成できる．外項も存在しないので，途中で統辞構造から関係性の情報を取ってくる必要もなく，C-I にとって一括して統辞構造を読み取れるので，フェーズ性を有さない可能性が生まれる．

　本分析の強フェーズ性の出どころをまとめると，(25) のようになる．

(25) a.　C-I の読取領域：命題領域と強フェーズ性
　　　　 i.　上位事象を担う v が下位事象 ${V, 内項}$ を補部として組み込み，

は ϕ 素性とフェーズ性の関係と ϕ 素性が果たす役割を扱っていないので，これ以上は立ち入らない．

　　　　　指定部に外項が外的併合で導入される
　　ii.　統辞構造に重層事象から成る概念事象構造が反映される
　　iii.　外項の導入により，下位事象に影響を及ぼす項が定まり，上位
　　　　　事象の主体が決定する
　　iv.　外項が存在しない場合，i の構造が組み立てられないゆえに，重
　　　　　層事象が完成しないため，C-I の読取は行われない
　b.　節領域の構築：アクセス可能区域と不可能区域の設定
　　i.　節領域：叙述構造の鋳型構造構築 → 命題領域から投射
　　　　　v 周縁部にある項を演算対象としてアクセス可能にし，内的併
　　　　　合にて節領域に対応する統辞構造に投射
　　ii.　最小演算性から，節領域構築に無関係な統辞体はアクセス不可
　　　　　能になる

(25) の提案によると，概念事象構造を基にして演算メカニズムと統辞構造の
構築が C-I に最適な出力に従うことから，概念事象構造の解釈に関係する所
では，強フェーズ性が命題領域である vP から導出される．ただし，節領域に
投射するために，演算を続け，節領域を必要とする C-I に従い，v 周縁部だけ
残すが，SMT により最小演算性に基づいた演算領域の縮小及び演算量の制限
を行うために，アクセス不可能区域を設定することがかいまみえる．このせめ
ぎ合いは今まで説明があいまいな所があった．しかし，首尾一貫して SMT を
推し進めることで，方向性が異なる SMT に基づく C-I の要求と最小演算性
に基づいて，演算メカニズムが設計されていることが見えてくる．[24]

3.5.　受動化

　本稿では外項の存在と外項と {V, 内項} との関係性を絡めて，v の役割を論
じてきた．最後に，外項が抑圧される受動化について考えて，本節を締めくく
りたい．
　Baker, Johnson and Roberts (1989) などで指摘されているように，受動文

---

[24] Chomsky (to appear) では，強 v フェーズを v^* と VP から形成し，外項を拡張 v フェー
ズに含まれる統辞体であり，純粋な v フェーズから外している．そして，内項が wh 要素や
話題化要素などの場合，v^* と内的併合を起こし，外項が外的併合される前に統辞構造内に組
み込まれると主張している（本書概説 第 3 章第 2 節参照）．この議論を推し進めて，Kitahara
and Seely (2024) のように外項と内項が完全に別フェーズに位置する分析もある．本稿では
ボックスに立ち入らないので，子細は省くが，C-I と LSCs の 1 つである概念事象構造を基に
すると，外項 +v+VP の連なりがフェーズとして解釈単位として維持されることは外せないと
考える．

でも他動性が見られ，語根が表す事象が誘発された，もしくは所有されている
という解釈が出る．

(26) a. These beliefs were kept in the previous century.
　　 b. These seats are preserved.
　　 c. Now, new games are created collaboratively.
　　 d. They will be healed quickly.

(26) では，いずれも状況を示しているが，(26a) では belief を有している人，
(26b) では，「予約」を誘発した人，(26c) では創造した人物の存在が示され
ているし，また，(26d) も癒しになる何らかのことが外的要因として，解釈さ
れる．つまり，受動化でも，下位事象である {V, 内項} と v が組み合わさっ
ていることを示している．
　それでは，受動化の特徴はどこに求められるのだろうか．外項が存在してい
ないということは，統辞構造に外的併合されていないことになる．(25) の分
析だと，外項の導入によって，C-I は演算メカニズムにアクセスし，構造を読
み取るが，受動文では外項が併合されていないので，アクセスしない．命題領
域から節領域に項を内的併合しなければいけないことを鑑みると，受動文で
vP 内にある項は内項しか存在しない．ゆえに，C-I が演算メカニズムにアク
セスして，{V, 内項} をアクセス不可能にすると，項が消えるので節領域を構
築できなくなる．
　したがって，受動化の場合，外項が外的併合していない構造になり，C-I が
アクセスせずに，演算メカニズムは節領域に対応する統辞構造を構築し，
INFL の外的併合を行う．以下の (27) に示すように，v を除いては非対格動
詞との並行性がみられる．

(27) a. Our skills are developed.
　　　 i. $[\{_{\alpha}\ \text{INFL},\ \{v,\ \{V,\ \text{our skills}\}\}\}\ ...]$
　　　 ii. $[\{\{\text{our skills}\}_{1A},\ \text{INFL},\ \{v,\ \{V,\ \{\text{our skills}\}_{2A}\}\}\}\ ...]$
　　 b. Our skills develop.
　　　 i. $[\{_{\alpha}\ \text{INFL},\ \{V,\ \text{our skills}\}\}\ ...]$
　　　 ii. $[\{\{\text{our skills}\}_{1A},\ \text{INFL},\ \{V,\ \{\text{our skills}\}_{2A}\}\}\ ...]$

(27ai) において，INFL 導入後に α の併合対象を探す．内項がそのまま演算
メカニズムにアクセス可能で，かつ対格動詞と異なり，最小探索で先に見つか
る外項が存在しないので，非能格動詞と同様に内項が併合対象として見つか
り，ワークスペースの統辞体を対象とする外的併合よりも，そのまま our

skills が INFL 指定部に内的併合にて移動することになる．演算メカニズムで
は，v の存在を除いては，非対格動詞と並行性が見られ，内項を主体とした叙
述構造が産出される．

　また，{V, 内項} が状況を表しているので，非能格動詞と同様に，our
skills$_A$ はコピー形成を経て，叙述性と θ 役割を結び付け，統辞構造から状況
の対象 / Theme として θ 役割を受ける内項が叙述の対象になることも導ける．
状況の対象である内項について節領域の主体として叙述されるので，文全体に
おいて，状況事象について焦点が当たることになる．

　C-I の解釈で異なるのは，v の解釈付与であり，概念事象構造に基づき，他
動性の解釈を与え，v の補部である下位事象が誘発・所有などの影響を受けて
いることを示す．しかし，外項が存在しないので，v は下位事象に影響を与え
結びつける機能を持たない．概念事象構造にしても，v の上位事象と連動して
θ 役割を受ける外項が存在しないので，下位事象に影響力を結び付けて，下位
事象を埋め込み，働きかける関係づけができないことから，他動性が弱まる．
C-I は v に外項が欠落しているので，v に働きかけの要因を与え，能格動詞で
外項 +v が担う他動性・影響力を解釈する．

　可能性として，v (-en) が外的併合する場合，外項を取らないまま演算を進
める指示を与える語彙項目の可能性がありえるが，演算メカニズムが純粋に構
造構築を行うメカニズムだとしたら，この仮定は余計な負荷になり，最小演算
性を遵守するメカニズムから外れる．もしくは，単に，演算メカニズムの入力
を複雑にせずに，v (-en) は概念事象構造に影響を与え，他動性を外項の θ 役
割なしで解釈するように仕向ける要素として機能しているかもしれない．

　加えて，外項が併合されない場合，(27ai–ii) で示されたように構造構築が
進み，SM は外的併合がない v を (-en) として外在化し，概念事象構造は外
項がない場合，単に C-I は概念事象構造から下位事象に「働きかけ」があると
いう弱い他動性を解釈する．その場合，概念事象構造は外項の θ 役割を v の
存在によって反映させることになるので，他動性が弱く表出することになる．[25]

　どの可能性も，何らかの説明を要する追加の想定が必要になり，今後の研究

---

[25] これらの代替案は以下の自他交替の形態素にも適用できる可能性がある．v が他動性を加
える場合に，v がそのまま語彙的な使役形態素として解釈され，反使役形態素で外的要因を示
す場合は受動化と同じように扱える．他動性をなくす自発形態素などは Aoyagi (2017) のよ
うに，語根に含まれる可能性もあるし，Alexiadou (2010) が示唆するように v が担い，C-I
に概念事象構造から他動性をなくす解釈を促す機能があるように分析されうる．

　(i)　The goal nets broke.
　(ii)　Kii broke the goal nets.

にて解決が望まれるが，大事なことは LSCs に従う演算メカニズムをデザインすることで，C-I は概念事象構造が命題領域を成す統辞構造を読み取ることが可能になり，節領域における投射から来る INFL 指定部の内的併合を説明できることにある．

　最後に，演算メカニズムの最適化の実証として，Chomsky が「SMT の促進的な役割」(Enabling Functions) から派生させているコントロール構文を検討し，叙述性と概念事象構造の観点から分析対象を拡大できないか探ってみる．

4.　事象複合と SMT の「促進的な役割」の可能性

　概説　第 2 章第 2 節の「SMT の促進的な役割」において，実例として，コントロール構文を参照してきた．本稿の分析が正しければ，コントロール構文でも，叙述構造を形作り，概念事象構造に対応する命題領域に基づいて，構造構築がなされているはずである．概説で説明した try のコントロール文を本稿の分析を基に振り返ってみる．[26]

　(28)　$Kano_i$ tries to Δ_i run.

　　　i.　[{$Kano_{3\beta}$, {v_β, run}}, $Kano_2$, try, to, INFL]

　　　ii.　[{$_\alpha$ v_α, {try, {to, {$Kano_{3\beta}$, {v_β, run}}}}}, $Kano_2$, Infl]
　　　　　→ 外的併合 {$Kano_2$, α $(v_\alpha P)$}

　　　iii.　[{$Kano_{2\alpha}$, {v_α, {try, {to, {$Kano_{3\beta}$, {v_β, run}}}}}}, INFL]

　　　iv.　[{INFL, {$Kano_{2\alpha}$, v_α, {try, {to, {$Kano_{3\beta}$, {v_β, run}}}}}}]

　　　v.　[{**Kano$_{1\alpha}$**, {INFL, {**Kano$_{2\alpha}$**, v_α, {try, {to, {***Kano$_{3\beta}$***, {v_β, run}}}}}}}]

　概説の序論及び第 2 章で繰り返し説明した通り，演算メカニズムはマルコフ演算性により，構造構築の派生を振り返れないので，(28v) の統辞構造を産出した併合が内的併合か外的併合か分からない．ただし，(28iv) の統辞構造から，最小探索により $Kano_{2\alpha}$ が併合対象となり，内的併合が適用されて，INFL 指定部に移動し，さらに内的併合なので，C 統御配置を成している．結果，コピー形成が適用されることになるが，(28v) の構造から，$Kano_{1\alpha}$ は $Kano_{2\alpha}$ に加えて，$Kano_{3\beta}$ とも C 統御配置を成している．(28iv) 及び (28v) の時点で，(28ii) の {$Kano_{2\alpha}$, α $(v_\alpha P)$} 外的併合なのか内的併合か区別できな

---

[26] (28) 以降，統辞体につく α は主文構造にて併合された統辞体，β はコントロール節にて併合された統辞体を示す．

い上に，$Kano_{3\beta}$ は内項の位置にいるので，$Kano_{1\alpha}$, $Kano_{2\alpha}$, $Kano_{3\beta}$ の全てにコピー形成が適用されて，(29) のように $Kano_A$ のコピーとなり，C-I にて $Kano_A$ のコピー連続体として認識される.

(29)　[{**Kano$_{1\alpha A}$**, {INFL, {**Kano$_{2\alpha A}$**, v_α, {try, {to, {***Kano$_{3\beta A}$***, {v_β, run}}}}}}}}]

次に，(29) の概念事象構造を簡略化して，(30) に提示する.

(30)　概念事象構造 [try, run]
　　　$\exists e$ (try (e) (& Experiencer (e, Kano), Theme (e, $\underline{e'}$), $\exists e'$ (run (e') (& Agent (e', Kano)))

(30) の概念事象構造で見て分かるように，不定詞節に内項の θ 役割が与えられている．また，try 外項の θ 役割が経験者であることを考えると，try に関係する v が「所有」/have を表している．そうすると，try に対応する命題領域は (31) のようになる.

(31)　{外項/経験者/Kano, v_α/have, {try, {内項/対象/事象(to 不定詞節)}}}

(31) の命題領域において，対応する概念事象構造に e' が存在し，v_α の補部である {V, 内項} の事象の中に，try の内項として事象 e' が存在している．e' が存在するから，演算メカニズムは事象を表す to 不定詞節の統辞構造を try の補部として構築し，命題領域に反映する．この構造関係を基に，C-I は内項として事象 e' が事象 e (try) の Theme/対象となっており，概念事象構造が複数の事象を同時に扱うことを読み取る.

さらに，C-I は $Kano_{3\beta A}$ が $Kano_{1\alpha A}$・$Kano_{2\alpha A}$ とコピーを形成していることを読み取り，$Kano_A$ がコピー連続体として，事象 e と e' の両方で参加者として θ 役割を担い，それぞれの事象で外項として v の補部の事象 (try/run) に働きかける関係を結び，項として事象の解釈に寄与することが分かる.

加えて，(31) は叙述構造を成しており，$Kano_{1\alpha A}$ が叙述の対象であり，コピー $Kano_A$ を通し，$Kano_{2\alpha A}$ と $Kano_{3\beta A}$ で e と e' が表す事象の主体として，叙述されていることを規定している.

以上，概念事象構造で主節の事象 e と to 不定詞節句の事象 e' が Theme/対象の θ 役割でつながってる上に，コピー形成を経た $Kano_A$ が複数の事象にまたがっており，1 つの叙述構造に収束していることから，本稿は Sugimoto (2022) の分析に従って，C-I は e と e' を事象複合して，大きな 1 つの事象として C-1 が認識すると提案する (cf. Saito (2016), Truswell (2019)).

　言い換えれば，SMT の促進的な役割を可能にしているのは，以下の 2 つの要素であり，ともに概念事象構造から由来するものになる．

(32) a.　概念事象構造における Theme(e, e′)
　　 b.　統辞体 X の複数の事象 e, e′ にまたがるコピー形成
　　　 i.　X の個体：e・e′ 両方で θ 位置に外的併合にて導入
　　　 ii.　e を反映する命題領域に対応する構造での X の内的併合

(32) の条件を満たすことで，事象複合が起こり，コントロール構文のように SMT の促進的な役割が機能し，内的併合の対象になる統辞体 X_α の個体 X_β が PIC に関係なく同じ演算領域（隣接する統辞構造など）に存在すれば，移動の関係がなくても，X_α と X_β はコピー形成を受けることを予測する．

　付随して，Theme(e, e′) を成す try to run と外項を 2 つ見出すことで，(32a) と (32bi) を満たすことを感知し，(25) に基づいて節領域の構築に複合事象を叙述構造に取り込むために，統辞構造をアクセス可能のままにし，同じ演算領域にて $Kano_{1\alpha}$, $Kano_{2\alpha}$, $Kano_{3\beta}$ をコピー形成できるようにしていることが考えられる．

　つまり，(32) を満たす複合事象を表す構文は SMT の促進的な役割で分析できる可能性が生まれ，Saito (2022) がコピー形成の分析を示唆した (33a) 二次述語構文，(33b-c) 使役構文，(33d) 動名詞構文，(33e-f) の授与構文 (cf. Kikushima (2013), Tomioka and Kim (2017)) も同様に分析できる可能性がある．

(33) a.　Mugi$_i$ stayed [Δ_i silent].
　　 b.　Sana made opponents$_i$ Δ_i give up.
　　 c.　カノ$_i$ が [Δ_i チームを勝た] せた
　　 d.　Kai prevented Kano$_i$ from Δ_i running into the goal area.
　　 e.　カノがサナ$_i$ に [Δ_i ゴールを守って] もらった
　　 f.　カノ$_i$ が [Δ_i ムギに票を入れてあげた]

上記の構文の成り立ちについては，先行文献が指摘するように様々な要因が絡み合っているが，Chomsky (to appear) が与えてくれた新たな視点に立てば，事象結合や概念事象構造がもたらす新たな研究の帰結が期待できる．

5.　結語

　本稿では，Chomsky (to appear) の考えに則り，外項 -v-VP の構造の構成

を追求し，最適な演算メカニズムを検討した．LSCs を追求することで様々な望ましい作用が導かれ，LSCs が研究指針になり得る可能性を示した．

　結語として，SMT の規律的役割（disciplinary function／概説 第 2 章第 3 節参照）を追い求めることで，新たな理論的な記述的妥当性の道が開かれていることについて触れたい．生成文法理論が記述し説明すべき言語事象は演算メカニズムが行う構造構築や演算処理が第三要因や LSCs に基づいて行われた結果である．本書各研究論文が示すように，言語事象の本質を記述し，説明する際に，事象の裏に潜む言語的な特徴を言語構造（構築）・節領域・命題領域の根本を成すものに帰着させることで記述的妥当性を満たす可能性がある．一方，本稿が追求したように，説明的妥当性も統辞構造に根差す言語変異・言語事象及び事象に関係する規則・原理などを構造構築・演算処理に関わる経済性などの特徴に還元することで満たせる方向性を示している．以上から，SMT の帰結として，記述的妥当性と説明的妥当性のテンションの解決は演算メカニズムが遵守する，もしくは特徴づけられる汎用的な法則や自然公理に照らすことで導出されることを示唆し，興味深い研究方針がかいま見える．

参考文献

Alexiadou, Artemis (2010) "On the Morpho-syntax of (Anti-)causative Verbs," *Syntax, Lexical Semantics and Event Structure*, ed. by Malka Rappaport Hovav, Edit Doron and Ivy Sichel, 177-203, Oxford University Press, Oxford.

Alexiadou, Artemis and Elena Anagnostopoulou (2004) "Voice Morphology in the Causative-inchoative Alternation: Evidence for a Non-unified Structural Analysis of Unaccusatives," *The Unaccusativity Puzzle: Explorations of the Syntax-lexicon Interface*, ed. by Artemis. Alexiadou, Elena Anagnostopoulou and Martin Everaert, 114-136. Oxford University Press, Oxford.

Aoyagi, Hiroshi (2014) "On Serialization of Verbs in Japanese and Korean," *Harvard Studies in Korean Linguistics* XV, 219-231.

Aoyagi, Hiroshi (2017) "On Verb-stem Expansion in Japanese and Korean," *Japanese/Korean Linguistics* 24, ed. by Kenshi Funakoshi, Shigeto Kawahara and Christopher D. Tancredi, 71-86, CSLI Publications, Stanford.

Baker, Mark, Kyle, Johnson and Ian, Roberts (1989) "Passive Argument Raised," *Linguistic Inquiry* 20, 219-251.

Borer, Hagit (2005) *Structuring Sense Volume 2: The Normal Course of Events*, Oxford University Press, Oxford.

Bošković, Željko (2016) "What Is Sent to Spell-out Is Phases, Not Phasal Complements," *Linguistica* 56, 25-56.

Chomsky, Noam (1981) *Lectures on Government and Binding: The Pisa Lectures*, Foris, Dordrecht.

Chomsky, Noam (1986) *Knowledge of Language*, MIT Press, Cambridge, MA.

Chomsky, Noam (1995) *The Minimalist Program*, MIT Press, Cambridge, MA.

Chomsky, Noam (2000) "Minimalist Inquiries: The Framework," *Step by Step: Essays on Minimalist Syntax in Honor of Howard Lasnik*, ed. by Roger Martin, David Michaels and Juan Uriagereka, 89-155, MIT Press, Cambridge, MA.

Chomsky, Noam (2001) "Derivation by Phase," *Ken Hale: A Life in Language*, ed. by Michael Kenstowicz, 1-52, MIT Press, Cambridge, MA.

Chomsky, Noam (2004) "Beyond Explanatory Adequacy," *Structures and Beyond: The Cartography of Syntactic Structures, Volume 3*, ed. by Adriana Belletti, 104-131, Oxford University Press, Oxford.

Chomsky, Noam (2015) "Problems of Projection: Extensions," *Structures, Strategies and Beyond: Studies in Honour of Adriana Belletti*, ed. by Elisa Di Domenico, Cornelia Hamann and Simona Matteini, 3-16, John Benjamins, Amsterdam.

Chomsky, Noam (2019) "Some Puzzling Foundational Issues: The Reading Program," *Catalan Journal of Linguistics Special Issue*, 263-285.

Chomsky, Noam (2021) "Minimalism: Where Are We Now, and Where Can We Hope to Go," *Gengo Kenkyu* 160, 1-41.

Chomsky, Noam (to appear) "The Miracle Creed and SMT," *A Cartesian Dream: A Geometrical Account of Syntax. In Honor of Andrea Moro*, ed. by Matteo Greco and Davide Mocci, 17-40, Lingbuzz Press.

Diesing, Molly (1992) *Indefinites*, MIT Press, Cambridge, MA.

Grimshaw, Jane (1990) *Argument Structure*, MIT Press, Cambridge, MA.

Guéron Jacqueline and Jacqueline Lecarme (2004) "Introduction," *The Syntax of Time*, ed. by Jacqueline Guéron and Jacqueline Lecarme, MIT Press, Cambridge, MA.

Grohmann Kleanthes (2003) *Prolific Domains: On the Anti-Locality of Movement Dependencies*, John Benjamin, Amsterdam.

Hale, Ken and Samuel Jay Keyser (1993) "On Argument Structure and the Lexical Expression of Syntactic Relations," *The View from Building 20: Essays in Linguistics in Honor of Sylvain Bromberger*, ed. by Kenneth Hale and Samuel Jay Keyser, 53-109, MIT Press, Cambridge, MA.

Kikushima, Kazunori. (2013) "High and Middle Applicatives in Japanese: Adversity Causatives and V-te kureru Construction," 『日本語 - 日本学研究』3, 1-22.

Kitahara, Hisatsugu (2021) "On the Notion Copy under MERGE," *Reports of the Keio Institute of Cultural and Linguistic Studies* 52, 133-140.

Kitahara, Hisatsugu and T. Daniel Seely (2024) "Merge and Minimal Search: A Preliminary Sketch from GK to MC and Beyond," paper presented at Glow in Asia XIV.

Legate, A. Julie (2003) "Some Interface Properties of the Phase," *Linguistic Inquiry* 34, 506–516.

Levin, Beth and Malka Rappaport Hovav (1995) *Unaccusativity: At the Syntax-Lexical Semantics Interface*, MIT Press, Cambridge, MA.

Maienborn, Claudia (2011) "Event Semantics," *Semantics*, ed. by Claudia Maienborn, Klaus von Heusinger and Paul Portner, 802–829, de Gruyter, Berlin.

Martin, Roger (1996) *A Minimalist Theory of PRO and Control*, Doctoral dissertation. University of Connecticut, Storrs.

Moltmann, Friederike (2022) "Empathetic Attitude Reports," *Proceedings of Sinn und Bedeutung* 26, 609–621,

Munakata, Takashi (2009) "The Division of C-I and the Nature of the Input, Multiple Transfer and Phases," *Interphases: Phase-Theoretic Investigations of Linguistic Interfaces*, ed. by Kleanthes Grohmann, 48–81, Oxford University Press, Oxford.

Pustejovsky, James (1995) *The Generative Lexicon*, MIT Press, Cambridge, MA.

Reinhart, Tania (2016) *Concepts, Syntax and Their Interface: The Theta System*, ed. by Martin Everaert, Marijana Marelj and Eric Reuland, MIT Press, Cambridge, MA.

Rizzi, Luigi (1997) "The Fine Structure of the Left Periphery," *Elements of Grammar*, ed. by Lilian Haegeman, 281–337, Kluwer, Dordrecht.

Safir, Ken (2004) *The Syntax of Anaphora*, Oxford University Press, Oxford.

Saito, Mamoru (2016) "(A) Case for Labeling: Labeling in Languages without ϕ-feature Agreement," *The Linguistic Review* 33, 129–175.

Saito, Mamoru (2017) "Notes on the Locality of Anaphor Binding and A-movement," *English Linguistics* 34, 1–33.

Saito, Mamoru (2022) "Two Notes on Copy Formation," *Nanzan Linguistics* 17, 157–178.

Sudo, Yasutada (2012) *On the Semantics of Phi Features on Pronouns*, Doctoral dissertation, MIT.

Sugimoto, Yushi (2022) *Underspecification and (Im)possible Derivations: Toward a Restrictive Theory of Grammar*, Doctoral dissertation, University of Michigan.

Tomioka, Satoshi and Kim Lan (2017) "The Give-type Benefactive Constructions in Korean and Japanese," *Journal of East Asian Linguistics* 26, 233–257.

Truswell, Robert (2019) "Event Composition and Event Individuation," *The Oxford Handbook of Event Structure*, ed. by Robert Truswell, 90–122, Oxford University Press, Oxford.

Uriagereka, Juan (1999) "Multiple Spell-Out," *Working Minimalism*, ed. by Samuel Epstein and Norbert Hornstein, 251–282, MIT Press, Cambridge, MA.

Uriagereka, Juan (2008) *Syntactic Anchors: On Semantic Structuring*, Cambridge University Press, Cambridge.

第5章

メモリのない統辞計算とフェイズ理論[*]

剌田 昌信

琉球大学

1. はじめに

Chomsky の最近の提案によると，言語の統辞計算はメモリを持たない，つまり派生の履歴にアクセスする能力を持たない．メモリの排除そのものは極小主義の自然な帰結のように思われるが，当然ながらその結果として様々な問題が生じる．例えば，メモリがなければ，2つの構造上同一な要素（例えば，2つの the boy）が同じ構造内にあったとき，これらにコピー関係が有るのかどうかを決定することができない．本論文では，メモリのない統辞計算の特性を調査し，それが提起する問題を特にフェイズ理論に注目して検討していく．

本論文は以下のように構成されている．第2節では，メモリが言語の統辞計算においてどのような役割を果たしてきたか，そして極小主義がどのようにメモリを排除したかを概観する．第3節では，メモリのない統辞計算におけるフェイズの役割について考える．そこで，フェイズは構造上同一になりうる要素を隔離し，望ましくないコピー関係を排除する役割を果たしていることを見る．さらに，Chomsky (2021, 2023) で提案された，コピー形成に基づくコントロール文の分析も検討する．第4節では，前節で見たフェイズの理論が，日本語の分析にどのように関わってくるかを考える．特に，日本語スクランブリングの A/A′ 特性の分析を提案する．第5節は本論文の要約である．

---

[*] 本論文は，筆者が第37回上智大学言語学会で口頭発表し，上智大学言語学会会報第37号に Sorida (2023) として発表したものをさらに発展させたものである．学会においてコメントを頂いた参加者の方々に感謝したい．また，福井直樹先生，北原久嗣先生，加藤孝臣先生および論文査読者からも有益なコメントを頂いた．ここに感謝の意を記しておきたい．

2.　統辞計算におけるメモリ

　統辞計算におけるメモリの役割は，極小主義の出現とともに研究トピックとして認識されるようになった．本節では，生成文法においてメモリがどのように扱われてきたのか，そしてそれが現在の理論に対してどのような問題を提起しているのかを概観する．

　極小主義以前の理論では，統辞計算におけるメモリについて特に関心を持つ必要がなかった．それはなぜかというと，実質的に無限のメモリを保証するような何らかの装置を仮定することが可能だったからである．例えば，インデックス（index）と痕跡（trace）を仮定すれば，移動が起きたことの記録をいくらでも保持することが可能である．

(1)　a. 　　　　　　　　　　　　　　b.

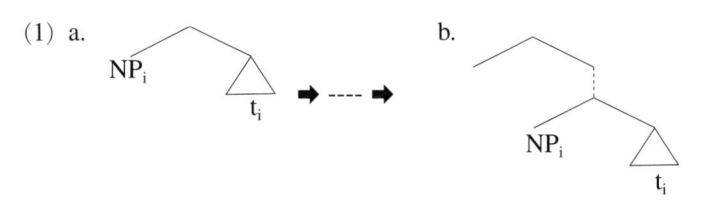

痕跡理論（trace theory）の仮定の下では，(1a) のように NP に移動が適用されると，その NP がもともとあった位置に痕跡 t が挿入され，移動先の NP とその痕跡に同一のインデックス i が与えられる．このような装置のおかげで，(1b) のように派生が先に進んだ後でも，NP の移動が起きたという記録を保持することができるのである．

　しかし，極小主義の登場によって状況は一変する．極小主義は，計算の複雑性を最小化するため，(2) のような改竄禁止条件（No-Tampering Condition, NTC）や包括性条件（Inclusiveness Condition, IC）を併合に課す．その結果，上に見たような移動の適用を記憶しておく装置を仮定することが許されなくなり，構造上同一な要素の間のコピー関係の有無を決定することができなくなってしまうのである．

(2)　a.　改竄禁止条件
　　　　　統辞体 X, Y を併合したとき，X および Y には一切の改変を加えてはならない．
　　 b.　包括性条件
　　　　　統辞派生の最中に，語彙項目に含まれない要素を新たに導入してはならない．

(3)

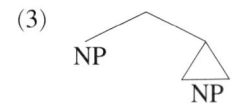

NTC により，移動が起きれば，NP がもともとあった位置には NP のコピー
が残る．その位置に痕跡を挿入して構造を改変することは NTC に違反するし，
痕跡という要素を新しく導入することは IC にも違反している．同じように，
インデックスの導入は，IC に違反する．結果として，NP の移動が起きた時，
(3) のような構造ができあがる．注目してほしいのは，(3) という表示のみか
らは，2 つの NP の間にコピー関係が有るのかどうか（下の NP が上の NP の
位置に移動したのか，それとも 2 つの NP は独立に導入されたのか）は決定で
きない．これが，極小主義の仮定 (2) によって生じた問題である．

　この問題を回避するための最小の装置として，フェイズ・メモリ（phase-
level memory, PLM）が仮定されている．Chomsky (2000, 2008) で提案さ
れているフェイズに基づく派生を仮定したうえで，統辞計算は (4a) のように
フェイズ主辞 PH が導入された時点から (4b) のようにフェイズが完成するま
での間に何が起きたのかをメモリにとどめておくことができる．これが PLM
である．

(4) a.

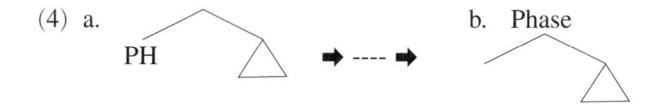

(4a) から (4b) の間で内的併合が起きたと仮定しよう．PLM のおかげで，内
的併合が適用されたという事実はメモリの中に保持され，（内的併合によって
生じた）2 つの構造上同一の要素の間にはコピー関係があるという情報はフェ
イズが完結するまでメモリの中に貯蔵される．この情報が保持されている間に
移送（Transfer）が起き，その情報はインターフェイス・システムへと送られ
る．このような仮定の帰結として，内的併合（および，一致（Agree））は移送
が起きるフェイズレベルでしか起きないということが論じられた．また，反巡
回的 A 移動（counter-cyclic A-movement）や素性継承（feature inheritance）
など様々な理論的課題が生じることとなった（Chomsky (2007, 2008)，Rich-
ards (2007)）．

　しかし，極小主義を追求するにあたって，PLM も何らかの形で破棄する方
向に進むのは自然なことであろう．これは，統辞計算はメモリを持たない（す
なわち，派生の履歴にアクセスする能力を持たない）ということを意味してい

る．もちろん，このような方向に進むと，2つの構造上同一の要素の間のコピー関係を判断できないという以前と同様の問題が生じてしまう．しかし，これまで見たように，メモリのない統辞計算は極小主義の自然な帰結とも考えられるため，その特性や経験的帰結を詳細に検討してみることは価値のあることであろう．以後に続く節では，メモリのない統辞計算とその理論におけるフェイズの役割を考察していく．

3. フェイズの役割と v/v* の選択

3.1. フェイズによる項の「隔離」

前節で仮定したように，極小主義においては，言語の統辞計算はメモリを持たず，派生の履歴にアクセスする能力がない．次のような構造を見てみよう．(5) は，構造的に同一な統辞体 Bill を 2 つ含んでいる．

(5)

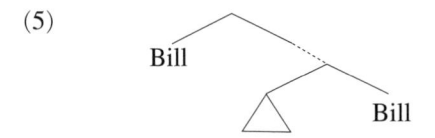

標準的な理論では，高いほうの Bill が内的併合で導入されれば，2 つの Bill の間にはコピー関係があると解釈され，外的併合で導入されれば，それらは繰り返し (repetition) とみなされる．しかしながら，前節でも見た通り，この表示を見るだけでは，上の Bill が内的併合で導入されたのか，それとも外的併合で導入されたのか知ることはできない．つまり，2 つの Bill がコピーなのか繰り返しなのか決定することができないのである．

このことを踏まえると，派生の履歴を参照しないでコピー関係の有無を何らかの方法で決定してやらなければならないことになる．厳密な定式化はここでは行わないこととして，概ね次のように仮定することとする (Chomsky (2021, 2023) を参照).

(6) 2 つの構造的に同一な統辞体が同じフェイズ内に存在し，そのうちの一方が他方を c 統御しているとき，それらの間にはコピー関係があると解釈する．

(7)

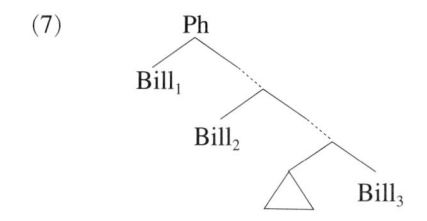

Ph は完成したフェイズである．Bill の後ろの数字は説明のために便宜上与え
たものであり，理論的に何らかの実体のあるものではない．この構造におい
て，$Bill_1$ と $Bill_2$ は同一のフェイズ内にあり，前者が後者を c 統御している．
ゆえに，これらの間にはコピー関係があると解釈される．$Bill_2$ と $Bill_3$ に関し
ても同様である．ここでは，$Bill_1$ と $Bill_2$ がどのように構造に導入されたのか
を知るすべはないし，そのことはコピー形成には関係がない．この仮定の重要
な帰結は，$Bill_1$ が仮に外的併合によって（θ 役割を受ける位置に）導入された
としても，(7) のような構造では，$Bill_2$ とコピー関係を持つということであ
る．これは，2 つの統辞体がコピー関係を持つためには，前提として内的併合
が適用されていなければならないという従来の理論では起こりえなかったこと
である．

　しかし，このようなコピー形成の手続きを仮定すると，明らかな問題が生じ
る．それは，連続巡回 A′ 移動により要素がフェイズ境界を越えて移動したと
き，望ましくないコピー関係が生じてしまうということである．主題化を例に
とって具体的に見てみよう (Chomsky (2023))．

(8)　a.　Bill met **Bill** yesterday.

　　b.　**$Bill_1$,** Bill met t_1 yesterday.

(9)　$[_{CP}$ **$Bill_3$,** $[_{IP}$ **$Bill_4$,** $[_{v*P}$ **$Bill_2$,** [met **$Bill_1$** yesterday]]]]

(8a) の太字の Bill は met の目的語であり，これが主題化によって文頭に移
動し (8b) が形成される．この文の派生は (9) のようになる．まず，met の目
的語 $Bill_1$ が v*P の指定部に移動し（$Bill_2$），そこからさらに CP の指定部に
移動する（$Bill_3$）．移動などの詳細は省略してあるが，主語の位置（IP 指定部）
には目的語と同一の構造を持つ $Bill_4$ がある．

　ここで，(6) で述べたコピー形成の手続きを CP フェイズに適用してみよ
う．$Bill_3$ と $Bill_4$ はともに CP フェイズ内にあり，前者が後者を c 統御してい
る．ゆえに，これらの間にはコピー関係が成立することになる．これが，外在
化および意味解釈の両面から問題であることは明白である．

　このことから言えるのは，異なる複数個の潜在的に同一でありうる要素（具

体的に言えば，主語 NP と目的語 NP のような各々別の θ 役割を持つ 2 つの NP）は，同一のフェイズ内に存在してはならないということである．つまり，1 つのフェイズには，θ 役割を付与される NP は 1 つしか存在できない．これはさらに，連続巡回 A′ 移動はフェイズ境界を越えない形で定式化されなければならないことを意味している．このことを念頭に，以下ではフェイズの役割について考える．

　ここでは，フェイズは NP 同士を「隔離」するために存在しているという提案を行いたい．もう少し具体的に言うと，各々のフェイズは (10) のような役割を果たし，結果としてこれらの NP は同一フェイズ内に同時に存在することはない．

(10) a.　v* フェイズは目的語 NP のコピー形成領域である．
　　 b.　C フェイズは主語 NP のコピー形成領域である．

(11) a.　v*-phase　　　　　　　　b.　C-phase

(11a) は完成した v* フェイズであり，目的語 NP のコピーはこの中でのみ形成される．そして，目的語 NP はこの領域の外に出ることはない．同じく (11b) は完成した C フェイズであり，主語 NP のコピーはこの中で形成され，ここから外に出ることはない．それでは，これらの仮定はどのように保障されるだろうか．

　まず，Chomsky (2023) に従って，外項は v* フェイズ内ではなく C フェイズ内で導入されるものとする．つまり，外項は (11a) の $Bill_3$ ではなく，(11b) の $Bill_4$ である．ゆえに，$Bill_4$ はこの位置で θ 役割を受けるが，$Bill_3$ が θ 役割を受けることはない．さらに，θ 位置からフェイズの端 (edge) に移動した要素はボックスに入った状態であると仮定し，上のフェイズにおいてこの要素は併合やコピー形成の対象とならないものとする．(11a, b) において，四角で囲まれた $Bill_3$ がボックスに入った要素であり，これは C フェイズにお

いて併合やコピー形成の適用を受けることはない．最後に，フェイズ不可侵条件 (Phase Impenetrability Condition, PIC) により，フェイズ主辞の補部は上のフェイズからはアクセスできない．(11b) における黒い三角形は v* の補部であり，この中の要素は C フェイズにおいて併合やコピー形成の対象にならない．

　次に，これらがどのような順序で適用されるか明確にしておこう．まず，併合を再帰的に適用することでフェイズを完成させる．例えば，(11a) のような v* フェイズが作られる．次に，コピー形成が行われる．(6) に述べた条件の下で，$(Bill_3, Bill_2)$, $(Bill_2, Bill_1)$ の間にコピー関係が確立する．その後，ボックスと PIC により併合とコピー形成に制約が課され，派生は次のフェイズへと進行する．C フェイズにおいては，ボックスの中の $Bill_3$ は併合の対象にもコピー形成の対象にもならない．

　上に述べた制約が十分に根拠のあるものであるかは議論の余地があり，今後さらに検討されなければならない．[1] しかし，これらの制約は 1 つの望ましい帰結をもたらす．それは，上に述べた NP 同士の「隔離」である．1 つの NP につき，それを含む 1 つのフェイズが作られ，その NP のコピー形成はそのフェイズ内で完結する．結果的に，異なる 2 つ以上の NP が 1 つのフェイズ内に存在することが不可能となり，(9) に見たような望ましくないコピー関係が生じることが避けられるのである．[2] フェイズの役割をこのようにとらえた時の帰結を次節以降で見ることとする．

　最後に，上の理論枠組みの中で連続巡回 A′ 移動はどのように扱われるかについて考えよう．ボックスに入った要素はこれ以上併合の適用対象にならないので，従来のようにフェイズの端を経由して非有界的に移動を繰り返すような連続巡回 A′ 移動は存在しないことになる．これに対して，Chomsky (2023) は，フェイズ主辞は下方探索によってボックス内の要素にアクセスし，その要求を満たすことができるとしている．例えば，フェイズ主辞 C が [+Wh] という素性を持っていれば，C はボックス内の wh 句にアクセスし C 自身の要求を満たすことができる．その結果として，wh 句が C の指定部に内的併合されたのと等しい意味的・音声的効果が生じる．この提案の妥当性は現時点ではあまり明らかではないが，極小主義を突き詰めてメモリのない統辞法を仮定

---

[1] ボックスを仮定する根拠は Chomsky (2023) を参照されたい．筆者は，Sorida (2023) において，ボックスが課す制約を PIC の一部として扱うことを試みたが，ここでは話を複雑化させないためその仮定は採らない．

[2] (11b) の $Bill_3$ のような要素は，ボックスの中にあり，併合やコピー形成の対象とならないため，ここでは存在しないかのように考える．

した場合に，連続巡回 A′ 移動が排除されるというのは妥当な帰結であるように思える．それゆえ，上に述べたような何らかの装置が必要となる．ここでは，どのようにこの問題を解決するのが望ましいかは考えず，とりあえず Chomsky の提案を受け入れたうえで話を進めていくこととする．

3.2. v/v* の選択とコントロール構文

　前節では，フェイズは構造上同一でありうる異なる 2 つの NP を隔離し，望ましくないコピー関係が生じるのを防ぐ働きがあることを見た．本節では，このようなフェイズの役割の帰結を検討する．

　まず，上のように考えれば，文に含まれるフェイズの数は，その文中の NP の数によって決まることになる．ここで，フェイズ主辞は C と v* であり，v* にはフェイズを形成しない v という変種があるという標準的な考え方を採用したうえで，他動詞文の構造を考えてみよう．典型的な他動詞文は主語 NP と目的語 NP という 2 つの名詞句を持ち，これらは上に述べた意味で隔離されなければならない．それゆえ，他動詞文は（主語 NP のための）C フェイズと（目的語 NP のための）v* フェイズという 2 つのフェイズを持たなければならないことになる．つまり，他動詞文においては VP(あるいは RP, R は語根 (root)) は v* によって選択される．それに対して，受動文や非対格文には NP が 1 つしか含まれないため NP の隔離が行われる必要がなく，この種の文は C フェイズのみを持つ．つまり，この種の文においては，VP は v によって選択される．

　同じような視点から，コントロール構文を検討してみよう．Chomsky (2021, 2023) は，コントロールに関わる 2 つの名詞要素（制御子と PRO）の間の関係はコピー関係であると提案し，義務的コントロールの PRO を理論から排除した．これによって，義務的コントロールは，極小主義の仮定群から自然と導き出されるものであることが示された．これ自体は，今後の理論研究の指針となるような大変興味深い提案である．しかし，詳細を検討すると，この分析が上手くいっているのか，必ずしも明らかではない部分がある．特に，コントロールに関わる 2 つの NP に対してコピー関係を与えるには，これらが同一のフェイズ内に存在していなければならないが，これは可能だろうか．この点について，上に見たフェイズの考え方を踏まえて検討してみよう．

　Chomsky は上に述べたコントロールの分析を提案するにあたって，コントロール文に対して従来とは異なる構造を仮定している．代表的なコントロール動詞である try を例に考えてみよう．まず，try は，補部に CP ではなく v*P/vP を選択すると仮定する（以降，煩雑さを避けるため v*P のみを表記する）．

さらに，try は外項（主語）を取るため，概ね次のような構造になる．

(12)

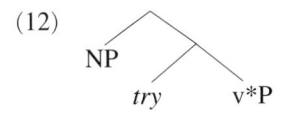

ここで，try を中心とする VP（＝{try, v*P}）は v* と v のいずれに選択されるのだろうか．一般的な仮定では，try は外項の NP を持つため，VP は v* によって選択され，v*P フェイズが形成されることになるだろう．しかし，この場合，コントロールに関わる 2 つの NP が同一のフェイズ内に収まらないことになってしまう．外項は v* フェイズの外部に導入されることを踏まえると，try の外項（(12) における NP）と try の補部内の主語（従来の理論で PRO とされるもの）は別のフェイズ内にあり，コピー関係を付与されることは不可能になってしまう．

　ここで，構造的に同一になりうる項を隔離するというフェイズの役割を思い出してみよう．(12) に示すように，try は NP と v*P を項として取っている．そして，これら 2 つの項は範疇が異なるため，構造上同一になることは決してない．それゆえに，これらは隔離の必要がなく，両者の間にフェイズ境界は必要ないとうことになる．つまり，VP を選択するのは v であり，コントロール構文は下に示すような構造を持つことになる．

(13)

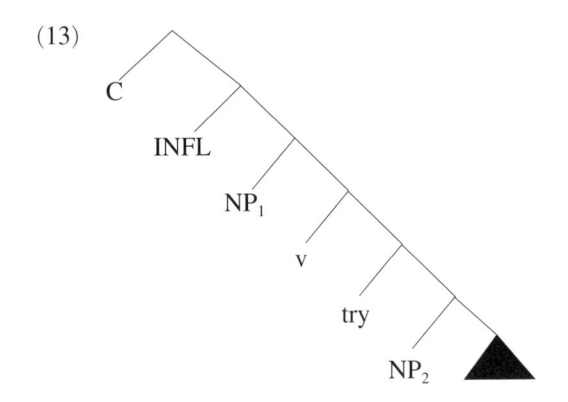

NP_2 は try の補部の v*P の外項であり，v* フェイズに PIC が適用された後に導入される．NP_1 は try の外項である．ここで重要なのは，2 つの NP は両方とも C フェイズ内に存在し c 統御の条件も満たすため，もし構造的に同一であればコピー関係が与えられるということである．これが，コントロールと

呼ばれてきた現象である．このように，極めて限られた環境において，いわば
NP の隔離が「失敗」することによって，外的併合によって導入された 2 つの
名詞句にコピー関係が与えられ，コントロールと呼ばれてきた現象が生じるの
である．

4.　日英比較統辞論に対するいくつかの帰結

　本節では，前節で見たフェイズの役割が日本語統辞法に対して何を示唆して
いるかを見る．特に，日本語スクランブリングの A / A′ 特性が，これまでに
見た枠組みの中でどのように扱われうるかを検討する．

　上で見たように，フェイズは構造的に同一でありうる複数の要素を隔離し，
望ましくないコピー関係が生じるのを防ぐ働きがある．このようなフェイズの
役割を受け入れたうえで，日本語の格助詞に目を向けてみよう．近年，-ga（主
格）や -o（対格）のような日本語の格助詞が，ラベル付けなどの狭義の統辞計
算において何らかの役割を果たしているという提案が多くなされている（例え
ば，Saito (2016, 2018)，Sorida (to appear) などを参照）．ここでは，このよ
うな提案に基づいて，日本語の格助詞は K (Kase) という独立した語彙項目
であり，NP と外的併合すると仮定する．[3] さらに，ここでは K の持つ格素性
の値は辞書 (lexicon) の中であらかじめ指定されているものとする（Chomsky
(1995) などの「照合理論 (checking theory)」を参照）．つまり，K[Nom],
K[Acc] などのように辞書内で値が指定されており，（何らかの「照合」を経た
のちに）前者は -ga，後者は -o として音声化されるのである．

　このように考えると，日本語には英語とは異なるフェイズのパターンが現れ
てくる．日本語の典型的な他動詞文は，主語に NP-ga，目的語に NP-o を持
つ．ここで注目すべきことは，これらの名詞句は異なった格素性の値によって
区別されるため，構造上同一になることはなく，それゆえフェイズによって隔
離する必要がない．つまり，他動詞文の動詞句領域には，必ずしも v* が使用
される必要はないことになる．ここでは，日本語の他動詞文は，v* と v のい
ずれも使用可能であると仮定してみよう．つまり，格助詞の存在が原因で，日
本語の動詞句領域はフェイズであることが随意的であるということになる．[4]

　このような枠組みの中で，日本語スクランブリングの A / A′ 特性はどのよ

---

[3] 英語における格は，Chomsky の近年の方向性を踏襲し外在化のプロセスの一部と考える．
[4] このように考えると，日本語でも英語でも，受動文や非対格文には逆に v* を使用しても
よいということになりそうである．このような可能性に関しては，ここでは深く追求しない．

うに分析されうるだろうか．日本語の節内スクランブリングは A 移動と A′ 移動の両方の特性を持っていることが知られている．まず，A 移動の特性を示す次の例を見てみよう (Ueyama (2003))．

(14) a. *そこを敵対視している会社が，トヨタさえを訴えた．
　　 b. [トヨタさえを]₁，そこを敵対視している会社が　t₁　訴えた．

(14a) は SOV という日本語の基本語順を持っている．(14b) の OSV の語順は，目的語を主語の前にスクランブリングによって移動することで生じると広く仮定されている．(14a) において，「そこ」が「トヨタさえ」によって束縛される解釈は不可能である．これは，前者が後者によって c 統御されていないことから予測されることである．それに対して，「トヨタさえ」がスクランブリングで文頭に前置された (14b) では，必要な c 統御関係が満たされ，「そこ」が「トヨタさえ」に束縛される解釈が可能である．この事実は，「トヨタさえ」が A 位置にある（そして，このスクランブリングが A 移動である）ということを意味している．なぜなら，もしこの移動が A′ 移動であった場合，弱交差 (weak crossover) 効果が生じ，容認可能性が大きく損なわれるはずだからである．

　このようなスクランブリングは，一見フェイズ境界を超える A 移動のように見えるため，分析が困難なように思われる．しかし，ここで日本語の他動詞文は v を動詞句領域の主辞として取ることができるという提案を思い出してほしい．もし v が選ばれた場合，動詞句領域はフェイズを形成せず，C フェイズがこの文の唯一のフェイズとなる．以下の構造を見てみよう．

(15)

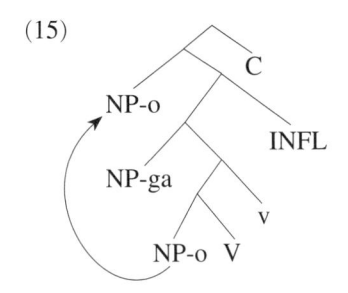

(15) において，目的語は直接 IP の指定部に移動することができる．A/A′ 位置 (A/A′ 移動) の厳密な定義は現在の理論において必ずしも明確なものではないが (Sorida (2012) を参照)，ここでは標準的な慣習に従って IP 指定部は A 位置と仮定しよう．そうすると，この移動は A 移動ということになる．こ

のようにして，日本語節内スクランブリングの A 特性は説明することができる．

　次に，節内スクランブリングの A′ 特性について検討する．次の例文を見てみよう (Ueyama (2003))．

(16) a. トヨタさえが，そこの子会社を推薦した．

　　 b. [そこの子会社を]₁，トヨタさえが　t₁　推薦した．

(16b) は目的語のスクランブリングによって作られた文である．この文では，「そこ」は「トヨタさえ」に c 統御されていないが，束縛変項解釈が可能である．これは移動した要素が再構築化されていることを示しており，これは A′ 移動の特性である．しかしながら，後に長距離スクランブリングの例でも見るように，日本語スクランブリングは全的再構築化 (radical reconstruction, 演算子−変項構造を作り出さず，移動そのものがあたかも起きていないかのように振る舞う現象) を受けるため，ここではこの A′ 特性は全的再構築化の結果と考えることとしよう．では，この A′ 移動はどのように起きているのだろうか．

　ここで，動詞句領域の主辞が v* という，もう 1 つの可能性を考えてみる．(17) の構造を見てみよう．まず，目的語 (NP-o) が v* 指定部に移動しボックスに入る．この時点で，v* フェイズが完成する．さらに，主語 (NP-ga) が併合され，その後 INFL と C が順に併合される．

(17)

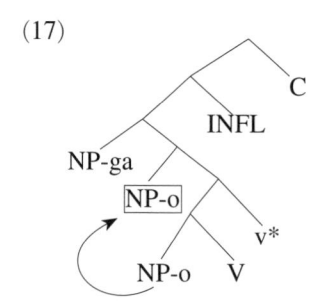

ここで，フェイズ主辞はボックスに入った要素にアクセスし，自身の要求 (非付値素性への与値) を満たすことが可能であるという仮定を思い出そう．さらに，フェイズ主辞によるボックスへのアクセスは，フェイズ主辞が非付値素性を持っていることを必ずしも前提としないと仮定する．つまり，何も動機がない場合でも，フェイズ主辞はボックス要素を探索しアクセスすることが可能で

ある.[5] これを踏まえて (18) の構造を見てみよう.

(18)

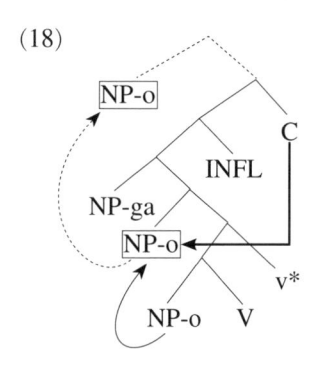

太字の矢印が示すように，フェイズ主辞 C がボックス要素にアクセスしている．この操作の帰結として，NP-o は C の指定部に内的併合したのと同等の音声的・意味的効果が得られる．もちろん，実際に併合が起きたわけではないので，この効果については点線で示しておくことにしよう．結果的に，OSV語順が生じることになる.

　ここで注目すべきことは，日本語のスクランブリングでは，英語の wh 句の移動とは異なり，C によるボックス要素へのアクセスによって非付値素性への与値は起きていないということである．つまり，C は特に何の動機もなくボックス要素にアクセスし，移動と同等の効果を生じさせたわけである．ここで，演算子–変項構造を確立するには，素性照合/素性与値が起きなければならないという伝統的な仮定を思い出してみよう．もしこれが正しいとすれば，ここでは与値が起きていないので，演算子–変項構造が作られることはなく，結果として全的再構築化が生じると仮定するのは自然なことであろう．このような形で，日本語節内スクランブリングのいわゆる A′ 特性は説明される.

　最後に，節境界を越える長距離スクランブリングについて見てみよう．A特性と A′ 特性の両方を持っている節内スクランブリングとは対照的に，長距離スクランブリングは A′ 特性しか持たない．そして，上で見たように，その A′ 特性は，全的再構築化が生じた結果としてとらえることができる．まず，長距離スクランブリングは A 特性を持たないことをみてみよう.

　(19) a. *そこの社員が　　[ジョンが10以上の会社に訪問したと]　思って

---

[5] 査読者が指摘するように，例えば照応形の解釈を決定する際，非付値素性への与値を前提としないでフェイズ主辞がボックス内要素にアクセスするという提案もあるため，ここでの提案自体は特別なものではない.

いる.
　　b. *[10 以上の会社に]₁, そこの社員が　[ジョンが　t₁　訪問したと]
　　　思っている.

(19b) では,「10 以上の会社に」という句が節境界を越えて「そこ」を含む主
節の主語の前に移動している. ここでは,「10 以上の会社に」は「そこ」を c
統御しているにもかかわらず, 前者が後者を束縛する解釈は許されない. ゆえ
に, 長距離スクランブリングは A 移動ではありえない.
　次に, 長距離スクランブリングが全的再構築化を受けることを示す例を見て
みよう.

(20)　a.　ジョンが [メアリーがどの本を読んだか] 知りたがっている.
　　　b.　どの本を₁　ジョンが　[メアリーが　t₁　読んだか]　知りたがっ
　　　　　ている.

前提として, 日本語の wh 句は「か」という疑問の接辞を持つ節の内部に含ま
れていなければならないという制約がある. (20b) では, 疑問詞「どの本を」
が埋め込みの疑問文の中から主節に移動しているが, それでもその疑問詞は埋
め込み節の中で適切に解釈され, 容認可能性は問題ない. この例は, 長距離ス
クランブリングを受けた「どの本」が, あたかも元の位置に戻っているかのよ
うに解釈を受けていることを示している. これが, 全的再構築化である.[6]
　上で全的再構築化が生じるのは, 非付値素性への与値という動機なく, フェ
イズ主辞がボックス要素を探索した場合であると述べた. これを踏まえると,
長距離スクランブリングが全的再構築化を受けることは自然に説明される.
(21) の構造を見てみよう. 節には最低でも 1 つのフェイズ (C フェイズ) が
存在するため, スクランブリングされた要素が節境界を越えるためには, フェ
イズの端でボックスに入って, 上の節のフェイズ主辞 (この場合 C) からのア
クセスを待たなければならない. この時, C は何の動機もなくボックスにアク
セスすることが可能であるから, 演算子-変項構造を作り出すことはなく,
その結果あたかも移動が起きていないかのような意味解釈が生じるのである.
これが, 長距離スクランブリングの全的再構築化の説明である.

---

　[6] これまで見たスクランブリングのデータは, 極めて簡略化したものである. より正確で詳
細な説明は, Saito (1989, 1992, 2003), Saito and Fukui (1998), Tada (1992), Ueyama
(2003) などを参照されたい.

(21)

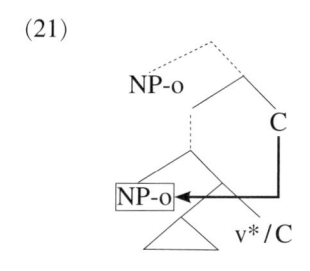

5.　おわりに

　本論文は，メモリのない統辞計算の特性を調べ，それがフェイズ理論に対してどのような示唆を与えるかを検討した．第 2 節では，メモリが統辞計算の中でどのような役割を果たしてきたのか，そしてそれがどのようにして極小主義の下で排除されるに至ったのかを概観した．第 3 節では，メモリのない統辞計算におけるフェイズの役割を考察した．そこでは，フェイズは構造上同一になりうる要素を隔離し，望ましくないコピー関係が生じるのを防ぐ働きがあることを見た．そして，文中の NP の数とフェイズの数の関係から，様々なタイプの文を検討した．特に，ここで提案したフェイズの考え方を採用すれば，Chomsky によるコピー形成に基づくコントロール構文の分析が問題なく機能することを見た．第 4 節では，これまでに見たフェイズの理論が，日本語の分析にどのような示唆があるかを検討した．フェイズが上に見たような役割を果たすとすれば，格助詞を持つ日本語では格素性の値によって NP の区別がなされているため，フェイズは NP 同士を隔離する必要がない．それゆえ，日本語の他動詞文は動詞句領域の主辞が v* と v のいずれも可能であると提案した．そして，このようなフェイズの考え方に基づいて，日本語スクランブリングの A/A′ 特性の分析を提案した．

　メモリのない統辞計算の理論は，極小主義の 1 つの可能な方向性としてさらに探求されるべきであろう．ここで展開した議論は，そのほんの入り口に過ぎず，まだまだ問題は山積している．この論文が，少しでも今後の理論的発展に寄与することを願って筆をおくことにしたい．

参考文献

Chomsky, Noam (1995) *The Minimalist Program*, MIT Press, Cambridge, MA.
Chomsky, Noam (2000) "Minimalist Inquiries: The Framework," *Step by Step: Essays*

on *Minimalist Syntax in Honor of Howard Lasnik*, ed. by Roger Martin, David Michaels and Juan Uriagereka, 89–155, MIT Press, Cambridge, MA.

Chomsky, Noam (2007) "Approaching UG from Below," *Interfaces + Recursion = Language? Chomsky's Minimalism and the View from Semantics*, ed. by Uli Sauerland and Hans-Martin Gartner, 1–29, Mouton de Gruyter, Berlin.

Chomsky, Noam (2008) "On Phases," *Foundational Issues in linguistic Theory*, ed. by Robert Freidin, Carlos Otero and Maria Luisa Zubizarreta, 133–166, MIT Press, Cambridge, MA.

Chomsky, Noam (2021) "Minimalism: Where Are We Now, and Where Can We Hope to Go," *Gengo Kenkyu* 160, 1–41.

Chomsky, Noam (2023) "The Miracle Creed and SMT," ms., University of Arizona / MIT.

Richards, Marc (2007) "On Feature Inheritance: An Argument from the Phase Impenetrability Condition," *Linguistic Inquiry* 38, 563–572.

Saito, Mamoru (1989) "Scrambling as Semantically Vacuous A′-movement," *Alternative Conceptions of Phrase Structure*, ed. by Mark R. Baltin and Anthony S. Kroch, 182–200, University of Chicago Press, Chicago.

Saito, Mamoru (1992) "Long Distance Scrambling in Japanese," *Journal of East Asian Linguistics* 1, 69–118.

Saito, Mamoru (2003) "A Derivational Approach to the Interpretation of Scrambling Chains," *Lingua* 113, 481–518.

Saito, Mamoru (2016) " (A) Case for Labeling: Labeling in Languages without Phi-feature Agreement," *The Linguistic Review* 33, 129–175.

Saito, Mamoru (2018) "Kase as a Weak Head," *McGill Working Papers in Linguistics 25.1 (Special Issue in Honour of Lisa Travis)*, 382–391.

Saito, Mamoru and Naoki Fukui (1998) "Order in Phrase Structure and Movement," *Linguistic Inquiry* 29, 439–474.

Sorida, Masanobu (2012) *Unweaving Chains*, Doctoral thesis, Sophia University.

Sorida, Masanobu (2023) "Phases in Memoryless Syntax: A Preliminary Study," 『上智大学言語学会会報』第 37 号, 4–16.

Sorida, Masanobu (to appear) "Japanese Morphological Case in Labeling Theory," *Proceedings of the 16th Workshop on Altaic Formal Linguistics 16 (WAFL 16)*.

Tada, Hiroaki (1993) *A/A-bar Partition in Derivation*, Doctoral dissertation, MIT.

Ueyama, Ayumi (2003) "Two Types of Scrambling Constructions in Japanese," *Anaphora: A Reference Guide*, ed. by Andrew Barss and Terence Langendoen, 23–71, Blackwell, Oxford.

第6章

コピー形成による同族目的語構文[*]

北田 伸一

新潟大学

1. はじめに

本稿の目的は，極小主義プログラムの枠組みで日本語に観察される同族目的語構文の生成過程を明らかにすることである．同族目的語構文は，(1) や (2) に例示するような，形態的特性を共有する名詞と動詞が動詞句内で共に音声化を受ける構文である．[1]

(1) a. 何より，山の中を歩きながら歌を歌っている少年の姿が生々しく浮かぶのである．[2]

　　b. 楽器役のダンサーは，同じメロディー，同じリズムを刻む楽器と

---

[*] 本発表は，2023 年 6 月 18 日に開催された日本言語学会第 166 回大会ワークショップ（於専修大学）および 2023 年 9 月 9 日に開催された慶應言語学コロキアム（於慶應義塾大学）での研究発表を大幅に加筆・修正したものである．秋孝道氏，内堀朝子氏，土橋善仁氏，藤巻一真氏，石井透氏，金子義明氏，菅野悟氏，岸本秀樹氏，北原久嗣氏，後藤亘氏，小町将之氏，松本マスミ氏，宮本陽一氏，宗像孝氏，大宗純氏，佐藤陽介氏，島越郎氏をはじめ，多くの方々から大変貴重なコメントを頂戴した．また，査読者の方から建設的なコメントをいただいた．ここに記して感謝の意を申し上げる．なお，本研究の一部は日本学術振興会科学研究費補助金（基盤研究 (C) 課題番号 22K00617）の助成を受けている．

[1] (1) や (2) 以外の例として，安藤 (2005: 39) が次の実例を挙げている．

　(i) a. 寅治郎は穏やかな笑いを笑った．　　　　　　　　　（夏野澤夫『カルロス・モンソン』）

　　　b. 学生の頃は，校庭の樹蔭で，書物で顔を覆って，爽やかな青春の眠りを眠った．

　　　　　　　　　　　　　　　　　　　　　　　　　　　　　　　　　（井上靖『青葉』）

一方，三原・平岩 (2006: 22) は，「日本語では『過酷な人生を生きる』などの例外的なものを除いて，同族目的語が存在しない」と指摘している．

[2] 恩田陸 (2016: 191)『蜜蜂と遠雷』幻冬舎，東京．

同期した踊りを踊る.[3]

c. 太郎はいつも叶わぬ願いを願ってばかりいる.

(2) a. 太郎と花子は去年から LA で優雅な暮らしを暮らしている.

b. その匂いとぬくもりに包まれて，この夜啄木は浅い眠りを眠った.[4]

c. 今ここにある現実の苦しみを苦しんでいる方がたくさんいらっしゃると思うんです.[5]

先行研究では，同族目的語と動詞の形態的同一性を移動によって関係づける.しかし本稿では，この分析の理論的問題点を指摘し，対立案として，同一形態の名詞と動詞を外的併合によって移動させずに関係づける分析を提案する.

　本稿の構成は次の通りである．2 節では，同族目的語に対する先行研究およびその問題点を概観・指摘する．3 節では，Chomsky (2021, 2023) が提唱したコピー形成 (FORMCOPY) の仕組みを導入するとともに，この仕組みに基づく本稿の解案を提示する．4 節では，同族目的語に係わる様々な言語現象の検討を通して同族目的語構文を 2 種類に分類する．5 節では，これらの同族目的語構文の異なる内部構造の帰結として，動詞のコピー（copy）となる同族目的語と繰り返し（repetition）となる同族目的語に類別されることを見る．6 節では，本提案のさらなる帰結を検討する．最後に，7 節で結論を述べる.

2. 先行研究の理論的問題点

　同族目的語構文は，生成文法以前の伝統文法の時代からも活発に議論されてきた構文の 1 つである.[6] こうした数多くの先行研究に共通する直観は，同族目的語を形成する名詞主要部が動詞の主要部位置に移動し，かつ，両主要部の位置で音声化を受けるというものである (Jespersen (1927), Fillmore

---

[3] 恩田陸 (2024: 253)『Spring スプリング』筑摩書房，東京.

[4]『現代日本語書き言葉均衡コーパス』(BCCWJ: Balanced Corpus of Contemporary Written Japanese) のデータ（沢地房枝 (1981)『愛の永遠を信じたく候』講談社，東京.）より引用.

[5] https://www.huffingtonpost.jp/2016/12/26/kanako-nishi_n_13857084.html

[6] 同族目的語構文に関する文献としては，Jespersen (1927), Fillmore (1968), Baron (1971), 岩倉 (1976), Zubizarreta (1987), Jones (1988), Moltmann (1989), Massam (1990), Macfarland (1995), Matsumoto (1996), 松本 (1996, 2005, 2013, 2017, 2019, 2020), Mittwoch (1998), Pereltsvaig (2001), Hale and Keyser (2002), Kuno and Takami (2004), Nakajima (2006), Puigdollers (2008), Ramchand (2008), Haugen (2009), 大庭 (2013), Omune (2018), 大室 (2018), Willson (2019) 等を参照.

(1968), Hale and Keyser (2002), Haugen (2009) 等を参照). 図示すると
次のようになる.

(3) a. 花子が [$_{\text{VP}}$ [$_{\text{NP}}$ 美しい [$_{\text{N}}$ 歌を]] [$_{\text{V}}$ 歌っ]] た.

b. 太郎が [$_{\text{VP}}$ [$_{\text{NP}}$ 優雅な [$_{\text{N}}$ 暮らしを]] [$_{\text{V}}$ 暮らし]] ている.

しかし，こうした主要部移動は現行の生成文法理論においては認められない.
拡張条件 (Extension Condition) に違反するからである (Chomsky (1995)).
拡張条件は統語構造を構築する際に課され，統語規則が構造全体を拡張するよ
うに適用しなければならないと規定する. 同族目的語構文では，下記 (4) に
図示するように，同族目的語の名詞主要部 (N^0) が動詞の主要部 (V^0) を標的
として主要部移動することになるが，構造の一部 (V^0) が変更を加えられるだ
けで，構造全体 (VP) が新たに拡張されるわけではない. したがって，拡張
条件に違反する不適格な規則の適用として排除される.

(4)

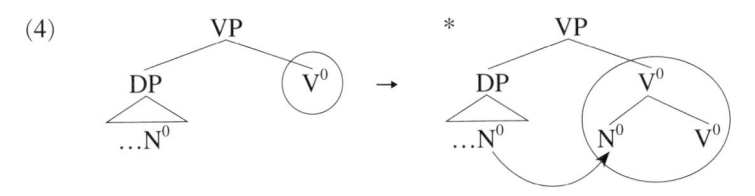

　次節では，拡張条件に抵触しない様式で同族目的語構文を派生させる本稿の
新たな仕組みを提案する.

3.　提案

　本稿では，Chomsky (2021, 2023) のコピー形成の仕組みを援用して，従来
から主要部「移動」として分析されてきた同族目的語構文の派生を，連続循環
的な主要部「併合」の帰結として分析する. そこでまず，3.1 節で本提案が立
脚する Chomsky (2021, 2023) の理論的枠組みを概観する. その後，3.2 節で
具体的な提案を提示し，3.3 節でその妥当性を裏付ける様々な統語現象を考察
する.

3.1.　Chomsky (2021, 2023) のコピー形成

　Chomsky (1995) 以降の極小主義プログラムの枠組みでは，統語構造は併
合 (Merge) によって構築される. 併合は 2 種類に下位分類される. 語彙目録

(Lexicon) から統語対象物を選択する外的併合 (External Merge) と, すでに統語派生に導入された構造内の要素を再度選択する内的併合 (Internal Merge) である. 内的併合を適用すると統語構造内に複数の同一要素が生成され, 両者が互いのコピーとして解釈される. 一方, 同一形態を示す要素が外的併合によって導入されると, それらは別々のものを指示する繰り返しとして解釈される. 換言すると, コピーは内的併合の結果として生じる関係であり, 外的併合の適用がコピー関係を導出することはない.

　しかしながら, Chomsky (2021, 2023) はコピー形成という新たな仕組みを提案し, 内的併合の適用だけではなく, 一定の環境では, 外的併合の適用によって構築される「構造的に同一な要素」(structurally identical inscription) もコピーとして解釈できると主張した. 想定されるコピー形成は, 概略, 各フェーズの転送 (Transfer) 領域内で c 統御 (c-command) の配列関係が成立する同一要素同士をコピーとみなす解釈規則である.[7] 具体例として, (5a) の例外的格付与 (exceptional Case-marking (ECM)) 構文と (5b) のコントロール (control) 構文の各統語派生を考察してみよう.

(5) a. John expected Bill to leave.
　　b. John persuaded Bill to leave.　　　　　　　(Chomsky (2021: 24))

両構文において, Bill は不定詞節の主語位置に基底生成されて, 動詞 leave から「去る人」の主題役割が付与される. その後一定の派生を経て, 主節の目的語位置で音声化を受ける. これらの点で両構文は共通している. しかし, Bill がどのような派生を経て主節の目的語位置を占めるのかに関して両構文は異なる. この差異は主節動詞からの主題役割付与の有無によって生じる. (5a) の主節動詞 expected は目的語位置の名詞に主題役割を付与しない. 一方, (5b) の主節動詞 persuaded は目的語に「説得される人」という主題役割を付与する. θ 理論が規定する θ 基準 (θ-criterion) により, 項は 1 つの主題役割しか担うことができない (Chomsky (1981, 2021, 2023)). 帰結として, (5a) では, 「去る人」の主題役割を担う Bill が, 主題役割を付与されない主節の目的語位

---

[7] Chomsky (2021) はコピー形成を操作としてみなしているが, Chomsky (2023) は独立した操作ではなく, 意味とのインターフェースにおいて一定の条件を満たす構造関係を自動的にコピーと解釈する規則と想定している.

(i)　"Earlier work (e.g., GK [Chomsky (2021)]) postulated an operation FormCopy FC which establishes the copy relation in a cc-configuration [c-command configuration]. We can adopt FC for convenience, but it has no further status; it need not be listed among the admissible operations."　　　(Chomsky (2023: 6))

置に内的併合（移動）してもよい．図示すると，下記 (6a) のようになる．一方，(5b) では，「去る人」の主題役割を担う Bill が，別の主題役割が付与される主節の目的語位置に内的併合できない．当該の Bill が 2 つの主題役割を付与されて，θ 基準に違反するからである．そこで，leave から主題役割を付与される Bill とは異なる Bill を新たに語彙目録から選択する必要がある．つまり，persuaded から主題役割を付与される Bill と leave から主題役割を付与される Bill は外的併合によって別々に派生に導入される．図示すると，(6b) のようになる．

(6) a.　John [$_{vP}$ expected [$_{VP}$ Bill [$_{V'}$ $t_{expected}$ [~~Bill~~ to leave]]]]

b.　John [$_{vP}$ persuaded [$_{VP}$ Bill [$_{V'}$ $t_{persuaded}$ [~~Bill~~ to leave]]]]

ECM 構文とコントロール構文のいずれの階層構造においても，2 つの Bill が同一の転送領域内に存在し，かつ，主節の Bill が不定詞節内の Bill を c 統御する構造関係にある．このため，2 つの Bill が互いのコピーとして解釈される．コピーのうちで構造上高い方が音声化を受けるため (Chomsky (2013))，主節の目的語位置を占める Bill が音声化を受けて，不定詞節内の Bill は削除される．このように，コピー形成の仕組みの下では，外的併合によって導入された同一要素が互いのコピーとして解釈される場合が生じる．

　ただし，派生内に導入される同一要素の間に c 統御関係が成立していなかったり，両者が異なるフェーズの転送領域に属していたりする場合には，両者をコピーと解釈することはできない．繰り返しとして解釈される．例えば，下記 (7a) の文においては，目的語の John は動詞 saw から「見られる人」の主題役割が付与される．主語の John は「見る人」の主題役割が付与される．θ 理論が規定する θ 基準により，主語の John と目的語の John は別々の統語対象物でなければならない．したがって，(7b) に示すように，独立した語彙項目として外的併合によって導入される．

(7) a.　John saw John.

b.　[$_{NP}$ John] [$_{VP}$ saw John].

(7b) においては，動詞句がフェーズを形成する．帰結として，主語の John と目的語の John の間に転送領域の境界が存在する．つまり，両者が異なる転送領域に属することになる．したがって，両者の間に c 統御関係は成立する

ものの，両者をコピーとして解釈することはできず，同一の音形を持つ繰り返し（すなわち「別人」）として解釈される．

　以上が，Chomsky（2021, 2023）が提案したコピー形成の中心的な着想部分である．

3.2.　外的併合による「主要部移動」

　本稿では，上述した Chomsky（2021, 2023）のコピー形成の直観を援用して，主要部「移動」の事例として分析されてきた同族目的語構文を，連続循環的な外的併合の適用によって派生する新たな分析を提案する．本提案は（8）である．まず，同族目的語を形成する名詞主要部（N_1^0）および同一形態の主要部（N_2^0）を語彙目録から別々に選択して，名詞句（DP）と複合的動詞主要部（V_2^0）を構築する．その後，DP と V_2^0 が併合して動詞句（VP）を構築する．

（8）

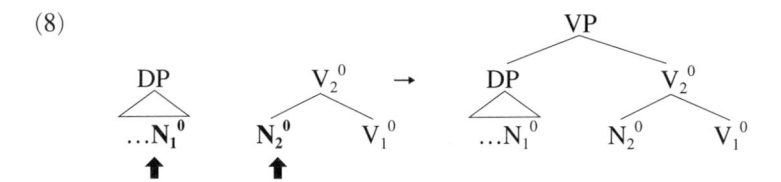

当該構造は外的併合のみを適用して構築される．したがって，拡張条件に違反せず，適格な派生である．同族目的語構文の具体的な例文に当てはめると（9）のように示される．

（9）a.　花子が [$_{VP}$ [$_{NP}$ 美しい [$_N$ 歌を]] [$_V$ 歌っ]] た．

　　b.　太郎が [$_{VP}$ [$_{NP}$ 優雅な [$_N$ 暮らしを]] [$_V$ 暮らし]] ている．

この提案の妥当性を次節で検証する．

3.3.　移動が関与しない証拠

　本提案は外的併合のみを適用するため，形態的特性を共有する同族目的語と動詞の間に移動が関与しない．そうすると，両者の間の関係は移動に課せられる制約の影響を受けないはずである．この予測が正しいことを次の3つの言語事実から検証する．第1に，等位構造制約（Coordinate Structure Constraint）に従わないこと（3.3.1 節），第2に，等位構造への非顕在的な全域的

規則（covert Across-the-Board rule）が適用できること（3.3.2 節），第 3 に，語彙的緊密性仮説（lexical integrity hypothesis）に従わないこと（3.3.3 節）．

3.3.1.　等位構造制約

　まず第 1 に，等位項からの抜き出しに係わる等位構造制約を論じる．従来から，等位構造の一方の等位項からのみ抜き出しを適用すると非文法的になると論じられてきた（Ross (1967)）．例えば，(10a) は第 1 等位項を形成する節の内部から助動詞 should を抜き出した主要部移動の例であるが，非文法的である．(10b) は第 2 等位項を形成する that 節の内部から what を非顕在的に抜き出した例であるが，これも非文法的となる．[8]

(10)　a. *Should$_i$ [John t_i buy a car] and [Peter might sell a house]?
　　　b. *Who said [that John bought a house] and [that Peter sold what]?　　　　　　　　　　(Bošković and Franks (2000: 108, 110))

この等位構造制約の効果は日本語の等位構造でも観察される．Kishimoto (2011) は「… も … も」の構文が等位構造を形成すると主張し，この構文で等位構造制約の効果が生じると論じた．例えば，(11a) は，第 1 等位項内の「公園へ」を話題化によって文頭に抜き出した例である．(11b) は，第 2 等位項内の「公園へ」を文頭に抜き出した例である．いずれも非文法的となる．

(11)　a. *公園へ$_i$は [John が t_i 行きも] [Mary が学校へ行きも] しなかった．
　　　b. *公園へ$_i$は [John が学校へ行きも] [Mary が t_i 行きも] しなかった．　　　　　　　　　　　　　　(Kishimoto (2011: 178))

　この点を考慮して，等位接続が関与する同族目的語構文を考察してみよう．もし同族目的語が動詞の主要部位置に移動することで派生されるならば，等位構造制約に抵触して非文法的になると予測するが，(12) と (13) が示すように，文法的である．

(12)　a.　花子はゆっくりの曲もテンポの速い歌も上手に歌える．
　　　b.　花子はゆっくりの歌もテンポの速い曲も上手に歌える．
(13)　a.　太郎はこれまで都会の生活も田舎の暮らしもどちらも暮らしたことがあるが，どちらの方が良いかは決められないと思った．

---

[8] 「非顕在的」との用語は，移動要素の元位置が音声化されるという意味合いで用いる．

　　b.　太郎はこれまで都会の暮らしも田舎の生活もどちらも暮らしたこ
　　　　とがあるが，どちらの方が良いかは決められないと思った.

これらの例文では，下線部分が示すように，等位接続された同族目的語の片方
の等位項内の名詞主要部が動詞主要部と形態的特性を共有している. 両者の関
係が移動によって関係づけられているとすれば，(10) や (11) と同様に非文
法的になると予測するが，いずれの文も適格である. したがって，形態的特性
を共有する同族目的語と動詞の間に移動関係はない.

3.3.2.　非顕在的な全域的規則

　　第 2 に，等位構造からの全域的な規則の適用を見る. 等位構造からの抜き
出しに関して，前節で取り上げた等位構造制約の反例として，すべての等位項
から全域的に抜き出しを適用する場合には文法的になる (Ross (1967)). 例
えば，(14) に示すように，疑問詞 what を第 1 等位項と第 2 等位項の両方か
ら顕在的に抜き出すと文法的になる.

　　(14)　What$_i$ did you say [that John bought t_i] and [that Peter sold t_i]?
　　　　　　　　　　　　　　　　　　　(Bošković and Franks (2000: 110))

同様のことが，(15) に示すように，日本語の等位構造にも当てはまる.

　　(15)　公園へ $_i$ は [John が t_i 行きも] [Mary が t_i 行きも] しなかった.
　　　　　　　　　　　　　　　　　　　　　(Kishimoto (2011: 178))

ただし，この種の全域的な規則の適用は，その抜き出しが顕在的である場合に
限られる. 非顕在的に規則を適用することはできない. (16) が示すように，
what が顕在的に移動せず，各等位項内の基底位置（つまり，動詞の目的語位
置）で音声化を受けると，非文法的になる.

　　(16)　*Who said [that John bought what] and [that Peter sold what]?
　　　　　　　　　　　　　　　　　　　(Bošković and Franks (2000: 110))

　　もし形態的特性を共有する同族目的語と動詞の間に非顕在的な移動関係が成
立するならば，(16) の場合と同様に，当該の等位構造への全域的な規則適用
に係る条件の違反として非文法的になるはずである. しかし，この予測に反し
て (17) と (18) は文法的である.

　　(17)　花子がゆっくりの歌もテンポの速い歌も 1 人で全部歌った.
　　(18)　太郎はこれまで都会の暮らしも田舎の暮らしもどちらも暮らしたこと

があるが，どちらの方が良いかは決められないと思った．

したがって，形態的特性を共有する同族目的語と動詞の間に非顕在的な移動関係はない．

3.3.3.　語彙的緊密性仮説

第 3 に，語彙的緊密性仮説について論じる．この仮説は，(19) に定義づけられるように，語彙内部に統語操作を適用してはならないと規定する．

(19)　Generalized Lexical Hypothesis:
　　　No syntactic rule can refer to elements of morphological structure.

(Lapointe (1980: 8))

例えば，(20a) が示すように，代名詞 it は独立した名詞 tea を先行詞として同一指示できる．これに対して，(20b) が示すように，名詞 teapot の一部の tea を先行詞として同一指示することはできない．

(20)　a.　He took the pound of tea and put two spoonfuls of it into a tea-
　　　　　pot.
　　　b.　*He took the teapot and poured it into the cup.

(Spencer (1991: 42))

もし同族目的語と動詞が統語操作の内的併合（移動）によって関係づけられているとすると，同族目的語が複合語を形成し，かつ，その一部を動詞と形態的に共有する場合には非文法的になると予測する．しかし，(21) と (22) は文法的である．

(21)　a.　春ちゃんはすぐに曲を覚えてしまい，鼻歌を歌いだした．[9]
　　　b.　太郎たちが盆踊りを踊った．
(22)　a.　太郎は夢にまで見た都会暮らしを憧れの東京で暮らしたが，どうにも肌に合わなかった．
　　　b.　質の良い睡眠を子どもたちがしっかりと眠るためには，日中に，外でたくさん遊ぶのが望ましい．[10]

---

[9]　恩田陸 (2024: 260)『Spring スプリング』筑摩書房，東京．
[10]　関連する例として，次のような実例も見つかる．
　　(i)　そうした後で，私は一寸肱を曲げて，この縁側に一眠り眠る積である．
（夏目漱石 (1952: 121)『硝子戸の中』新潮文庫，東京.）
また，Matsumoto (1996) は「一踊り (*を) 踊る」の例を挙げている．ただし，これらの場合

下線部分が示すように，複合語を形成する同族目的語の一部が動詞と形態的特性を共有している．これらの文は適格であるため，語彙的緊密性の仮説には従わない．したがって，形態的特性を共有する同族目的語と動詞の間に移動関係はないと結論づける．

　　以上，本節では，同族目的語と同一形態の動詞が移動ではなく外的併合によって関係づけられると提案して，この提案の妥当性を支持する経験的証拠を提示した．

4.　2種類の同族目的語構文

　　次に本節では，同族目的語構文が示す諸特性を整理・概観して，同構文を，(23) と (24) に再掲する2種類に下位分類する．便宜上，(23) に属する同族目的語構文をタイプ A，(24) の同族目的語構文をタイプ B と呼ぶことにする．本稿では，この分類を2つの側面から動機づける．1つは，同族目的語が動詞の表す出来事に終点を含意する有界性 (boundedness) を引き起こすかどうかの意味特性，もう1つは，項か付加詞かの統語特性である．これらの特性に基づいて，タイプ A の同族目的語が有界性を示す項であるのに対して，タイプ B の同族目的語が非有界性を示す付加詞であると主張する．

　　(23)　タイプ A
　　　　a.　何より，山の中を歩きながら歌を歌っている少年の姿が生々しく浮かぶのである．
　　　　b.　楽器役のダンサーは，同じメロディー，同じリズムを刻む楽器と同期した踊りを踊る．
　　　　c.　太郎はいつも叶わぬ願いを願ってばかりいる．　　　　　　　(＝(1))
　　(24)　タイプ B
　　　　a.　太郎と花子は去年から LA で優雅な暮らしを暮らしている．
　　　　b.　その匂いとぬくもりに包まれて，この夜啄木は浅い眠りを眠った．
　　　　c.　今ここにある現実の苦しみを苦しんでいる方がたくさんいらっしゃると思うんです．　　　　　　　　　　　　　　　　　(＝(2))

は「一眠り」や「一踊り」がヲ格を伴わないので，同族目的語とはいえないかもしれない．
　　さらに，金子義明先生より，ヲ格を伴わない別の例として，オフコースの楽曲「NEXT のテーマ──僕等がいた──」の歌詞に次の例があることをご教示いただいた．
　　(ii)　僕等の終わりは　僕等が終わる
このようなヲ格を伴わない一連の例は今後の研究課題とする．

4.1.　有界性

第 1 に，動詞が表す出来事の有界性に同族目的語が与える影響を論じる．Tenny (1994) は，目的語の特性によって動詞の表す出来事が有界的であるか非有界的であるかが決定されると主張した．例えば，(25a) と (25b) の対比が示すように，目的語が可算名詞の単数形の場合には，期間を表す for 句とは共起できないが，期限を表す in 句とは共起できる．一方，目的語が可算名詞の（数が未指定な）複数形の場合には，期間を表す for 句とは共起できるが，期限を表す in 句とは共起できない．

(25) a.　Chuck ate an apple (*for an hour / in an hour).
　　　b.　Chuck ate apples (for an hour / *in an hour). (Tenny (1994: 24))

この違いは，「1 つのりんご」が参与する文脈では「食べる」という出来事の終点が含意される（1 つのりんごを食べ終わる時点が分かる）のに対して，「数が決まっていない複数のりんご」が関与する文脈ではいくつのりんごを食べれば出来事が終点に達するのかが含意されないことに起因する．つまり，目的語の特性から，(25a) では動詞の表す出来事が有界的となるのに対して，(25b) では動詞の表す出来事が非有界的となる．

日本語の同族目的語構文においては，(26) に示すように，タイプ A は期限を表す「5 分で」および期間を表す「20 分間」の両表現と共起できるが，(27) に示すように，タイプ B は期間を表す表現としか共起できない．

(26) a.　太郎はゆっくりな歌を 5 分で歌った．
　　　b.　太郎は退屈な歌を 20 分間歌った．
(27) a.　*太郎は浅い眠りを 5 分で眠った．
　　　b.　太郎は浅い眠りを 20 分間眠った．

(26a) と (27a) の対比が示すように，期限を表す表現との共起可能性に関してタイプ A とタイプ B で文法性の差異が生じる．これは，タイプ A が有界的であるのに対して，タイプ B が非有界的であることを示している．[11]

---

[11] 本稿の分類では，(23) に示すように，「願いを願う」は「歌を歌う」と同類のタイプ A に属する．査読者から，もしこの分類が正しければ，「願いを願う」は期間を表す表現と共起できると予測するが，(ia) に示すように共起できないのではないかとの指摘を受けた．確かに (ia) は容認されないが，文脈を整えると (ib) に示すように容認されるように思われる．
　(i) a.　太郎は叶わぬ願いを (*1 年で / 1 年間) 願っている．
　　　b.　太郎は，流れ星が流れる空を眺めながら，2 つの願いを 5 秒で願った．
したがって，本稿では，「願いを願う」はタイプ A に属するとみなす．

4.2.　遊離数量詞

　第 2 に，遊離数量詞の振る舞いを検討する．Miyagawa (1989) は日本語の項・付加詞が非対称性を示す証拠として遊離数量詞を取り上げ，数量詞を遊離できる場合には項であり，遊離できない場合には付加詞であると主張した (Nakanishi (2008) も参照)．例えば，(28a) が示すように，項の「ペンを」から「3 本」を遊離できるが，(28b) が示すように，付加詞の「車で」から「2 台」を遊離することはできない．

(28) a.　花子がペンを 3 本買った．
　　 b. *学生たちは車で 2 台来た．　　　　　　　　(Miyagawa (1989: 24))

同族目的語構文においては，(29) と (30) が示すように，有界性を示すタイプ A の同族目的語からは数量詞を遊離できるが，非有界性を示すタイプ B の同族目的語からは数量詞を遊離することができない．

(29) a.　花子は 2 曲の美しい歌を歌った．
　　 b.　花子は美しい歌を 2 曲歌った．
(30) a.　太郎は経験したことのない 2 種類の苦しみを苦しんだ．
　　 b.?*太郎は経験したことのない苦しみを 2 種類苦しんだ．

これは，有界性を示すタイプ A の同族目的語が項であり，非有界性を示すタイプ B の同族目的語が付加詞であることを示している．

4.3.　受動化

　第 3 に，受動化の可否を見る．(31) と (32) が示すように，タイプ A の同族目的語が受動化できるのに対して，タイプ B の同族目的語は受動化できない．

(31) a.　花子が美しい歌を歌った．
　　 b.　美しい歌が (花子によって) 歌われた．
(32) a.　太郎は浅い眠りを眠った．
　　 b. *浅い眠りが (太郎によって) 眠られた．

受動化は項を成す目的語に適用される操作である．したがって，受動化の可否についての言語事実も，有界性を示す同族目的語が項であり，非有界性を示す同族目的語が付加詞であることを支持する．

4.4.　まとめ

　以上，本節では，2 種類の同族目的語が存在し，それらが動詞の表す出来事に有界性を引き起こすかどうか，および，項か付加詞かという意味的・統語的側面から 2 種類に下位分類されることを論証した．

5.　同族目的語構文の内部構造および同族目的語の解釈

　ここまでの議論によって得られた知見を基盤として，本節では，外的併合のみを適用して構築される同族目的語構文の内部構造とその解釈の仕組みを精細かつ具体的に提示する．

5.1.　2 種類の同族目的語構文の内部構造

　本稿は，動詞が表す出来事の終点を含意し，かつ，項として振る舞うタイプ A の同族目的語構文の内部構造として (33a) を提案する．一方，動詞が表す出来事の終点を含意せず，付加詞として振る舞うタイプ B の同族目的語構文の内部構造として (33b) を提案する．なお，いずれの構造においても，VPと vP の間に AspP が介在すると仮定する (MacDonald (2006, 2008, 2009)，Travis (2010, 2019))．また，この Asp^0 は有界性の性質を特徴づける主要部で，[+bound] の素性を持つと仮定する (Jackendoff (1991)，Borer (1994)，Brinton (1995)，Matsumoto (1996)，松本 (1996, 2005, 2013, 2017, 2019, 2020)，Hale and Keyser (2005)，大庭 (2013)，Mittwoch (2019) 等を参照)．

　(33) a.　タイプ A：有界的で項の同族目的語（= CO_1）構文

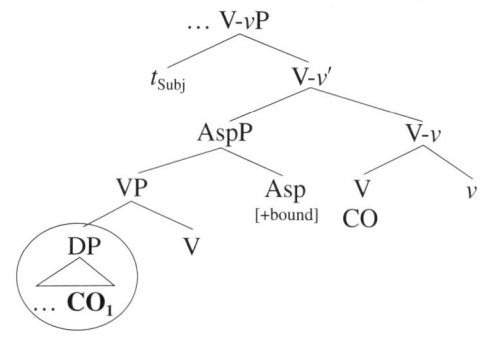

b.　タイプ B：非有界的で付加詞の同族目的語（＝CO_2）構文

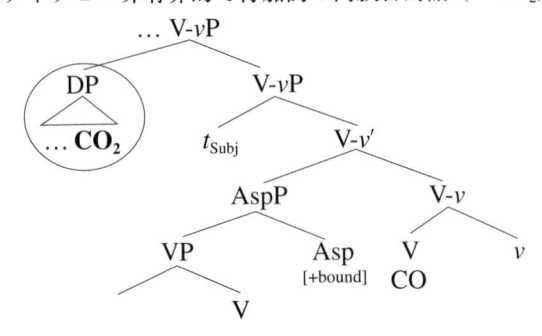

　まず，(33a) の構造では，同族目的語（CO_1）が動詞（V）の補部位置に併合し，項として機能する．したがって，(34) のように数量詞を遊離させたり，(35) のように受動化を受けたりできる．

(34)　花子は美しい歌を 2 曲歌った．　　　　　　　　　　　　（＝(29b)）
(35)　美しい歌が歌われた．　　　　　　　　　　　　　　　　（＝(31b)）

また，CO_1 は [+bound] の素性を持つ Asp^0 から c 統御されるため，この種の同族目的語は動詞の出来事に対して有界性を引き起こす．したがって，(36) のように期限を表す表現と共起できる．

(36)　太郎はゆっくりな歌を 5 分で歌った．　　　　　　　　　（＝(26a)）

　一方，(33b) の構造では，同族目的語（CO_2）が vP に付加する付加詞として機能する．したがって，(37) のような数量詞の遊離や (38) のような受動化ができない．

(37) ?*太郎は経験したことのない苦しみを 2 種類苦しんだ．　（＝(30b)）
(38) *浅い眠りが眠られた．　　　　　　　　　　　　　　　　（＝(32b)）

また，CO_2 は [+bound] の素性を持つ Asp^0 から c 統御されないため，この種の同族目的語は動詞の出来事に対して有界性を引き起こさず，非有界的になる．したがって，(39) のように期限を表す表現と共起できない．

(39) *太郎は浅い眠りを 5 分で眠った．　　　　　　　　　　　（＝(27a)）

このように，(33a) と (33b) に図示した 2 種類の異なる内部構造を仮定する

ことにより，4節で概観した意味的・統語的特性を説明できる.[12]

　なお，査読者から，タイプ A に属する同族目的語構文が (33a) の構造を持ち，タイプ B の同族目的語構文が (33b) の構造を持つ理由は何であるのかとの指摘を受けた.本稿は，(33a) と (33b) の構造が，原理的には，どちらも利用可能であると想定する.しかし，動詞の対格付与能力の有無に応じて，最終的には，一方の派生しか収束しないことになると主張する.

　そこでまず，タイプ A とタイプ B に用いられる動詞の格付与能力を検討してみよう.(40) と (41) に示すように，(33a) に用いられるタイプ A の動詞は対格を付与できるが，(33b) に用いられるタイプ B の動詞は対格を付与できない.[13]

(40)　a.　美しいメロディを歌うには，音そのものが美しくなければ.[14]
　　　b.　こうしてみると，役を踊る，というのはある意味，楽だ.[15]
　　　c.　太郎はみんなの無事を願った.
(41)　a.　*太郎は充実した学生を暮らしていた.
　　　b.　*花子は楽しみにしていた映画鑑賞を眠っていた.
　　　c.　*次郎は極度の重圧を苦しんでいた.

　この違いに基づいて，本稿では次のように主張する.例えば，タイプ A に属する同族目的語の「歌」は，(33a) の補部位置あるいは (33b) の付加部位置

---

[12] アラビア語では，下記 (i) に示すように，有界性を示す同族目的語と非有界性を示す同族目的語が共起できる.
(i) raqaṣat　　hindun　[raqṣ-at-a　　　l-bolkā]　[raqṣ-an　　　sarīʕan].
　　dance-Pst Hind　　dance-Tsm-Acc the-Polka　dance.Bm-Acc quick
　　'Hind danced the Polka dance quickly.'　　　　　　　　　　　(Madkhali (2017: 133))
ただし，Madkhali (2017) は，有界性を示す同族目的語が非有界性を示す同族目的語に先行しなければならないと指摘している.本稿の構造が正しいとすると，(33a) に生起する有界的な同族目的語は (33b) に生起する非有界的な同族目的語よりも構造上低い位置に生起するため，Kayne (1994) の線形対応公理 (Linear Correspondence Axiom) が正しい限りにおいては，有界的な同族目的語が非有界的な同族目的語に後続すると誤って予測する.本稿では暫定的に，アラビア語の Asp^0 が，日本語とは逆の [−bounded] 素性を持つために，有界性を示す同族目的語の構造的位置が日本語と逆になると仮定する.

[13] ただし，タイプ B に関しては，「充実した学生の日々を暮らしていた」，「楽しみにしていた映画鑑賞の間を眠っていた」，「重圧のかかる期間をずっと苦しんでいた」などは容認可能なように思われる.これらは，杉本 (1986: 296-297) が指摘する「『動作の行われる状況』を示す」「状況補語」に相当する要素の可能性がある.典型的には「〜の中を」という形で現れると記述されているが，本稿では，当該要素がこの種の付加詞であると仮定する.

[14] 恩田陸 (2016: 337)『蜜蜂と遠雷』幻冬舎，東京.

[15] 恩田陸 (2024: 416)『Spring スプリング』筑摩書房，東京.

に併合できる．しかし，動詞「歌う」が対格付与能力を持つので，「歌」は補部位置で格を付与されなければならない (Stowell (1981), Bošković (2002))．タイプ B に属する同族目的語の「暮らし」も同様に，原理的には，動詞の補部位置あるいは付加部位置に併合できる．しかし，動詞「暮らす」には対格付与能力がないので，「暮らし」は補部位置では認可されず，付加部位置に併合する派生のみが収束する．（なお，この付加詞としての同族目的語がヲ格を伴う点については，注 13 を参照．）このように，動詞の対格付与能力との連動によって，タイプ A は (33a) の構造を，タイプ B は (33b) の構造を持つような派生に一義的に決まる．

5.2.　2 種類の同族目的語の解釈

　次に，インターフェースでの同族目的語の解釈の仕組みを議論する．3.1 節で概観したように，インターフェースではコピー形成が適用される．この解釈規則は，c 統御の配列関係が成立する同一要素同士をコピーとみなす．この点を考慮に入れて，まず，下記 (42) に再掲するタイプ A の同族目的語構文を検討してみよう．

(42)

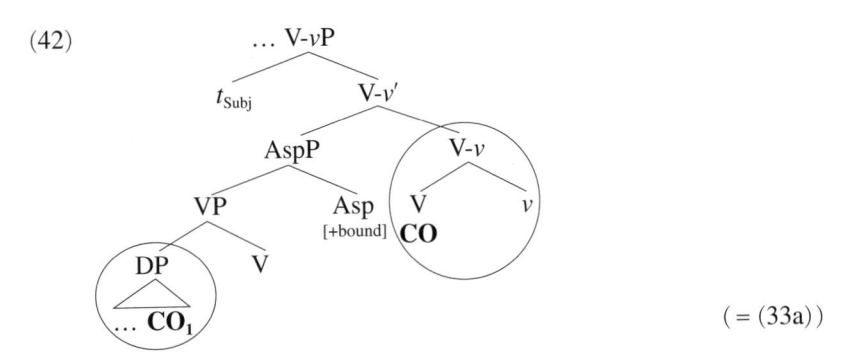

$(= (33a))$

この場合，同族目的語 (CO_1) は同一形態の動詞 (CO) のコピーとして解釈される．というのは，V-v が CO_1 を c 統御するからである．本稿では，Chomsky (2015) に従い，V が v と混合体 (amalgam) を形成すると，この混合体全体が操作に可視的になると仮定する．[16] この仮定により，形成された混合体

---

[16] Chomsky (2015) は次のように記述している．

　(i)　"[R]aising of R[= V] to v yields an amalgam with v* adjoined to R, and the affix is invisible to the labeling algorithm. Note that although R cannot label, the amalgam [R-v*] can."

(Chomsky (2015: 12))

の一部を成す V(CO) も可視的となる．つまり，構造上 V-v が CO_1 を c 統御する関係にあるが，これは，V(CO) が CO_1 を c 統御する関係であることを示している．したがって，両者が互いのコピーとして解釈される．実際に，このコピー関係は意味解釈の観点からも支持される．例えば，「美しい歌を歌う」という場合には，ある一定の文脈の下で想定される具体的な「(美しい) 歌」を指示対象として，この指示対象の内容を「歌う」という動作によって知覚・認識できるようにすることが意味される．このように，同族目的語と同一形態の動詞が連動して特定の場面・状況を言語化させる点で，両者がコピー関係を成すと言える．

　なお，コピー形成の適用には，同一要素間の c 統御関係に加えて，両者が同一の転送領域内に存在することが条件となる．v がフェーズ主要部であるとすると，CO_1 と V-v は異なる転送領域に属することになる．なぜなら，フェーズ不可侵条件 (Phase Impenetrability Condition) により，フェーズ主要部の v とその補部となる VP の間に転送領域の境界があるからである．本稿では，Baker (1988) や Chomsky (1995) を採用して，V と v が併合して混合物を構成した段階で転送領域が拡張すると仮定する．これにより，CO_1 と V-v が同一の転送領域に属することになる．

　また，通常，コピー関係が成立する場合には，構造上上位のコピーが音声化を受けて，下位のコピーは削除される．しかし本稿では，同族目的語の場合には削除が随意的であると仮定する．[17] 実際に，同族目的語を音声化しても音声化しなくてもよい．

(43) a.　花子は一生懸命に (歌を) 歌った．
　　 b.　太郎は一生懸命に (踊りを) 踊った．
　　 c.　次郎は一生懸命に (願いを) 願った．

このようにして，タイプ A の同族目的語は同一形態の動詞のコピーとして解釈される．

　次に，(44) に再掲するタイプ B の同族目的語構文を見てみよう．

---

[17] 削除が随意的な理由としては，同族目的語に格が付与されることが考えられる．この点は土橋善仁先生よりご教示いただいた．

(44)

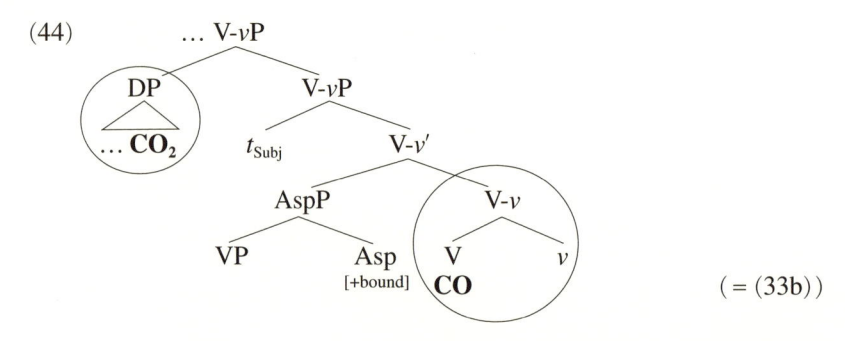

（＝(33b)）

この場合，CO_2 は V-v によって c 統御されない．このため，コピー形成の条件を満たさず，CO_2 は同一形態を示す動詞（CO）の繰り返しとみなされる．3.1 節で論じたように，繰り返しとして解釈される同一音形の要素は各々が異なる対象を指示する．この点は意味解釈の側面から裏付けられる．具体的には，この種の同族目的語は抽象的な一般概念を指示対象とする．これに対して，同一形態の動詞は具体的な時間軸の中での動作・状態を指示対象とする．例えば，「優雅な暮らしを暮らす」の場合，同族目的語の「暮らし」は，「暮らしという観点からすると，優雅に」という意味で，「優雅」と判断する尺度，領域，観点として機能する抽象的な一般概念としての「暮らし」を指示する．一方，動詞の「暮らす」は，現実世界における時間の移り変わりの中での具体的な行為・状態を指示する．このように，同族目的語と同一形態の動詞が単一概念の異なる側面を指示対象とすることから，繰り返しとして解釈される．[18]

　なお，タイプ B の同族目的語構文では同族目的語を修飾する要素が必須であり，修飾要素が共起しないと非文法的になる．[19]

(45) a. *太郎と花子は暮らしを暮らしている．
　　 b. *啄木は眠りを眠った．
　　 c. *次郎は苦しみを苦しんでいる．

この事実は次のように説明される．タイプ B の同族目的語（CO_2）が修飾要素を伴わない場合，同一の転送領域内で裸（bare）の CO_2 が同一形態の動詞（CO）を c 統御してしまうことになる．

---

[18] タイプ B の同族目的語構文を容認不可能とする母語話者もいるが，これは，ある単一概念の抽象的側面を指示対象とする同族目的語と具体的側面を指示対象とする動詞を同一文中に共存させるのが困難と判断することに要因があるのかもしれない．

[19] この点は金子義明先生よりご指摘いただいた．

(46)

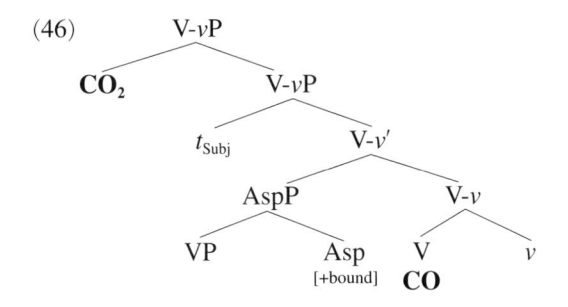

　そうすると，同族目的語と動詞が互いのコピーとして解釈されることになってしまう．しかし上述した通り，この種の同族目的語は，解釈上，動詞と異なる概念上の対象を指示する繰り返しでなければならない．したがって，適切な解釈を受けることができずに容認不可能となる．

　以上，本節では，2 種類の同族目的語構文の具体的な統語派生および内部構造を定式化した．さらに，この構造の差異に基づき，動詞のコピーとなる同族目的語と繰り返しとなる同族目的語を分類する解釈規則の仕組みを提示した．

6.　さらなる帰結

　最後に，本提案のさらなる帰結を 2 点論じる．6.1 節では，日本語の不定代名詞化が項の要素に適用されること，6.2 節では，wh 付加詞構文と呼ばれる理由を問う疑問詞「何を」が付加詞であることを示す．

6.1.　不定代名詞化

　第 1 に，同族目的語への不定代名詞化の適用可能性を議論する．(47) と(48) の対比が示すように，タイプ A の同族目的語は不定代名詞「の」に置き換えることができるが，タイプ B の同族目的語は「の」に置き換えることができない．

(47)　a.　花子は美しい歌を歌っていたが，太郎は耳障りなのを歌っていた．
　　　b.　太郎はふざけた踊りを踊っていたが，次郎は真面目なのを踊っていた．
　　　c.　太郎は叶わぬ願いを願っていたが，次郎は現実的なのを願っていた．
(48)　a.　*太郎は静かな暮らしを暮らしていたが，次郎は慌ただしいのを暮らしていた．

b. *啄木は浅い眠りを眠ったが，賢治は深いのを眠った.

c. *太郎は経験したことのない苦しみを苦しんでいるが，次郎は何度
　　も経験したのを苦しんでいる.

タイプ A の同族目的語は項をなす．一方，タイプ B の同族目的語は付加詞を
なす．したがって，(47) と (48) の対比は，日本語の不定代名詞化が項の要
素にのみ適用されることを示している.

6.2.　Wh 付加詞構文

　第 2 に，同族目的語構文で用いられる疑問詞「何を」の特異な振る舞いを検
討する．Kurafuji (1997) は，(49) の例を挙げながら，目的語の対象を問う
疑問詞「何を」が，理由を問う「なぜ」と同様の解釈を示すことを観察した（三
原 (2022) も参照).

(49) a.　彼らは何を騒いでいるの？

　　　b.　彼らはなぜ騒いでいるの？　　　　　　　(Kurafuji (1997: 253))

さらに，当該の疑問詞「何を」が別の対格付与された要素と共起すると，容認
性が下がると指摘した.

(50) a.??太郎は何を変な歌を歌っているの？

　　　b.　太郎は何を変な歌ばかり歌っているの？　(Kurafuji (1997: 257))

(50a) では，「何を」に加えて「歌を」という（同族）目的語が生起しているた
めに容認性が低下するが，(50b) のように，対格を「ばかり」に変更すると容
認性が上がると述べている．つまり，「何を」は対格と競合する要素であると
指摘した．これらの言語事実に基づき，Kurafuji (1997) は (51) の一般化を
提示して，理由を問う疑問詞「何を」は対格が付与される項の位置に導入され
る要素であると主張した.

(51)　The accusative *wh*-adjunct is generated (merged) in the position
　　　where its accusative Case is checked off.　(Kurafuji (1997: 259))

　この一般化に対して，本稿では同族目的語構文で用いられる「何を」の分布
を詳細に検討して，理由を問う疑問詞「何を」が付加詞であると特徴づける.
その際に，新しい経験的証拠を 2 つ議論する.

　まず第 1 に，Kurafuji (1997) が提示した (50) の例の容認性を再検討する.
Kurafuji (1997) は「何を」が他の目的語と共起する場合には容認性が下がる

と指摘したが,「何を」と同族目的語の間に,また,同族目的語と動詞の間に修飾要素を挟んで両者の隣接性を切り離すと容認性が上がるように思われる.ただし,(52) と (53) の文法性の差異が示すように,容認性が上がるのはタイプ A に属する同族目的語構文のみである.

(52) a.　太郎は何をそんなにふざけた歌を一生懸命に歌っているの?
　　 b.　太郎は何をそんなにふざけた踊りを一生懸命に踊っているの?
　　 c.　太郎は何をそんなに叶わない願いを真剣に願っているの?

(53) a.＊太郎は何をそんなに退屈な暮らしを 1 年も暮らしているの?
　　 b.＊太郎は何をそんなに深い眠りを 5 時間も眠っていたの?
　　 c.＊太郎は何をそんなに大変な苦しみを 1 年も苦しんでいるの?

　第 2 に,同族目的語が共起しない例を考察する.タイプ A に属する同族目的語を非顕在的にして「何を」のみを顕在的にすると,(54) に示すように,「なぜ」の解釈が消失する.字義通りの目的語疑問文としての解釈のみが可能となる.一方,タイプ B に属する同族目的語構文を用いると,(55) に示すように,「なぜ」の解釈および目的語疑問文のいずれの解釈も容認されない.[20]

(54) a.　太郎は何を歌っているの?
　　 b.　太郎は何を踊っているの?
　　 c.　太郎は何を願っているの?　　　(why の解釈不可:what の解釈可)

(55) a.＊太郎は何を暮らしているの?
　　 b.＊太郎は何を眠っていたの?
　　 c.?＊太郎は何を苦しんでいるの?　　(why と what の両解釈とも不可)

これら 2 つの言語事実をまとめると,次のようになる.

(56) a.　理由を問う疑問詞として解釈される「何を」は,タイプ A の同族目的語と共起できるが,タイプ B の同族目的語とは共起できない.
　　 b.　タイプ A の同族目的語が生起しない場合には,字義通りの疑問詞「何を」として機能する.

(56a) は,「なぜ」として解釈される「何を」がタイプ B の同族目的語と競合することを示している.(56b) は,「何を」が「なぜ」として解釈されるためには,対格付与される目的語が存在しなければならないことを示している.これらの事実から,「なぜ」として解釈される「何を」は,対格付与される目的語に

----

[20] (55) の例文が非文法的である点については,上記 (45)–(46) の議論も参照のこと.

依存して導入される付加詞として機能することになる.

7.　結論

　本稿では，日本語に観察される同族目的語構文の統語派生を議論した．具体的には，Chomsky (2021, 2023) が新たに提案したコピー形成の仕組みを採用し，同族目的語と同一形態の動詞を外的併合によって移動させずに関係づける派生を提案した．また，同族目的語構文に関する経験的証拠に基づいて，同族目的語構文が 2 種類に分類されることを論証した．その上で，形態的同一性を示す動詞のコピーとなる同族目的語と繰り返しとなる同族目的語に類別されること，また，それらの構造的位置およびその解釈の仕組みを示した．最後に，本提案の帰結として，日本語の不定代名詞化が項の要素に適用されること，理由を問う疑問詞「何を」が付加詞であることを論じた.

参考文献

安藤貞雄 (2005)『現代英文法講義』開拓社，東京.

Baker, Mark C. (1988) *Incorporation: A Theory of Grammatical Function Changing*, University of Chicago Press, Chicago.

Baron, Naomi S. (1971) "On Defining 'Cognate Object,'" *Glossa* 5, 71-98.

Borer, Hagit (1994) "The Projection of Arguments," *University of Massachusetts Occasional Papers in Linguistics* 20, 19-47.

Bošković, Željko (2002) "A-Movement and the EPP," *Syntax* 5, 167-218.

Bošković, Željko and Steven Franks (2000) "Across-the-Board Movement and LF," *Syntax* 3, 107-128.

Brinton, Laurel J. (1995) "The Aktionsart of Deverbal Nouns in English," *Temporal Reference, Aspect, and Actionality, vol. I Semantic and Syntactic Perspectives*, ed. by Pier Marco Bertinetto, Valentina Bianchi, James Higginbotham and Mario Squartini, 27-42, Rosenberg and Sellier, Turin.

Chomsky, Noam (1981) *Lectures on Government and Binding*, Foris, Dordrecht.

Chomsky, Noam (1995) *The Minimalist Program*, MIT Press, Cambridge, MA.

Chomsky, Noam (2013) "Problems of Projection," *Lingua* 130, 33-49.

Chomsky, Noam (2015) "Problems of Projection: Extensions," *Structures, Strategies and Beyond: Studies in Honour of Adriana Belletti*, ed. by Elisa Di Domenico, Cornelia Hamann and Simona Matteini, 3-16, John Benjamins, Amsterdam.

Chomsky, Noam (2021) "Minimalism: Where Are We Now, and Where Can We Hope To Go," *Gengo Kenkyu* 160, 1-41.

Chomsky, Noam (2023) "The Miracle Creed and SMT," ms., University of Arizona.

Fillmore, Charles J. (1968) "The Case for Case," *Universals in Linguistic Theory*, ed. by Emmon Bach and Robeert T. Harms, 1–88, Holt, Rinehart and Winston, New York.

Hale, Ken and Samuel Jay Keyser (2002) *Prolegomenon to a Theory of Argument Structure*, MIT Press, Cambridge, MA.

Hale, Ken and Samuel Jay Keyser (2005) "Aspect and the Syntax of Argument Structure," *The Syntax of Aspect: Deriving Thematic and Aspectual Interpretation*, ed. by Nomi Erteschik-Shir and Tova Rapoport, 11–41, Oxford University Press, Oxford.

Haugen, Jason D. (2009) "Hyponymous Objects and Late Insertion," *Lingua* 119, 242–262.

岩倉国浩 (1976)「同族目的語と様態の副詞と否定」『英語教育』6 月号, 60–63.

Jackendoff, Ray (1991) "Parts and Boundaries," *Cognition* 41, 9–45.

Jespersen, Otto (1927) *A Modern English Grammar on Historical Principles*, Vol. III, George Allen and Unwin, London. [中村捷 (訳述) (2021)『イェスペルセン 近代英語文法 III』開拓社, 東京.]

Jones, Michael Allan (1988) "Cognate Objects and the Case-Filter," *Journal of Linguistics* 24, 89–110.

Kayne, Richard S. (1994) *The Antisymmetry of Syntax*, MIT Press, Cambridge, MA.

Kishimoto, Hideki (2011) "Topicalization and Coordination in Japanese," *Proceedings of 7th Workshop on Altaic Formal Linguistics (WAFL7) MIT Working Papers in Linguistics* 62, ed. by Andrew Simpson, 171–186.

Kuno, Susumu and Ken-ichi Takami (2004) *Functional Constraints in Grammar: On the Unergative-Unaccusative Distinction*, John Benjamins, Amsterdam.

Kurafuji, Takeo (1997) "Case-Checking of Accusative *Wh*-Adjuncts," *MIT Working Papers in Linguistics 31: Papers from the Eighth Student Conference in Linguistics*, 253–271.

Lapointe, Steven (1980) *A Theory of Grammatical Agreement*, Doctoral dissertation, University of Massachusetts.

MacDonald, Jonathan E. (2006) *The Syntax of Inner Aspect*, Doctoral dissertation, Stony Brook University.

MacDonald, Jonathan E. (2008) "Domain of Aspectual Interpretation," *Linguistic Inquiry* 39, 128–147.

MacDonald, Jonathan E. (2009) "Inner Aspect and Phases," *Explorations of Phase Theory: Features and Arguments*, ed. by Kleanthes K. Grohmann, 207–229, Mouton de Gruyter, Berlin.

Macfarland, Talke (1995) *Cognate Objects and the Argument/Adjunct Distinction in English*, Doctoral dissertation, Northwestern University.

Madkhali, Safiah A. Y. (2017) *Cognate Object Constructions in MSA*, Doctoral dissertation, University of Manchester.

Massam, Diane (1990) "Cognate Objects as Thematic Objects," *Canadian Journal of Linguistics* 35, 161-190.

Matsumoto, Masumi (1996) "The Syntax and Semantics of the Cognate Object Construction," *English Linguistics* 13, 199-220.

松本マスミ (1996)「英語と日本語における非能格動詞の交替——同族目的語を中心に ——」*Proceedings of the Twentieth Annual Meeting, November 11-12, 1995*, 23-33, Kansai Linguistic Society.

松本マスミ (2005)「アスペクトの統語構造」『英語のテンス・アスペクト・モダリティ』, 成田義光・長谷川存吉 (編), 180-194, 英宝社, 東京.

松本マスミ (2013)「データから見た英語中間構文の特性」『英文学会誌』第58号, 25-37.

松本マスミ (2017)「データから見た英語同族目的語構文の特性」『英文学会誌』第62号, 113-132.

松本マスミ (2019)「英語中間構文と英語同族目的語の比較に関する覚書」『英文学会誌』 第64号, 101-105.

松本マスミ (2020)「英語中間構文と英語同族目的語構文における ASPP の統一的分析 ——外部 ASPP と内部 ASPP」『英文学会誌』第65号, 45-52.

三原健一 (2022)『日本語構文大全 第 II 巻 提示機能から見る文法』くろしお出版, 東京.

三原健一・平岩健 (2006)『新日本語の統語構造 ミニマリストプログラムとその応用』 松柏社, 東京.

Mittwoch, Anita (1998) "Cognate Objects as Reflections of Davidsonian Event Arguments," *Events and Grammar*, ed. by Susan Rothstein, 309-332, Kluwer, Dordrecht.

Mittwoch, Anita (2019) "Aspectual Classes," *The Oxford Handbook of Event Structure*, ed. by Robert Truswell, 31-49, Oxford University Press, Oxford.

Miyagawa, Shigeru (1989) *Structure and Case Marking in Japanese*. Academic Press, San Diego, CA.

Moltmann, Friederike (1989) "Nominal and Clausal Event Predicates," *Proceedings of the Regional Meeting of the Chicago Linguistic Society 25*, ed. by Caroline Wilshire, Randolph Graczyk and Bradley Music, 300-314, University of Chicago, Chicago Linguistic Society, Chicago.

Nakajima, Heizo (2006) "Adverbial Cognate Objects," *Linguistic Inquiry* 37, 674-684.

Nakanishi, Kimiko (2008) "The Syntax and Semantics of Floating Numeral Quantifiers," *The Oxford handbook of Japanese linguistics*, ed. by Shigeru Miyagawa and Mamoru Saito, 287-319, Oxford University Press, Oxford.

大庭幸男 (2013)「英語の同族目的語構文の意味統語的な特徴について」『言語学からの眺望 2013：福岡言語学会 40 周年記念論文集』，福岡言語学会（編），66-80，九州大学出版会，福岡.

Omune, Jun (2018) "Reformulating Pair-Merge of Heads," *English Linguistics* 34, 266-301.

大室剛志 (2018)『ことばの基礎 2：動詞と構文』研究社，東京.

Pereltsvaig, Asya (2001) "Cognate Objects in Modern and Biblical Hebrew," *Themes and Issues in Arabic and Hebrew*, ed. by Jamal Ouhalla and Ur Shlonsky, 1-31, Kluwer, Dordrecht.

Puigdollers, Cristina Real (2008) "The Nature of Cognate Objects: A Syntactic Approach," *Proceedings ConSOLE* 16, 157-178.

Ramchand, Gillian Catriona (2008) *Verb Meaning and the Lexicon: A First-Phase Syntax*, Cambridge University Press, Cambridge.

Ross, John Robert (1967) *Constraints on Variables in Syntax*, Doctoral dissertation, MIT.

Spencer, Andrew (1991) *Morphological Theory*, Blackwell, Oxford.

Stowell, Timothy Angus (1981) *Origins of Phrase Structure*, Doctoral dissertation, MIT.

杉本武 (1986)「格助詞」『いわゆる日本語助詞の研究』，奥津敬一郎・沼田善子・杉本武（編），227-380，凡人社，東京.

Tenny, Carol L. (1994) *Aspectual Roles and the Syntax-Semantics Interface*, Kluwer, Dordrecht.

Travis, Lisa deMena (2010) *Inner Aspect: The Articulation of VP*, Springer, Dordrecht.

Travis, Lisa deMena (2019) "Inner Aspect Crosslinguistically," *The Oxford Handbook of Event Structure*, ed. by Robert Truswell, 490-520, Oxford University Press, Oxford.

Willson, Jacob (2019) *The Syntax and Lexical Semantics of Cognate Object Constructions*, Master's thesis, Arizona State University.

Zubizarreta, Maria-Luisa (1987) *Levels of Representation in the Lexicon and in Syntax*, Foris, Dordrecht.

第 7 章

ボックス理論における残部移動

Andreas Blümel・後藤　亘・杉本侑嗣

Humboldt-Universität zu Berlin / University of Göttingen・東洋大学・大阪大学

1. 導入

　極小主義 (Minimalism) では，最小の道具立てを用いて説明を行うことで，内的言語 (I-言語) に対する説明理論の構築を目標としている (Chomsky (2021, 2023), Chomsky et al. (2023))．極小主義では，言語の構造構築 (structure building) は普遍文法に内蔵されている併合 (Merge) によって可能になると考えられている．この併合は，以下のように定義される．

(1)　$\mathrm{Merge}(X_1,\ldots,X_n,WS) = WS' = \{\{X_1,\ldots,X_n\},W,Y\}$
$$(\text{cf. Chomsky } (2021: 10))[1]$$

併合は任意の統語体 (syntactic objects) $X_1,\ldots,X_n$ を作業領域 (workspace, WS) から選択し，集合に変換する (i.e., $\{X_1,\ldots,X_n\}$) 操作を含む．通常 I-言語 (I-language) のシステムでは，併合の入力は，2 つであるとされ (i.e., $n=2$)，操作の適用されていない WS の要素 (member) はそのまま残り (i.e., W)，併合の適用されない部分では，要素は追加されない (i.e., Y) (Chomsky (2020, 2021), Chomsky et al. (2023))．併合によって新たに生成される統語体は，典型的には $\{X_1, X_2\}$ であり，WS に新たに追加されるのはこの統語体のみである．このことを最小出力と呼ぶ (Minimal Yield / MY, Chomsky (2021: 19), Chomsky et al. (2023: 29))．最小出力は併合によって以降の操

---

[1] 併合は，極小主義の強いテーゼ (Strong Minimalist Thesis / SMT) と言語固有の条件 (Language Specific Conditions / LSCs) (例えば，テータ理論 (Theta (θ)-Theory) など)) に従うとされる．

作にアクセス可能な要素を制限する役割がある. もし最小出力のないシステム
を想定すると以下の派生が考えられる.

(1′)　$WS_1 = \{p, q\}$,
　　　$Merge(p,q, WS_1) = WS_2 = \{\{p,q\},p,q\}$

上記の派生では, 併合によって WS_2 に集合 $\{p,q\}$ が追加され, それとは別に
p,q が WS_2 のメンバーとして残る. つまり, 生成された集合 $\{p,q\}$ 以外に,
WS のメンバー p と q が併合によってアクセス可能な要素として残っている.
人間言語のシステムがこれを許すと, 人間言語には不可能な派生も生成してし
まうことになる (Chomsky (2020), Chomsky et al. (2023)).

　併合は外的併合 (External Merge, EM) と内的併合 (Internal Merge, IM)
によって具現化される. 外的併合は, WS のメンバー 2 つを選択し, 集合
$\{X,Y\}$ を生成する (2a). 内的併合は, WS のメンバーを選択し (e.g., X),
そのメンバー内の要素を探索 (Search)・選択し (e.g., Y),[2] 集合 $\{X,Y\}$ を生
成する (2b).

(2)　a.　EM:
　　　　$WS_1 = \{X, Y\}$
　　　　$Merge(X,Y,WS_1) = WS_2 = \{\{X,Y\}\}$
　　b.　IM:
　　　　$WS_2 = \{\{X,Y\}\}$
　　　　$Merge(X,\{X,Y\},WS_2) = WS_3 = \{\{X,\{X,Y\}\}\}$

外的併合の場合 (2a), 併合にとって WS_2 内でアクセス可能な要素は X,Y と
$\{X,Y\}$ の 3 つである. 併合前 (WS_1 内) には X と Y の 2 つの要素があり,
WS_1 と WS_2 の間で 1 つ要素が増えており, 最小出力に従う (i.e., $\{X,Y\}$ のみ
追加). (2b) は内的併合の例である.[3] WS_2 内にある集合 $\{X,Y\}$ とその集合
の内部にある X, そして WS_2 が併合の入力となり, WS_3 内に集合 $\{X,\{X,Y\}\}$
が出力される. ここで仮に要素にインデックスを付けると ($\{X_2,\{X_1,Y_1\}\}$),
この出力におけるアクセス可能な要素は, $\{X_2,\{X_1,Y_1\}\},\{X_1,Y_1\},X_2,X_1,Y_1$ の
5 つである. つまり, WS_2 から WS_3 へは 2 つ要素が追加されていることにな
る (i.e., 新しく追加された要素:$\{X_2,\{X_1,Y_1\}\}$ と X_2). ここで X_2 と X_1 の関
係を考えると, X_2 は X_1 を c 統御 (c-command) しており, 最小探索 (Mini-

---

[2]　ターム (term) の関係. Chomsky (2021: 17) などを参照されたい.
[3]　ここでの派生は便宜的なものであり, 反局所性 (Anti-locality) に関する議論は行わない.

mal Search) により X_2 が先に検出されるため，X_1 はアクセス不可能な要素として考えられる (Chomsky (2021: 19))．よって，最小出力に従う形で認められる併合は，外的併合と内的併合の 2 つのみであるとされている (Chomsky (2020), Chomsky (2021), Chomsky et al. (2023))．

　上記で議論した併合に従えば，下方移動 (Lowering) と主要部移動 (Head Movement) は最小出力に従わないため，生成不可となる (cf. Chomsky (2020)).[4] 以下の派生を考えてみよう．

(3)　$WS_1 = \{\{w, \{x, \{y, z\}\}\}\}$
　　　$Merge(w,y,WS_1) = WS_2 = \{\{w,y\}, \{w, \{x, \{y, z\}\}\}\}$

(3) では，WS_1 内の要素 w と y が併合し，WS_2 では，$\{w,y\}$ が新たなメンバーとして追加されている．WS_1 でアクセス可能な要素は，$\{w,\{x,\{y,z\}\}\}$, $\{x,\{y,z\}\}$, $\{y,z\}$, w, x, y, z の 7 つであり，WS_2 では，$\{w,\{x,\{y,z\}\}\}$, $\{x,\{y,z\}\}$, $\{y,z\}$, w, x, y, z, $\{w,y\}$, w, y の 10 個の要素である．すなわち，3 つ以上の要素が増えており，最小出力を従わない (e.g., w 同士が c- 統御関係にない．X 同士が c 統御関係にある (2b) を参照)．(3) は下方移動と主要部移動を示したものであるが，w が y に移動（下方移動）していても，y が w に移動（主要部移動）していても，併合は非対称性ではないので，どちらの要素が移動してもう片方の要素に組み込まれているなどの情報について示さないので，WS_1 から併合によって，WS_2 の出力が得られるだけである．これは，派生のマルコフ性 (Markovian Property) と呼ばれる性質に起因する (Chomsky (2021))．マルコフ性とは併合を行う際にその時点での情報のみを考慮して操作を行うという性質であり，派生の履歴を辿ることができない，というものである．

　下方移動と主要移動部と同様に内的併合した要素同士で c 統御を行わない移動として，残部移動 (Remnant Movement) がある．残部移動とは，ある XP 内部の要素 Y が移動した後，XP（残部）が移動する操作であり，(4) が残部移動の例文である．

(4)　*Which picture of do you wonder who Mary likes?
　　a.　[$_{v*P}$ Mary [v* likes [which picture of who]]]
　　b.　[$_{v*P}$ who [Mary [v* likes [which picture of who]]]]

---

[4] その他の拡張された併合（側方移動 (Sideward Movement, Nunes (2001))，並列移動 (Parallel Merge, Citko (2005) など）も同様に上記で議論した併合では生成不可能であるとされている．

    c.　[$_{v*P}$ [which picture of who] who [Mary [v* likes [which picture of who]]]

(4) の派生は以下の通りとなる．(4a) の v*P から which picture of who 内の要素である who が [spec,v*P] に移動し (4b)，その後，which picture of who も [spec,v*P] へと移動する (4c)．(4c) の表示より，[spec,v*P] に移動した who と [spec,v*P] にある which picture of who の who は c 統御関係になっておらず，下方移動と主要部移動の例 (3) と似たパターンを示している．

　下方移動と主要部移動に加え，残部移動は適正束縛条件 (Proper Binding Condition, Fiengo (1977), Saito (1985, 1989)) によって説明されたが，その後様々な分析が行われてきた (Takano (1994), Müller (1996), Kitahara (1997), Hiraiwa (2003), Hiraiwa (2010), Takano (2010), Takita (2010)).[5] 本論文では，Chomsky (2020) 以降の併合概念に基づいて残部移動を分析した Epstein et al. (2018, 2021) の提案を導入し，そののち Chomsky (2023) で展開されたボックス理論 (Box Theory) による分析を試みる．特に本論文では，ボックス理論を拡大した Kitahara and Seely (2024) の分析とボックス理論に厳密に従う分析を検討することを目的とする．

　本章の構成は以下の通りである．第 2 節では，上記で議論した併合に基づく Epstein et al. (2018, 2021), Kitahara and Seely (2021) の残部移動分析に触れる．第 3 節では，Chomsky (2023) で展開されたボックス理論を概観し，ボックス理論に基づく残部移動の分析を行う．この節では，Kitahara and Seely (2024) の分析を検討し，彼らの議論していない残部移動のパターンに対して，Chomsky (2023) に基づき，可能な派生を論じ，第 4 節では本章のまとめを行う．

2.　併合と位相不可侵条件による残部移動の説明

　本節では，Epstein et al. (2018, 2021), Kitahara and Seely (2021) の分析をみる．まず，残部移動が最小出力に従う形で生成できるか議論する．第 1 節で議論した通り，併合は 2 つの統語体を集合にするだけでなく，最小出力にも従わなければならない．(5) の表示で残部移動を考えると，まず，X_1 の内的併合が起こり，X_2 が生成される (5b)．次に，X_1 を含む YP が X_2 を超え

---

[5] 日本語の残部移動の概説に関しては，瀧田 (2016) などを参照されたい．

て移動し (5c)，WS$_3$ には Y の内部にある X$_3$ も含め，X のコピー (copy) は3 つとなる．

(5) a.　WS$_1$ = { {$_{ZP}$ ...Z ...{$_{YP1}$ ...Y$_1$...X$_1$...}}}
　　 b.　WS$_2$ = { {$_{ZP}$ ...X$_2$ ...Z ...{$_{YP1}$ ...Y$_1$...X$_1$...}}}
　　 c.　WS$_3$ = { {$_{ZP}$ {$_{YP2}$ Y$_2$ ...X$_3$...},{$_{ZP}$ X$_2$...Z...{$_{YP1}$ Y$_1$...X$_1$...}}}}

コピー X 同士の統語関係を考えると，X$_2$ は，X$_1$ を c 統御している．故に最小探索は，X$_2$ を検出し，X$_1$ はアクセス不可能になる．これは (2b) で議論したように，最小出力の観点から問題がない（YP に関しても同様である）．問題があるのは，X$_3$ と X$_2$ の関係である．つまり，X$_3$ は，X$_2$ を c 統御しておらず，X$_2$ も X$_3$ を c 統御していない．c 統御関係にない場合，最小探索は，X$_2$ も X$_3$ も検出することができ，併合の操作からアクセス可能となる．したがって残部移動の結果，アクセス可能な統語体 X が 2 つ（X$_2$ と X$_3$）ある状態となり，最小出力に従わない派生となる．つまり，残部移動の派生パターンは最小出力に従わず，併合が生成できない派生（i.e., 非文）となることが予測される（e.g., (6)）．他方で，容認度が比較的高い例も観察されている（e.g., (7)）．

(6) *Which picture of do you wonder who Mary likes?

(7) 　How proud of Bill is John?

こうした事実を説明するにあたり，Epstein et al. (2018, 2021), Kitahara and Seely (2021) は，位相不可侵条件（Phase Impenetrability Condition / PIC, (9)）が関わっていると主張する．(8a) では，X$_1$ が，位相主要部 (PhaseH) よりも階層的に下部の位置に移動している（i.e., X$_2$）．この場合，X$_2$ は，PIC によりアクセスが不可能になる．つまり，Y の移動による最小出力に従う例となる．

(8) a.　[$_{PhaseP}$ [$_Y$...X$_3$...][$_{Phase'}$ PhaseH [$_{Non-phaseP}$ X$_2$ [$_Y$ ...X$_1$...]]]]
　　 b.　*[$_{PhaseP}$ [$_Y$ ...X$_3$...][$_{Phase'}$ X$_2$ [$_{Phase}$ PhaseH [$_{Non-PhaseP}$ W [$_Y$ ...X$_1$...]]]]]

他方 (8b) では，X$_2$ は，PIC 領域より階層的に高い位置に移動するため，アクセス可能な要素としてカウントされ，最小出力に従わない形となる．以下が，位相不可侵条件の定義である．

(9) 　Phase impenetrability Condition (PIC): (cf Chomsky (2000: 108))
　　 a.　Given HP = [α[H β]], take β to be the domain of H and α to be

its edge

b. In phase α with head H, the domain of H is not accessible to operations outside α, only H and its edge are accessible to such operations

併合によって生成される統語体は，ボトムアップに構築され，位相主要部の補部は以降の統語的操作にとってアクセス不可能なものとなり，位相主要部とその端の部分は引き続き，以降の統語操作の対象となりうる．v* と C が位相主要部とみなされており，v* と C の領域ごとに PIC が適用され，位相の端 (Phasal edge) に移動した統語体が連続循環移動 (Successive Cyclic Movement) できることを保証する．

　(8a-b) の派生は実際の例文 (10)-(11) で確認できる．(10) と (11) は，残部移動の派生を表示したものである．(10c) では，who_1 が [spec,v*P] へ移動し，その後に残部移動が起こる (10d)．(11) では，John が [spec,TP] に移動し (11b)，残部移動が起こり，残部が [spec,CP] に移動している (11c)．

(10) a. *Which picture of do you wonder who Mary likes? (= (6))

b. $[_{v*P}$ Mary [v* [likes [which picture of who]]]]

c. $[_{v*P}$ who_2 Mary [v* [likes [which picture of who_1]]]]]

d. $[_{v*P}$ [which picture of who_3] [who_2 [Mary [v* [likes [which picture of who_1]]]]]]]

(11) a. How proud of Bill is John? (= (7))

b. $[_{TP}$ $John_2$ [T [is [$John_1$ how proud of Bill]]]]]

c. $[_{CP}$ [$John_3$ How proud of Bill] [$_{TP}$ $John_2$ [T [is [$John_1$ how proud of Bill]]]]]]

両者は，最初の移動 (e.g., who, John の移動) が，位相主要部を超えているかどうかという点で異なる．つまり，(10b) では，who も，残部要素も位相の端に移動する．これらの統語体は，PIC (9) により，以降の派生の統語演算の計算対象となるため，最小出力に従わず，非文であることが正しく予測される．他方で，(11) では，John が [spec,TP]，つまり，位相主要部 C の補部にあたる領域に留まるので，PIC (9) により，以降の派生の演算の計算に関わらない．したがって，最小出力に従う適格文であることが正しく予測される．

　以上，Epstein et al. (2018,2021), Kitahara and Seely (2021) による残部移動の分析を簡潔にまとめた．特に (6)-(7) の例文の容認度の違いは，第1節で議論した併合による枠組みと PIC (9) によって説明されることをみてき

た．だだし，彼らの分析には次のような問題がある．彼らの分析には，併合の出力に対して最小出力に従うかどうかを確認するタイミングと PIC の適用タイミングに関しての順番が決まっていると想定されている．つまり，Epstein らの分析に従うと，残部移動の結果生成された出力は，1. PIC が適用された後，2. 最小出力に従うという結論に至るはずであり，この点は議論の余地があるといえる.[6, 7]

　次節では，最小出力に従う併合を仮定しつつ，残部移動の分析を試みる．具体的には，Chomsky (2023) のボックス理論を軸に外的併合と内的併合の役割・条件を再検討したうえで，残部移動の派生のパターンを議論する．特に Chomsky (2023) を応用し，取り組んだ Kitahara and Seely (2024) の分析と，Chomsky (2023) に厳密に従う形の分析を比較する．

3.　ボックス理論

3.1.　ボックス理論

　Chomsky (2023) では Chomsky (2021) などで提案された併合に関する制約が議論され，Chomsky (2021) での分析に対する新たな解決案が提案されている．まず，併合には外的併合と内的併合があるとされることは本論文でも議論してきたが，これらの併合は，意味の二元性 (Duality of Semantics) を満たすことが Chomsky (2021, 2023) では強調されている．

---

[6] ここでの議論は本論文の中核部分でないため，これ以上言及しないが，Goto and Ishii (2020)，また本書収録の後藤・石井論文などを参照されたい．

[7] Chomsky (2021: fn 30) では，残部移動，特に (11) のパターンの派生に関して二通りの分析を示唆している．1 つは，Epstein らの分析同様，PIC が関わっているという分析と，もう 1 つは，(11) の派生で起こる残部移動は派生の末端 ('terminal') であり，この派生がその後の操作に影響を及ぼさないため，最小出力を従わなくても問題にならないと示唆している．2 点目に関しても疑問が残る．もし最小出力が厳密に併合に従わないのならば，主要部移動やその他の拡大解釈された併合も原理的に可能になる方向性を示していることになる．併合を再構築し最適化するという議論に逆行し，齟齬が生じている．さらに，経験的なデータとしても疑問が残る．例えば，以下の例で，(ia) の例は，(11) と同じパターンを示しているが，(ib) は，残部移動した AP(how likely to win which race) から wh- 句が主節の [spec,CP] まで移動しており，残部が以降の派生にも参与する例である．

(i) a.　Max asked how likely to win the race Oscar was

　　b. ??Which race did Max ask how likely to win Oscar was?

(Sakai (1996: 124, (5a–b)))

(12)　　EM is associated with θ-roles and IM with discourse / information-related functions.　　　　　　　　　　　(Chomsky (2021: 18))

外的併合は，テータ役割付与（θ-role assignment）するものと付与されるものが組み合わさる．一方，内的併合の場合，内的併合を行うことで，新たに移動先で談話情報構造との関係を構築する．また，Chomsky (2023) は内的併合の適用対象を次のように制限している．

> "Our prime concern here is the recipients of theta roles (theta-marked elements): e.g., NP in {NP,VP}, {R,NP}, {P,NP}. R, P and other heads cannot be raised, so the simplest principle would be to restrict eligibility to terms that are theta-marked."　　　　(Chomsky (2023: 7))

つまり，内的併合される対象は，テータ役割付与された要素のみということである．まとめると，外的併合によって theta-structure が生成され，テータ役割付与された要素のみが内的併合することで，意味の二元性 (12) に従うということである．

　さらに Chomsky (2023) は以下の通りに述べている．

> "The next step is to impose segregation. It is established by IM, which carries the derivation from the propositional to the clausal domain. The simplest way to impose segregation is to keep to that property: IM creates an element that has no further interactions with the EM-generated structure that constitute the propositional domain or with operations that apply there."　　　　(Chomsky (2023: 8))

ここで重要な点は，分離（segregation）である．まず外的併合によって，命題領域（Propositional Domain, ここでは theta-structure を想定）が生成される．そして内的併合を受けた要素は節領域（Clausal Domain）を構築し，命題領域から分離される．つまり，節領域に内的併合された統語体は，命題領域の構造と関係を構築することができなくなり，そして，併合などの操作にアクセス不可になる．この分離の概念に依拠し，Chomsky (2023) はボックス理論を提案した．[8, 9]

---

[8] ボックスという概念は理論的装置として存在しているというより，便宜的な呼称であり，この概念は，ボックス化の条件なども含めて，今後の理論の発展によって明確になるものである．

[9] ボックス理論に関しては，本書の第 3 章第 3 節も参照されたい．

"For ease of exposition, we can think of the element E that is IM-ed to the phase edge as being put in a box, separate from the ongoing derivation D. E must however be accessible to D at later phase levels for interpretation at the interfaces. The GK system maintained the standard assumption that E moves phase-by-phase to SPEC-phase, where it is interpreted at C[onceptual:BGS]I[ntentional: BGS] (also at S[ensory: BGS]M[otor: BGS], if Externalization is activated)."

(Chomsky (2023: 8))

ボックス理論の概要は概ね以下の通りである．位相の端に内的併合された要素は「ボックス化 (Boxing)」されたとする．「ボックス化」された状態とは，位相の端に内的併合された要素が構造構築中の派生とは分離された状態である．分離された要素は，後の派生の解釈で必要なため，各位相レベルごとに位相主要部によってアクセスされる．ではどのようにして，各位相レベルで解釈されるのであろうか．Chomsky (2023) は以下のように述べている．

"Turning to interpretation, at each phase PH the phase head accesses the box for "instructions". PH is interpreted at CI and (optionally) at SM the latter typically at the matrix (criterial) position."

(Chomsky (2023: 13))

つまり，各位相レベルで位相主要部がボックス化された要素にアクセスし，外在化と意味解釈のための指示を受け取る．すなわち，最初の内的併合を除き，位相の端への移動が行われない．このことを (13) の例文で確認する．

(13)　John, John saw[10]
　　a.　v* 位相
　　　i.　{v* {saw, John}}　　　　　　　{saw, John} と v* の外的併合
　　　ii.　{$_{v*P}$ John, {v* {saw, John}}}　　John の内的併合（ボックス化）
　　b.　主節の C 位相
　　　　{C, ..., {$_{v*P}$ John, {v* {saw, John}}}}　　　　C が John にアクセス
　　　i.　CI：John が主節の [spec,CP] 位置で話題化されるという解釈の指示
　　　ii.　SM：John が主節の [spec,CP] で発音されるという指示

---

[10] 以降，位相の端に内的併合され，ボックス化された状態を表現するため，便宜的に囲いを使用する．

[spec,v*P] への動によってボックス化された John は，主節の位相主要部 C からアクセスされ，話題化要素としての解釈 (13bi) を受け取る．そして，位相主要部 C の指定部において外在化される (13bii)．

このように，Chomsky (2023) では意味の二元性と分離を推し進め，外的併合による命題領域の構築と内的併合による節構造への移行および命題領域からの分離を提案した．

3.2.　ボックス理論による残部移動

ここで残部移動の問題に戻る．ボックス理論では，(14) はどのように分析されるだろうか．

(14)　(I wonder) [how likely John$_1$ to win]$_2$ [John$_1$ is t$_2$]]

まず，Chomsky (2023) では，theta- 付与されていない要素は内的併合できないとされている．ここで，(14) にある要素 [how likely John$_2$ to win] は，テータ役割付与されていない要素であり，内的併合は適用されない．つまり，John が [Spec,IP] に移動した後に起きるとされる残部移動は引き起こされないことになる．では，どのように (14) を最終的な出力として得ることができるであろうか．この問題を扱うために，Kitahara and Seely (2024) の分析を見ることにする．まず，彼らは Chomsky (2023) の抱える潜在的な問題を指摘している．(15) の派生をみよう．

(15)　(guess) who was arrested
　　　a.　[arrested who$_1$]
　　　b.　[was [arrested who$_1$]]
　　　c.　[INFL [was [arrested who$_1$]]]
　　　d.　[who$_2$ [INFL [was [arrested who$_1$]]]]

who$_2$ と who$_1$ は位相の端でない位置にある．[11] 故に，C$_Q$ は節領域にない who$_1$ あるいは who$_2$ にアクセスできないという問題がある．そこで Kitahara and Seely (2024) は Chomsky (2023) のシステムを一部拡大し，次のように提案している．

---

[11] ここまで議論した内的併合によってできた位相の端は位相内のことである．しかしながら，外項は次の位相 C に含まれており，v* 位相内のものではないとする．またここでは，外項の [Spec,IP] への移動は位相の端への移動ではないので，ボックス化していないと解釈される．

(16) a.　WH は Spec-VP/IP へ移動する

　　　b.　WH は theta（命題）構造から non-theta（節）構造へと移動する

(17)　命題領域と節領域の 2 つの領域のみ存在すると仮定する．もしある任意の要素 X が命題領域にない場合，X は節領域に存在するはずである．また，もし X が節領域に存在する場合，節の性質によりアクセス可能である．

　　　　（Kitahara and Seely (2024: 4) 一部抜粋・要約し著者による意訳）

Kitahara and Seely (2024) では，Chomsky (2023) とは異なり，位相の端への内的併合ではなく，[spec,IP]/[spec,VP] への内的併合によって，ボックス化が引き起こされるとしている．(18a) では，WH 要素だけでなく，一般的に項は外的併合の後，内的併合が適用されることを示している．

(18) a.　項は WH 要素であってもそうでなくても，EM してから，IM する

　　　b.　そのようにして得られた IM 要素は，ボックス化され，以降の位相レベルの位相主要部によってインターフェイスでの解釈のため，アクセスされる．

　　　　（Kitahara and Seely (2024: 5) 一部抜粋・要約し著者による意訳）

これらの点を踏まえ，ここからは Kitahara and Seely (2024) がどのように残部移動を扱うかを紹介する．(19a)（＝(14)）は以下のように派生される．

(19) a.　(I wonder) how likely to win John is

　　　b.　(I wonder) [[how likely to [John$_1$ win]][C$_Q$ [John$_2$ is [how likely to [John$_3$ win]]]]]

(20) a.　is [how likely John$_1$ to win]

　　　b.　[INFL [is [how likely to [John$_1$ win]]]]

　　　c.　[John$_2$ [INFL [is [how likely to [John$_1$ win]]]]]

　　　d.　[C$_Q$ [John$_2$ [INFL [is [how likely John$_1$ to win]]]]]

形容詞句 (how likely to win) が is と外的併合される (20a)．前者は theta-付与されていないため，内的併合によって移動することができない．ここまでは，Chomsky (2023) と同じ想定である．Kitahara and Seely (2024) におけるシステムでは，ある要素が命題領域にないということは，節領域に属することを意味する (17)．つまり，形容詞句が節領域にあるということになり，節領域に関わる特性にとってアクセス可能になるということになる．ステップ

(20d) では，C_Q が形容詞句にアクセスし，[spec,CP] にて解釈・発音される．従って，形容詞句は内的併合によってボックス化されないが，(17) により節領域に属するため，位相レベルでの解釈を受ける対象となる．

このように Kitahara and Seely (2024) は (19) の例を説明するものの，(21)（＝(6)）のような例には言及がない．

(21)　*Which picture of do you wonder who Mary likes?

そのため，ここからは (21) の 3 つの可能な派生と分析を考察する．最初の分析は，まず，Kitahara and Seely (2024) に基づく分析である．彼らによれば，VP レベルと IP レベルで EPP 効果が得られるとしている．つまり，目的語（which picture of who）が [spec,VP] に内的併合され，その位置でボックス化を受ける．(22) と図 1 の構造に示す通り，[spec,VP] へ内項が内的併合し (22b)，最小探索によるラベル付けなどが行われるものとする (Chomsky (2013, 2015)，Epstein et al. (2016))．[12]

(22)　a.　[like [NP2 which picture of who2]]
　　　b.　[β [NP1 which picture of who1] [like [NP2 which picture of who2]]]
　　　c.　[α v* [β [NP1 which picture of who1] [like [NP2 which picture of who2]]]]

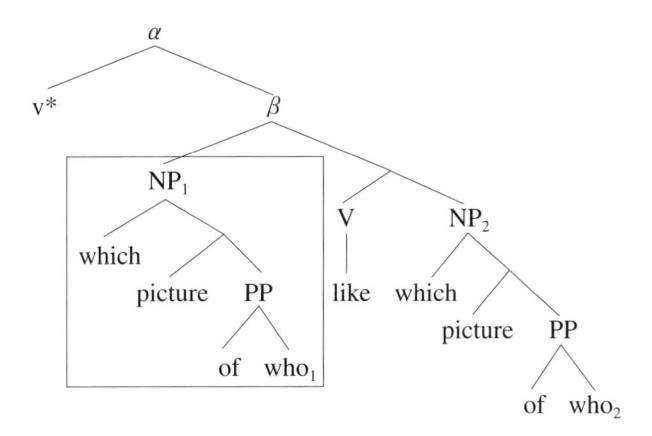

図 1：残部移動の途中派生構造（NP2 の [spec,VP] への移動）

---

[12] who2 の [spec,VP] への移動はラベリングの観点から随意的ではない(cf. Chomsky (2013, 2015))．さらに v* あるいは V は構造的に近い名詞（ここでは，picture）と一致を行う．

では図 1 から (21) を派生するのは可能であろうか？　NP_1 内の who_1 は theta-位置 (i.e., 前置詞あるいは名詞の補部) にあり，内的併合が可能である．したがって，who_1 は位相の端である [spec,v*P] へ移動でき，ボックス化される ((23) と図 2 内の who_3 を参照)．

(23)　$[_\alpha \text{ } who_3 \text{ } [v^* \text{ } [_\beta \text{ } [_{NP1} \text{ which picture of } who_1] \text{ } [\text{like } [_{NP2} \text{ which picture of } who_2]]]]]$

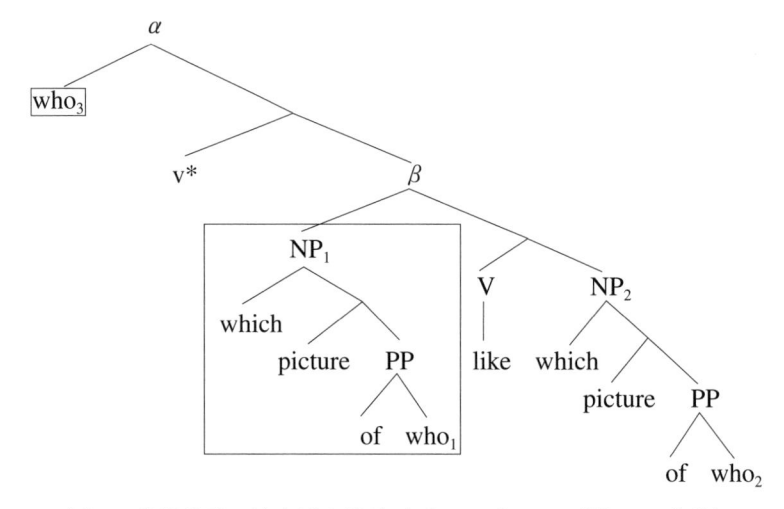

図 2：残部移動の途中派生構造（who_1 の [spec,v*P] への移動）

以降の派生のステップにおいて，埋め込み節の位相主要部 C は，who_3 にアクセス可能であり，埋め込み節の位相の端で解釈・発音されることになる．また主節の位相主要部 C は，NP_1 にアクセスし，主節 CP の端で解釈・発音される．つまり，この派生を基にすると (21) を過剰生成してしまう．

　次に，Kitahara and Seely (2024) ではなく，Chomsky (2023) の仮定を採用した派生を二種類検討する．第一に，内項 (NP_2) が [spec,VP] ではなく，[spec,v*P] に内的併合する場合をみよう (24b)．NP_2 の内的併合ののち，NP_1 内部の who_1 が [spec,v*P] へと内的併合される (24c)（図 3 も参照）．

(24)　a.　$[v^* \text{ } [\text{like } [_{NP2} \text{ which picture of } who_2]]]$
　　　b.　$[_\alpha \text{ } [_{NP1} \text{ which picture of } who_1] \text{ } [v^* \text{ } [\text{like } [_{NP2} \text{ which picture of } who_2]]]]]$
　　　c.　$[who_3] \text{ } [_\alpha \text{ } [_{NP1} \text{ which picture of } who_1] \text{ } [v^* \text{ } [\text{like } [_{NP2} \text{ which picture}$

of who₂]]]]]]

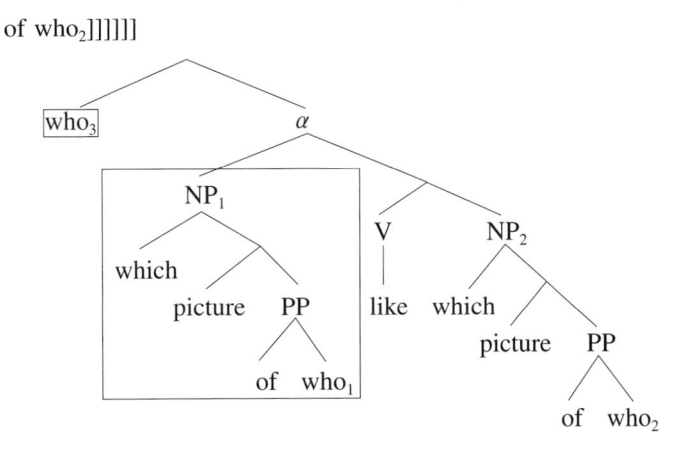

図 3：可能な派生構造 1（who₁ の [spec,v*P] への移動）

この派生では，v* 位相のレベルで who₃ と who₁ がコピー形成（FormCopy）によって，who₃ と who₁ は構造的同一性をもち，c 統御関係にあるのでコピーとしてみなされ，（21）は適格文と予測されてしまう。[13] この点は，（23）も同様である．

　第二の派生を見てみよう（(25)，図 4）．この派生では，who₂ が [spec,v*P] へ先に内的併合した後 (25b)，NP₂ が [spec,v*P] へ内的併合される (25c)．

(25)　a.　[v* [like [NP₂ which picture of who₂]]]

　　　b.　[β who₃ [v* [like [NP₂ which picture of who₂]]]]

　　　c.　[α [NP₁ which picture of who₁] [β who₃ [v* [like [NP₂ which picture of who₂]]]]]

---

[13] ここではコピー形成（Form Copy）の条件は，Chomsky (2021) に基づき，(i) c 統御と (ii) 構造の同一性であるとする．Chomsky (2021) ではコピー形成が随意的な操作であったが，Chomsky (2023) ではコピー形成を独立した操作として想定せず，位相ごとに行われるものであるとしている．また，コピー形成に関与しなかった要素は繰り返しとしてみなされる．さらに，ここでは外在化の過程で，一番高い位置のコピーが残り，残りの低い位置のコピーは削除されるターゲットとなると想定する．

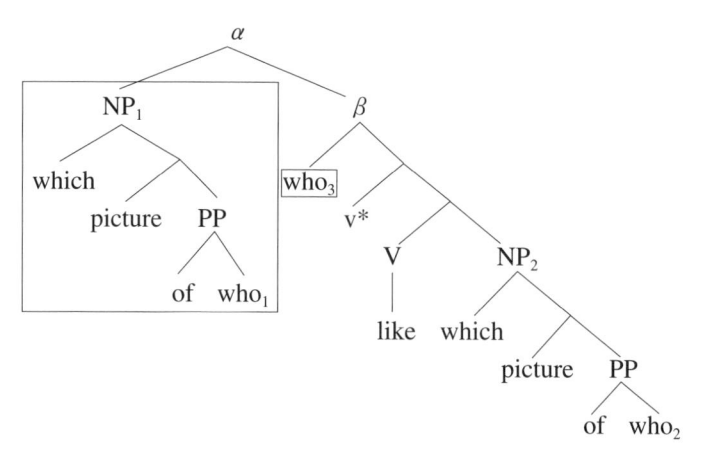

図 4：可能な派生構造 2(who$_2$ の移動後の NP$_2$ の移動)

ここでの派生で，who$_3$ と NP$_1$ は内的併合によってボックス化されているとする．α が位相レベルとみなすと，who$_3$ は，who$_2$ とコピー関係にあり，NP$_1$ と NP$_2$ もコピー関係にある．しかしながら，NP$_1$ 内の who$_1$ は who$_3$ は c 統御関係にないため，コピー関係が成り立たず，繰り返しとなり，(21) の派生を生成しないことになる．ただし，(24) では who$_1$ は who$_3$ の間にコピー関係が成立するため，ここでのコピー関係による説明だけでは残部移動に対して十分な説明とは言えない．

　ここで次の点を考えてみたい．ある任意の統語体 XP の内的併合は自動的にそしてただちに転送 (Transfer, Chomsky (2004)) を引き起こすだろうか．もしそうだとすれば，上記 2 つの派生を排除するため，(21) が非文法的である事実を説明する．位相の端への内的併合はボックス化とともに，転送も引き起こすと考えてみよう．その場合，(25c) および図 4 の NP$_1$ の内的併合の段階で，α と β で別々の転送領域となる．内的併合が適用される度に転送が行われるため，ボックス化された要素同士（またボックス化された要素内部の要素）の統語関係はボックス化された位相内（埋め込み v*P）で結ばれない．つまり，(25c) の派生は，who$_1$ と who$_3$ のコピー関係を結べず，最終的な出力 (24) を生成できないこととなる．この説明であれば，(24) の派生に関しても同様の説明を行うことができる．つまり，NP$_1$ が内的併合したタイミングで転送が起きるため，who$_3$ が内的併合を適用されてからコピー関係を結ぶことができない，ということになる．

4.　おわりに

　本論文では，Chomsky (2023) で展開されたボックス理論を用いて，いく
つかの残部移動の派生パターンを議論した．第1節では併合の概念を概観し，
内的併合と外的併合の例と生成不可能な派生の例を説明した．第2節では，
第1節で議論した併合に基づく残部移動の分析を Epstein らの分析に基づい
て議論した．第3節では，Chomsky (2023) で提案されたボックス理論を導
入し，このボックス理論に基づく残部移動の分析を議論した．Kitahara and
Seely (2024) では，Chomsky (2023) の提案を精緻化し，残部移動に説明を
試みていたが，本論文では，Kitahara and Seely (2024) で議論されていない
残部移動のパターンに焦点を当て，2つの可能な派生を議論した．Kitahara
and Seely (2024) の前提をそのまま採用する形では，不可能な残部移動を過
剰生成してしまう．そのため Chomsky (2023) に基づいた可能な派生パター
ンを検討し，新たな分析・提案をおこなった．この提案によれば，それぞれの
ボックス化ごとに転送が起こるため，ボックス化された要素同士のコピー関係
が結ばれず，残部移動の一部の例は適切に排除される．この提案は，Chom-
sky (2021) とは異なり，最小出力に整合する形で残部移動を分析できるとい
う好ましい帰結をもたらす．本論文では，残部移動に注目したが，本論での提
案に基づいて他の移動の現象に関しても検証していくことを今後の課題とした
い．

参考文献

Chomsky, Noam (2000) "Minimalist Inquiries: The Framework," *Step by Step: Essays on Minimalist Syntax in Honor of Howard Lasnik*, ed. by Roger Martin, David Michaels and Juan Uriagereka, 89-155, MIT Press, Cambridge, MA.

Chomsky, Noam (2004) "Beyond explanatory adequacy," *Structures and Beyond: The Cartography of Syntactic Structures volume 3*, ed. by Andriana Belletti, 104-131, Oxford University Press, Oxford.

Chomsky, Noam (2020) "UCLA Lectures," Unpublished manuscript available at Lingbuzz (lingbuzz/005485).

Chomsky, Noam (2021) "Minimalism: Where Are We Now, and Where Can We Hope to Go," *Gengo Kenkyu* 160, 1-41.

Chomsky, Noam (2023) "The Miracle Creed and STM," ms., Arizona. University/MIT.

Chomsky, Noam, T. Daniel Seely, Robert C. Berwick, Sandiway. Fong, M.A.C. Huybregts, Histsugu Kitahara, Andrew McInnerney and Yushi Sugimoto (2023) *Merge and the Strong Minimalist Thesis: Elements in Generative Syntax,* ed. by Robert Freidin, Cambridge University Press.

Cikto, Barbara (2005) "On the Nature of Merge: External Merge, Internal Merge, and Parallel Merge," *Linguistic Inquiry* 36(4), 475-496.

Epstein, Samuel David, Hisatsugu Kitahara and T. Daniel Seely (2018) "Can 'Determinacy + PIC' Explain Descriptions of. Remnant Movement Asymmetries?" Paper presented at the 157th Meeting of the Linguistic Society of Japan, November 17, 2018.

Epstein, Samuel David, Hisatsugu Kitahara and T. Daniel Seely (2021) *A Minimalist Theory of Simplest Merge*, Routledge, New York.

Fiengo, Robert (1977) "On Trace Theory," *Linguistic Inquiry* 8(1), 35-61.

Goto, Nobu, Toru Ishii (2020) "The Principle of Determinacy and Its Implications for MERGE," *Proceedings of the 12th GLOW in Asia & 21st SICOGG*, 91-110.

Hiraiwa, Ken (2010) "Scrambling to the Edge," *Syntax* 13(2), 133-164.

Kitahara, Hisatsugu (1997) *Elementary Operations and Optimal Derivations*, MIT Press, Cambridge, MA.

Kitahara, Hisatsugu and T. Daniel Seely (2024) "Merge and. Minimal Search: A Preliminary Sketch from GK to MC and Beyond," handout presented at GLOW in Asia XIV, March 6-8, 2024.

Müller, Gereon (1996) "A Constraint on Remnant Movement," *Natural Language and Linguistic Theory* 14, 335-407.

Nunes, Jairo (2001) "Sideward Movement," *Linguistic Inquiry* 32(2), 303-344.

Saito, Mamoru (1985) *Some Asymmetries in Japanese and Their Theoretical Implications*, Doctoral dissertation, MIT.

Saito, Mamoru (1989) "Scrambling as Semantically Vacuous A'-movement," *Alternation Concepts of Phrase Structure*, ed. by Mark R. Baltin and Anthony S. Kroch, 182-200, University of Chicago Press, Chicago.

Sakai, Hiromu (1996) *Derivational Uniformity: A Study of Syntactic Derivation in Parametric Setting*, Doctoral dissertation, University of California, Irvine.

Takano, Yuji (1994) "Unbounded Traces and Indeterminacy of Derivation," *Current Topics in. English and Japanese*, ed. by Nakamura Masaru, 229-253, Hituzi Syobo, Tokyo.

Takano, Yuji (2010) "Illicit Remnant Movement: An Argument for Feature-Driven Movement," *Linguistic Inquiry* 31(1), 141-156.

Takita, Kensuke (2010) *Cyclic Linearization and Constraints on Movement and Ellipsis*, Doctoral dissertation, Nanzan University.

瀧田健介 (2016)「移動と語順の制約」『日本語ハンドブック：言語理論と言語獲得の観点から』, 村杉恵子・斎藤衛・宮本陽一・瀧田健介 (編), 366-407, 開拓社, 東京.

第 8 章

ボックス理論での一致と束縛[*]

大宗 純・小町将之

関西外国語大学・静岡大学

1. 序論

本稿では，Chomsky (2021, 2023a, b) や Chomsky et al. (2023) 等の枠組みでの統辞派生の基本的な仕組みを概観した上で，一致と束縛現象に対する説明を試みる．

この理論的枠組みでは統辞構造を作る演算操作として併合 (Merge) が仮定されるが，Chomsky (2021) はこれを，作業領域 (workspace) WS を WS′ に写像する操作として以下のように定義する．

(1)　Merge $(X_1,…,X_n, WS) = WS′ = \{\{X_1,…,X_n\}, W, Y\}$, satisfying SMT and LSCs

この過程で，併合は WS 内の要素 $X_1,…,X_n$ を選択し，$\{X_1,…,X_n\}$ を WS′ に加える．統辞構造の階層性は二分枝分かれ (binary branching) で捉えられるが，これは，自然法則を満たしながら最もシンプルな言語設計を要求する極小主義の強いテーゼ (Strong Minimalist Thesis: SMT) にもとづき，リソース制限 (Resource Restriction) の具体化である最小提供 (Minimal Yield: MY) の原則が作用して n = 2 が得られることで説明される．[1] また，同じ原則によっ

---

　* 本稿は JSPS 科研費 (#24K03890, #22K13107, #20K00678) の助成を受けたものであり，First International Conference on Biolinguistics of the UQTR，日本言語学会第 166 回大会と慶應言語学コロキアム (2023 年 9 月 9, 10 日) で発表した内容の一部を含む．
　[1] n = 2 は MY ではなく LSCs (θ 理論) から導き出せるかもしれない (Hisatsugu Kitahara (p.c.))．

て Y は無 (null) であり, W は併合の影響を受けないため WS′ にそのまま持ち越される. MY はさらに, 派生を厳密にマルコフ的 (strictly Markovian) にし, WS から WS′ への写像の履歴は保存されない. Chomsky (2021) は, 一義性 (Univocality) の原理として特徴づけた θ 理論と意味の二重性 (Duality of Semantics) を言語特有の条件 (Language Specific Conditions: LSCs) として導入した. ただし, 次節で議論するように, その後提案されるボックス理論 (box theory) (Chomsky (2023a)) では, これらの条件は併合と位相 (phase) から演繹でき, 独立した条件として立てる必要がないと我々は考えている.

本稿で我々は, この最新の理論的枠組みで問題となり得る点を指摘し, その問題点は探索 Σ(Search Σ) の帰結として解決されると提案する. Chomsky (2021: 17) によると, 探索 Σ は第三要因に由来するため, どんな操作にとっても自由に利用可能である. 併合適用の際に Σ が集合 WS の 2 つの独立した要素を選択した場合, 併合は外的併合 (External Merge: EM) と呼ばれる.[2] 例えば, WS = {{X, Y}, Z} の時, Σ が {X, Y} と Z を選択すると, WS′ = {{Z, {X, Y}}} を産出する EM の事例が得られる.

(2) Merge (WS) = WS′
　　(input) WS = {{X, Y}, Z}
　　(output) WS′ = {{Z, {X, Y}}}

また, 集合 WS の要素 (member) である集合 {X, Y} と, その集合 {X, Y} 自身の項 (term) を Σ が選択した場合, 併合は内的併合 (Internal Merge: IM) と呼ばれる.[3] 例えば, WS = {{X, Y}, Z} の時に, Σ が {X, Y} と Y を選択すると, WS′ = {{Y, {X, Y}}, Z} を産出する IM の事例が得られる.

(3) Merge (WS) = WS′
　　(input) WS = {{X, Y}, Z}
　　(output) WS′ = {{Y, {X, Y}}, Z}

重要なのは, EM, IM どちらも同じ併合 (1) が適用されたものだという点で

---

[2] Chomsky (2021) では, EM を適用する際に Lexicon の要素を選択可能であると述べられているが, 本稿では Chomsky et al. (2023) の立場を採用し, 併合を適用する際の探索対象は WS 内に限ると考える.

[3] 項の定義は次のものを採用する. X is a term of Y iff X is either (i) a member of Y or (ii) a member of a term of Y.(Chomsky et al. (2023: 19)) つまり, WS = {a, {b, c}} において a と {b, c} は WS の要素であり項でもあるが, b と c は WS の要素ではなく項である.

ある．EM や IM の区別は，Σ がどのように 2 つの要素を選択したかを示す便宜的な呼び方に過ぎない．ただし，Chomsky (2022: 13) で述べられているように，併合の適用対象を決定する際の Σ の探索領域という点では IM の方が計算効率に優れている．

　本稿は次のように構成されている．2 節では本稿で主に採用する Chomsky (2023a, b) の理論的枠組みを概観する．3 節では前節で概観した枠組みで問題となりうる一致の仕組みを中心に議論する．4 節では，一致に関する新たな提案を行う．5 節では，一致現象だけでなく束縛現象も併合の適用により自然に作られる構造関係を基に説明されると主張する．6 節は結語である．

2.　ボックス理論の枠組み

　最近の極小主義統辞理論，特に Chomsky (2021) が提唱する理論的枠組みでは，コピーは言語から独立した探索 Σ の結果形成される．つまり，第三要因的探索が c 統御配置の関係にある 2 つの構造的に同一の要素 (structurally identical inscriptions) を探知した時，それらはコピーとして解釈される．Chomsky はそのコピー同定操作のことをコピー形成 (FormCopy: FC) と呼ぶ．例えば，John likes the dog. のような典型的な他動詞文の構造を考えてみよう．

　(4)　　[C [$_\beta$ John$_2$ [$_\alpha$ INFL [John$_1$ v*…]]]]

EM が α を形成した後，IM が β を形成する．伝統的な言い方をすると，動詞句内主語 John$_1$ は INFL 指定部に移動する．EM で C が導入された後，位相単位の計算，つまり解釈系によるアクセスが起きる．[4] この際に FC は c 統御配置関係にある構造的に同一の要素 John のペア <John$_2$, John$_1$> を探知する．その結果，それらはコピー関係にあると解釈される．Chomsky (2021) では，FC は随意的と想定するが，我々はボックス理論での示唆 (Chomsky (2023a: 14, fn. 28)) に従い，FC は位相毎に義務的に適用されると考える．

　Chomsky (2023a) で述べられているように，FC の適用条件である c 統御

---

[4] Chomsky (2013, 2015) 等では位相毎の転送 (Transfer) の際に解釈系に関わる計算 (主要部移動，ラベル付け，FC，一致など) が起き，位相不可侵条件 (Phase Impenetrability Condition: PIC) 効果が発現すると想定されている．ただし，Chomsky (2021: 36) で示唆されているように PIC 領域と転送領域のズレ等の懸念もあるため本稿では転送という用語を使用せず，位相毎に解釈系 (概念・志向，感覚運動インターフェイス) によるアクセスが起きると考える (cf. Chomsky (2021: 7))．

配置は併合により形成された構造関係から自然に導出される．Chomsky (2023a: 6) で述べられているように，併合の連続適用の結果生み出される単純な構造的関係は以下の 3 つに限られる．

(5) 1. co-member（＝姉妹関係）
    2. term-of（＝支配）
    3. co-member+term-of（＝c 統御）

この 3 つ目の関係を利用しているのが FC ということになる．FC はこの関係にある構造的に同一の要素を発見しているに過ぎない．本稿では FC の義務的適用を次のように考える．[5]

(6) 位相毎に解釈系が併合により作り出された構造にアクセスする際，構造解釈（ラベル付け，一致，コピー，束縛等）のために探索 Σ により構造関係を読み取る必要がある．c 統御配置関係にある構造的に同一の要素が見つかった場合，それはコピーと解釈される．

以降，本稿では，FC が強制適用であることを示す場合，FC の代わりに Σ_{FC} という用語を使用する．[6]
　次の v*P 構造を考えてみよう（t_{John} は John の下位コピー（lower copy）であることを示す）．

(7) [John$_2$ [like$_{v*}$ John$_1$]]　　　　　　(*John likes t_{John} / John likes John)

正しい表現 John likes John. を派生するには 2 つの John は重複（repetition）でなければならない．このような場合，Chomsky (2021) では，θ 付与の一義性原理に違反するため Σ_{FC} は適用されないとされていた．もしそれが適用されてしまうと，1 つの要素であるコピーペア <John$_2$, John$_1$> が 1 つの動詞 like から 2 つの θ 役割（θ-role）を受け取ってしまい，以下の一義性の原理に違反する（cf. Chomsky (2021: 27)）．

(8) θ 付与子 τ は 1 つそして 1 つのみの θ 役割を θ 連結した要素に付与する．

---

[5] そもそも FC という操作自体不必要で，同じ位相内の c 統御配置にある構造的に同一の要素同士は自然とコピーとして解釈されるという捉え方もできるかもしれない．本稿では，「自然とコピーとして解釈」されるためには解釈系がどのような構造関係になっているか読み取る必要があるという前提の下，その読み取り操作のことを FC と呼ぶ．

[6] FC が Σ の具体化であることを明示するという意味でも Σ_{FC} という用語は有用である．

これによって，John likes t_{John} というあり得ない表現は適切に排除される．

　ボックス理論ではこのような FC の随意的適用や一義性の原理を利用することなく，(7) を適切に派生できる．まず，EM により v*P が作られた以下の派生の段階を考えてみる．

(9)　WS = {{like$_{v*}$, John$_1$}}

ボックス理論では，外項が含まれないこの段階を v*P 位相と考える (Chomsky (2023a: 16, fn. 30))．[7] このため，PIC 効果により John$_1$ はこの段階で（少なくとも併合，Σ_{FC}，ラベル付けにとって）それ以上アクセスできなくなる．したがって，EM により外項が導入される以下の時点ではコピー <John$_2$, John$_1$> は成立しない．

(10)　WS = {{John$_2$, {like$_{v*}$, John$_1$}}}
　　　＊網掛け部分は PIC 効果の発現箇所

注 4 で触れたように，この位相と PIC 効果のタイミングの新たな解釈は位相領域と PIC 領域のズレを解消する．つまり，PIC 効果によりアクセス不可となる領域は v* の補部ではなく，以下に示すように v*P 内要素全て，と捉え直すことができる．

(11)　WS = {{John$_2$, {like$_{v*}$, John$_1$}}}

Chomsky (2021) では，意味の二重性により，v*P と内項 (Internal Argument: IA) John が IM することでこの構造を作ることはできない．

(12)　意味の二重性：
　　　A 位置に関しては，EM そして EM のみが θ 位置を満たす (Chomsky (2021: 30))．

---

[7] 何が位相であるかについては議論すべき問題だが，本稿では少なくとも CP と v*P が位相であるという標準的な想定 (Chomsky et al. (2023: 63)) に従う．(29) で後に議論するが，本稿では内項の語根 R（または V）指定部への目的語転移 (Chomsky (2015)) は「存在前提 (existential presupposition)」や「事象様相 (de re)」のような意味的効果が現れる場合には適用されていると考える (Chomsky (2021: 27) 参照)．つまり，I never expected you to lie to me like this. のような ECM 構文では you は目的語転移していると考える．一方，John likes Bill. のような単純な他動詞文の場合は，必要であることが証明されない限りは Bill の目的語転移は起きないと仮定している．

v*P 指定部は A 位置かつ θ 位置のため EM のみ適用できる.[8] 一方 Chomsky (2023a) ではこの IM の適用自体は可能である.ただし,意味の二重性に違反した IM を適用した場合,$John_2$ は特殊な扱いを受けることになる.Chomsky (2023a) では話題化構文の派生を例にその特殊な扱いを明確にしている.

そこで,話題化構文 John, John met yesterday. の構造の派生を考えてみよう.この文において,発音される 2 つの John は別人の解釈である.以下,下線部は IM した要素を示している.太字は $John_1$ と $John_2$ がコピー関係にあり,$John_3$ や $John_4$ とはコピー関係にないことを示している.

(13)　[C John$_4$ INFL [John$_3$, [**John$_2$** [met$_{v*}$ **John$_1$** yesterday]]]]

IM した要素 $John_2$ は位相境界 v*P を超えて併合しているため,いわゆる「位相を超えた移動」である.また,(12) に違反している.Chomsky (2023a) では,このような要素は θ 関連の解釈 (A 位置) から切り離され,節機能や談話機能に関わる解釈 (A バー位置) に結び付けられると仮定される.便宜上,このように位相を超えて IM した要素は「ボックスに入っている」と表現される.[9] 我々は,このような要素をそのまま放置すると (12) に違反してしまうため,それを回避するため,その要素は統辞操作からアクセスできなくなると考える.[10] 例えば,(13) の v*P では,以下の IM が適用される.

(14)　Merge (WS) = WS′
　　　(input) WS = { {met$_{v*}$ John$_1$}, John$_3$,… }
　　　(output) WS′ = { {John$_2$, {met$_{v*}$, John$_1$} }, John$_3$,… }

(14) の WS が作られた段階で既に v*P 位相が完成している.よって,この段階で解釈系によるアクセスが起き,探索 Σ が構造を読み取る.θ 位置にある内項が探索 Σ により探知された段階で IM を適用した場合,$John_2$ は IM に

---

[8] Chomsky (2021) の枠組みでは,v*P の脱出口 (escape hatch) としての外側の指定部 (outer spec) は θ 位置ではないため,意味の二重性の効果範囲外である.

[9] ボックスという特殊な装置を仮定していないという点には注意されたい.このボックスに入っている要素が統辞構造上どのようになっているのかは議論すべき点である.

[10] Chomsky (2004: 117-118) では separate plane という概念で付加詞の不可視性を捉えている.つまり,付加した要素は別次元にあるため,初期の次元にある要素だけを見る統辞操作は付加詞内部にアクセスできないという説明である.本理論的枠組みにおいて付加詞がどのように説明されるかについては議論すべき点であるが,ボックス内要素も別次元にあると考えられるかもしれない.

よって v*P 位相を超えて移動し，WS′ が写像される．[11] 探索 Σ が構造を読み取り，位相毎の計算によりコピー <$John_2$, $John_1$> が解釈された後 PIC 効果が発現する．さらに，$John_2$ はボックスに入れられて節機能領域に関連付けられると解釈されるため，それ以降の併合，ラベル付け，Σ_{FC} 等の対象にならない．以下に $John_3$ が EM で外項として導入される過程を示す．

(15)　Merge (WS) = WS′
　　　(input) WS = { { [$John_2$], {met_{v*}, $John_1$} }, $John_3$,… }
　　　(output) WS′ = { {$John_3$, { [$John_2$], {met_{v*}, $John_1$} } },… }

四角括弧は $John_2$ が派生から切り離されている（＝ボックスに入っている）ことを示している．上述したように，WS(v*P) の位相毎の計算後，$John_2$ は剥離され，その補部は PIC 効果によりアクセス不可となる．よって，v*P 内部の要素は全て（少なくとも併合にとって）アクセス不可となる．これは結果的に，(10)，(11) で議論した「PIC 効果の発現範囲は v*P 内部の全ての要素である」とする主張に合致する．(15) の後，併合の繰り返し適用により最終的に以下の WS が写像される．

(16)　WS = { {C, {$John_4$, {INFL, {$John_3$, { [$John_2$], {met_{v*}, $John_1$} } } } } } }

CP 位相の完成に伴い，v*P 位相の際と同様に解釈系によるアクセスが起こるため，探索 Σ が構造を読み取る．この段階で，$John_2$ は θ 関連解釈（A 位置）から切り離されているため，$John_3$ が適切な θ 解釈（行為者）を受ける．[12] 本理論では，上位の位相主要部 (phase head: PH) は「インストラクション」としてボックス内の要素にアクセス可能だと仮定されている (Chomsky (2023a: 213))．このため，CP 位相完成後の解釈系によるアクセスでは，C が $John_2$ にアクセスすることで $John_2$ は意味的・音韻的に C の端 (edge) で解釈される．[13] つまり，$John_2$ は，CI 系では意味的に話題化解釈を受け，SM 系では左端で外在化されることになる．
　$John_3$ の IM で生じた $John_4$ は位相を超えた移動ではなく，位相内での移動

---

[11] 本稿では，この段階で IM が適用されない場合はそのままラベル付け等の位相毎の計算が起き，PIC 効果が発現すると想定する．

[12] 外項は節領域である CP 位相に属する (cf. Chomsky (2023a: 16, fn. 16)) にもかかわらず θ 解釈を受ける．次段落でこれに関する議論を行う．

[13] C は節機能を表すため，節領域に関連づけられたボックス内要素がそれからアクセスされるのは自然な振る舞いであるように思われる．また，本稿では位相の端 (phase edge) とは，位相主要部の指定部のことを指す (Chomsky (2000: 108))．

であり，かつ，非 θ 位置への移動である．このような要素が John$_2$ の場合と同様にボックスに入るかどうかは議論の余地があるが，本稿では Chomsky (2023a: 14-15) に従いボックスには入らないと考える．先述したように，本稿では，θ 位置への（位相を超えた）IM により生じる意味の二重性違反を回避するために IM した要素がアクセス不可になると考えるからである．また，このような位相内部・非 θ 位置に適用される IM により移動した項は A$'$・A 位置両方の特性を示すと考える．つまり，INFL 指定部（主語位置）が θ 役割ではないものの意味役割と考えられる「存在前提 (existential presupposition)」や「事象様相 (de re)」(Chomsky (2021: 27)) を示す理由は，位相内の IM に起因すると言える．

(17) a. 　{ X ,..., {PH ,..., 　X }}}
　　　　　A$'(-\theta)$ 　　　　　　　 A $(+\theta)$
　　 b. 　{ X ,..., {non-PH,..., X }}}
　　　　　A $(-\theta)$ 　　　　　　　 A $(+\theta)$

単一位相内での名詞類の併合は A 位置的に解釈される（(17) の b）が，位相を超えるような併合 (IM) (i.e. (17a)) は A$'$ 位置的解釈（節機能に関わる解釈）につながると言える．[14] よって，(15) や (16) で，外項 John$_3$ は v*P 位相ではなく節領域の位相（後の CP 位相）内で v*P 指定部に EM されているにもかかわらず，A 位置として解釈される．さらに，姉妹関係にある要素が v*P のため，John$_3$ は A 位置かつ θ 位置にあると解釈される．つまり，ある要素が A, A$'$ 位置にあるかどうかは表示的 (representational) にではなく，派生的 (derivational) に決まると言える．

　以下に話題化構文 John, John met yesterday. の構造の派生をそれぞれの段階毎にまとめる．

(18) {C, {John$_4$, {INFL, {John$_3$, {**John$_2$** {met$_{v*}$ **John$_1$** yesterday}}}}}} :
　　i 　{met$_{v*}$, John$_1$}
　　ii. 　{[John$_2$], {met$_{v*}$, John$_1$}}
　　iii. 　{John$_3$, {[John$_2$], {met$_{v*}$, John$_1$}}}
　　iv. 　{INFL, {John$_3$, {[John$_2$], {met$_{v*}$, John$_1$}}}}
　　v. 　{John$_4$, {INFL, {John$_3$, {[John$_2$], {met$_{v*}$, John$_1$}}}}}

---

[14] Chomsky (2023a: 5) の原理 T から考えてもいずれの IM も何らかの意味的貢献に寄与するのは当然と言えるだろう．原理 T に関しては (30) でも議論される．

vi.　{C, {John$_4$, {INFL, {John$_3$, {[John$_2$], {met$_{v*}$, John$_1$}}}}}}

(ii)-(vi) の四角括弧は John$_2$ が派生から切り離されている（ボックスに入っている）ことを示す.（ii) では, コピー <John$_2$, John$_1$> が解釈され, John$_2$ が派生から切り離された後に PIC 効果が発現する.

　これまで議論してきたことから分かるように, ボックス理論における派生では極小主義理論で標準的に採用されていた連続循環移動が排除された. 一方, 以前の理論 (Chomsky (2021)) では連続循環移動が採用されているので, 話題化構文は次のような構造をもつと分析される.

(19)　{John$_5$, {C, {John$_4$, {INFL, {$_{v*P}$ John$_3$, {John$_2$, {met John$_1$ yester-day}}}}}}}

Chomsky (2023a) が指摘するように, この構造の場合, コピー <John$_5$, John$_4$> が成立してしまい誤った表現 (*John, met yesterday) が派生される点が問題となる. しかし, ボックス理論における派生 (18) では C 指定部への移動がないためこの問題点は解決される. この点はボックス理論の利点と言える. 他の利点については Chomsky (2023a) を参照されたい.

3.　一致：ボックス理論における課題

　(18) とほぼ同様の派生が Which dog did John hit? のような wh 疑問文でも成立する. 以下, EA は外項 (External Argument) を意味する.

(20)　{C$_Q$, {EA$_2$, {INFL, {EA$_1$, {[wh$_2$] , {hit$_{v*}$, wh$_1$}}}}}}:
　　i　{hit$_{v*}$, wh$_1$}
　　ii.　{[wh$_2$], {hit$_{v*}$, wh$_1$}}
　　iii.　{EA$_1$, {[wh$_2$], {hit$_{v*}$, wh$_1$}}}
　　iv.　{INFL, {EA$_1$, {[wh$_2$], {hit$_{v*}$, wh$_1$}}}}
　　v.　{EA$_2$, {INFL, {EA$_1$, {[wh$_2$], {hit$_{v*}$, wh$_1$}}}}}
　　vi.　{C$_Q$, {EA$_2$, {INFL, {EA$_1$, {[wh$_2$], {hit$_{v*}$, wh$_1$}}}}}}

語彙項目の相違を除いて話題化構文の場合と異なるのは, wh$_2$ と C$_Q$ 間の Q 一致が要求される点である.[15] Chomsky (2013, 2015) に代表されるラベル理

---

[15] 話題化文の派生において C に Topic 素性を仮定し, 内項に uTopic のような未与値 (un-valued) 素性を仮定すればこの相違点は消え去る. ただし, Chomsky, Gallego and Ott (2019: 237) によると, このような談話機能関連素性の導入は包括性条件 (Inclusiveness Condition)

論では，wh 要素の未与値 Q 素性 (uQ) と C の語彙的に値を持つ (lexically valued) Q 素性 (vQ) 間の素性共有 (一致) が行われると仮定されている．例えば，以下の樹形図で示すように，最小探索 (Minimal Search: MS) の下での素性共有では，wh 句 QP は C_Q 指定部に併合される必要がある (cf. Epstein, Kitahara and Seely (2021)).[16]

(21)

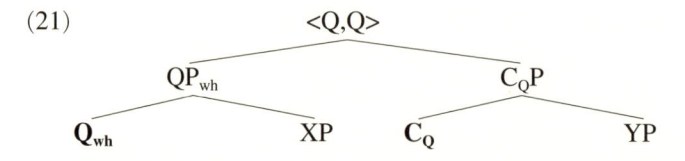

MS は，構造的に「同じ深さ」にある vQ と uQ を同時に発見し，それらの共有された Q 素性がラベルとなる．<Q,Q> は共有された Q 素性がラベルとなっていることを示している．ラベルは構造を SM・CI 系で解釈するために必須であるという Chomsky (2013, 2015) の基本的な想定を考慮すると，全ての統辞構造はラベル付けを受けねばならず，<Q,Q> ラベルはその構造が wh 疑問文解釈であることを示している．我々はラベルが実際に構造に存在するとは想定していない点には注意されたい．ラベルは単にある特定の統辞体に対する探索結果であるに過ぎない．MS が併合により作られた集合を探知し，その解釈を決定するために最も近い位置にある語彙項目を，その集合の性質であると決める操作がラベル付けである．これまで議論してきた言い方をすると，CI・SM 系が統辞構造にアクセスする際に位相毎の探索 Σ が適用される．そして，その探索の具体化の１つであるラベル付けの結果，(21) の構造関係は wh 疑問文であると解釈されるのである．

　前節で概観したボックス理論の枠組みでは，この素性共有 <Q,Q> ラベルに関して解決すべき問題がある．(20) のように wh 句がボックスに入る場合，どのように <Q,Q> ラベルを決めるのかという問題である．(22) (= (20)) のように QP(wh₂) が C_Q 指定部に併合されないのであれば，α は C_QP ラベルになる．しかし，C_QP は yes/no 疑問文解釈を表すため (Epstein, Kitahara and Seely (2021))，事実に反している．

(22)　$\{_\alpha C_Q, \{EA_2, \{INFL, \{EA_1, \{[wh_2] , \{hit_{v*}, wh_1\}\}\}\}\}\}$

最もシンプルな解決方法の１つは，探索 Σ と c 統御配置に頼ることである．

の違反となる.

[16] MS に関しては本書の概説とそこで参照されている文献も参考にされたい.

4.　Σ_{Agree}

　2 節で述べたように，c 統御配置にある 2 つの構造的に同一の要素はコピー関係にある．我々は，c 統御配置にある 2 つの非示差的 (non-distinct) 要素は一致関係にあると主張する．

(23) a.　コピー関係 (COPY)：2 つの集合 X と Y が構造的に同一かつ c統御配置にある時，それらはコピー関係にある．

　　 b.　一致関係 (AGREE)：2 つの語彙項目 X と Y が非示差的素性を有していて，かつ c 統御配置にある時，それらは一致関係にある．

位相毎の Σ が構造を精査する際，上のそれぞれの関係を読み取る．[17]

(24) a.　Σ_{Copy}：Σ は位相毎に集合 X，Y のコピー関係を探知する．

　　 b.　Σ_{Agree}：Σ は位相毎に語彙項目 X，Y の一致関係を探知する．

Σ が c 統御配置関係の「ある種の同一要素」を探知し，外部解釈系がそれらをコピーや一致関係であると解釈するのである．また，「非示差的」とは「値にかかわらず同じ素性」(Chomsky (2001: 5)) であることを意味する．コピー関係と一致関係は樹形図で以下のように示すことができる．

(25) a.　Σ_{Copy}　　　　　　　　　　b.　Σ_{Agree}

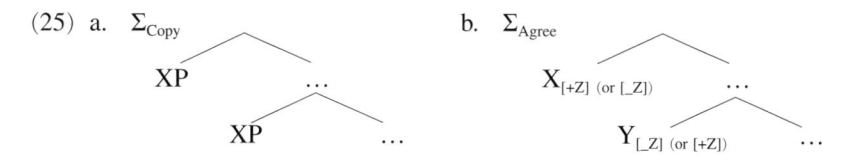

経験的事実として，c 統御配置にあったとしても 2 つの同一な「語彙項目 (主要部)」はコピー関係にならない．例えば，[C John thinks C Mary is there] (John thinks Mary is there.) という構造において 2 つの C 間に c 統御配置関係が成立するが，それらはコピーではない．このような事実を考慮すると，語彙項目あるいは主要部がコピー関係として解釈されるのは不可能なのである．したがって，コピー関係が集合あるいは句の間で成立するのは自明である．つまり，(23) の一致関係とは，(23) のコピー関係の語彙項目版と言えるだろう．

---

[17]　本稿では探索 Σ の具体化の 1 つとしてラベル付けも Σ_{Copy} や Σ_{Agree} と同じタイミングで行われると想定している．Σ の具体化であることを明瞭にするため Σ_{Label} という用語を使用するが，前節で見た通常のラベル付けと同じものである点に注意されたい．また，Σ_{Copy} と Σ_{Agree} の，位相が関わる探索領域の違いについては注 18 を参照されたい．

語彙項目間でコピー関係と同様の関係が成立する場合，その素性を見て，非示差的な素性同士を同一の解釈であるとみなすのである．その際に，未与値素性 (uF) がペアとなる語彙的に与値された素性 (vF) の値と同じ解釈を受けることをここでは一致関係と呼んでいる．つまり，実際に「与値 (Valuation)」という操作 (Chomsky (2000, 2001)) が実在するわけではなく，あくまで解釈系が構造を探索し，構造関係を読み取り，未与値素性の解釈を決定する (Σ_{Agree}) ことを便宜上与値と言うに過ぎない．

　(22) で述べたボックス理論の派生の仕組みにおいて問題となりうる点は (23) と (24) の一致に関する提案により解決される．(22) を樹形図で表現したものを以下で見てみよう（議論と無関係な箇所は省略する）．

(26)

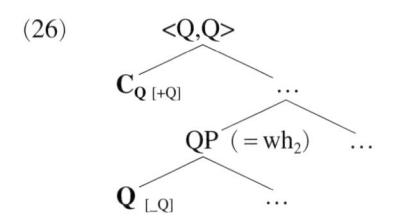

$C_Q P$ 完成後，CI・SM 系が構造にアクセスし，それを探索する．その段階で，Σ_{Agree} は C_Q 主要部とボックス内 QP を探知・精査する．[18] この QP の主要部 Q は uQ を持っており，C_Q と c 統御配置関係になっている．結果，Σ_{Agree} はペア $<C_Q,Q>$ が一致関係にあると認識する．この Σ_{Agree} の結果を参照することでラベル $<Q,Q>$ が決められる．以上のように，Σ_{Agree} を想定することで (22) の α は $C_Q P$ ではなく，正しく $<Q,Q>$ とラベル付けできるため，懸念された問題点は解決される．

　Σ_{Agree} は Chomsky (2000, 2001) の探査子・目標一致 (Probe-Goal Agree) を想起させるかもしれないが，次に述べる 2 点において本質的に異なることを強調しておきたい．まず，Σ_{Agree} は探査子・目標一致の分析が有する「取り決め」を必要としない．すなわち，探査子 (uF を含む主要部) が目標 (対応する vF を含む主要部) よりも構造的に高い位置にこなければならないと決めて

---

[18] Chomsky (2023a: 14) では，ボックス位置に移動した XP そのものはアクセス不可となるが，その内部にはアクセス可能であることが示唆されている．もしそうであるとすると，Σ_{Copy} は同一位相内でのみ成立し，Σ_{Agree} は位相を超えてボックス内部（の主要部）にアクセスできるというのは自然な帰結である．Σ_{Copy} と Σ_{Agree} の重要な違いの 1 つは，未与値素性の関与の有無である．我々の分析では，未与値素性が関わる場合はボックス要素へアクセス可能であるということが示唆される．

いたことである．2 点目は，Σ_{Agree} は単に探索 Σ の結果であり，完全に独立した操作ではないため，SMT やオッカムの剃刀（Occam's razor）の考え方に厳格に適うという点である．この意味において，Σ_{Agree} の提案は Chomsky (2021) の言うところの「本当の説明（genuine explanation）」に接近していると言える．

我々が提案する Σ_{Agree} は，John wonders how many pictures the gallery sold. のように wh 疑問文が埋め込まれている場合でも正しくその事実を説明する．このことを確認するために，まずは，*John wonders Mary likes the gallery. の構造を考えてみよう．

(27) *John wonders {C_Q {Mary likes the gallery}}

Epstein, Kitahara and Seely (2017) が議論するように，動詞 wonder によって選択された間接疑問文が形態・音韻的に yes / no 疑問文ではなく wh 疑問文として解釈されるという点において，wonder は C_QP ではなく <Q,Q> を範疇選択する（c-selection）．この選択特性は，間接疑問文に C_QP（yes / no 疑問文）の典型的な特徴である助動詞繰り上げや上昇調イントネーションが生じないことから経験的に支持される（Epstein, Kitahara and Seely (2021)）．このことを踏まえて，John wonders how many pictures the gallery sold. の構造を考えてみよう．

(28) John wonders C_Q the gallery {... [{$Q_{[\_Q]}$, NP}$_2$], {sell$_{v*}$, {$Q_{[\_Q]}$, NP}$_1$}}

wh 句は v*P 指定部でボックスに入っていると考えられる．そうでないと，正しく演算子・変項（operator-variable）解釈が成立しないからである．C_QP 位相で探索 Σ が C_Q と Q を探知する際，(24) の Σ_{Agree} より一致関係 <C_Q,Q> が成立する．解釈系はこの関係を参照することで wonder の補部を <Q,Q> としてラベル付ける．もし Σ_{Agree} や同様の想定が無ければ，同補部は C_QP としてラベル付けられてしまうため，(27) で議論した基本的事実に反してしまう．

Σ が探知する一致関係は他動詞項構造の基本的な派生を単純化する．以下で，Chomsky (2015) のラベル理論の枠組みで John hit Mary. の派生を考えてみよう．以下，派生中の IA は内項（Internal Argument）を意味する．

(29) i. {$_\alpha$ R, IA}
    ii. {$_\beta$ IA, {$_\alpha$ R, IA}} （ラベル付けのために必要な短距離目的語転移）
    iii. {v*, {$_\beta$ IA, {$_\alpha$ R, IA}}}

　　iv.　{EA, {v*, {$_\beta$ IA, {$_\alpha$ R, IA}}}}

(29ii) で，IA (a girl) は，動詞 hit の語根 (verbal root) R との EM の後に IM (目的語転移) される．R はそれ自身で範疇を持たないため「弱過ぎて」α のラベルになれない．しかし，R 指定部に IA があると，R と IA の主要部との素性共有 (一致) によりその R はラベル付けの対象になれるほど十分に「強くなる」．つまり，(29iv) において v*P が完成した後，Σ_{Label} により R の uPhi (未与値 phi 素性) と IA 主要部の vPhi (語彙的に既に値を持つ phi 素性) が探知され，素性共有が起きた結果，β, α はそれぞれ RP，<Phi,Phi> とラベル付けられる．[19, 20] Chomsky (2023a: 5) の原理 T を考慮すると，(29ii) の IM は何らかの意味効果を伴う必要がある．

　　(30)　原理 T：すべての構造的関係 (relations) と構造構築操作は思考に関わっており，CI で解釈される意味的特徴を伴う．

Chomsky (2021: 27) が議論する ECM 構文 (e.g. John expected a fly to be in the bottle./*John expected a flaw to be in the proof.) では，R_{expect} 指定部への IM は主語位置 (INFL 指定部) への IM と同様の意味的特徴 (存在前提・事象様相) を伴っている．しかし，John hit Mary. のような単純な表現において R_{hit} 指定部への IM がどのような意味的効果を発揮するのか，経験的根拠が無いように思われる．このため，本稿では，帰無仮説として，ECM 構文のように意味的特徴を伴わない限り R 指定部への IM は起こらないという立場を取る．よって，ラベル付けのためだけに行われていた (29) の (ii) は排除されなければならない．(24) の Σ_{Agree} を採用することでその排除は問題なく実施可能である．

　　(31)　i.　{$_\alpha$ hit$_{v*}$, IA}
　　　　　ii.　{EA, {$_\alpha$ hit$_{v*}$, IA}}

2 節から同様の表記を使用してきたが，表記 hit$_{v*}$ は動詞 hit の語根と位相主要部 v* がレキシコンで合成されて動詞になっていることを示している．つま

---

[19] R が弱い主要部であることを除いて，このラベル付けの仕組みは (7) で概観したものと同様である．

[20] Chomsky (2015) では，このラベル付けが行われる前に R は v* の素性 (uPhi 等) を継承する (Feature Inheritance: 素性継承)．最近の理論的枠組みにおける素性継承の必要性に関しては議論すべき点が多くあるように思われるが，本稿では，素性継承に関しては脇に置いておくこととする．

り，v* と伝統的に V と表記されていた動詞の両方の特性を持つ．(31ii) の完成に伴い，位相毎の計算が起きる際に Σ_{Agree} が $\text{hit}_{\text{v*}}$ と IA の主要部にある非示差的素性を探知し，一致関係が読み取られる．Σ_{Label} により α のラベルは言うまでもなく v*P となる一方で，素性共有やむき出しの R を派生に導入することなしに，v* の uPhi は Σ_{Agree} により適切に処理されるのである．(10, 11) で触れたが，この分析は PIC と位相の領域を統一する．Richards (2007) の議論を考慮すると，uPhi 等の未与値素性は一致した後即座に解釈系により処理（解釈を固定）される必要がある．したがって，位相毎の計算が終了次第，IA だけでなく $\text{hit}_{\text{v*}}$ もアクセス不可となる．IA が wh 要素の場合は次のように分析される．(31i) の後，IA(wh 要素) は IM によりボックス位置に移動する．v*P 位相の計算が行われる段階で $\text{hit}_{\text{v*}}$ の uPhi と元位置 IA の vPhi が Σ_{Agree} により一致する．その後，ボックス位置にある wh と元位置の wh が Σ_{Copy} によりコピーと解釈される．ボックス内要素は一旦派生から切り離されるため，解釈を保留される．したがって，IA の uQ が未解釈のままでも派生は破綻せず，Richards (2007) の議論とも矛盾しない．

　ここまで，Σ_{Agree} による wh 句の Q 一致と目的語の phi 一致について議論してきたが，主語・述語の phi 一致に関してはどうだろうか．以下で，John loves Mary. の構造を考えてみよう．[21]

(32)　$\{C, \{_{\alpha} \{n_{\text{vPhi}}, \gamma\}_2, \{\text{INFL}_{\text{uPhi}}, \{\{n_{\text{vPhi}}, \gamma\}_1, \{\text{v*}, \text{IA}\}\}\}\}\}$

CP 位相完成後，まず Σ_{Agree} により $\text{INFL}_{\text{uPhi}}$ と $\{n_{\text{vPhi}}, \gamma\}_1$ に含まれる n_{vPhi} の一致関係が探知され，後の解釈（外在化）段階で uPhi の値が「3 人称・単数・男性」と解釈され，動詞の屈折要素 -s として具現化される．[22] Σ_{Agree} の後，

---

[21] γ は名詞類の語根（や必要であるなら他の語彙項目も含まれていること）を表す．また，Chomsky (2007) や Oishi (2015) に従い，本稿では名詞類の構造に対して一般的な DP 仮説を想定していない．後者について，査読者から次のような指摘を受けた．DP 仮説を採用しない場合，等位接続 NP and NP と INFL との一致を Σ_{Agree} で捉えるのが難しくなるかもしれない．なぜならば，[D_{Phi} [NP and NP]] のような構造を仮定できないからである，という指摘だ．Chomsky (2021) では Form Sequence, Chomsky (2023a) では Form Set でその構造を作ることが示唆されている．Form Set で等位接続構造が作られるとして，(32) の nP_1 が等位接続されている以下の構造を考えてみる．

(i)　$\{C, ..., \{\text{INFL}_{\text{uPhi}}, \{\{\&, \{\{n_{\text{vPhi}}, \gamma\}, \{n_{\text{vPhi}}, \beta\}\}\}, \{\text{v*}, \text{IA}\}\}\}\}$

& は 2 つの nP を関連付ける役割を果たしていると考えると，Σ_{Agree} による INFL と & の探知を通して推移的 (transitive) に複数の nP と INFL との一致が行われているのかもしれない．

[22] $\{n_{\text{vPhi}}, \gamma\}_2$ の n_{vPhi} と $\text{INFL}_{\text{uPhi}}$ は c 統御配置ではないのでそれらは (23b) の定義上一致関係に無い点に注意されたい．

Σ_{Copy} により 2 つの John のコピー関係が探知される．さらにその後，Σ_{Label} が適用され，α は一致関係の情報を利用して <Phi,Phi> と解釈される．ラベル付けの仕組みを考慮すると，この適用順序は重要である．

(33)　i. Σ_{Agree}　　　　ii. Σ_{Copy}　　　　iii. Σ_{Label}

ラベル付けの基本的な仕組み（Chomsky (2013, 2015)，本書の概説「Minimal Search」を参照）を考えると，下位コピーは Σ にとってアクセスできないと考えるのが自然である．したがって，Σ_{Label} の適用は Σ_{Copy} より後である．(32) において，c 統御配置を考えると，INFL は，nP_2 の下位コピー nP_1 と一致する．このため，Σ_{Agree} は Σ_{Copy} より前に適用される．また，Σ_{Label} は一致関係を利用したラベル付けを行うことからも Σ_{Agree} より後と考えるのが自然だろう．[23]

　　主語と述語の一致が関わる英語の特殊な事例として，there 構文 (e.g. There is a man in the room. / There emerged a cat named Pocky. 等) の構造を考えてみよう．Chomsky (2001) では，虚辞 there は phi 素性の一部を欠いた状態の不完全な未与値 phi 素性 (uPhi.DEF) を持つ．一方，Richards and Biberauer (2005) や Richards (2006) 等では，虚辞 there は語彙的に既に値を持つ不完全な phi 素性 (vPhi.DEF) を持つと提案されている．phi 素性が値を持つかについては立場が分かれるが，どちらにも共通するのは虚辞 there の数素性と性素性の欠如である．本稿の Σ_{Agree} を用いた分析は vPhi.DEF を伴うという後者の立場を支持する．以下で，There exists a ghost. の構造と派生を考えてみよう．

(34)　{C, {$_\alpha$ {$n_{\text{vPhi.DEF}}$, γ}, {INFL$_{\text{uPhi}}$, {exist$_v$, {n_{vPhi}, δ}}}}}

内項の a ghost ({n_{vPhi}, δ}) は非対格動詞 (unaccusative verb) exist と EM し，虚辞 NP の there ({$n_{\text{vPhi.def}}$, γ}) は INFLP と EM する．[24] Σ_X の適用順序 (33) に従うと，Σ_{Agree} よって INFL の uPhi と a ghost の vPhi の一致関係が探知された後，Σ_{Label} により there の vPhi.DEF と INFL の uPhi が探知される．外

---

[23] Epstein, Obata and Seely (2017) での議論を援用すると，このような規則の適用順序が変わることによって言語間差異が生じるかもしれない．

[24] Goto (2017) 等によると，虚辞 there は集合ではなく語彙項目（XP ではなく X）であると想定されているが，我々は主語位置に現れる要素は N (e.g. man) ではなく NP (e.g. a man) であるという伝統的な構成素分析に従い there は NP であると想定する．また，there の統辞的主語性は以下のような事実から支持される．
　(i)　Is there a book on the shelf? （主語・助動詞倒置）
　(ii)　There is a book on the shelf, isn't there? （問い返し疑問文）

在化の際に Σ_{Agree} による一致情報が動詞 exist の屈折 -s として具現化される.
ここで問題となるのが Σ_{Label} により決められる α ラベルである. $n_{\text{vPhi.DEF}}$ と
$\text{INFL}_{\text{uPhi}}$ は c 統御配置関係に無いため, 一致関係に無い. ただし, 両語彙項
目は素性共有の関係にあるため, α は Σ_{Label} より <Phi.DEF, Phi.DEF> とラベ
ル付けされる.[25] Chomsky (2015: 13, fn. 16) が言及するように, 素性共有に
よるラベル付けを行うためには単に同じ素性であれば良いと言う訳ではなく,
片方の素性が未与値でなければならない. 虚辞 there が vPhi.DEF ではなく
uPhi.DEF を有していると想定すると (Chomsky (2001)), 素性共有の関係が
成立しなくなってしまう. よって, Σ_{Agree} を用い, 素性共有と一致を切り離し
た本稿の分析では Richards and Biberauer (2005) や Richards (2006) の分
析を援用した (34) の構造が支持される.
　素性共有の関係が一致関係とは異なるという考えは, whether が使用された
表現の構造により支持される. 以下に John wonders whether you like the
book. の構造を示す.

(35)　John wonders $\{_{\alpha}\ \{\text{wh}_{\text{uQ}},\ \gamma\},\ \{\text{C}_{\text{Q}},\ \{\text{you},\ \{\text{INFL},\ \dots\}\}\}\}$

whether がどのような構造を持つかについては議論の余地があるが, 本稿で
は, whether は他の wh 要素と同様の構造を持つという帰無仮説を採用する.
したがって, whether = $\{\text{wh}_{\text{uQ}},\ \gamma\}$ と仮定する. 島の効果や動詞 wonder の選
択特性 ((27), (28) 等) から, 経験的事実として whether は wh 要素ではあ
るが, what 等の典型的な wh 要素とは異なり, 演算子・変項解釈を生み出さ
ない.

(36) a.　What do you want?
　　　b.　*Whether do you want (it)?

ボックス理論では C_{Q} が wh 要素へアクセスすることで演算子・変項解釈を提
供するのだとすると, C_{Q} と whether の間にはそのような関係がないことが示
唆される. そして, C_{Q} が whether にアクセスする (つまり, Σ_{Agree} が C_{Q} と
whether の一致関係を読み取る) のを防ぐ最も簡単な方法の 1 つは, (35) に

---

[25] ここでは, there の vPhi.DEF は人称素性のみを有すると仮定している. よって, α のラ
ベルは <person, person> という表記の方がわかりやすいかもしれない. いずれにせよ, この
分析では虚辞 there と意味上の主語 (associate) の a ghost は直接的な関係を持たない一方で,
INFL は両者と関係を持つ. つまり, 虚辞と意味上の主語は間接的に関係を持つため, there
構文の意味上の主語が一般的に 3 人称でなければならない事実はこの間接的関係より説明可
能かもしれない.

あるように whether を C_Q 指定部に EM させることである．(27) や (28) で議論したように，wonder の補部のラベルは <Q,Q> である．(35) の構造では wh_{uQ} と C_Q の素性共有が起き，α は <Q,Q> とラベル付けられる．一方，wh_{uQ} は c 統御配置を基にした一致関係を持たない．つまり，whether の uQ は素性共有（ラベル付け）により適切に処理されるが，それは一致関係では無いため演算子・変項解釈を提供しないと分析することで whether の特性を説明可能である．[26] このように，素性共有の関係は一致関係とは異なる．

5. Σ_{Bind}

2 節で概観したように，John likes John の配列が John likes. と外在化されることがない（(7)）のは PIC 効果の発現タイミングの違いによるのであった．以下の構造 (37)（= (7)）をもう一度考えてみよう．

(37) {John$_2$, {like$_{v*}$, John$_1$}}

(14, 15) で議論したように，John$_2$ が EM で導入される場合，既に PIC 効果により v*P 内部にはアクセスできない．その結果，CP 位相での Σ_{Copy} が John$_1$ を探知できず，以下の WS' の 2 つの John は重複と解釈される．

(38) Merge ({like$_{v*}$, John$_1$}, John$_2$, WS)
(input) WS = {{like$_{v*}$, John$_1$}, John$_2$,…}
(output) WS' = {{John$_2$, {like$_{v*}$, John$_1$}},…}

次の (39) では，John が IM により導入されている．

(39) Merge ({like$_{v*}$, John$_1$}, John$_1$, WS)
(input) WS = {{like$_{v*}$, John$_1$}, John$_3$,…}
(output) WS' = {{John$_2$, {like$_{v*}$, John$_1$}}, John$_3$,…}

話題化構文 John, John met yesterday. における派生の途中段階（(15)）でも (39) とほぼ同じ作業領域が写像されていた．(38, 39) いずれの場合も，併合

---

[26] 査読者より，演算子・変項解釈を生み出すためには IM が必要であるとするのが一般的であるため，whether が C_Q 指定部に EM するというだけで whether の特異性の説明には十分であり，一致は無関係であるという指摘を受けた．本稿では，位相主要部 (e.g. C_Q) が uQ にアクセスすることで初めて uQ の解釈が決まるというボックス理論の仕組みをより明瞭にし，その位相主要部のアクセスには一致 Σ_{Agree} が含まれると主張している．よって，Σ_{Agree} の下での一致が不成立であれば演算子・変項解釈を提供できないと分析した．

の入力となる WS が完成した直後に探索 Σ が v*P とその内部にある $John_1$ を探知し，IM が適用された後の (39) の WS′ ではコピー関係 <$John_2$, $John_1$> が成立する.

(39) では，この段階で位相単位での計算操作（$Σ_{Agree}$, $Σ_{Copy}$, $Σ_{Label}$ 等）終了後に PIC 効果が発現する.

(40)　　WS′ = {{$John_2$, {$like_{v*}$, $John_1$}}, $John_3$,…}

(38) の WS の段階で PIC 効果の発現よりも前に EM が適用される可能性を考える読者もいるかもしれないが，本稿では (38), (39) の WS の時点で，つまり位相が完成次第解釈系によるアクセスが起きる (cf. Chomsky (2021: 23)) と考える. 解釈するための準備として解釈対象物がどのような内部構造なのかを知る必要がある. よって，Σ が内部構造を隅々まで探索するわけだが，この探索は IM 適用時の探索の上位概念である. なぜならば，全てを探索し終える前に内項を探知し，その時点で IM 適用条件が整うからである. よって，(39) のように位相毎の解釈が行われる前 (PIC 効果発現前) に IM を適用可能なのである. 一方 (38) では，Σ の内部構造検索が終了し，解釈が固定された後 (PIC 効果発現後) に EM が適用される. よって，(38) で PIC 効果発現前での EM 適用は不可能である.[27] これは，探索領域という点において EM よりも IM の方が計算効率に優れている (1 節参照) ことから支持されるかもしれない.

(37)-(40) の分析が正しいとすると，Chomsky (2021: 25) で示唆されるような，$Σ_{Copy}$ による束縛原理 A の説明はうまくいかないように思われる. 以下のような単純な例を考えてみよう.

(41) a. *John likes ~~John~~. （= *John likes PRO.)
　　 b.　John likes himself.

前者の不適格性は (37)-(40) での分析から適切に説明される. 後者の束縛原理 A の例はどうだろうか. Chomsky (2021: 25) の示唆に従い，以下のような構造を仮定した上でコピー関係に頼りながら himself の解釈過程を考える.

---

[27] (35) では，位相 C_QP の解釈が終了し，PIC 効果が発現した後に whether = {wh_{uQ}, $γ$} が導入される. C_Q が PIC 効果内にある状態で，どのように wh_{uQ} と C_Q との素性共有が起きるのだろうか. 本稿では，$Σ_{Label}$ が uF を探知した場合，PIC 効果を無視して対応する要素を探索できると分析する. 重要なのは，この際に PIC 効果内要素の解釈を変えない点である. これは，探査子 (probe) は，PIC 効果内要素にアクセス可能だが，その要素，つまり目標 (goal) の解釈を変えない (Chomsky, Gallego and Ott (2019: 241)) という考えと同じである.

(42)　{X₂, {like$_{v*}$, X₁}}　　　(X₂: John, X₁: himself)

X₂ は θ 解釈のため EM により導入される必要があるため，EM 適用前に既に
v*P 内部はアクセス不可となっている．したがって，Σ$_{Copy}$ は X₂ と X₁ の関係
を探知できないため，Σ$_{Copy}$ によって束縛原理 A を説明することはできない．
X₁ に IM を適用した場合はどうだろうか．

(43)　{X₃, {[X₂] {like$_{v*}$, X₁}}}　　　(X₃: John, X₂, X₁: himself)

Σ$_{Copy}$ はボックス内要素 X₂ にアクセスできず，X₃ と X₂ の関係を探知できな
いため，Σ$_{Copy}$ によって束縛原理 A を説明することはできない．よって，本稿
ではコピー関係に頼らない方法で束縛現象の分析を試みる．具体的には，(23)
のコピー関係と一致関係に束縛関係（BIND）を加える以下の提案をする．

(44) a.　COPY：2 つの集合 X と Y が構造的に同一かつ c 統御配置にあ
　　　　 る時，それらはコピー関係にある．
　　 b.　AGREE：2 つの語彙項目 X と Y が非示差的素性を有していて，
　　　　 かつ c 統御配置にある時，それらは一致関係にある．
　　 c.　BIND：2 つの語彙項目 X と Y が非示差的素性を有していて，か
　　　　 つ，それぞれを含む集合 X と Y が c 統御配置にある時，集合 X，
　　　　 Y は束縛関係にある．

この束縛関係は，併合による構造構築の帰結として得られる単純な構造的関係
(5) の 1 つである c 統御を利用する点で，コピー関係および一致関係と類似
している．「ある意味で同じ（非示差的）」特性を持つ要素が関与するという点
でも類似性がある．位相毎の Σ が構造を探索する際，これらの関係を読み取
るため，(24) に Σ$_{Bind}$ を追記した (45) を以下にまとめておく．

(45) a.　Σ$_{Copy}$：Σ は位相毎に X，Y のコピー関係を探知する．
　　 b.　Σ$_{Agree}$：Σ は位相毎に X，Y の一致関係を探知する．
　　 c.　Σ$_{Bind}$：Σ は位相毎に X，Y の束縛関係を探知する．

コピー，一致，束縛の 3 つの関係はそれぞれ以下の樹形図で示される．

(46) a.　Σ$_{Copy}$　　　　　　　b.　Σ$_{Agree}$

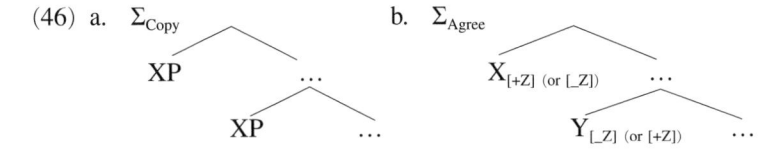

c. Σ_{Bind}

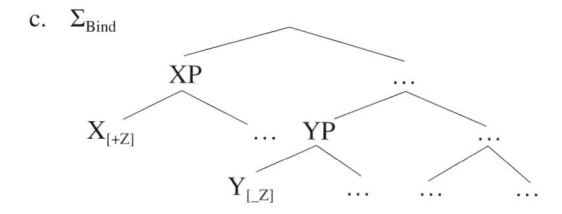

　上の図からも明らかなように，束縛関係は，c 統御関係が集合 XP と YP の間で成立する点はコピー関係と同じである．一方，（未）与値素性を有する語彙項目（主要部）が関わる点（非示差性）は一致関係と同じである．ただし，一致関係とは異なり，束縛関係の場合は与値素性 [+Z] に対して未与値素性 [_Z] は構造的により低い位置に配置される必要があるように思われる．定義上は，一致と同様にこの配置関係が逆になる場合が存在するはずだが，そのような経験的事実があるかどうかに関しては今後の課題としたい．以下で，提案された束縛関係の下，英語の再帰代名詞 himself が関与する派生を考えてみよう．

　(43) の後，併合が CP 位相まで適用された構造をより詳細に以下に示す．

(47)　$\{C, \{John_2, \{INFL, \{John_1, \{[[\{n_{uPhi}, \delta\}_2], \{like_{v*}, \{n_{uPhi}, \delta\}_1\}\}\}\}\}\}$

$\{n_{uPhi}, \delta\}$ は himself の構造であり，小町（2023）の示唆に従い次のように仮定する．

(48)　再帰代名詞の主要部は uPhi を有している．

本稿では，(47) のような構造の完成後，早くても Σ_{Copy} の適用後，遅くても Σ_{Label} 適用後に（cf. (33)），(44) の下，Σ_{Bind} が $John_2$ とボックス内の himself$_2$（$\{n_{uPhi}, \delta\}_2$）の束縛関係を探知すると分析する．

6.　結語

　本稿では，ボックス理論の枠組みで SMT に厳格に従いながら一致現象や束縛現象の説明を試みた．これまで議論してきた分析が正しければ，言語は併合連続適用の結果付随的に生じるシンプルな関係と一定の同一性（構造的同一性・非示差的同一性）を基に一致や束縛等の言語特有の解釈を生み出していると結論づけられる．

参考文献

Chomsky, Noam (2000) "Minimalist Inquiries: The Framework," *Step by Step: Essays on Minimalist Syntax in Honor of Howard Lasnik*, ed. by Roger Martin, David Michaels and Juan Uriagereka, 89-155, MIT Press, Cambridge, MA.

Chomsky, Noam (2001) "Derivation by Phase," *Ken Hale: A Life in Language*, ed. by Michael Kenstowicz, 1-52, MIT Press, Cambridge, MA.

Chomsky, Noam (2004) "Beyond Explanatory Adequacy," *Structures and Beyond: The Cartography of Syntactic Structures, Volume 3*, ed. by Adriana Belletti, 104-131, Oxford University Press, Oxford.

Chomsky, Noam (2007) "Approaching UG from Below," *Interface+Recursion = Language?: Chomsky's Minimalism and the View from Syntax-Semantics*, ed. by Uli Sauerland and Hans-Martin Gärtner, 1-29, Mouton de Gruyter, Berlin.

Chomsky, Noam (2013) "Problems of Projection," *Lingua* 130, 33-49.

Chomsky, Noam (2015) "Problems of Projection: Extensions," *Structures, Strategies and Beyond: Studies in Honour of Adriana Belletti*, ed. by Elisa Di Domenico, Cornelia Hamann and Simona Matteini, 3-16, John Benjamins, Amsterdam.

Chomsky, Noam (2021) "Minimalism: Where Rre We Now, and Where Can We Hope to Go," *Gengo Kenkyu* 160, 1-41.

Chomsky, Noam (2023a) "The Miracle Creed and SMT," ms., Available at ⟨http://www.icl.keio.ac.jp/news/2023/04/2023-theoretical-linguistics-at-keio-emu.html⟩ [Chomsky, Noam (to appear) "The Miracle Creed and SMT," *A Cartesian Dream: A Geometrical Account of Syntax. In Honor of Andrea Moro*, ed. by Matteo Greco and Davide Mocci, 17-40, Lingbuzz Press.]

Chomsky, Noam (2023b) "Working toward the Strong Interpretation of SMT," 2023 Theoretical Linguistics at Keio-EMU Linguistics as Scientific Inquiry Lecture Series #3 (https://www.youtube.com/playlist?list=PLWXQYx-RCmeP7B2UtIA8O JsvAF-xvjDuZ)

Chomsky, Noam, Ángel J. Gallego and Dennis Ott (2019) "Generative Grammar and the Faculty of Language: Insights, Questions, and Challenges," *Catalan Journal of Linguistics Special Issue* 229-261. DOI: 10.5565/rev/catjl.288

Chomsky, Noam, T. Daniel Seely, Robert C. Berwick, Sandiway Fong, M. A. C. Huybregts, Hisatsugu Kitahara, Andrew McInnerney and Yushi Sugimoto (2023) *Merge and the Strong Minimalist Thesis*, Cambridge University Press, New York.

Epstein, Samuel D., Hisatsugu Kitahara and T. Daniel Seely (2017) "Merge, Labeling and Their Interactions," *Labels and Roots*, ed. by Leah Bauke and Andreas Blümel, 17-46, De Gruyter Mouton, Berlin. DOI: 10.1515/9781501502118-002

Epstein, Samuel D., Hisatsugu Kitahara and T. Daniel Seely (2021) "A Simpler Solution to Two Problems Revealed about the Composite Operation Agree," *A Minimalist Theory of Simplest Merge*, ed. by Samuel D. Epstein, Hisatsugu Kitahara and T. Daniel Seely, 111-115, Routledge, New York. DOI: 10.4324/9780367343699-7

Epstein, Samuel D., Miki Obata and T. Daniel Seely (2017) "Is Linguistic Variation Entirely Linguistic?" *Linguistic Analysis* 41, 481-516.

Goto, Nobu (2017) "How to Label There-Constructions," *English Literature, Regional Branches Combined Issue* 9, 33-43. DOI: 10.20759/elsjregional.9.0_33.

小町将之 (2023)「ボックス理論における日本語再帰代名詞の分析」『人文論集』第 74 巻 1 号, 29-36.

Oishi, Masayuki (2015) "The Hunt for a Label," *In Untiring Pursuit of Better Alternatives*, ed. by Hiroki Egashira, Hisatsugu Kitahara, Kazuo Nakazawa, Tadao Nomura, Masayuki Oishi, Akira Saizen and Motoko Suzuki, 322-334, Kaitakusha, Tokyo.

Richards, Marc (2006) "Object Shift, Phases, and Transitive Expletive Constructions in Germanic," *Linguistic Variation Yearbook* 6, 139-159. DOI: https://doi.org/10.1075/livy.6.07ric

Richards, Marc (2007) "On Feature Inheritance: An Argument from the Phase Impenetrability Condition," *Linguistic Inquiry* 38, 563-572.

第 9 章

Σ_{Agree} と wh 移動現象[*]

大宗　純

関西外国語大学

1.　序論

　本稿では，本書第 8 章の大宗・小町論文の仕組みの下，特に Q 一致に関する Σ_{Agree} を用いた分析を援用することで，Chomsky（2023a, b）のボックス理論の枠組みで問題となり得る（非）顕在的 wh 移動現象に対して説明を試みる．Chomsky（2023a, b）で述べられているように，一旦項構造（θ 解釈）から切り離された（ボックスに入った）要素は節構造（非 θ 解釈）に導入されるため，上位の位相主要部（e.g. C）からアクセス可能である．そして，そのアクセスを頼りに適切な語順でボックス内要素が外在化される．例えば，以下の *which dog did John hit?* の構造において，C_Q は wh_2 にアクセスする．そのアクセスを基に wh_2 は C_Q 位相の端（C_Q 指定部）で外在化される．[1, 2]

(1)　$\{C_Q, \{EA_2, \{INFL, \{EA_1, \{ [wh_2], \{hit_{v*}, wh_1\}\}\}\}\}\}$
　　　外在化　　　　　　　　　　　　　　　　　　（Which dog did he hit?）
　　　which dog C_Q …

---

　[*] 本稿は JSPS 科研費（#22K13107, #24K03890）の助成を受けたものであり，日本言語学会第 166 回大会と慶應言語学コロキアム（2023 年 9 月 9, 10 日）で発表した内容を発展させたものである．

　[1] (36) で後述するが，Kitahara and Seely（2024）では，英語の非顕在的 C_Q は wh 要素に「十分に近い位置」での外在化を要求する．「十分に近い位置」とは，(1) で言うと，C_Q 指定部あるいは INFL 指定部のことを指す．

　[2] 本書の大宗・小町論文でも述べられているが，hit_{v*} のような非標準的表記は動詞の語根と位相主要部 $v*$ がレキシコンで合成されて動詞となっていることを示している．また，(1) で EA は external argument を意味する．

しかし，位相主要部が埋め込みの深さに無関係にボックス内要素にアクセスできる（cf. Chomsky（2023a: 8））のであれば次の問題が生じる.[3]

 (2) wh 島等の要素の取り出しを禁止する制約に無制限に違反する.

本稿ではこのような問題を解決するために位相主要部のボックス内要素へのアクセスと一致関係・Σ_{Agree} の精密化を試みる.

 本稿は次のように構成されている. 2 節では，位相主要部 C は wh 要素の情報を保存すると提案し，非架橋動詞（non-bridge verb）の場合に wh 要素が取り出せない理由の説明を試みる. 3 節では，wh 要素の取り出し条件や作用域について外在化と一致関係・Σ_{Agree} の観点から論じる. 4 節はまとめである.

2.　位相主要部 C の情報保存

 問題点 (2) を解決するための準備として，本節では，位相主要部によるボックス内要素へのアクセス（Chomsky（2023a, b））について考察する. まず，「位相主要部によるアクセス」とは何なのかを明らかにする. 本稿では，それは単に位相主要部と何らかの要素が c 統御の関係にあることを指すと考える. つまり，本稿では「位相主要部によるアクセス」という表現は，以下のような意味で使用される.

 (3) 位相主要部によるアクセス：
   位相主要部は，ボックス位置とは無関係に，c 統御配置関係下のあらゆる要素と関係（relation）を持つ. 解釈系（概念・志向，感覚運動系）はその関係を基に意味・音韻解釈（例：wh 要素の演算子・変項解釈（作用域）や外在化）を行う.

Chomsky（2023a）によると，c 統御関係は併合で作られた構造の当然の帰結である（本書大宗・小町の第 2 節参照）. したがって，解釈系がこの関係を利用して意味・音韻解釈を行うのは不思議なことではないだろう. 本稿では説明の便宜上「位相主要部によるアクセス」といった表現を使うが，正式には (3) の意味で使っている.

---

[3] 生成文法では，Ross（1967）の島の制約（Island Constraints），Huang（1982）の取り出し領域条件（Condition on Extraction Domain），Rizzi（1990）の相対的最小性条件（Revised Minimality Condition），Chomsky（2000）の位相不可侵条件（Phase Impenetrability Condition）等が要素の取り出しに関わる制約として提案されてきた.

　次に，以下の架橋動詞（bridge verb）think と非架橋動詞 whisper の例を考えてみよう．

　(4) a. What did you think that Mary invented?
　　　 b. *What did you whisper that Mary invented?

この例が示すように架橋動詞 think の補部からは wh 要素を取り出せるが，非架橋動詞 whisper の補部からは取り出せない．正確には，(1) の仕組みの下では，主節 C_Q が what をその端（指定部）で外在化できるかどうかが動詞の種類によって決まっているということになる．本稿では，この（非）架橋動詞の取り出し（不）可能性の問題を位相主要部の情報保存を仮定することで解決を試みる．以下，(4) の架橋動詞 think の文の構造の一部である．

　(5)　C_Q you think C_{that} Mary {[what], {invented$_{v*}$, what}}

Chomsky (2023a, b) の枠組みでは，C_Q がボックス内 what にアクセスし，what が C_Q の端（指定部）で意味的（作用域）・音韻的（外在化）に解釈される．本稿が前提としている本書の大宗・小町は，この点をさらに精査し，C_Q と what の一致（Σ_{Agree}）により C_Q の端（指定部）での what の作用域と外在化が決まると想定する．[4] これは，埋め込み CP 内部が PIC（Phase Impenetrability Condition）効果によりアクセス不可であるにもかかわらず C_Q がボックス内要素にアクセスできることを示唆している．[5] 一方，もしこの分析が正しいのであれば，(4) の非架橋動詞 whisper の文の場合はなぜ不適格な文となるのか説明できない．[6] この問題を解決するために，ボックス内の要素であっても PIC 効果内であれば位相主要部からのアクセスはできないという前提の下，本稿では以下の仕組みを提案する．[7]

---

　[4]　Σ_{Agree} に関しては 3 節で後に概観するが，より詳しい説明は大宗・小町を参照されたい．

　[5]　Chomsky (2000) では，PIC 効果とは，位相毎に位相主要部の補部が（少なくとも統辞構造構築操作にとって）アクセス不可になることを意味する．一方，本稿では，位相毎に位相主要部とその補部がアクセスできなくなると想定する．詳しくは本稿が依拠する本書の大宗・小町論文を参照されたい．

　[6]　そもそも連続循環移動（successive cyclic movement）が仮定されているボックス理論以前の理論的枠組み，例えば Chomsky (2013, 2015, 2021) 等でも whisper のような非架橋動詞の補部からの取り出し不可能性は十分に議論されておらず，これを説明するには一工夫必要だろう．

　[7]　本稿では wh 要素の取り出しのみを扱うため (6) で「C 主要部は wh 要素にアクセスする…」という書き方をしているが，より広範な移動現象を説明するには下線部の部分は「未与値素性 uF を主要部に持つ XP」という言い方に変更する方が良いかもしれない．本稿では，本

(6)　C 主要部は wh 要素にアクセスする際にその C に wh 要素の情報を
　　　随意的に保存する. 情報保存された wh 要素は解釈を保留される.

この情報保存は随意的に適用されるが, 単文の場合, CP で派生が終了するた
め C 主要部は wh 要素等の情報を保存する必要がない. 以下のような単純な
wh 疑問文とその構造を考えてみよう.

(7)　What did you buy?:
　　　C_Q you INFL you {[what], {buy$_{v*}$, what}}

この場合, C_Q が what の情報を保存しないまま派生が終了すると考えるのが
最も簡潔である. ただし, C_Q は (ボックス位置にある)what にアクセスしな
いということではない. (3) で述べたように, C_Q と what が c 統御配置関係
にあれば, (探索操作 Σ を介して) 自然と C_Q によるアクセスが起こる. また,
それに伴い後述する Σ_Agree も適用される. ただし, wh 要素の情報保存は随意
的であり, (7) の場合, 解釈系が, C_QP 位相を解釈する時点で派生を終了す
ると判断した場合, その位相に含まれる C_Q に wh の情報を保存させない. 一
方で, wh の解釈が埋め込み節で決まらない (5) の場合, 解釈系がさらに派生
を続けると判断し, C に情報保存を実施させる. 多重 wh 疑問文 (3.3 節以降
参照) のように wh 要素が 2 つ以上埋め込み節にある場合は, 解釈系がどの
wh 要素の解釈を保留するかを決め, その情報を C 主要部に保存させる.
　この提案 (6) の下で (5) を分析すると, 埋め込み CP 完成後に C が c 統御
の下 what と関係を持つ際 (C によるボックス内へのアクセスが起きる際),
その情報を C に「保存」する.[8] その後, PIC 効果により CP 内部がアクセス
不可となる. この情報保存操作自体は随意的に適用されるが, ボックス内要素
も PIC 効果内であればアクセス不可であるという想定の下では, この保存操
作が起きなければ what の演算子・変項解釈 (作用域) が決まらない. さらに,
(8) に示すように, what の情報は C に「保存」されているだけでなく, CP
全体の解釈 (CP ラベル) にもその情報が引き継がれていると分析する. 本稿
では, これ以降, 以下のような網掛け部分は PIC 効果によるアクセス不可領
域を示す (注 5 参照).

書の大宗・小町と同様 wh 要素の主要部は uQ を持つと仮定している.
　[8] ボックス理論では連続循環移動を理論上想定できないため, 本稿では, その代替案となる
ような (6) の「C 主要部による情報保存仮説」を提案する. 理想的にはこのような余分に思え
る操作は仮定しない方が理論的に簡潔であるのでこれは帰無仮説である.

(8)　C_Q you think { $_{CP[what]}$ $C_{[what]}$ Mary {[what], {invented$_{v*}$, what}}}

Σ_{Agree}

よって，what は PIC 効果を逃れている．つまり，what は C_Q 指定部で外在化可能となる．C_QP 位相完成後，C_Q の CP へのアクセス（c 統御）の下，Q 一致（Σ_{Agree}）が起き，what に適切な意味的解釈（演算子・変項解釈と作用域の決定）と音韻的解釈（C_Q の端（指定部）での外在化）が与えられる．

　（8）の派生のより詳しい説明をするためにも，ここで本稿が依拠する派生の仕組み（詳細は本書の大宗・小町を参照）を概観する．本稿では，位相が完成する度に解釈系（概念・志向，感覚運動系）が統辞構造を読み取ることを前提としている．そして，その際に，探索 Σ が構造解釈（ラベル，一致，コピー，束縛等）のために，構造関係を読み取る．(6) の「保存」とは，位相毎の計算の際に探索 Σ が位相主要部 C を探知し，さらにその補部（ボックス内を含む）を精査し，ラベル付けの関係，一致関係，コピー関係，束縛関係等の読み取りが終了した後に起こる操作だと仮定する．(8) の $C_{[what]}$ は，C が「what がボックス化された位置」や「what の構造」等の what に関する全ての情報を持っていることを示す．「情報保存」は随意的に起こる操作であるが，(8) の CP のように，what が C_Q との Q 一致関係（Σ_{Agree}）を確立していない場合，解釈系により what の情報は C に強制的に保存されなければならないと判断される．なぜならば，まだその what の演算子・変項解釈（作用域）が決まっていないからである．つまり，(6) にあるように，主要部 C の wh 情報保存とは，wh の演算子・変項（作用域）解釈を一旦保留する操作である．

　また，Epstein, Kitahara and Seely (2016) に従うと，架橋動詞 think の場合は v* の位相性は取り消されているため，(8) において CP の次の位相は C_QP である．[9] C_QP 完成後に C_Q が C に保存された what の情報にアクセスすることで適切な解釈が生み出される．この際，PIC 効果により C_Q は C 主要部にはアクセスできないが，C_QP そのもの（C_Q のラベル）にはアクセスできる．つまり，C_QP（C_Q のラベル）へのアクセスを介して，C が保存している情報にアクセスしている．[10]

---

[9] より正確に言うと，外部対併合 (External Pair-Merge) を通して think の語根 R と v* がアマルガム (amalgam)<R, v*> となることで v* の位相性が取り消される．現在の理論的枠組み（ボックス理論）でそもそも対併合が操作として存在しうるかどうかについては議論の余地がある．

[10] ラベルは構造上に実存しているわけではない．解釈系がラベル付けの仕組みに従い統辞体 {X, YP} を解釈した結果を便宜上ラベル XP で示しているに過ぎない．よって，(8) のラ

(4b) の，補部から wh 要素を取り出せない非架橋動詞 whisper の派生を考えてみよう．

(9)　you whisper$_{v*}$ {$_{\text{CP[what]}}$ C$_{\text{[what]}}$ Mary {[what], {invented$_{v*}$, what}}}

Chomsky（2000, 2001）以降，ある要素が取り出せるかどうかは PIC や位相と何らかの関連があるとするのが極小主義統辞論での一般的な想定である．よって，(9) では，架橋動詞 think と異なり，非架橋動詞 whisper の位相性は取り消されていないと仮定する．[11] ここで，whisper$_{v*}$ の位相主要部 v* も C と同様に what の情報を保存するのかどうかについて考える．ボックス理論では，what は便宜上「ボックスに入る」と表現されているが，より正確には what は「θ 関連（A 位置）解釈から分離され，節（A′ 位置）解釈に結び付けられている．」この点を考慮すると，節解釈に関与する C が what と有意義な関係を構築するのは自然だが，θ（命題）解釈に関与する v* が節（A′ 位置）解釈に結び付けられた what とそのような関係を構築するのは矛盾しているように思われる．[12] もし v* が節解釈に結び付けられた要素（ボックス内要素）

ベル CP$_{\text{[what]}}$ も解釈系による解釈結果の一部を示している．コピー関係の読み取り（大宗・小町の Σ_{Copy}），一致関係の読み取り（Σ_{Agree}）や位相主要部によるアクセス等は全て構造関係を読み取る解釈操作である．

[11] 要素の取り出し可能性以外でどのような動詞が非架橋動詞と分類されるかについては議論すべき点が多いように思われる．葛西（2008, 2010）では非架橋動詞は意味的に特定的（specific）であり，架橋動詞は特定的でないと述べられており，指定主語条件（Specified Subject Condition）と同様の理由で非架橋動詞の補部からの取り出しができないと論じられている．このように，動詞の語彙的意味の「豊かさ」によってその補部からの取り出し可能性が決まるのであれば，レキシコンにおいて豊かではない意味の動詞（架橋動詞）の場合は <R, v*>，豊かな意味の動詞（非架橋動詞）の場合は <v*, R> というアマルガムが作られると考えられるかもしれない（注 9 参照）．つまり，think の場合は <R$_{\text{think}}$,v*> という構造で v* が R に付加しているが，whisper の場合は <v*,R$_{\text{whisper}}$> という構造で v* に R が付加すると仮定できるかもしれない．これは Marantz（2005, 2013），Acedo-Matellán（2010），Acedo-Matellán and Mateu（2014）で議論されている様態付加（MANNER adjunction）に相当する．すなわち，V(erb) in X manner の X に相当する部分が動詞の語根 R に付加している．レキシコン内での操作についての詳細は本稿の議論の範囲外ではあるが，Omune（2018）でも議論されているように，対併合で作られたアマルガム <v*, R> の場合，その位相性は取り消されていないと考えられる．アマルガムによる位相性の取り消しについては Chomsky（2015）や Epstein, Kitahara and Seely（2016）を参照されたい．

[12] 査読者より v*P 端で wh が具現化される場合（Bonan（2021））はどうするのかという質問を受けた．この場合，IM によりボックス位置に移動した wh がそのボックス位置で意味的・音韻的に解釈されている可能性が示唆される．(9) のように主節の v*P と埋め込み節の v*P（＋目的語 wh）がある場合に，主節 v*P の端で wh が解釈されるような言語現象があるかどうかや，どのような条件でボックス位置の要素がその位置で解釈されるかについては今後

にアクセスできないのだとすると，(9) において v* は (CP$_{[what]}$ を介して) what の情報を保存できない．正式には，位相主要部の情報保存には以下のような制約がある．

(10) a.　C 主要部は節解釈に関する要素（$-\theta$）の情報のみを保存する．
　　　b.　v* 主要部は θ 解釈に関する要素（$+\theta$）の情報のみを保存する．

探索対象が絞られるという点を考慮すると，位相主要部が情報保存する対象を限定するのは経済性の原理（第三要因）からも支持される．どのような現象が v* の情報保存を利用するのかに関しては今後の課題とする．また，本稿ではそのような現象を取り扱わないため，(6) では C のみを対象として規則を作成した．

　(6) と (10) の下，引き続き (9) の派生を考える．以下に示すように，C$_Q$ が導入された時点では，既に主節 v*P 内部はアクセス不可となっている．

(11)　C$_Q$ you whisper$_{v*}$ {CP$_{[what]}$ C$_{[what]}$ Mary {[what], {invented$_{v*}$, what}}}

この段階で C$_Q$ が what にアクセスしようとしても PIC 効果によりアクセスできない．したがって，whisper のような非架橋動詞の場合 wh 要素を取り出せない．(10) の下では，whisper$_{v*}$ は what の情報を保存できない点に注意されたい．まとめると，C の情報保存 (6) と情報保存に関する制約 (10) の下，(8) と (11) のような構造の違いにより架橋動詞と非架橋動詞の違いが導出し，(2) の問題の一部が解決される．

　v* が uPhi(未与値 phi 素性) を有している (Chomsky (2015)) とすると，(11) の場合 v* の位相性は取り消されていないため，その uPhi を適切に処理する必要がある．[13] 諸説はあるが，Epstein, Kitahara and Seely (2016) に従うと，CP は少なくとも v* の uPhi と一致関係に入るような phi 素性を持たない．よって，通常の名詞類との一致関係と同じように v* と CP の一致を説明することはできない．同様の問題は CP が主語になるような以下の文でも生じる．

(12)　[CP That Mary always arrives late] annoys everyone in the office.

これらの点を考慮して，本稿では，C は INFL や v* と通常の一致関係を成立

の課題としたい．

[13] 動詞の語根 R への目的語転移とラベル付けで他動詞と IA の一致を説明する Chomsky (2015) とは異なり，本書の大宗・小町論文は他動詞と IA の一致を Σ_{Agree} で説明する．

させないと考える．代わりに，帰無仮説として，C は次のような特殊な一致を成立させると考える．Σ_{Agree}（本書大宗・小町と 3 節参照）により正しく与値素性 vF と未与値素性 uF のペアが探知されないまま，<INFL, C> または <v*, C> のペアが探知された場合，デフォルト一致（三人称・単数・中性）として解釈される．したがって，(11) では whisper$_{v*}$ の v* と C が，(12) では C と INFL がデフォルト一致の関係にあると考えられる．

以前の理論的枠組み，例えば Chomsky (2013, 2015) では素性継承 (Feature Inheritance) が仮定されていたことからも明らかなように，C と INFL は互いに何らかの関係があることが示唆されてきた．Chomsky (2021, 2023a, b) 以降での素性継承の扱いについては議論すべき点が多いが，例えば INFL が uPhi を C からコピーしている（素性継承）のだとすると，INFL と C または は v* と C の一致は uPhi 同士の一致と捉えられる．よって，uPhi 同士の一致の場合，デフォルト一致として解釈されると考えることもできるかもしれない．[14]

3.　wh 移動現象と Σ_{Agree}

3.1.　Σ_{Agree} と wh 要素の外在化の関係

本書の大宗・小町論文では，「C によるボックス内要素へのアクセス」は，探索 Σ の下位概念である Σ_{Agree} を含むと述べられている．

(13)　AGREE：2 つの語彙項目 X と Y が非示差的素性を有していて，かつ c 統御配置にある時，それらは一致関係にある．

(14)　Σ_{Agree}：Σ は位相毎に語彙項目 X，Y の一致関係を探知する．

(3) で述べたように，本稿では「C のある要素へのアクセス」とは，「C とある要素が c 統御配置関係を構築していること」であると定義した．よって，ボックス位置に無関係に (13) の一致関係や (14) の Σ_{Agree} が成立することに注意されたい．(13) と (14) の下，(4a) の構造で Q 一致を考えてみよう．

(15)　C_Q you think {$_{\text{CP[what]}}$ $C_{\text{[what]}}$ Mary {[what], {invented$_{v*}$, what}}}
Σ_{Agree}　　　　　　　　　　　　　　　　　　　　　　(= (8))

(15) では，Σ_{Agree} が C_Q と，C に保存された [what] の主要部を探知し，解釈

---

[14] 2 つの uPhi は同一素性であり，非示差的素性ではないので (13) の一致関係ではない．

系はそれらが一致関係にあると解釈する. それにより what の uQ は適切な解釈を受ける. つまり, C_QP 指定部で, 意味的には wh の演算子・変項 (作用域) 解釈を受け, 音韻的には what が外在化される. (4b) の構造の場合はどうだろうか.

(16)　C_Q you whisper$_{v*}$ {$C_{P[what]}$ $C_{[what]}$ Mary {[what], {invented$_{v*}$, what}}}

　　　　　Σ_{Agree}

　　　　　　　　　　　　　　　　　　　　　　　　　　　　　(= (11))

図示されているように, Σ_{Agree} が [what] を探知できないため, uQ の値が決まらないまま残る. 結果, 派生が破綻する. つまり, (4b) の表現は what を C_Q 指定部で外在化しているので不適格と判断されるだけでなく, what の uQ の値が決まっていないこともその不適格性に寄与している. よって, 以下のような多重 wh 疑問文では, what の uQ の値が決まらず不適格となることが予測される.

(17)　Who whispered that Mary invented what?

しかし, 予測に反し (17) は適格な表現であり, who も what も主節 C_QP で作用域 (演算子・変項) 解釈をとる. このような多重 wh 疑問文の場合は, C_Q が少なくとも 1 つの wh 要素と適切な意味解釈をとる場合 (例: (17) の主節 C_Q と who の Σ_{Agree}) は, 同構造内の更なる wh 要素の作用域 (演算子・変項) 解釈はそれに依存して解釈されると分析する.

　C 主要部による wh 要素の情報保存や Σ_{Agree} を利用した派生の仕組みの下, 引き続き問題 (2) の解決を試みる. 以下の wh 島の例を考えてみよう.

(18)　*What do you wonder whether Mary invented?

以下に (18) の構造の一部を示す.

(19)　C_Q you wonder whether C_Q Mary {[what], {invented$_{v*}$, what}}

以下 (20) にあるように, 埋め込み C_QP 完成後, 位相毎の計算操作が適用される段階で Σ により構造が精査され, C_Q と what 主要部の一致 (Σ_{Agree}) と, C_Q による what の情報保存が行われる.

(20)　{$C_{Q[what]}$, {Mary, {[what],...}}}

さらに，派生が進み，以下の構造が作られる.[15]

(21)　$\{C_Q, \{you, \{INFL,\ldots, \{wonder, \{_\alpha \text{ whether, } \{_{C_QP[what]} \ C_{Q[what]}\cdots\}\}\}\}\}\}$

(29) で後に議論するが，動詞 wonder の場合，いわゆる wh 要素の非顕在的移動が認められる例があるので架橋動詞 think 同様 wonder の v* も取り消されていると仮定している.[16] 主節 C_QP 位相完成後，Σ_{Agree} により主節 C_Q と whether の主要部との一致関係が探知される．Σ_{Agree} はさらに C_Q と what の主要部の一致関係も探知する．つまり，Σ_{Agree} は埋め込み C_QP の指定部にある whether と C_QP に保存された what を同時に探知する.[17] (22) で仮定するように，wh 要素を主節 C_Q の端（指定部）で音韻的に解釈（外在化）するには一義的な一致関係が必要だとすると，そのような関係は確立されておらず，代わりに多義的な（曖昧な）一致関係が成立しているため，what を主節 C_Q 指定部で外在化できない.[18]

(22)　wh 要素の外在化条件：
　　　wh 要素を C_Q 指定部で外在化するには一義的な Q 一致関係が必要である.

言い換えると，主節 C_Q が whether と what の両方に対して「同距離」にあり，両方と「同時に」（曖昧に）一致できる関係になっている．したがって，解釈系は whether と what のどちらを主節 C_QP 指定部で外在化して良いか分からな

---

[15] whether の構造は $\{wh_{uQ}, \gamma\}$ であると想定されている（本書の大宗・小町論文 313–314 頁参照）.

[16] wonder がどの程度意味的に特定的かは議論すべき点だが（注 11 参照），v*（位相性）が取り消されているのであれば，wonder は意味的にそれほど特定的ではないということになる．また，wonder の構造は think と同様，アマルガム $<R_{\text{wonder}}, v^*>$ であると仮定される.

[17] C_Q の情報保存（とラベル付け）により，what はあたかも whether と姉妹関係にあるように探知される.

[18] 主節 C_QP 完成後のラベル付けの際の whether 主要部と埋め込み節 C_Q の Q 素性共有により埋め込み節 α のラベルは $<Q,Q>$ となる．この時点で埋め込み節 C_Q は既に PIC 効果内だが，ラベル付けで uF が探知された場合，素性共有のために PIC 効果を無視してアクセス不可領域にアクセスすることができると仮定する（大宗・小町 (315 頁，注 27) 参照）．また，埋め込み節 C_Q とボックス位置の what の主要部との一致（Σ_{Agree}）が起きている．つまり，埋め込み節 C_Q は whether, what のそれぞれと一義的な一致関係を有していると捉えられる．よって，what は埋め込み節の C_Q 指定部で外在化される条件を満たしている．しかし，英語では音韻的に指定部に wh 要素を 1 つのみ許すため，このような場合には（C_Q による情報保存とは無関係に），実際に併合により C_Q 指定部に導入されている whether の方が優先的に外在化されると考えられる.

い．この分析が十分に批判に耐えうるものであるなら，wh 島の効果は外在化
に関する制約と捉えられる．また，「多義的」または「曖昧な」一致を排除する
条件 (22) は，XP-YP 構造に対する最小探索 (Minimal Search) が曖昧でラ
ベルが決まらない (Chomsky (2013: 43)) 点によく似ている．ラベル付けも
一致も探索を基にした構造関係を読み取る操作であるならば，これは自然な結
果である．

　繰り返しになるが，一義的な一致関係とは，C_Q が同距離にある複数要素と
曖昧に一致しない関係を指す．よって，以下のような多重 wh 疑問文の場合，
複数の wh 一致関係が成立するが，これはそれぞれに一義的な一致関係であ
る．

(23)　$\{_{<Q,Q>} C_Q, \{who, \{INFL,..., \{[what] \{bought_{v*},...\}\}\}\}\}$

　　　　Σ_Agree   (who bought what?)

つまり，C_Q は who と what，それぞれと一義的な一致関係を確立する．この
時の <Q,Q> ラベルは C_Q-who，あるいは C_Q-[what] のいずれかの一致関係を
基に決められるが，経済性の観点から，C_Q から「より近い」位置にある who
との一致関係を基に <Q,Q> が決まると考えておく．また，この <Q,Q> は，
単に解釈系がその構造は wh の解釈であるとみなしているのを示しているに過
ぎず，ラベルが構造に実在するわけではない．

　C_Q 指定部に 1 つのみ wh 要素を音韻的に強制する英語の特性を考慮すると，
(22) の外在化条件は Q 一致関係の 1 つの帰結であると言える．つまり，指定
部に 2 つ以上 wh 要素を外在化可能な個別言語の場合，(22) の条件が無く，
(21) と同様の構造で適格な表現が派生されると理論的に予測される．以下に
示すように，日本語の場合，C_Q＝「か」指定部に 2 つの wh 要素を外在化可能
である．（以下，t は下位コピーを示す．）

(24) a.　誰に何を太郎は t_誰に t_何を 貸しましたか？
　　 b.　どこで何を太郎は t_どこで t_何を 買いましたか？

統辞構造はどの個別言語でも同一であり，個別言語間の違いは音韻的特徴に起
因すると考える近年の極小主義理論の枠組みに従うと，以下の表現が (21) と
同様の構造を持つだろう．[19]

---

[19] Chomsky (2001: 2) では以下の同一性の原理 (Uniformity Principle) が提案されている．
　In the absence of compelling evidence to the contrary, assume language to be uniform,
with variety restricted to easily detectable properties of utterances.

(25) a.　太郎は花子が何を発明したかどうか疑問に思っていますか？

　　 b.　何を太郎は花子が発明したかどうか疑問に思っていますか？

注 1 で既に述べたが（（36）でも後述する），日本語の場合，C_Q が顕在的に「か」と具現化するため，wh 要素を C_Q 指定部で外在化することが必須ではない．よって，(25a) では，wh 要素「何を」が元位置に留まっていても良い．ただし，意味的には (25a, b) 共に「何を」が主節の作用域をとる意味で解釈可能である．以上のことから，(25) は (21) と同様の，以下の構造を持つと分析できる．

(26)　$\{C_Q, \{太郎は, \{\text{INFL},...,\{疑問に思, \{_\alpha どうか, \{_{C_QP[何を]} C_{Q[何を]}...\}\}\}\}\}\}$

C_Q＝「か」は，「どうか」と「何を」と曖昧に一致しているにもかかわらず (25) の適格な表現を派生できる．[20] 以上より，英語の wh 要素の外在化条件である (22) は日本語には適用されないことが分かる．

3.2.　whether による wh の作用域阻害

(21) に関連する次の表現とその派生を考えてみよう．

(27) *You wonder whether Mary invented what.　　(cf. Hornstein (1995))

(27) の構造である (28) は，主節が C_Q ではなく C であるという点を除き，(21) と同じである．

(28)　$\{C, \{you, \{\text{INFL}, \{you, \{wonder \{_\alpha whether, \{C_{Q[what]}...\}\}\}\}\}\}\}$

注 18 で触れたが，主節 CP 完成後に whether の uQ と C_Q の Q 素性共有により α のラベルは <Q,Q> となる．本稿では，このラベル付けにより既に Σ_{Agree} を通じて決まっていた埋め込み節での what の作用域（演算子・変項）解釈が阻害されると分析する．

(29)　wh の作用域阻害：

　　　素性共有により決定する <Q,Q> ラベルの wh 解釈は Σ_{Agree} で生じる

（意訳：十分に反証されるまでは，言語は同一であると仮定せよ．言語に現れる多様性は音韻的特徴に限られる．）

[20] 以下のように，(25) の左端で「どうか」が外在化できないのは埋め込み節の C_Q＝「か」と「どうか」が隣接して外在化されなければならないという形態音韻的特徴から説明される．

　* どうか太郎は花子が何を発明したか疑問に思っていますか？

　*{何をどうか/どうか何を} 太郎は花子が発明したか疑問に思っていますか？

wh 解釈よりも優先される．したがって，前者は後者を阻害する．

　これにより what の解釈が適切に定まらないため，(27) は不適格と判断される．この分析は (21) の α にも同様に当てはまるが，(21) の場合は主節 C_Q と what の一致関係によりさらなる作用域（演算子・変項）解釈が適切に決まるため whether による作用域解釈阻害が不適格性の要因ではない点に注意されたい．

　以下の表現は what が主節 C_Q で作用域（演算子・変項解釈）をとる場合は適格である（Lasnik and Saito (1992: 189, fn.22)）．

(30)　Who wonders whether John bought what?

つまり，この疑問文に対する返答として次のように答えるのは問題ない．

(31)　"Mary wonders whether John bought the book."

しかし，次のように答えると不適格である．

(32)　"Mary wonders whether John bought what."

この言語現象はどのように分析されるだろうか．以下に (30) の構造を示す．

(33)　$\{C_Q, \{_\beta$ who, $\{$INFL,..., $\{$wonder, $\{_\alpha$ whether, $\{_{C_Q P[\text{what}]}$ $C_{Q[\text{what}]}, ...\}\}\}\}\}\}$

埋め込み $C_Q P$ 完成後 Σ_{Agree} により C_Q と what の主要部が一致し，what の演算子・変項解釈（作用域）が決まる．その後，その C_Q に what の情報を保存する場合は，what の解釈が保留されるため，既に決定していた埋め込み $C_Q P$ での what の演算子・変項解釈（作用域）がキャンセルされる．主節 $C_Q P$ 完成後，主節 C_Q と who の一致関係が Σ_{Agree} により探知され，who の演算子・変項解釈（作用域）が決まる．Σ_{Agree} が主節 C_Q と埋め込み節 α を精査する際，whether と what($C_Q P$) が同時に探知される．これにより what の演算子・変項解釈（作用域）が更新され，主節と関連付けられる．以上より，what が主節で作用域をとる事実 (cf. (31)) が説明される．

　事実とは反するが，(30) において，what が埋め込み節で作用域をとる場合，以下のような構造となる．

(34)　$\{C_Q, \{_\beta$ who, $\{$INFL,..., $\{$wonder, $\{_\alpha$ whether, $\{_{C_Q P}$ $C_Q, ...\}\}\}\}\}\}$

(33) との違いは，埋め込み節の C_Q が what の情報を保存しない点である．これは，what の埋め込み節での解釈は保留されず，そこで作用域が決定する

ことを意味する．このままでは，what が誤った作用域をとることを理論上予
測してしまう．しかし，本稿では，(29) を利用することで正しい事実を捉え
る．ラベル付け (Chomsky (2013, 2015)) の際に whether の uQ と C_Q の Q
素性が素性共有され，α のラベルは <Q,Q> となる．(29) の下では，それに
より埋め込み節での what の作用域が阻害される．

　この分析より，Lasnik and Saito (1992) の観察通り，what の作用域が埋
め込み節で解釈された場合は不適格であり，主節で解釈される場合は適格であ
る事実が説明される．

3.3.　英語の wh 要素の外在化位置と外在化条件

　主語の wh 要素がどの位置で外在化されるかについては議論の余地がある．
(22) に従うと，(30)，(33) の who は C_Q 指定部で外在化されることになる
が，INFL 指定部で外在化される可能性も考えられる．本稿では，後者の立場
を採用する．その理由として次の 2 点の経験的証拠を挙げる．まず，主語に
wh 要素がくる際の wh 疑問文では do-support が生じない点である．そして，
以下のような D 連結 (D(iscourse)-linking) された wh 要素を使用した多重
wh 疑問文の例では，wh 主語は INFL 指定部に留まるからである．[21]

(35)　Which book did which student read?

注 1 でも触れたが，以下の Kitahara and Seely (2024: 5) の英語の wh 要素
の外在化条件が正しければ，理論的にも wh 主語は INFL 指定部で外在化さ
れることになる．（以下の日本語訳は筆者によるものである．）

(36)　英語の非顕在的 C_Q は WH が十分に近い位置（つまり，[X [C [Y
　　　...]]] の X または Y）で外在化されることを要求する．一方，日本語
　　　の顕在的 C_Q にはそのような要求がない．
　　　(English covert C_Q requires WH to be externalized close enough
　　　(i.e., either X or Y in [X [C [Y ...]]]), while there is no such re-
　　　quirement for Japanese overt C_Q.)

この条件によると，(33) の who は (36) の Y の位置，すなわち，INFL 指
定部で外在化される．よって，(22) の条件を以下のように修正する．

---

[21] Pesetsky (1987) に従い，who, what 等は非 D 連結表現として扱っている．

334 第 II 部 研究論文

(37) wh 要素の外在化条件：
wh 要素を C_Q に十分近い位置で外在化するには一義的な Q 一致関係が必要である。

この修正された条件に従うと、(30) や (33) の who は、Σ_Agree により意味的・作用域的には C_Q の指定部で解釈される一方で INFL 指定部で外在化される。別の wh 移動の例として次の最小連結条件 (Minimal Link Condition) の現象を考えてみよう。

(38) ??What do you wonder who bought?

(Lasnik and Saito (1992: 156))

what をこの位置で外在化するためには、埋め込み節で what の情報を保存する必要がある。しかし、who の作用域 (演算子・変項解釈) を埋め込み節でとる場合、埋め込み節の C_Q は who の情報を保存しない。よって、以下のような構造となる。[22,23]

(39) {C_Q, {_β you, {INFL, {you, {wonder, {_{<Q,Q>[what]} C_Q[what]>⋯}}}}}}

Σ_Agree により主節 C_Q が問題なく what と一義的に一致しているので (37) に違反しない。よって、事実 (38) に反して理論上適格な表現を派生してしまう。この不適格性を説明するには最小連結条件 (Chomsky (1995)) が外在化の条件として働いていると考える必要があるように思われる (3.4 節参照)。また、理論上は、埋め込み節の C_Q は what だけできる < who の情報も保存可能である。しかし、who の情報も保存する場合、埋め込み C_QP は yes/no 疑問文解釈となる (i.e. <Q,Q> 解釈ではなく C_QP 解釈となる) ため外在化の違反だけでなく wonder の選択特性やその他の意味的・音韻的違反も引き起こす (大宗・小町参照)。

以下では、(38) の what ではなく < who を文頭で外在化している。

(40) *Who do you wonder bought what?

(Ochi (1999))

この場合、wh 島からの取り出しは行しは行っていないが、依然として不適格である。この不適格性はどのように説明されるだろうか。what が狭い作用域 (埋め込み込み節) をとる場合、その情報は埋め込み節の C_Q に保存を

---
[22] Σ_Agree による <Q,Q> ラベルについては (23) と本書の大宗・小町論文を参照されたい。

[23] (6) より、情報保存された要素は解釈を保留し、よって、who の解釈を決定する場合は who の情報を保存しない。埋め込み節 <Q,Q> で解釈を決定する場合は who の情報を保存しない。

れない. したがって, 以下のような構造になる.

(41)　$\{C_Q, \{_\beta \text{ you}, \{\text{INFL}, \{\text{you}, \{\text{wonder}, \{_{<Q,Q>\text{who}} \{C_{Q\text{who}},\dots\}\}\}\}\}\}\}$

この構造は (37) には違反していないが, (36) に違反している. すなわち, 埋め込み C_Q に十分に近い位置に wh 要素が外在化されていない. これにより, (40) の不適格性が説明される. また, what を埋め込み節指定部で発音した以下の文も不適格である.

(42)　*Who do you wonder what bought?

この文の構造が (41) だとすると, (37) にも (36) にも違反していない. (39) の分析の際にも述べたが, この不適格性には, 最小連結条件 (Chomsky (1995)) が関連しているかもしれない. 以下 3.4 節でこれについて議論する.

3.4.　外在化条件としての最小連結条件

(39) と (42) の説明をするために, まず, より簡潔な例を考えてみよう.

(43)　a.　Who bought what?
　　　b.　*What who bought?

この例が示すように, what が who を超えて移動して左端で外在化される場合不適格となる. これらの構造は以下のようになっていると考えられる.

(44)　$\{_{<Q,Q>} C_Q, \{\text{who}_2, \{\text{INFL}, \{\text{who}_1, \{[\text{what}_2], \{\text{bought}_{v*}, \text{what}_1\}\}\}\}\}\}$

2 つの wh 要素 (who と what) は C_Q との一致関係を通じて作用域をとるため, これまでの分析で (43a) は問題なく説明可能である. 一方で, (43b) はそのままでは説明不可能である. C_Q と who_2 の一致関係も C_Q と what_2 の一致関係も C_Q がそれぞれ別の位置で一致関係を確立しているのでそれぞれ一義的であり, (37) に違反していない. よって, 何か別の外在化条件に違反していると考えるべきだろう. 本来外在化に関する条件として提案されたものではないが, Chomsky (1995) の最小連結条件がその候補に上がる.

(45)　　最小連結条件 (Chomsky (1995: 296)):
　　　　α が移動の標的 K に移動できる時, α よりも K により近い β を K に移動させる適格な操作 Move は存在しない.
　　　　(α can raise to target K only if there is no legitimate operation Move β targeting K, where β is closer to K.)

この条件を外在化の条件に書き換える.

(46)　外在化条件としての最小連結条件：
　　　α が一致関係にある K に十分近い位置で外在化される時，α よりも
　　　K に近い K と一致関係にある β は存在しない.

最小連結条件の下では，wh 要素が C_Q 指定部に移動する際，より近い距離の移動が優先されなければならない.（44）では，what よりも who の方が距離的に C_Q 指定部に近い位置にあるため，what が who を差し置いて C_Q 指定部で外在化されることは外在化条件としての最小連結条件（46）に違反する.

　（39）と（42）の不適格性も同様に説明される. 以下は（39）の埋め込み節 <Q,Q> の構造である.

(47)　$\{_{<Q,Q>[\text{what}]} \, C_{Q[\text{what}]}, \{\text{who}_2, \{\text{INFL},..., \{[\text{what}_2], \{\text{bought}_{v*}, \text{what}_1\}\}\}\}\}$

C_Q が what の情報を保存しているため，C_Q により近いのは what である. よって，（38）のように who を INFL 指定部で外在化すると（46）に違反し，その表現は不適格となる. 以下は（42）の埋め込み節 <Q,Q> の構造である.

(48)　$\{_{<Q,Q>\text{who}} \, C_{Q\text{who}}, \{\text{who}_2, \{\text{INFL},..., \{[\text{what}_2], \{\text{bought}_{v*}, \text{what}_1\}\}\}\}\}$

C_Q が who の情報を保存している点において（47）とは異なる. この場合，C_Q が who の情報を保存しているため，C_Q により近いのは who である. よって，（42）のように what を C_Q 指定部で外在化すると（46）に違反する.

3.5.　位相主要部の情報保存と最小連結条件

　最小連結条件（46）はある特定の条件下では無視されることがある. 例えば，（35）や以下の例である.

(49)　Who knows what who bought?

Lasnik and Saito（1992: 118-119）の観察に従うと，（49）の例において，埋め込み節の who が主節 C_Q で作用域（演算子・変項解釈）をとる場合のみ上記の表現は適格である. つまり，この疑問文に対して

(50)　"John knows what Mary bought."

と返答するのは問題ないが，

(51) a.　"John knows what who bought."

b. "John knows who bought what."

と返答するのは不適格となる.（35）や（49）において最小連結条件が無視できる理由については今後の課題とするが，これらの例がいずれも wh 要素の外在化条件（37）には違反していない点は注目に値する.[24] 以下,（49）の埋め込み <Q,Q> の構造である.

(52) … { $_{<Q,Q>who2}$ C_{Qwho2}, {who$_2$, {INFL,…, {[what$_2$], {bought$_{v*}$, what$_1$}}}}}

構造が一部省略されているが，who の情報が C_Q に保存されている点を除き，（44）と同じ構造である.つまり,（46）の最小連結条件に違反するはずである.しかし，この場合なぜか適格と判断される.一方で，wh 要素の外在化条件（37）には違反していない.なぜならば，C_Q は who$_2$, what$_2$ とそれぞれに一義的一致関係になっているからである.（37）より，what と who がそれぞれ埋め込み節の C_Q 指定部と INFL 指定部で外在化される.ただし，英語の非顕在 C_Q はどちらか一方の wh 要素のみ自身の十分近くで外在化することを要求するため,（49）で，what がその位置で外在化されるのは純粋に音韻的な（感覚運動系の）要請によるものではないと考えられる.つまり，意味的（概念・志向系の）要請が関与すると考えられる.具体的には，この what は埋め込み節の wh 解釈を全面的に引き受けるような役割を担うと仮定する.つまり，what は who が C_Q の情報保存によりその作用域（演算子・変項）解釈が保留されていることを明示的に示す役割を担っていると分析する.つまり,（7）の単文 What did you buy? で，C_Q による what の情報保存は起きないのと同じ理由で（49）の埋め込み節で what の情報保存が起きない.（49）で what があえて埋め込み節の左端で外在化しているのは，埋め込み C_Q に情報を保存せず，what の wh 解釈が埋め込み節で終了したことを示しているのである.もしこの考えが正しいならば,（52）において who のみの情報が C_Q に保存されるという分析は妥当である.（52）の構造は，併合の連続適用によりさらに以下のように拡張される.

(53) {C_Q, {who$_4$, {INFL, {who$_3$, {know, {$_{<Q,Q>who2}$ C_{Qwho2}…}}}}}}

---

[24] （52）において Σ_{Agree} が C_Q と who に適用されていないと考えると,（49）で最小連結条件が無視される理由を説明できるかもしれない.ただし，本書の大宗・小町論文で示唆されているように，Σ_{Agree} はその定義上強制的に適用されなければならない.

338

第 II 部　研究論文

Σ_{Agree} は主節 C_Q と who_4 の一致関係，主節 C_Q と who_2 の一致関係をそれぞれ探知する．そして，それらの一致関係により，(49) においてなぜ（下位の）who が広い作用域をとるのかが説明される．[25]

(49), (53) における埋め込み節左端での what の外在化は，what の情報が埋め込み C_Q に保存されていないことを示す．そして，それが what の作用域を限定することに繋がると分析した．この分析は次の例からも支持される．

(54)　Who knows who bought what? (cf. Baker (1970), Pesetsky (1987))

埋め込み節の who は同節左端（INFL 指定部）で外在化される．(49), (53) の分析に従うと，(54) の埋め込み節の who は C_Q に情報保存されず同節で解釈される．これは，what は広い作用域と狭い作用域の両方をとることができるが，埋め込み節の who は必ず狭い作用域をとる (Baker (1970), Pesetsky (1987) 等参照) 事実を説明する．よって，(54) の事実は (49), (53) の分析の一部を支持する．

(54) の構造において，what が広い作用域（主節での演算子・変項解釈）をとる場合，埋め込み C_Q は what の情報を保存する．

(55)　$\{C_Q, \{who_4, \{INFL, \{who_3, \{know, \{_{<Q,Q>[what]} \ C_{Q[what]}, \cdots \}\}\}\}\}\}$

Σ_{Agree} により，主節 C_Q と who_4 の主要部，主節 C_Q と what の主要部の一致関係がそれぞれ探知される．who_4 と what はそれぞれそれらの一致関係に対応した作用域で解釈される．<Q,Q> と解釈される埋め込み節の主要部である C_Q は同節の who の情報を保存しない．よって，その作用域は埋め込み節で解釈される．少なくとも 1 つの wh がその <Q,Q> 節内で作用域（演算子・変項解釈）をとるのは当然である．wh が <Q,Q> 節で作用域（演算子・変項解釈）をとらない場合，埋め込み節のラベルは yes/no 疑問文解釈の C_QP となる．つまり，what が演算子に束縛されず，単なる「変項 x」と解釈される．そのような x は解釈できないので完全解釈 (Full Interpretation) の原理 (Chomsky (1995: 27)) に違反する．

---

[25] who_4 と who_3 とのコピー関係が成立するように，who_3（あるいは who_4）と C_Q に情報保存された who_2 もコピー関係が成立するのではないかと懸念する人がいるかもしれない．ただ，情報保存された who は既に位相毎の計算を終えている要素である．よって，コピー関係等の who それ自体の解釈を変更してはいけない．who の演算子・変項解釈は who そのもの，つまり wh の変項としての解釈を変えているのではなく，C_Q が who の uQ を参照することで作用域を決定しているに過ぎない．wh の作用域は who それ自体の解釈とは無関係であり，C_Q の Q に依存的に決まるものである．

埋め込み節の C_Q が同節の who の情報も what の情報も保存しない場合,以下のような構造となる.

(56)　$\{C_Q, \{who_4, \{INFL, \{who_3, \{know, \{C_Q,...\}\}\}\}\}\}$

この場合,埋め込み節内の 2 つの wh 要素は共に狭い作用域をとる解釈となる.よって,what は狭い作用域で解釈される.以上の分析をまとめると,(54) において,C_Q による情報保存が起きた場合 what は広い作用域で解釈され,情報保存が起きない場合 what は狭い作用域で解釈される.

3.6.　C_Q 指定部での併合にまつわる諸問題

(54) に似た現象として次の例を考えてみよう.

(57)　Who knows where we bought what?　　　　　(Pesetsky (1987: 99))

where は付加詞であるが,ボックス理論を含め最近の極小主義理論の枠組みでは付加詞をどのように扱うかについて不明瞭な点が多い.Chomsky (2000, 2004) では付加詞は対併合 (pair-Merge) によって,非対称性を示す順序対 (ordered pair) として構造に導入される.Chomsky (2021) では FormSequence が and 等の接続詞が関わる構造に適用されていたが,Chomsky (2023a) や Chomsky et al. (2023) では FormSet がそれに取って代わった.FormSet は併合の前身とも呼べる単に「集合を作る」操作であり,作業領域やレキシコンを構築する際にも適用されているような原始的操作である.(57) の where がどのようにして構造に導入されるのかは不明瞭であるが,構造を拡張しないという付加詞の特性上,通常の併合で導入されていないと考えられる.[26] このような不明瞭な点はあるが,(57) の構造の一部を以下に示す.

(58)　C_Q who knows where C_Q we $\{[what], \{bought_{v*}, what\}\}$

この構造は (19) (= (59)) によく似ている.

(59)　C_Q you wonder whether C_Q Mary $\{[what], \{invented_{v*}, what\}\}$
　　　　　　　　　　　　(*What do you wonder whether Mary invented?)

(58) の where が (59) の whether と同様の振る舞いをするのであれば,where は what の作用域を阻害することになる.しかし,(57) で what は狭

---

[26] X′ 理論的に言うと,付加詞 YP が X′ に付加しても XP とはならず,X′ のままであるという意味で付加は構造を拡張しない.

い作用域をとれるのでこれは事実に反する．つまり，where は whether とは異なる振る舞いをする．先述したように付加詞の取り扱いが不明瞭である現在の理論的枠組みでは where がこの構造でどのような扱いを受けるのか未知数であるが，対併合によりそれが導入されるとすると，where は「別の平面 (separate plane)」(Chomsky (2004: 117-118)) あるいは「別次元」にあると考えられる．これが正しいならば，where は「別の平面」にあるので what の作用域解釈の邪魔をしないと分析できるかもしれない．

　あるいは，where は IM により埋め込み節の C_Q 指定部に導入されることが原因であると分析できるかもしれない．

　(60)　C_Q who knows $\{_\alpha$ [where], $\{C_Q$, $\{$we,…,$\{$[what], $\{$bought$_{v*}$,…,$\}$,…,$\}$

ボックス化された [where] はラベル付けの対象にならないため，[where] と C_Q は素性共有を通して α のラベルを <Q,Q> に決定できない．(28) で議論したが，what の作用域阻害が生じる理由がこの素性共有による一致・ラベル付けだとすると，ここではそのような作用域阻害が起きないことになる．ただし，解釈上は，α のラベルは <Q,Q> となるべきである．本稿では，α では Σ_{Agree} を利用した <Q,Q> ラベル付けが行われていると分析する．C_Q と元位置の where が Σ_{Agree} により一致し，その後 2 つの where のコピー関係が構築され，最後にラベル付けが行われる．[27] その時点で，α は Σ_{Agree} による一致関係を基に <Q,Q> ラベルと決められる．

4.　結語

　本稿では Chomsky (2023a, b) 枠組みでは，ボックス内の wh 要素が位相主要部のアクセスにより無制限に取り出せてしまう問題を解決するための試案を提示した．具体的には，本書大宗・小町論文で提案された一致の仕組み (Σ_{Agree}) の下，次の英語の wh 要素に関する外在化条件を提案した．

　　・位相主要部 C は必要に応じて wh 要素の情報を保存する．
　　・wh 要素は Σ_{Agree} を介して C_Q の十分近くで外在化されるが，その際に一義的一致関係を必要とする．
　　・最小連結条件は外在化の条件として再定義される．

---

[27] 一致，コピー形成，ラベル付けの適用順序については本書大宗・小町論文の (33) を参照されたい．

これらの提案に伴い，wh 要素の作用域解釈についても議論した．非常に選択的な英語の wh 移動現象に焦点を当てたため，本稿での分析がどの程度他の wh 現象を網羅的に説明可能かについては今後の課題となる．また，現理論では外在化は個別言語間差異が現れる箇所であるため，他の個別言語では上で挙げた外在化に関わる条件が異なることが予測される．これらがどのように異なるかについて取り組むことで統辞論では同じ仕組みが働いており，外在化の際に個別言語間の差異が生じるという仮説がより説得力を増すことが期待される．

参考文献

Acedo-Matellán, Víctor (2010) *Argument Structure and the Syntax-Morphology Interface: A Case Study in Latin and Other Languages*, Doctoral dissertation, Universitat de Barcelona.

Acedo-Matellán, Víctor and Jaume Mateu (2014) "From Syntax to Roots: A Syntactic Approach to Root Interpretation," *The Syntax of Roots and the Roots of Syntax*, ed. by Artemis Alexiadou, Hagit Borer and Florian Schäfer, 14-32, Oxford University Press, Oxford.

Baker, C. L. (1970) "Notes on the Description of English Questions: The Role of an Abstract Question Morpheme," *Foundations of Language* 6, 197-219.

Bonan, Caterina (2021) "The Periphery of *v*P in the Theory of Wh-in Situ," *Glossa: A Journal of General Linguistics* 6, 1-43.

Chomsky, Noam (1995) *The Minimalist Program*, MIT Press, Cambridge, MA.

Chomsky, Noam (2000) "Minimalist Inquiries: The Framework," *Step by Step: Essays on Minimalist Syntax in Honor of Howard Lasnik*, ed. by Roger Martin, David Michaels and Juan Uriagereka, 89-155, MIT Press, Cambridge, MA.

Chomsky, Noam (2001) "Derivation by Phase," *Ken Hale: A Life in Language*, ed. by Michael Kenstowicz, 1-52, MIT Press, Cambridge, MA.

Chomsky, Noam (2004) "Beyond Explanatory Adequacy," *Structures and Beyond: The Cartography of Syntactic Structures, Volume 3*, ed. by Adriana Belletti, 104-131, Oxford University Press, Oxford.

Chomsky, Noam (2013) "Problems of Projection," *Lingua* 130, 33-49.

Chomsky, Noam (2015) "Problems of Projection: Extensions," *Structures, Strategies and Beyond: Studies in Honour of Adriana Belletti*, ed. by Elisa Di Domenico, Cornelia Hamann and Simona Matteini, 3-16, John Benjamins, Amsterdam.

Chomsky, Noam (2021) "Minimalism: Where Rre We Now, and Where Can We Hope to Go," *Gengo Kenkyu* 160, 1-41.

Chomsky, Noam (2023a) "The Miracle Creed and SMT," ms., Available at (http://

www.icl.keio.ac.jp/news/2023/04/2023-theoretical-linguistics-at-keio-emu.html)
[Chomsky, Noam (to appear) "The Miracle Creed and SMT," *A Cartesian Dream: A Geometrical Account of Syntax. In Honor of Andrea Moro*, ed. by Matteo Greco and Davide Mocci, 17–40, Lingbuzz Press.]

Chomsky, Noam (2023b) "Working toward the Strong Interpretation of SMT," 2023 Theoretical Linguistics at Keio-EMU Linguistics as Scientific Inquiry Lecture Series #3 (https://www.youtube.com/playlist?list=PLWXQYxRCmeP7B2UtIA8O JsvAF-xvjDuZ)

Chomsky, Noam, T. Daniel Seely, Robert C. Berwick, Sandiway Fong, M. A. C. Huybregts, Hisatsugu Kitahara, Andrew McInnerney and Yushi Sugimoto (2023) *Merge and the Strong Minimalist Thesis*, Cambridge University Press, New York.

Epstein, Samuel D., Hisatsugu Kitahara and T. Daniel Seely (2016) "Phase-Cancellation by Pair-Merge of Heads," *The Linguistic Review* 33, 87–102.

Hornstein, Norbert (1995) *Logical Form: From GB to Minimalism*, Blackwell, Oxford.

Huang, C.-T. James (1982) *Logical Relations in Chinese and the Theory of Grammar*, Doctoral dissertation, MIT.

葛西清蔵 (2008)「「「架橋動詞」と「指定主語条件」」『札幌大学総合論叢』第 25 号，141–149.

葛西清蔵 (2010)「「「架橋動詞」，「指定主語条件」と Gestalt 心理学」『札幌大学総合論叢』第 25 号，1–7.

Kitahara, Hisatsugu and T. Daniel Seely (2024) "Merge and Minimal Search: A Preliminary Sketch from GK to MC and Beyond," paper presented at Glow in Asia XIV.

Lasnik, Howard and Mamoru Saito (1992) *Move α: Conditions on Its Application and Output*, MIT Press, Cambridge, MA.

Marantz, Alec (2005) "Objects out of the Lexicon!: Argument-Structure in the Syntax," ms., MIT.

Marantz, Alec (2013) "Verbal Argument Structure: Events and Participants," *Lingua* 130, 152–168.

Ochi, Masaru (1999) *Constraints on Feature Checking*, Doctoral dissertation, University of Connecticut.

Omune, Jun (2008) "Reformulating Pair-Merge of Heads," *English Linguistics* 34, 266–301.

Pesetsky, David (1987) "Wh-in-Situ: Movement and Unselective Binding," *The Representation of (In)definiteness*, ed. by Eric J. Remand and Alice G. B. ter Meulen, 98–129, MIT Press, Cambridge, MA.

Rizzi, Luigi (1990) *Relativized Minimality*, MIT Press, Cambridge, MA.

Ross, J. R. (1967) *Constraints on Variables in Syntax*, Doctoral dissertation, MIT.

索　引

【執筆者紹介】(五十音順)

石井　透（いしい　とおる）[編者を兼ねる]
明治大学 文学部 教授. University of California, Irvine/Ph.D. 専門は理論言語学.
主要業績：“On so called “Gapless” Constructions in Japanese” (*Journal of Japanese Linguistics* 34, 2018), “On Multiple Sluicing in Japanese” (with Brian Agbayani, *Proceedings of WCCFL* 38, 2021), “Toward elaboration of box system” (with Nobu Goto, *Proceedings of GLOW in Asia* 14, 2024), “Seeking an optimal design of Search and Merge: its consequences and challenges” (with Nobu Goto, *The Linguistic Review* 41, 2024), など.

大宗　純（おおむね　じゅん）
関西外国語大学 外国語学部 准教授. 関西外国語大学大学院博士後期課程修了/博士（英語学）. 専門は, 言語学・英語学・極小主義統辞論.
主要業績：“Reformulating Pair-Merge of Heads” (*English Linguistics* 34, 2018), *Reformulating Pair-Merge of Heads, Inheritance and Valuation*（博士論文, 2018）, “Immediate-local MERGE as Pair-Merge” (*Coyote Papers* 22, 2020), など.

北田　伸一（きただ　しんいち）
新潟大学 人文学部 准教授. 東北大学大学院文学研究科博士後期課程修了/博士（文学）. 専門は統語論.
主要業績：“C-to-T Inheritance of Edge Features” (*Studies in English Literature* 52, 2011), “A Theory of Linearization and Its Implication for Boundedness of Movement” (*English Linguistics* 29, 2012), 「外的併合による『主要部移動』」『ことばの様相：現在と未来をつなぐ』（島越郎・富澤直人・小川芳樹・土橋善仁・佐藤陽介・ルプシャ・コルネリア（編）, 開拓社, 2022）, など.

後藤　亘（ごとう　のぶ）[編者を兼ねる]
東洋大学 経営学部 教授. 東北学院大学 文学研究科 英語英文学専攻 博士後期課程/博士（文学）. 専門は理論言語学.
主要業績：“Labelability = Extractability: Its Theoretical Implications for the Free-Merge Hypothesis” (*NELS* 46(1), 2016), “The Principle of Determinacy and Its Implications for MERGE” (with Toru Ishii, *Proceedings of GLOW in Asia* 12 & *SICOGG* 21, 2020), “Toward Elaboration of Box System” (with Toru Ishii, *Proceedings of GLOW in Asia* 14, 2024), “Seeking an Optimal Design of Search and Merge: Its Consequences and Challenges” (with Toru Ishii, *The Linguistic Review* 4, 2024), など.

小町 将之（こまち　まさゆき）［編者を兼ねる］
静岡大学 人文社会科学部 教授．慶應義塾大学大学院社会学研究科後期博士課程／博士（教育学）．専門は，理論言語学，生成統語論．
主要業績："Reconstruction Availability in the Parasitic Gap Constructions and the Nature of Islands" (*Movement and Clitics*, ed. by V. Torrens et al., Cambridge Scholars Publishing, 2010), "Neural Correlates of Temporal Presentness in the Precuneus: A Cross-Linguistic fMRI Study Based on Speech Stimuli" (with Long Tang, Toshimitsu Takahashi, Tamami Shimada, Noriko Imanishi, Yuji Nishiyama, Takashi Iida, Yukio Otsu, Shigeru Kitazawa, *Cerebral Cortex* 31, 2020),「文とは：統語論 1」(瀧田健介と共著,『言語研究の世界』研究社, 2022)

杉本 侑嗣（すぎもと　ゆうし）
大阪大学大学院 人文学研究科 講師．Ph.D in Linguistics (University of Michigan, Ann Arbor)．専門は統語論．
主要業績："A Late-Insertion-Based Exoskeletal Approach to the Hybrid Nature of Functional Features in Creole Languages" (with Marlyse Baptista, *Languages* 7, 2022), "A Parameter-free Underspecification Approach to Complementizer Agreement" (with Acrisio Pires, *Revista Linguíʃtica,* 18(1), 2023), *Merge and the Strong Minimalist Thesis* (with Noam Chomsky, T. Daniel Seely, Robert C. Berwick, Sandiway Fong, M. A. C. Huybregts, Hisatsugu Kitahara, Andrew McInnerney, Cambridge University Press, 2023), など．

刺田 昌信（そりだ　まさのぶ）
琉球大学 国際地域創造学部 講師．上智大学大学院外国語学研究科言語学専攻博士後期課程修了／博士（言語学）．専門は，生成文法，統辞論．
主要業績：*Unweaving Chains*(Doctoral Thesis, Sophia University, 2012), "Phases in Memoryless Syntax: A Preliminary Study" (『上智大学言語学会会報』第 37 号, 2023), "Japanese Morphological Case in Labeling Theory" (*WAFL* 16, To appear), など．

豊島 孝之（とよしま　たかし）
東北学院大学 文学部 教授．コーネル大学 Ph.D. 専門は，理論言語学，生成文法．
主要業績："Language Learnability by Feedback Self-Organizing Maps" (with Fuminori Mizushima, *Neural Information Processing, 13th International Conference, ICONIP 2006, Hong Kong, China, October 3-6, 2006. Proceedings, Part I: Lecture Notes in Computer Science* 4232, ed. by Irwin King, Jun Wang, Laiwan Chan and DeLiang Wang. 2006), "Dynamic Economy of Derivation" (*Explorations of Phase Theory: Interpretation at the Interfaces*, ed. by Kleanthes K. Grohmann, Mouton de Gruyter, 2009), "Traversal Parameter at the PF Interface: Graph-Theoretical Linearization of Bare Phrase Structure" (*Theoretical Approaches to Disharmonic Word Order*, ed. by

Theresa Biberauer and Michelle Sheehan, Oxford University Press, 2013), Chapter 5 "Autosegmental Evaluative Morphology in Japanese: Augmentative and Diminutive Mimetics" (*Topics in Theoretical Asian Linguistics: Studies in Honor of John B. Whitman*, ed. by Kunio Nishiyama, Hideki Kishimoto and Edith Aldridge, John Benjamins, 2018), など.

中島　崇法（なかしま　たかのり）

弘前大学 人文社会科学部 助教. 東北大学大学院文学研究科博士後期課程修了／博士（文学）. 専門は英語統辞論.
主要業績："On Counter-Cyclic Merger and Labeling" (*Studies in English Literature English* 61, 2020), "On the Domain of Minimal Search for Labeling" (*JELS* 37, 2020), "How to Generate Adjuncts by MERGE" (*NELS* 52(2), 2022), など.

林　愼将（はやし　のりまさ）

南山大学 国際教養学部 講師. 九州大学人文科学府博士課程修了／博士（文学）. 専門は生成文法.
主要業績："The Derivation of Non-Restrictive Relative Clauses and Their Invisibilities" (*English Linguistics* 35, 2018), "Labeling without Weak Heads" (*Syntax* 23, 2020), *Labels at the Interfaces: On the Notions and the Consequences of Merge and Contain*(Kyushu University Press, 2022), など.

Blümel, Andreas（ブリューメル　アンドレアス）

フンボルト大学ベルリン 言語文学人文学部 教授代理. ゲッティンゲン大学ドイツ言語学研究所. PhD (Dr. phil.) in German Linguistics, Frankfurt University／Habilitation (venia legendi for German and English Linguistics; University of Göttingen). 専門は統語論（ドイツ語，英語）.
主要業績：*Symmetry, Shared Labels and Movement in Syntax* (Studia Grammatica, de Gruyter, 2017), "Adverbial clauses: Internally Rich, Externally Null" (with H. Pitsch, *Glossa: A Journal of General Linguistics* 4 (19), 2019), "Revisiting Obligatory Relatives in German—Empirical and Theoretical Perspectives" (with M. Liu, *Zeitschrift für Sprachwissenschaft* 39, 2020), "A Case Study in Underspecification of UG: External Pair Merge of v and T" (*Syntax* 1-25, 2024).

宗像　孝（むなかた　たかし）［編者（主幹）を兼ねる］

横浜国立大学 国際戦略推進機構 非常勤講師. 横浜国立大学環境情報学府情報メディア環境学専攻博士後期課程／博士（学術）. 専門は理論言語学.
主要業績："Japanese Topic-Constructions in the Minimalist View of the Syntax-Semantics Interface" (*Minimalist Essays*, ed. by Cedric Boexck, John Benjamin, 2006), "The Division of C-I and the Nature of the Input, Multiple Transfer and Phases" (*In-*

terphases, ed. by Grohmann Kleanthes, Oxford University Press, 2009), "Syntactic Cartography Plays a Role: Modal Environment in Subordinate Clauses" (*Studies on Syntactic Cartography*, ed. by Si Fuzhen, China Social Sciences Press, 2017), など.

極小主義における説明理論の挑戦

―最適最小性が導く併合とコピー演算―

(*Pursuing Genuine Explanation: Deriving Merge and Copy Computation Through Optimal Minimality*)

編　者	石井　透・後藤　亘・小町将之・宗像　孝
発行者	武村哲司
印刷所	日之出印刷株式会社

2024 年 12 月 19 日　　第 1 版第 1 刷発行ⓒ

発行所	株式会社　開　拓　社	〒112-0003 東京都文京区春日 2-13-1 電話　（03）6801-5651（代表） 振替　00160-8-39587 https://www.kaitakusha.co.jp

ISBN978-4-7589-2412-2　C3080